U0015193

南宋行暮
宋光宗宋寧宗時代

南宋行暮

宋光宗宋寧宗時代

虞雲國 著

中和出版
OPEN PAGE
中

目錄

古人有「三十年為一世」之說，原指代際相繼之意。北宋邵雍將其引入自家的宇宙歷史演化論，作為最小的時段概念，提出「三十年為一世，十二世為一運，三十運為一會，十二會為一元」。撤除其周而復始的神秘色彩，顯然也將三十年作為考察歷史的基本時段。

西方年鑑學派主張綜合長時段、中時段與短時段的多種方式，多層級地構成對總體歷史的全面研究。相對於以一個世紀乃至更久的長時段與以事件史為標誌的短時段，中時段的研究閾限「涉及十年、二十年乃至五十年的歷史態勢」[①]，自有其特定價值。這種中時段，足以完整展現長時段歷史中某個變化週期，身處其中者往往到該週期結束才能察覺其終始之間發生了多大的時代差異與歷史變動。

《南宋行暮：宋光宗宋寧宗時代》，雖是舊著《宋光宗　宋寧宗》的改訂新版，但當年撰著時因他們父子的個人史料存世有限，便立意「以帝王傳記的形式來表現光寧時代」，「力圖把光寧時代作為南宋歷史演進的不可或缺的一環」，有心寫一部時代

0
0
1

---

① 費爾南·布羅代爾：《資本主義論叢》，顧良、張慧君譯，中央編譯出版社，1997年，第176頁。

史，這個初衷仍沒有變。宋光宗即位於淳熙十六年 (1189) 二月，宋寧宗去世在嘉定十七年 (1224) 八月，兩位皇帝在位跨 36 個年頭，既符合「三十年為一世」的概念，也恰在中時段範圍（如果不考慮以帝王為坐標的話，這一時段不妨下延至史彌遠去世的 1233年）。倘若將宋孝宗淳熙內禪時 1189 年與宋寧宗駕崩時 1224 年的政治、軍事、經濟與文化作一對比的話，就能發現：經過三十餘年緩慢頓漸的變化，南宋王朝已不可逆地從治世折入了衰世。這次改版儘可能地做了修訂，但總體結構未做改動，故擬就這一時段若干總體性問題略抒己見，以便加深對這段時代史的全局性把握。

既然說這一時段是南宋從治世折入衰世的關鍵時代，當然必須以其前與其後的時代作為比較的參照系。這裡，先說其前的宋孝宗時代。宋孝宗在位期間為 1162 年至 1189 年，共 27 年，大體也在中時段的閾限內。

紹興三十二年 (1162) 六月，借由「紹興內禪」甫登皇位的宋孝宗，雄心勃勃主動發起隆興北伐，試圖改變紹興和議定下的地緣政治格局。然而，受制於內部因素（太上皇宋高宗的掣肘與反對，主事者張浚「志大而量不弘，氣勝而用不密」，等等）與外部條件（金朝的實力），被迫與金朝再訂隆興和議，重歸宋高宗確立的「紹興體制」。其後，在內政上，宋孝宗也只能在奉行「紹興體制」的大前提下略做微調與騰挪。有鑑於秦檜擅權的前車之轍，他在位期間一方面頻繁易相，以便皇綱獨攬；一方面開放言路，以便「異論相攪」。隆興和議後，南北政權間長期維持着相對穩定的和平局面。作為南宋唯一欲有所為的君主，宋孝宗曾坦

承短期內恢復中原已無可能，但仍寄望於君臣協力一改國弱民貧的局面。他尤其注重興修水利，推動農業生產；同時關注財政與經濟，制定鼓勵商業與對外貿易的政策，城市經濟與市民文化獲得了長足的發展。惟其如此，南宋社會在乾道、淳熙間（1165－1189）也進入了繁盛期。

宋孝宗時代（1163－1189），一方面在專制政體上繼承了紹興體制的政治遺產，另一方面在對官僚士大夫的做法上則有明顯的調整，他還能容忍不同的政見與批評的聲音，政治生態與思想氛圍較之宋高宗秦檜專權時期大有改善。他對道學儘管不持好感，卻並未以一己好惡而推行整肅政策。在傳統中國的大多數時候，政治總是決定一切的，即便微調也效果明顯。由於宋孝宗的政治統治相對寬鬆，致使這一時代在思想文化上頗有亮色。

在《中國轉向內在》裡，劉子健認為，北宋學術「令人耳目一新，具有挑戰性和原創性」；相對說來，南宋學術「都難免相對狹隘、受制於正統、缺乏原創性的問題」。[①]這一說法有其獨到之見，但也不盡然，南宋浙東學派諸家，就提供了某些北宋未有的學術成果與思想體系。這是由於浙東學派的學術建構，還有賴於北宋以來士大夫階層的事功實踐充實其思想資源，也與宋孝宗時代的環境改善有着內在關聯。也正是利用了乾道、淳熙年相對優容的政治環境，朱熹才有力推動了道學派的擴容，完成了理學集大成進程；張栻也自成一派，張大了湖湘之學。繼北宋中期以後，這一時段以朱熹為領袖的程朱理學，以陸九淵為開山的心學，與呂祖謙、陳亮、葉適領軍的浙東事功學派幾成鼎足之勢，湧現出自己時代的學術大師群體。無論思想上，還是人才上，正是宋孝宗時代，宋學進入了又一巔峰期。繼北宋中葉的文學鼎盛期之後，

---

① 劉子健：《中國轉向內在》，趙冬梅譯，江蘇人民出版社，2002年，第24、27頁。

這一時段陸游、辛棄疾、范成大與楊萬里等各領風騷，宋代文學也形成了第二個高峰期（雖然比起歐陽修、蘇軾父子與王安石等領軍的北宋高峰來略見遜色），而代表人物都成長並活躍在這一時段。史學家李燾也在宋孝宗朝完成了當代史《續資治通鑑長編》的編纂，繼司馬光之後令宋賢史學再放異彩。

所有這些，都出現在宋孝宗時代，顯然絕非偶然現象。南宋曹彥約認為，南宋乾道、淳熙期間堪與北宋慶曆、元祐時期相媲美：

> 朝廷無事，四方寧謐；士渾厚而成風，民富饒而知義。
> 負者歌，行者樂，熙熙侃侃，相期於咸平、慶曆、元祐之治。

本朝人讚美難免摻有水分，但明代史家柯維騏也有好評，説宋孝宗「有君人之度，其繫人心成乾（道）淳（熙）之治」。縱觀宋孝宗時代，顯然迥異於南宋理宗以降內有權臣疊相擅政、外有蒙元鐵騎壓境的高危期，確是政局相對穩定、政治相對清明、社會經濟相對繁榮的最好時段，堪稱南宋史上的鼎盛期。如此一對照，南宋光宗寧宗時代的全面逆轉就更顯得觸目驚心。

《朱熹的歷史世界》堪稱研究宋代士大夫政治文化的巔峰之作，但著者認為，淳熙內禪前後，宋孝宗有一個扭轉其晚年因循政策的重大構想，一是親自選定「周必大、留正、趙汝愚三相」，「有意建立一個以理學型士大夫為主體的執政團體」；二是刻意部署「理學集團的許多重要成員進入了權力核心」，試圖以如此的執政團隊與理學集團相結合，支持理學家在「外王」領域革新政

治，恢復北方。[1] 對宋孝宗是否確有這種構想與部署，學界頗有不同意見：「他的證據很有意思，但卻不很充分，因此遠不具有決定性。」[2] 我只對其部署執政集團與理學集團之説，略説管見。

　　依據慶元黨籍的後出名單，斷言宋孝宗晚年部署的三相都「深得理學家集團的信任」，是值得斟酌的。首先，那張名單只是韓侂胄及其追隨者出於打擊政敵的需要編派的（據學界研究甚至還有後黨禁時代道學傳人追加的痕跡），列名者並非都與理學（或道學）有關。以留正而論，有研究表明，他雖未與道學派公開為敵，但在反道學派的前任左相王淮與傾向道學的前任右相周必大之黨爭中明顯左袒，而王淮在內禪前一年罷相，便由「留正接過了反道學派之大旗，開始了新一輪反擊鬥爭」[3]。在攻去周必大後，留正雖也起用了一些道學人士，但應是其獨相秉政後出於協調各方政治勢力的需要，道學家對他未見得有多大信任。

　　周必大自淳熙七年（1180）起即進入宰執圈而深受信用，作為守成輔政的宰相人選，宋孝宗命其輔佐新君藉以遙控朝政，自在情理之中；但其任左相僅五個月，即遭御史中丞何澹攻擊而不得不去位。其中留正與其「議論素不相合」而窺伺帝意大有作用，而宋光宗之授意默許，顯然出於不願受太上皇掣肘等微妙考量（由於周必大「密奏」，望眼欲穿的內禪繼位至少推遲一年，無疑讓新君大感不爽），而對周必大罷相與其後留正獨相，也未見宋孝宗有進一步干預與部署，足見不宜過分誇大他作為太上皇對朝政控制的力度與效果。

---

① 余英時：《朱熹的歷史世界》，生活・讀書・新知三聯書店，2004 年，第 532、594 頁。

② 蔡涵墨：《歷史的嚴妝》，中華書局，2016 年，第 464 頁。

③ 張其凡：〈留正與光宗之立〉，《番禺集》，廣東人民出版社，2017 年，第 214 頁。

趙汝愚遲至紹熙四年（1193）才以同知樞密院事初入宰執圈，宗室出任宰執有違於祖制，在這點上宋孝宗確實力挺過，但其時宋光宗精神病頻頻發作，一再鬧出過宮鬧劇，宋孝宗支持其執政，也未見有部署趙汝愚推行革新的史證，恐怕更多指望他能調護兩宮父子、渡過朝局危機而已。

總之，將周必大、留正與趙汝愚這樣頗有差異的三位宰相（何況趙汝愚任相更在宋孝宗已死的紹熙內禪後）拉在一起，推論宋孝宗晚年刻意部署執政集團，以實行「規模頗大的長期性的革新構想」[①]，顯然缺乏堅強有效的證據鏈，以致「只好用心理史學來填補這個缺陷」[②]，但心理史學猶如理校法，「最高妙者此法，最危險者亦此法」（陳垣語）。

至於說淳熙內禪前宋孝宗「所親自擢用的六人都出於理學集團」，以及淳熙內禪後理學之士「進入中樞的便有十一人」，[③] 余英時認為，這是宋孝宗晚年刻意擢拔理學集團的另一部署。從這些客觀現象倒推式論證宋孝宗曾有那種主觀部署，依然存在着證據鏈脫節的困惑。我認為，首先，如前所述，宋孝宗的政治生態相對寬鬆，儘管他本人不好道學，但用人政策上卻從未排斥具有道學傾向的士大夫官僚。其次，下文即將論及，正是有賴於這種相對寬容的政治文化生態，朱學、陸學與浙學三派經過授徒講學，擴大了新儒學的影響，推動了新儒家的擴容，他們補充官僚隊伍的比重自然大為提高，進入中樞也是理所當然的。余英時指出的現象，乃是宋孝宗朝寬鬆政策與新儒學自身發展勢運相輔相成的

---

① 余英時：《朱熹的歷史世界》，生活·讀書·新知三聯書店，2004 年，第 525 頁。
② 蔡涵墨：《歷史的嚴妝》，中華書局，2016 年，第 465 頁。
③ 余英時：《朱熹的歷史世界》，生活·讀書·新知三聯書店，2004 年，第 579、597 頁。

結果，並非基於所謂革新構想而刻意為之的精心部署。實際上，包括留正獨相以後轉而啟用道學人士，趙汝愚在宋寧宗初年拜相之後一度汲引「眾賢盈庭」，試圖重溫「小元祐」之夢，都應作如此平實之觀，而不宜過度詮釋。

《宋史·光宗紀》認為，宋光宗自發病後，「政治日昏，孝養日怠，而乾、淳之業衰焉」，明確將光宗朝視為南宋從治世折入衰世的轉捩點。此說似乎不無道理：正是宋光宗精神病犯渾，有力朝臣才在後宮支持下擁立新君，卻為擁立有功者開啟了專擅朝政的方便之門，最終導致權臣專政，朝政一發不可收拾。倘若如此上溯的話，那還必須追論宋孝宗立儲問題。

在家國一體的君主專制政體下，選立儲君事關國本，也逐漸形成了在諸皇子中立嫡長為主與選賢能為輔的立儲原則。宋孝宗對此不可謂不用心。他即位以後之所以久不立儲，也含有甄選接班人的良苦用心在，可惜供其備選的範圍實在逼仄。及至發現三個皇子即便一奶同胞，在皇位繼承權上也有明爭暗鬥，便不得不率先立嫡長。豈料皇太子剛立兩年就去世，只剩下二選一的餘地。繼續考察之後，宋孝宗以所謂「英武類己」等理由（當然也僅在備選皇子中相比較而已），最終選定老三（即宋光宗），便毅然不循常規，越位建儲，敲定其太子地位。但他發現老三家的獨子不慧，而老二家的兒子卻早慧，禪位不久，便以太上皇之尊隔代指定接班人，讓老三做了再回傳給老二家後代。對兩代儲君的連鎖安排，也足見宋孝宗之煞費苦心。

然而，即便從宋光宗即位後至發病前的所作所為來看，宋孝宗也明顯看走了眼。為了能夠立為儲君，為了最終順利接班，在

有意矯飾、承歡繼位上，宋光宗做得還算不上惡例。這也反證，僅憑上代君主的個人審察與最終獨斷，在選接班人上難免出錯，而一旦失誤，往往殃及王朝命運，改變歷史走向。對宋孝宗急切禪位，《宋論·光宗》多有抨擊，一則說「子有愚蒙之質，而遽以天下委之，誠不知其何為者也」；再則說「急遽以授不肖之子，而坐視其敗」。在王夫之看來，宋孝宗應該「功不自我成，而能得守所付畀者，即其功也」，言外之意即應另選接班人。然而，在君權世襲制下，宋孝宗以天下付宋光宗，是自然不過的常規選項，畢竟是自家子弟最可靠；在候選者精神病未顯相前，也算差中選優的做法。

冥冥之中，南宋諸帝幾乎都嗣君乏人。宋高宗斷後，才不得不以太祖七世孫備選，宋孝宗經過考察入承大統，皇位從太宗系重回太祖系。宋孝宗僅三子，顯然不願將好不容易到手的皇位拱手相讓，最終二選一，皇冠自然落到了宋光宗頭上。宋光宗唯有獨子宋寧宗，宮闈內雖都知其不慧，但紹熙內禪的擁立對象卻非他莫屬。宋寧宗再次絕後，權相史彌遠得以上下其手，發動政變，擁立了旁支宗室宋理宗。宋理宗眼見又是無嗣，卻把選儲範圍限定親兄弟家（這與宋孝宗關照老三做了傳回老二家類似，倒是有例可援的），儘管心知肚明這唯一親侄（即宋度宗）「不任為君而足以亡宋」（《宋論·度宗》），還是肥水不外流，將其作為不二之選。宋度宗縱慾無度，雖留有三子，卻均未成年，先後成為宣告南宋覆亡的末三帝。

在嗣君乏人的連環魔咒背後，凸顯的卻是君主世襲專制政體的無解困局。明清之際，黃宗羲已診斷出這一不治之症：一旦為君，便「視天下為莫大之產業，傳之子孫，受享無窮」；「雖然，使後之為君者果能保此產業，傳之無窮，亦無怪其私之也」；然而，「一人之智力不能勝天下欲得之者之眾，遠者數世，近者及

身，其血肉之崩潰在其子孫矣」（《明夷待訪錄·原君》）。與其同時代的王夫之，先是抨擊宋孝宗沒有「能得守所付畀者」，終而責備宋理宗未能「選於太祖之裔孫，豈無愈者，而必此是與」（《宋論·度宗》）。意思說，倘若選立太祖系其他後代，難道就沒有合適人選，而非要私授度宗這樣「足以亡宋者」呢！

由於時代的局限，即便啟蒙思想家也提不出破解困局的最佳方案，王夫之只是主張選嗣範圍推廣到太祖系其他後裔，無非像宋高宗當年選立宋孝宗那樣。也難怪《宋史·孝宗紀》對宋高宗不吝讚詞，稱之為「公天下之心」。令人驚詫的是，今人居然也將宋孝宗與宋理宗之入承皇位引為宋朝「皇權開放」的論據。宋高宗之立宋孝宗，既不是真正意義上的「公天下」，更談不上所謂「最高權力對全社會開放」[1]，至高的君權仍在趙家門牆內傳遞。關鍵在於，即便如此，魔咒是否就能破局？宋孝宗號稱「聰明英毅，卓然為南渡諸帝之稱首」，在接班人問題上不是同樣犯下王夫之叱責的低級錯誤嗎！總之，從宋光宗發病以後的昏懦愚頑而上溯追究宋孝宗的決策失誤，遠未擊中問題要害。宋孝宗之所以視天下為私產而傳之子孫，宋光宗之所以以精神病而君臨天下近三年，致使南宋折入衰世，其根源必須追溯到君主專制政體的家天下世襲制度的層面，否則難免墜入線性史觀的皮相之見。

南渡之初，在紹興體制確立以前，戰爭狀態尚未結束，思想學術也難以繼續北宋的路徑。在獨相秦檜以前，宋高宗一度採取過調和折衷的方針，宣佈程氏之學與荊公新學各有可取之處，也

---

[1] 劉仰：《超越利益集團》，中國書店，2011 年，第 6 頁。

容忍了趙鼎對王學的抨擊與對程學傳人的引薦。但隨着趙鼎在與秦檜的政爭中落敗，程學也相應失勢，越來越邊緣化。所幸紹興體制並未制裁民間的書院，程學雖在官學系統內未獲認可，卻在民間書院的夾縫中頑強傳承與逐漸壯大。在宋孝宗朝相對寬鬆的政治文化生態下，經過第二代宋學大家朱熹、陸九淵、張栻與呂祖謙等不懈努力，廣開書院，授徒講學，他們及其弟子們或進入官僚系統，或成為後備梯隊，到宋孝宗晚年已然構成了國家權力不容忽視的特定群體。其時，朱熹正在完成程朱理學的集大成工作，以他為領袖的道學派作為程學傳人，其思想傾向也漸趨獨斷，對與自己並存卻有分歧的其他宋學派別往往持不假寬貸的批判態度，相對缺乏一種取長補短的寬容精神。這樣，不僅導致朱熹道學派與其他學派間的門戶之爭，也激化了與非道學派那部分官僚士大夫的矛盾。看似突如其來的慶元黨禁置於這一大背景下去考察，才能有更深切的把握。

　　韓侂冑發動慶元黨禁，初衷僅出於政爭的需要，卻習慣性地蹈襲了紹興體制開啟的思想整肅手段。這一做法的嚴重後果，「則非禍中於國家，而且害延於學術矣」（《宋論·徽宗》）。此舉產生了兩方面的惡劣影響，一方面徹底終結了宋孝宗主導的寬鬆局面，繼紹興文字獄後再次惡化了思想學術的政治生態；另一方面導致「宋代儒家的政治文化至此也耗盡了它的全部活力」[①]。

　　隨着韓侂冑倒台，史彌遠取而代之。史彌遠自幼接受道學教育（道學追隨者孫應時曾是其家庭教師；他也從學於道學家楊簡），又親眼目睹韓侂冑高壓整肅所付出的巨大代價：不僅不可能憑藉國家權力將秉持道學價值觀的士人連根拔除，反而留下自損形象的負面記錄。為了穩固權力統治，消解反對勢力，史彌遠

---

① 余英時：《朱熹的歷史世界》，生活·讀書·新知三聯書店，2004年，第685頁。

感到與其採取阻遏打擊的手法,還不如通過國家政權的巧妙運作與適度調和,將新儒學的理論整合為官方意識形態,作為國家統治思想的新資源予以承認與表彰,將在世的新儒學領袖人物吸納進官僚系統。於是,他對已成主流的新儒學及其代表人物實行收編接納的政策:從嘉定元年 (1208) 着手擬議,到嘉定十三年,朱熹、張栻、呂祖謙、周敦頤與二程先後獲得了追諡,朱熹的《論語》與《孟子》集注也定為太學官定教材。嘉定年間的這些舉措,啟動了理學官學化的進程。進入理宗朝,權相史彌遠繼續推動這一進程,在其繼承人手裡新儒學定於一尊終告完成。

與韓侂胄專權下的偽學之禁相比,在史彌遠時期,崇奉道學的士大夫官僚在朝廷上取得了地位,在經歷了冰火兩重天的巨大反差後,新儒家們不禁沉醉在期待已久的勝利之中,寄希望由此實現內聖向外王的轉化。然而正如劉子健一針見血地指出:

> 這勝利卻得不償失,因為專制政體從未真心誠意地要把新儒家理念轉化為現實政策。從思想文化的角度來看,新正統本身反而成了專制政體的一種新的附和依從,壓抑了成長的動力和多元化的發展。[1]

也就是說,新儒學在南宋尊為官學之後,已然喪失了北宋中期新儒學創辟期那種兼容思想、批判精神與原創活力,也標誌其開始全面內轉。新儒學原來就具有內省性與收斂性那一面,面對着宋寧宗時期內外交困的形勢,在專制政體前不能不取退守之勢。儘管在朱熹理學集大成的義理建構上,「內聖」之學仍以「外王」之政為其訴求,仍致力於回歸君臣「共治」的理想,但這種形

---

① 劉子健:《中國轉向內在》,趙冬梅譯,江蘇人民出版社,2002 年,第 17 頁。

而上的新儒家理想一旦遭遇形而下的政治生態，就暴露出其軟弱無力的另一面。新儒學尊為正統意識形態後，其原先設計的「內聖外王」經世路徑，隨即發生了由外向內的轉折與斷裂，鑑於「外王」空間在專制君權（在南宋中後期首先表現為權相專政的面相）的打壓與拒斥下幾乎為零，致使「外王」之道淡出，「內聖」之學凸顯。而無論南宋當時還是其後王朝的專制政權，儘管一脈相承地都將新儒家（實際上主要限於程朱理學）尊為國家統治思想，卻絕對不會真正推行新儒學的理想架構（不過僅僅將其作為主流意識形態的話語宣傳系統而已），在實用政治層面則向臣民灌輸新儒學中安頓政治秩序、反省自身心性的那部分內涵。當理想建構的政治主張在專制君權下不可能「得君行道」時，新儒家一再寄望於前途未卜的未來；但自新儒學尊為官學後，任何背離君主專制的變革要求，在獨裁體制那裡卻是絕無可能的。於是，南宋以後就始終呈現劉子健論述的局面：

> 皇朝權力，並不真要實行儒家學說，而儒家的思想權威也始終不敢對皇朝作正面的抗爭。這兩者之間的矛盾，是中國專制歷史，政統也罷，道統也罷，絕大的失敗。[1]

儘管這種趨勢要到宋理宗朝才逐漸明顯，經宋元易代而在明清愈發變本加厲，但其發軔卻在宋寧宗嘉定年間（1208-1224）。

反觀紹熙初政，太上皇宋高宗與宋孝宗父子之間那種曾經的

---

① 劉子健：《兩宋史研究彙編》，聯經出版事業股份有限公司，1987年，第282頁。

微妙複雜關係，在太上皇宋孝宗與宋光宗之間再次重現。不幸的是，其時宋孝宗儘管自覺地較少干預朝政，宋光宗的執政能力卻遠遜乃父，加上隱伏着精神病誘因，先是聽任李皇后跋扈干政，繼而疑忌太上皇而釀成「過宮風波」。為避免朝局全盤失控，太皇太后吳氏與有力朝臣聯手，另立宋寧宗為新君，雖然渡過了皇位傳承危機，卻開啟了由執政大臣與後宮合謀擁立皇位繼承人的模式。其後，憑藉這一模式而擁立有功的執政大臣也自然而然一再成為專斷朝政的權臣，晚宋三大權相韓侂胄、史彌遠與賈似道莫不如此。

在這種情勢下，繼位的皇帝或者孱弱庸暗，聽憑權臣擺佈（例如宋寧宗與宋度宗）；或者即欲有為，也無能為力（例如宋理宗前期）。然而，南宋的權相與前代已迥然有別，不可能對君權形成顛覆性危險。之所以如此，兩方面因素不容忽略。首先，宋代家法對宰相權力已有制約性的頂層設計，無論其權勢再大，也不可能一手操控整個士大夫官僚系統的運行程序與統治秩序；而新儒學的政治觀也已深深植根於士大夫官僚群體之中，與祖宗家法共同形成強大的牽制之勢，即便權臣也只能止步於權力的把持與利益的攫取，而不敢冒天下之大不韙，覬覦至尊的君權而淪為身敗名裂的名教罪人。關鍵還在於劉子健所指出：

> （經過唐宋之際的社會變遷）已經沒有貴族大族豪族這種社會背景和地方勢力，也沒有地區性軍隊。換言之，權儘管大，而仍舊在絕對君權的控制之下，沒有篡位或割據的可能性。[1]

---

[1] 劉子健：《兩宋史研究彙編》，聯經出版事業股份有限公司，1987 年，第 51–52 頁。

後人提到宋代權相時，一般都列舉蔡京、秦檜、韓侂冑、史彌遠與賈似道（有時還追加史嵩之）。實際上，這張名單值得辨析。蔡京一生四次為相，趙翼說他還僅是「諸臣媚子伎倆，長君逢君，竊弄威福，人主能用之，亦尚能罷之」（《廿二史劄記·秦檜史彌遠之攬權》）。只是君主集權模式需要由其作為代理人來行使中央控制權，而其他官僚只能例行從旁贊助，所以儘管宋徽宗一再起用他，卻也能輕而易舉地將其罷免。嚴格說來，蔡京還不足以稱為權相。

換言之，宋代權相都出在南宋。秦檜、韓侂冑、史彌遠與賈似道的權相專政（韓侂冑實專朝政始自 1195 年，正式任相遲至十年之後，嚴格說來應是權臣轉為權相），按照劉子健的說法，秦檜以下的權相專政都是皇帝與其代理人獨斷或共謀決策權的獨裁模式。這種模式下的權相政治，其左右政局的累計時間長達70 年，確為其他朝代所罕見。

倘若再加甄別，這四大權相又可分為兩種類型。秦檜的獨相之權出於宋高宗打造紹興和議體制之需而主動授予的，也就是說，秦檜的權相地位是宋高宗有意欽定的。而韓侂冑、史彌遠與賈似道的權相擅政，都是他們專權之勢已成，而由在位君主宋寧宗、宋理宗與宋度宗無奈讓渡的。

這樣來討論權相政治下君權與相權之強弱消長，也許更準確到位。顯而易見，權相秦檜時期，宋高宗的君權絲毫沒有削弱，君權與相權是高度統一的，秦檜之政就是宋高宗之政。而韓侂冑、史彌遠與賈似道的權相專政，則與宋光宗以降諸帝庸暗或不作為有關，這三大權相下君權不張應是毫無疑問的，權相擅政徑直取代了君主行政。具體地說，宋寧宗之於韓侂冑專權與史彌遠專權，宋度宗之於賈似道專權，都是出於君主暗弱；而宋理宗親政前之於史彌遠，晚年之於賈似道，則都屬於君主的有意不作為

（前期基於感戴擁立之功與懾於專權之威的考量，晚年出於嗜慾怠政而委政權相）。總之，南宋權相政治的接踵出現，不妨説是君主對獨裁權力的主動授與或無奈讓渡造成的。當然，由於前述原因，無論何種類型的權相，都只是獨裁模式下君權的代行者而已。即便南宋寧宗以下君權與權相之關係，也如劉子健所説：

> 至於君權，從寧宗起，已經成為這政體的象徵。無論誰做這皇帝都差不多，不過非有這象徵不可。對這象徵，連權相也非尊敬不可。[1]

權相政治關係到南宋政治結構、朝政運作乃至有關時段歷史實相等諸多問題，而所謂四大權相，就其個人品性、專權手段、危害程度與歷史影響而言，也人各其面而並不相同的。王夫之就曾主張，既不能把史彌遠與其他三人一視同仁，也不能將韓侂胄、賈似道與秦檜等量齊觀。他評論史彌遠説：「自利之私與利國之情，交縈於衷，而利國者不如其自利，是以成乎其為小人。」（《宋論·寧宗》）近年以來，從秦檜到賈似道，包括這一時段的韓侂胄與史彌遠，都不乏對這些權相的新研究與新論點，這是值得關注的，也有利於對歷史實相的全貌還原[2]。

（六）

我將南宋光宗寧宗時代定為由治世折入衰世的轉捩點，主要還是立足於政治史層面。儘管對政治與軍事直接波及的社會經

---

[1] 劉子健：《兩宋史研究彙編》，聯經出版事業股份有限公司，1987 年，第 57 頁。

[2] 黃寬重：〈「嘉定現象」的研究議題與資料〉，載《中國史研究》，2013 年第 2 期。

濟（例如紙幣危機）與思想學術（例如偽學黨禁與理學官學化）也有所論述，但限於當初撰述的結構體例，未曾做深入細緻的展開。而社會、經濟與文化諸領域的運行軌跡，與政治上的折入衰世也未必那麼同步與一律，它們仍有自己獨特的路徑，甚至在政治上折入衰世之後，在相當長時段內仍會慣性地前推或滑行。惟其如此，法國學者謝和耐才斷言，「在蒙古人入侵的前夜，中華文明在許多方面都處於它的輝煌頂峰」；在 13 世紀，「在社會生活、藝術、娛樂、制度和技術諸領域，中國無疑是當時最先進的國家」。然而，他還是強調，「13 世紀中國南方之安定繁榮的印象只不過是幻象。在此幻象背後的，卻是國庫之連年悲劇性的空虛，農村之貧困和不滿，以及統治階層內部的黨爭」。[1] 值得提醒的是，13 世紀開端時當宋寧宗繼位的第六年，慶元黨禁尚在進行中。既然在傳統中國時代，政治總是決定一切的，政治史的轉捩也或遲或早必然波及整個社會的其他層面。這種全局性影響在宋寧宗在位期間也業已顯現。迄今認為，我在初版前言中那段結論性概括依然成立：

> 南宋歷史走向的逆轉正是定形於光寧時代。以政治史而論，南宋皇權的一蹶不振和權相的遞相專政始於這一時期。以經濟史而論，嘉定初年爆發的紙幣信用風潮標誌着南宋社會經濟自此跌入了全面失衡的困境。以軍事史而論，開禧北伐的潰敗和嘉定之役的支絀預示了南宋在即將到來的宋蒙戰爭中的敗局。以思想史而論，嘉定時期理學官學化的前兆折射出統治階級在社會危機面前向新的統治

---

① 謝和耐：《蒙元入侵前夜的中國日常生活》，劉東譯，江蘇人民出版社，1995 年，第 4 頁。

思想求助乞援的迫切性。

南宋正是這樣折入衰世，並最終走向覆滅的！

最後，對書名略作交代。如前所述，本書旨在展現南宋王朝不由自主地走向衰落的歷史進程。然而，中國史上長時段王朝幾乎都有類似時段或事件，標誌其折入衰世。為了凸顯朝代的定位，含蓄呈現不由自主走向衰弱的曲折內涵，斟酌再三，書名定為《南宋行暮》。陸機《歎逝賦》云「世閱人而為世，人冉冉而行暮」，感歎人生行將進入暮年，或是「行暮」較早的出典，「行」即是「行將、將近」之意。及至唐宋，「行暮」既有用以形容一天行將日暮的，例如駱賓王《餞宋三之豐城序》說「白日將頹，青山行暮」；也有用以譬喻一季將近尾聲的，王安石《春行》說「冉冉春行暮，菲菲物競華」，秦觀《宿參寥房》說「鄉國秋行暮，房櫳日已暝」，就分別指春季與秋季即將結束；還有用以比況一年行將歲暮的，例如蘇軾《與頓起孫勉泛舟》說「蕭條歲行暮，迨此霜雪未」。准此而論，「行暮」也可用於王朝即將進入季世。當然，「行」也不妨別解「行走」。回顧南宋光宗寧宗時代，不正是走着走着就踅入暮色的嗎？

2018 年 5 月 8 日

　　歷史人物研究作為整個史學研究的有機構成部分，較之制度史、經濟史等專業性很強的課題，其研究成果具有最廣泛的讀者覆蓋面，人物傳記因而日益受到學術界的重視和讀書界的歡迎。作為人物傳記的一個門類，帝王傳記具有一般人物傳記的共性。在數以百計的中國帝王群像中，秦皇、漢武、唐宗、宋祖、成吉思汗、康熙大帝等對中國歷史文化產生積極影響的帝王，成為這類傳記的熱點，且佳構迭出。這是值得歡迎的。帝王傳記的傳主選擇，也有一種類似市場規律的東西在起作用，一般的史學工作者大概不會選擇宋光宗、宋寧宗這樣知名度平平的皇帝作為自己研究的對象。

　　然而，帝王傳記還有其特殊性。中國傳統的紀傳體史書，其第一類即是帝王本紀。劉知幾認為：「紀以包舉大端，傳以委曲細事。」（《史通·二體》）又說：「紀之為體，猶《春秋》之經，系日月以成歲時，書君上以顯國統。」（《史通·本紀》）倘若撇開經傳、國統等局限性，這一說法有其合理因素。在君主專制時代，每一個帝王都是一個公認的歷史坐標點，這一坐標點對於相關歷史的理解和把握是必不可少的。如果以紀傳體史書做類比，少了某一人物的傳記，至多是取捨失當，而少了某一帝王的本紀，無疑是義例不明。問題還不止於此。在君主專制下，有甚麼樣的

君主，就會出現甚麼樣的時代。一代雄主漢武帝與他統治的時代是渾然一體的，白癡晉惠帝與他在位時代的歷史何嘗沒有內在的同一性呢？在某種意義上，每一個帝王就是他統治下那個時代的縮影。

　　既然帝王具有歷史的坐標和時代的縮影的雙重意義，顯然，不僅那些有雄才大略、文治武功的帝王應該作為歷史人物研究的重點；即便是守成亡國之君、昏庸痿弱之主，也有必要列為傳主，加以研究和描述，以便讓後人通過帝王列傳的系統閱讀，就能把握整個歷史發展嬗變的長鏈，理解不同時代治亂興衰的軌跡。吉林文史出版社①約我作「宋帝列傳」中的《宋光宗　宋寧宗》，基於以上思路，我力圖把光寧時代作為南宋歷史演進的不可或缺的一環去研究，把光寧父子作為南宋中期歷史取鏡獨特的縮影去表現。

　　光寧父子的統治時代共 36 年，上承孝宗，下接理宗。孝宗是南宋唯一欲有作為的君主，但正如王夫之所指出：「孝宗欲有為而不克，嗣是日羸日荼，以抵於亡。」(《宋論·寧宗》) 南宋歷史是以孝宗禪位為分界線走向下坡路的，光寧父子正處在「欲有為」到「抵於亡」的歷史轉折期上。父子兩人，父親是精神病患者，發病前迫不及待地準備禪代皇位，發病後戀戀不捨地拒絕交出君權，以一個精神病者君臨天下近三年；兒子則是一個智能庸弱者，作為一個普通人可非議處雖不多，作為一個君主卻是絕對的不合格和不勝任，被擁立時儘管連呼「做不得」，卻終於被趕鴨子上架。所有這些，最充分暴露了君主世襲制荒謬絕倫、缺乏理性的那一側面。

　　君主世襲制把這樣兩位君主放在南宋史的轉捩點上，結局是

─────────

① 編按：本書初版《宋光宗　宋寧宗》由吉林文史出版社於 1997 年出版。

不言而喻的。光宗的統治導致孝宗「乾、淳之業衰焉」(《宋史‧光宗紀》)。寧宗的統治由韓侂冑和史彌遠相繼專政,最後連皇儲國統「亦得遂其廢立之私,他可知也」(《宋史‧寧宗紀》)。王夫之指出:「自光宗以後,君皆昏瘕,委國於權奸。」(《宋論‧理宗》)這一局面的形成,原因儘管複雜,但最終無不與在位君主的個人才略、識斷息息相關。庸懦之君的治下雖未必都有權奸出現,但權奸卻必定出在暗弱之君的治下。

南宋歷史走向的逆轉正是定形於光寧時代。以政治史而論,南宋皇權的一蹶不振和權相的遞相專政始於這一時期。以經濟史而論,嘉定初年爆發的紙幣信用風潮標誌着南宋社會經濟自此跌入了全面失衡的困境。以軍事史而論,開禧北伐的潰敗和嘉定之役的支紲預示了南宋在即將到來的宋蒙戰爭中的敗局。以思想史而論,嘉定時期理學官學化的前兆折射出統治階級在社會危機面前向新的統治思想求助乞援的迫切性。

如果把宋寧宗後期的統治放到更廣闊的歷史視野中去審視的話,展現的全景則是:一方面是蒙古鐵騎無往不勝的西征和南侵,一方面是西遼、花剌子模的覆滅和西夏、金朝、高麗的乞和,而另一方面卻是南宋完全缺乏現實的危機感。後人讀史至此,不能不為南宋方面扼腕和憂心。明人張溥以為:南宋之亡,「積於理宗四十年,成於度宗十年」(《歷代史論》卷十五)。實際上,在勃興的蒙古馬背文明面前,南宋滅亡的種種症狀,早在宋寧宗後期就基本具備了。南宋之所以還能苟存半世紀之久,主要原因並不在於南宋方面,而在於夏、金的地理緩衝,在於蒙古騎兵更適宜在中亞、東歐廣袤的高原平野地帶馳騁,在於蒙古貴族的內部紛爭,一句話,在於蒙元滅宋時間表的確定。

以帝王傳記的形式勾勒出光寧時期的歷史逆轉,困難還是不少的。不僅現存宋代史料的分佈,詳於北宋而略於南宋,詳於南

宋前期而略於南宋中後期；問題還在於，傳記體的形式不容許過多地游離於傳主活動之外去表現那一時代的歷史。現存孝宗以前宋代列帝的個人史料足以描摹出傳主生平，而光寧以後南宋諸帝的個人史料就相對匱乏，由於光宗的精神病，寧宗訥於言寡於行的個性特點，反映他們父子個性特點的史料更是顯得寥落。研究南宋中晚期史，尤其是以帝王傳記的形式來表現光寧時代，在史料上缺少多金易賈、長袖善舞的優勢。

為了彌補史料上先天的不足，只能在文集奏議和筆記野史中去發掘有關光寧父子的零散史料。這是用力多而收穫少的艱苦工作，但對豐富傳主的個人形象是有所補益的。在使用筆記野史時，我盡力做了比勘考訂。這些考證，有的在註釋中做了説明，更多的則直接將可信的結論寫入正文，以簡省篇幅。傳記中所有史實性陳述，均有據可查。歷史傳記不同於文學傳記，必須具有史學著作的科學性，它雖允許在史料若斷若續、若有若無處做出入情合理的推斷分析，卻容不得一點文學作品的虛構性。對這一原則，我是嚴格信守的。

自 80 年代初期師從程應鏐先生研治宋史以來，倏忽已過了15 個春秋。先生在歷史人物研究方面有過深思熟慮的見解和獨具風格的實踐，他所撰《談歷史人物研究》一文，所著《范仲淹新傳》《司馬光新傳》二書，成為我研究光寧父子的指針和借鑑。遺憾的是，先生已於兩年前逝世，再也不能在研究中當面請益了。令人一思至此，不禁黯然神傷。

1996 年 4 月 30 日

第一章

兩朝內禪

一　淳熙內禪

1. 越位為儲

宋元之際，周密曾引述時人眼中臨安（今浙江杭州）府城的
大勢勝景：

> 青山四圍，中涵綠水，金碧樓台相間，全似着色山水。
> 獨東偏無山，乃有鱗鱗萬瓦，屋宇充滿，此天生地設好處
> 也。（《癸辛雜識·續集下·西湖好處》）

經過多年對舊城的改造和擴建，臨安的繁華已遠超北宋詞人
柳永筆下「東南形勝、江吳都會」的杭州，成為當時世界上最壯
觀最秀麗的城市。

皇宮，時人亦稱「大內」，位於府城南部的鳳凰山麓。方圓九
里內，宮殿林立、樓閣層疊，都是朱戶畫棟、雕甍飛檐，鑴鏤着
龍驤鳳飛的飾物，更顯出金碧輝煌、巍峨壯麗的非凡氣派。作為
大內的第一代主人，宋高宗自紹興八年（1138）起「定都於杭」，
已打定了長久偏安的主意，僅僅為了做些姿態，向臣民表白還未
敢忘記淪陷的中原故土，才仍稱為行在。

倘若從和寧門出大內，沿着御街北行至朝天門，再東折過望
仙橋，便是一代權相秦檜的府第。紹興十七年，他正處在權勢的

峰巔上，與其甲第鱗次櫛比的規模與車馬填咽的喧嘩相比，毗鄰秦府北界的普安郡王府頓然相形見絀。這年九月，郡王夫人郭氏生下了第三子，也就是後來成為南宋第三代皇帝的光宗趙惇。

普安郡王是宋太祖的七世孫，紹興二年，宋高宗親自將他選入大內收養，作為皇位後備人選加以考察。自建炎三年（1129）親生的元懿太子夭折後，宋高宗自知生育功能喪失，不得已才做此選擇。紹興十二年，郡王依祖制行出閣就第之儀，宋代規定，直系皇族成年都須遷出大內，移居王府。次年，郡王的長子趙愭出世，紹興十六年郡王夫人又生下次子趙愷。其後，郭氏還生了第四子，但沒來得及命名就夭殤了。紹興二十六年，年僅31歲的郡王夫人也離開了人世，這年光宗趙惇只有10歲。

紹興三十年，普安郡王正式立為皇子。紹興三十二年五月，冊立為皇太子，成為法定的皇位繼承人。僅隔12天，他便登上了父皇禪讓的皇位，成為南宋第二代皇帝孝宗。他的三個兒子依次進封鄧王、慶王和恭王，他們的母親郭氏也被追冊為皇后。

孝宗即位不久，宰相張浚建言：「人君即位，必早建太子。」當時，皇嫡長子趙愭正值及冠之年，按照君主世襲制傳嫡長的原則，他完全有資格立即冊封為皇太子。然而，孝宗卻沒讓他入主東宮，仍讓他一如普通皇子那樣出閣就第。其原因也許有三：其一，孝宗系出太祖一脈，父皇高宗則是太宗後裔，如今孝宗雖位禪九五，卻不便迫不及待地冊立皇太子，以免引起太上皇的不快；其二，孝宗即位之初就措置北伐，銳意恢復，無暇顧及冊立；其三，在一母所生的三個兒子中，孝宗自以為第三子趙惇「英武類己」，而對居長的趙愭性耽詩文，則頗不以為然[1]，故難免產生

---

[1]《宋史》卷36〈光宗〉；李心傳：《建炎以來朝野雜記》甲集卷1〈莊文太子〉：「初，太子在藩邸，喜作詩。及升儲，而諸王宮教授黃石適面對，論『東宮不宜以詩文為學』，上大喜，除校書郎。」

且將這事擱置的想法。

東宮虛位很快成為政治敏感點。乾道元年（1165）五月二十一日，鄧王府申報皇長子生了皇嫡孫。而此前恭王夫人李氏早已生下皇孫趙挺，卻遲遲不移文申報。就在鄧王府申文當晚，恭王府才急匆匆補上這一手續。次日，秘書少監兼恭王府直講王淮攜白札子去見參知政事錢端禮，說：「四月十五日恭王夫人李氏生皇長嫡孫，請討論有關典禮。」

這時，因宰相虛位，錢端禮以首席執政代行相事，聽了王淮的話十分惱怒，他的女兒就是鄧王夫人，豈能坐視皇嫡長孫的名分歸了恭王的兒子。第二天，端禮奏稟孝宗：「在皇嫡長孫問題上，王淮力主年均以長、義均擇賢之說。請聖上會禮部太常寺檢照應行典禮。」

孝宗馬上意識到問題的複雜性：「這是甚麼話，都不是他應該說的！」接着便明確表態：「朕知道了鄧王府申文後，恭王府才申告的。不必再差禮官檢照禮文了。」錢端禮瞅準機會打擊王淮：「嫡庶名分，《禮》經上說得一清二楚，就是為了別嫌疑，明是非，定猶豫的。講官應該用正論開導。鼓吹這種啟誘邪心之說，應該黜罷！」於是，孝宗免去了王淮的恭王府直講，將他改放外任。王淮的上言是否出自恭王夫婦的指使，史無明文，但至少代表了他們的意向。而恭王夫婦之所以萌生在皇孫問題上爭名分的念頭，顯然與東宮無主的局面有關。

也許為避免因儲位不定而引起政局動盪，在皇嫡長孫之爭的兩個月後，孝宗正式冊立皇長子趙惇為皇太子。第二年，在皇嫡長孫趙挺滿週歲時，特封他為福建觀察使、榮國公，而恭王之子趙挺僅封左千牛衛大將軍，明示區別，為這場名分之爭中劃上了句號。

乾道三年春季某日，皇太子赴原廟舉行國忌上香儀式，回宮

途中路經貢院。這天恰是補試的士子入院應考的日子，應試者雲集，堵住了皇太子的隊伍。執金吾舉杖呵斥清道，激成了應試學生與太子衛隊的衝突。無所顧忌的赴考士子群起折斷了執金吾的梃杖，團團圍住皇太子的車駕吼聲雷動，皇太子因此「驚愕得疾」。[①]這年夏天，病體虛弱的皇太子又痁夏傷暑。因東宮醫官誤診，他服藥後病情急轉直下。孝宗連忙將遠在福州的名御醫王繼先宣召入宮，太上皇帝高宗與太上皇后吳氏也從退居的德壽宮過來探視。七月上旬，孝宗憂心如焚，頒詔大赦天下。病情卻回天無力，三天以後，皇太子去世。

東宮再度虛位。但恭王夫婦對年前王淮免職冷暖自知，隱隱覺察到孝宗的不滿，故而不敢輕舉妄動。這時，恭王的長子趙挺已死，而已故莊文太子的嫡長子趙挺還在。在歷史上，皇嫡長孫直接繼大位也並不是沒有先例的，關鍵取決於孝宗的抉擇。

乾道四年十月十九日，恭王的次子趙擴出生。不久，宮禁之內一則奇談不脛而走：恭王夫人李氏生趙擴以前，夢見太陽墜於庭園，「以手承之，已而有娠」。在君主世襲制下，太陽是人君的一種象徵物。以《宋史》本紀為例，宋太宗據說就是杜太后夢見神人捧着太陽給她，才生下他的；而宋真宗也是其母李氏在「以裾承日」才懷上的。恭王夫人這一白日夢的潛台詞不言而喻：他們的這個兒子才是天命所在。這一夢話的出籠，與其說為兒子爭天命，還不如說在為老子恭王爭奪皇位繼承權。恭王府就是孝宗位登九五前的普安郡王府，太陽落在潛邸的庭院，他自然不會產生反感，這一無稽之夢也堂而皇之載入了國史。

---

① 葉紹翁：《四朝聞見錄》乙集〈莊文致疾〉說：士子們「圍車發喊雷動，莊文驚愕得疾薨」。《宋史》卷246〈莊文太子傳〉曰：「太子病喝，醫誤投藥，病劇。」兩說並不矛盾，驚愕得疾在前，病暑誤診在後。

不過，孝宗仍遲遲不新立皇太子。按照慣例，慶王、恭王同為嫡出，理應立長。但慶王秉性寬慈，雖因此頗受太上皇寵愛，但寬慈太過不利於宗社大計，在福相上似乎也差了點。相比之下，孝宗更欣賞恭王的英武勁兒，三個兒子中還數他閱經史、習藝業最多。但恭王排行在後，如果立他，於禮不順。這樣，立儲之舉便一拖再拖。

乾道六年新年剛過，竟是豪雨夾着驚雷，接着便是一場漫天大雪。左諫議大夫陳良翰上疏認為，天象反常與久不建東宮有關，孝宗嘉納諫言。春夏之間，孝宗讓莊文太子錢妃攜皇嫡長孫趙挺從東宮徙居外第。此舉意向不言自明：孝宗準備另立皇太子。七月下旬，太史奏稱：星象主冊太子，應該行大赦。

五天以後，右相虞允文退朝後請求獨自留班。他對孝宗說：「陛下在位近十年，而東宮虛位。今日之事沒有比這更大更急的了。願陛下上順天意，下從人心，早出聖斷。」孝宗欣然回答：「久有此意。但只恐儲位一定，人性驕逸，學問懈怠，漸有失德。故想讓他練歷世務，通古知今，庶幾不會有後悔事。」允文說：「只要慎擇宮官，使他日聞正言，日行正道，日久天長自然無不趨於正，怎麼會有後悔？再說，儲位一正，深居大內，常在陛下左右，日親帝學，何愁不光明，日悉朝政，還怕不歷練？以臣之見，早建東宮，其所成就一定遠遠超過外處潛邸。」孝宗說：「丞相所言極是。但這事還須找個日子與丞相單獨商議。」

一個月後，一次朝殿結束，孝宗命虞允文留班議事。事畢，允文舊事重提，孝宗道：「這事已定了。就在郊天的好日子降下指揮①吧。」十一月五日，孝宗在郊壇祭天時單獨召見允文，說：「立太子事，朕只想與丞相一人商議，怎麼樣？」至今為止，孝

①「指揮」即南宋宰執機構政事堂命令下屬官署遵照辦理的指令。

宗儘管一再強調主意已定，卻從未向允文暗示過立誰，今天這番話，顯然有意聽取他的意見。

從立儲上的一再遷延，允文看出了孝宗的猶豫與意向，然而處在獨相的地位，他不能避而不答：「這是陛下的家事，臣不敢參預。」接着，他敘述了本朝太宗末年召見寇準問立東宮的故事，意味深長道：「太宗共八子，真宗為第三，體味寇準奏對曲折之間，其意只在由太宗親自決定而已。我的惓惓忠誠也只是期待陛下聖裁！」孝宗似乎最終下了決心，說：「這事沒甚麼可猶豫的了。立太子放在初春罷。」允文答道：「臣謹奉詔。希望到那時，陛下不再變動。」

立儲之事在孝宗與允文數度密議中遲緩地推進。在夫人李氏夢日生子的鼓吹後，恭王不敢有更大的造次，但覬覦儲位的那顆心卻從未放下過。據《四朝聞見錄·三王得》記載，有一天恭王外出，車乘遭到一個軍漢的攔截，衛士上前扯開這個蓬頭垢面、瘋瘋癲癲的軍漢，他卻罵罵咧咧地口吐髒話，甚至撿起瓦礫拋擲圍觀的孩子們，嘴裡詬罵不停。

恭王喝問：「你是誰？」那漢子連聲自報姓名道：「三王得，三王得。」恭王素來熱衷於算命、卜兆等迷信玩意兒，一聽「三王得」，就悟出這是個大吉之兆：三王，我恭王不正是排行第三嗎？三王得，也就是說，我三王將得到儲位啊！於是，他下令正在拉拽的衛士放那軍漢回去，自己也喜孜孜地懷着好兆頭打道回府了。

冊立皇太子之事終於明朗化了。乾道七年二月七日晚朝時，孝宗正式將立皇太子的御札頒示大臣，當夜由翰林學士鎖院起草一系列相關的詔書。自稱「閒人不管閒事」的太上皇帝高宗，也過問了這件大事。他與太上皇后吳氏在慶王、恭王之間「獨導孝宗以光皇為儲位」，在隔代繼承人上表達了明確的導向。這天

晚上，太上皇特意只召慶王進德壽宮。德壽宮由秦檜舊第擴建而成，頗有亭台樓樹之勝、湖山泉石之美，高宗禪位後就移居於此。當時人習慣上把位居臨安城南的皇宮稱為南內，把德壽宮叫做北內。若不是朝賀、聖節等特殊日子，一般的皇孫也不能隨意出入德壽宮的。慶王聽説太上皇召他宴宿北內，次日再回王府，自然十分樂意。

第二天，孝宗御文德殿，宣佈立皇太子，詔書説：「儲副，天下公器。朕豈敢有所私哉？第三子惇，仁孝嚴重，積有常德，學必以正，朕日以休，可立為皇太子。」接着，宣讀了慶王趙愷進封魏王、出判寧國府（今安徽宣城）的詔書。這時，魏王還在北內陪着他那太上皇帝的翁翁徜徉在湖光山色之間。等他回到王府接到麻制，才明白了一切。

不久以後，魏王去德壽宮見太上皇，談話間老大不高興：「翁翁留我，卻讓三弟越位做了太子！」太上皇一時語塞，安撫他道：「兒道是官家好做？做時可煩惱呢！」三月下旬，兩府宰執在玉津園為魏王出判外藩設饌餞行，宴罷登車，魏王對虞允文鄭重而懇切地説：「還望相公保全。」他深知允文在立儲中的作用與在朝廷上的影響，在入主東宮的競爭中，他成了失敗者，但不希望有更大的政治漩渦將自己吞沒。出判寧國府三年以後，他改判明州（今浙江寧波），在兩地他都究心民事，頗有仁政。淳熙七年（1180），魏王病逝明州的訃聞傳來，孝宗泫然淚下説：「過去之所以越位建儲，就為這孩子福氣稍薄，沒料到這麼早就過世了。」在潛意識裡，他要為自己越位建儲尋找站得住腳的解釋。

不久，恭王夫人李氏立為皇太子妃，她慶幸於夢日生子的杜撰話頭畢竟起了點作用。其後幾天，皇太子一頭扎進繁文縟禮中，朝謁景靈宮，拜祭太廟，赴德壽宮向太上皇帝、太上皇后稱謝，忙得不亦樂乎。三月二十三日，孝宗在大慶殿正式行冊封皇太子

禮。繁瑣複雜的全套立皇太子禮持續了三天，趙惇才入主東宮。

2. 東宮生涯

東宮再建後，孝宗從為人與從政兩方面加強對皇太子的教育和培養。首先，他親自為皇太子配備了德行可風、學問有聲的東宮僚屬。在確定皇太子人選的同時，孝宗囑咐宰輔們：「應該多設幾個東宮官，博選忠良之士，使皇太子前後左右都是正人。」他轉而問虞允文：「歷來東宮官設幾人？」允文答道：「太子詹事兩人，太子庶子、太子諭德各一人，或兼侍讀，或兼侍講。」孝宗關照：「應該再增兩員」，並問他：「誰可以作為合適人選？」允文答道：「恭王府原有講讀官李彥穎、劉焞就很合適。」孝宗即表示：「劉焞有學問，李彥穎有操守，兩人都可以。」他讓宰執們再選幾人，擬個名單送上來。

幾天後，孝宗審閱名單時，見有王十朋和陳良翰，便説：「這兩人都很好。王十朋原就是諸王宮小學教授，性格疏快，就是碰到有些事固執些。」虞允文奏道：「東宮賓僚以文學議論為職，固執些並不礙事。」於是，孝宗命王十朋以敷文閣直學士、陳良翰以敷文閣待制同時出任太子詹事。宋代官制，太子詹事例以他官兼任，孝宗卻一改常制，明確指示王、陳「不兼他職」，其良苦用心無非要求他們在輔導皇太子時更盡心竭力，不負重託。

在東宮僚屬配備到位後，為使其歷練政務，在入主東宮次月，孝宗便讓皇太子領臨安府尹，御筆明示用意：「蓋欲試以民事。」皇太子領尹治京是有例可循的，真宗曾以壽王任開封府尹，立為皇太子後仍判開封府如故。然而，在官制與職事的安排上卻應作不少變動。知府事自然不設，通判也須廢罷，別置少尹協助皇太子理政，首任臨安府少尹就是大名鼎鼎的目錄學家晁公武。

皇太子就在東宮處理府事，並不需要赴府衙辦公，因為相距太遠。少尹與兩名判官每兩天赴東宮一次，彙報重大公事，聽取裁奪，至於日常公務都由少尹代為處理。

皇太子領尹是從乾道七年四月下旬開始的。雖然孝宗規定：皇太子出入宮禁以及每年一次赴府衙接受少尹以下屬官庭參禮上之日，如有馬前投狀應該接下，但在他尹京期間沒有發生過這類馬前遞狀的事情。孝宗頒降給臨安府的御旨，必須先送東宮，但皇太子只須閱後封轉少尹執行，就算完事。臨安府界的訓諭風俗、勸課農桑、寬恤赦免等，則以皇太子名義奉旨出榜。至於收糴軍糧、招募兵士、命官犯罪等大事，他只消在東宮聽取彙報，表示原則性意見，具體操辦完全不用他勞神費心。皇太子做得最多的事情，就是在臨安府和浙西安撫司的奏表上題上他與府尹的名銜。而實際上，臨安府給二府及其他官衙的大量公文都由少尹代勞簽發了，皇太子畫押具銜的文書數量已大為減少。

對皇太子尹京，朝堂上一開始就有不同的看法。太子詹事王十朋剛到任便上疏說：「大抵太子之職，問安視膳而已，撫軍監國都是萬不得已的事情。三代之王教育嗣君，也不過教以禮樂，讓他知道父子君臣之義。現在府事繁劇，命皇太子裁斷，即使事事得當，也不顯出太子的聰明，增加太子的盛德。倘有差失，就不是愛護太子了。」也有臣僚從另一角度反對：行在只是駐蹕之地，如今以尹京典故讓太子領治，天下百姓會誤認為臨安已作京師，豈非「絕中原之望，疑四海之心」？但孝宗沒有採納這些意見，他堅持認為，太子尹京是培養其治國理政能力的重要環節。

一年以後，太子詹事李彥穎再向孝宗提出：「陛下雖想讓皇太子更歷民事，但領尹不是相宜之舉，應讓他專意向學。」改日，他把這一見解面告皇太子，勸他草擬奏稿，辭免尹事。皇太子上了三奏，在領尹整兩年之際，辭免終獲允准。

皇太子尹京兩載，留下了不少由他具銜判押的案牘文移。寧宗在位時，將其編為 70 卷《光宗皇帝尹臨安判押案牘》，還冠以御製序言，稱頌他以太子尹京「治以簡約為本，教以宥靖為先」。據說，皇太子領尹奏疏中曾有「訟簡刑清，百姓和樂」等語，淳熙元年（1174），後任知府還請孝宗御書「簡樂」的匾額，高懸府衙，歌功頌德。不過，剔除奉迎與過譽，在這兩年間，皇太子究竟有多少政績可以縷述，練歷了多少世務，知悉了多少民情，對他君臨天下以後的德與才究竟產生了多少作用，都是大可疑問的。

從乾道九年（1173）四月解除臨安府尹以後，皇太子熬過了長達 17 年的東宮生涯。東宮在大內的東部，西傍饅頭山佈局，由舊宮殿稍事拾掇修繕而成。進太子宮門，從芙蓉相間、朱欄環護的垂楊夾道向北，便是正殿。後來在東宮創闢了射圃，作為太子的遊藝處所，其間有榮觀堂、鳳山樓等景致。

講習經書是東宮日課，有時一天要講七八次。但進度卻不快，三四年還講不完一經，皇太子聽講讀《尚書》居然用了四年。對皇太子的學業，孝宗是經常關心和詢問的。淳熙元年，孝宗對大臣說：「太子資質還可以，就是還缺少學問。」太子詹事李彥穎奏道：「東宮講讀時，除講官外，其他東宮官不過陪侍一邊，不久便逡巡而退。希望讓太子庶子或太子諭德也兼充講官，為皇太子再選講一經。」孝宗當即令庶子、諭德輪流為皇太子進講《禮記》。淳熙三年，他把史學家袁樞剛編成的《通鑑紀事本末》頒賜東宮，讓皇太子將這部史書與陸贄奏議一起熟讀，並語重心長地告誡說：「治道盡於此矣！」平時，皇太子派人前去問安，帶回的聖諭也總是「太子切須留意學問」。

淳熙六年三月的一天，孝宗帶着皇太子遊覽佑聖觀，就是原普安郡王府和恭王府改建的。孝宗來到潛邸的講宮，環顧棟宇儼

整如新，看到舊日親筆題壁的杜詩——「富貴必從勤苦出，男兒須讀五車書」，不禁感慨繫之。他曾在這裡勤苦地歷練與學習，這座王府，這棟講宮是他穩步邁向大內、登上王位的重要驛站。他之所以將潛邸繼續作為恭王府，也是寄希望於「英武類己」的第三子，能像自己那樣，苦經磨礪，成為帝業的接班人。不知不覺間，來到明遠樓下，孝宗回頭問皇太子：「近日《資治通鑑》已熟，還讀甚麼書？」皇太子答道：「經史都讀。」孝宗告誡道：「先以經為主，史也不可廢。」

由於孝宗嚴格要求，入選的東宮講官尤袤、楊萬里等德學俱佳，勤勉盡職，堪稱一時之選，皇太子倒也不敢懈怠。淳熙四年，他找到一部《唐鑑》，覺得范祖禹學問純正、議論精確，便讓講官為他增講這部史書。孝宗還賜他《骨鯁集》，讓他仔細閱讀。這是開國以來歷朝名臣直諫人君的奏疏彙編。皇太子讀罷大受教益，與進見的劉光祖熱議起來。他認為：「書中所論新法，自是必為民害」，斥責蔡卞、蔡京為小人；而盛讚陳東上書「其意甚忠」，「不易得」。[①] 他也再三稱揚呂祖謙賢德，歎息他早逝，並問光祖：「你曾認識他嗎？」

讀書漸多，皇太子的見識也似有長進。淳熙八年立春前下了一場好雪，東宮僚屬紛紛前來稱賀，皇太子說：「大凡芝草珍異都不足稱為瑞兆，只有年登穀豐，民間安業，才是國之上瑞。」他賦詠雪詩說：「閭閻多凍餒，廣廈愧膏粱。」由一天風雪想到凍餒的百姓，用心與議論瑞雪相契合。淳熙十二年，楊萬里有封事傳入東宮，內容縱論天災、地震、敵情、邊防、君德和國勢，皇太子聽了絕口稱好。孝宗對封事沒立即表態，幾個月後讓楊萬里出任東宮侍讀。皇太子聽說，高興地詢問：「新除楊侍讀就是

---

① 《歷代名臣奏議》卷 206 劉光祖〈論言事本末疏〉；《誠齋集》卷 112〈東宮勸讀錄〉。

上封事那位吧？」太子詹事余端禮答道：「是的。這人學問過人，操履剛正，尤工於詩。」「太好了！我這裡也有好幾個人想走後門謀取這位子，我不要這些人。現在任命了楊侍讀，太好了！」皇太子顯得異常興奮。

在講堂上，皇太子也經常對講讀的內容獨抒己見。針對《周禮·太府》主張國家用度應與百姓同豐歉，他持不同見解：「人君只應以節儉為根本。書裡說的是題外話，歲豐年歉不是人的思慮所能顧及的。」講官說到《老子》「不見可欲，使心不亂」，皇太子發揮道：「枯槁之士，無可欲而不亂者，易；富貴者，有可欲而不亂者，難。人皆能知之，皆能言之，但行之難啊！」有一次，講官說到唐僖宗時，宦官田令孜矯詔將直言進諫的孟昭圖溺死在貶官途中，他憤然道：「到矯詔的地步，唐朝事就無話可說了！」對本朝故事也時有議論，他總結道：「祖宗相傳只是一個仁字」，又說，「祖宗之德，仁、儉二字而已。」

從東宮官處聽到這些，孝宗總喜不自禁連聲誇獎「見識高遠」，「學問過人」。他顯然很滿意，皇太子可以成為他期望的皇位繼承人。有時，孝宗會特意將某件朝政交皇太子裁議。知漢州賈偉任滿還朝，道經鄂州（今湖北武漢），耳聞目睹大將郭杲掊克軍士，便上奏請裁郭杲兵權。朝廷派人調查，郭杲避重就輕，反告賈偉因未能鬻貨給軍隊牟利而泄憤報復，要求對質。皇太子接到父皇交下的這件公事，認為：「將臣固不可以一言動搖，但也不可以言處罰賈偉，這樣言路將自此壅塞不通！」朝臣們都以為皇太子的分析有道理。

元旦大朝會時，按禮，皇太子接過皇帝賜酒應立飲於前，而皇孫平陽郡王趙擴卻安坐於後，知大宗正趙不德認為父立子坐不合於禮，孝宗擬交禮儀部門討論，皇太子笑着說：「尊無二上。在君父之前，我們父子都是臣子，怎能讓兒子向我致以私敬呢？

再說，平陽郡王與從官在不賜酒時都坐着，怎能讓他一人獨立，亂了班次呢？」禮官們無不稱道皇太子既有學，且知禮。

皇太子謙恭儉約給孝宗留下了好印象，笑着誇他「宮中受用，凡百極簡，無他嗜好」，認為他「德性已自溫粹，須是廣讀書，濟之以英氣，則為盡善」。但倘若將皇太子即位以後暴露的各種嗜好與這一評語兩相對照，有理由懷疑皇太子在東宮時期「無他嗜好」的真實性，或者正如其自言，「有可欲而不亂者，難」。至於「德性溫粹」云云，孝宗彌留之際也該知道是言過其實了。

為不忘恢復大業，孝宗好幾次攜皇太子，帶着宰執、親王、侍從及管軍武臣赴玉津園行燕射禮。玉津園是南城外專供皇帝燕射的御苑，依山瀕江，景色秀麗。淳熙元年九月的一天，孝宗君臣又到園內燕射，孝宗身着窄衣，在教坊樂聲裡射箭中垛，皇太子與宰執、侍從都上前拜賀。宴飲以後，皇帝興致勃勃賦了一首《玉津園燕射》，皇太子步韻和道：

> 秋深欲曉斂輕煙，翠木森圍萬里川。
> 閶闔啟關傳法駕，玉津按武會英賢。
> 皇皇聖父明如日，挺挺良臣直似弦。
> 蹈舞歡呼稱萬壽，未饒天保報恩篇。

詩味雖寡淡，但對父皇英武的熱烈歌頌卻引人注目。在對孝宗的態度上，皇太子自恭王時起就小心翼翼，表現出憂喜與共的樣子，孝宗上朝回宮，情緒好，進膳有滋味，他便喜形於色，反之則愀然不樂。這首和詩也意在傳遞這種父子相契的情懷。

這種父唱子和在淳熙年間並不少見。淳熙四年，一場秋雨過後，孝宗賦詩述懷道：

平生雄武心，覽鏡朱顏在。

豈惜常憂勤，規恢須廣大。

　　他把詩賜皇太子。皇太子領會到父皇的中興宏圖與恢復規模，也和了一首：

中興日月異，王氣山河在。

萬物飾昭回，稽首王言大。

　　起筆倒也有其父的雄武之氣，後兩句說，萬物都披上了太陽的光輝，臣下叩首歡呼聖諭的偉大。皇太子對和作顯然很得意，將其與原詩一起書錄，賜給東宮講官周必大。

　　東宮的歲月是閒暇的。聽經讀史、問安視膳外，皇太子有暇也會親自為兒子趙擴講上一段經文大義或本朝故事，但更多時間則用來吟詩習字。他愛讀孟浩然與賈島的詩，新詩作成，常給東宮講官看。他喜歡吟詠梅、雪，博得了曾任東宮侍讀的名詩人楊萬里「儲後梅詩雪共新」的激賞。誠齋的激賞與其他東宮官所謂「每有詩篇，辭語高妙」的評價，都有過譽的成分。但皇太子確實會作詩、愛作詩，有的篇什寫得還堪諷誦。例如他《賜楊萬里》詩云：

黃蘆洲上雪初乾，風撼枯枝晚更寒。

靜艤小舟誰得似，生涯瀟灑一魚竿。①

---

① 《誠齋集》卷 21〈和皇太子梅詩〉；陳岩肖：《庚溪詩話》卷上；陸心源：《宋詩紀事補遺》卷 1 引《吉安府志》。

淳熙十三年陽春三月的一天，皇太子請太子詹事葛邲、余端禮，諭德沈揆，侍講尤袤，侍讀楊萬里燕集榮觀堂。席間，余端禮等感謝皇太子為他們四人各題齋名。楊萬里剛入職東宮，便也請皇太子為誠齋題額。皇太子乘興揮毫，「字畫雅健」，「精神飛動」，題畢「誠齋」，意猶未盡，又將自己近作賞梅詩，分寫五紙，各賜宮僚。「小吟春着梅梢句，一日東風四海傳」，誠齋詩說的也許就是這次燕集。[①] 皇太子喜歡將手跡賜給宮僚們，當過六年東宮官的周必大就得到不少，或面賜，或簽名封送，行楷都有，墨跡粲然。即位以後，他仍好賜墨跡，或將御書團扇賜給陛見的武將，或御書一詩贈給侍從。然而，其書法純學孝宗，就像其詩傳高宗一樣，即楊萬里所謂「銀鈎已有淳熙腳，玉句仍傳德壽衣」，都沒有個性和特色。

3. 終登皇位

做了十幾年皇太子，已經年過不惑。他企盼父皇儘早禪位，就像當年太上皇禪位給父皇一樣，讓他早登大位，嘗嘗做天子的滋味。但孝宗卻似乎毫無這一意向，他或許仍指望有朝一日能親手實現恢復中原的夢想。皇太子可有點兒耐不住了。

有一天，皇太子瞅了個機會試探道：「我的胡髭已經開始白了，有人送來染胡髭的藥，我卻沒敢用。」孝宗聽出了話外之音，說：「有白胡髭好。正好向天下顯示你的老成，要染髭藥有何用！」這幾年，他也確實有點疲倦了。隆興北伐失利後，他等待機會等了 20 餘年，看來恢復夢在自己手裡已然無望，但仍打算把國家治理得強盛些，即使自己趕不上，也好讓兒子即位不久，就能夢想

---

① 《誠齋集》卷 98〈跋御書誠齋二大字〉、卷 21〈和皇太子梅詩〉。

成真。還有一個原因，也使孝宗不能立即把皇位禪讓給兒子：太上皇還健在，自己一旦禪位，兒子又要另撥一筆浩大的供養費，僅從「重惜兩宮之費」出發，禪位也只能到太上皇百年之後。①

自從碰了軟釘子，皇太子不再向孝宗啟口重提此事，卻把目標轉向了太皇太后吳氏。他好幾次請太皇太后品嘗時鮮佳饌，太皇太后有點納悶地問貼身內侍：「大哥屢屢破費排當，這是為甚麼？」當時，宮中宴飲稱為排當。有人道：「想讓娘娘代他勸皇上。」太皇太后笑了。

不久，孝宗到南內問安，從容說話間，吳氏便說：「官家也好早些兒享福，放下擔子給孩兒們。」孝宗道：「我早就想這樣了。但孩兒還小，未經歷練，故不能馬上給他。不然的話，我自然早已快活多時了。」吳氏也不便過分勉強。皇太子估計太皇太后已經傳語父皇了，便又設排當，再請吳氏。太皇太后對他說：「我已給你父親說過了，他說你還是未經歷練的孩子。」皇太子一聽這話，一把抓下幘巾露出頭髮說：「我頭髮都白了，還說是孩子！這豈不是罪過翁翁嗎？」翁翁指宋高宗，他禪位時，孝宗僅36歲，比皇太子現在還年輕。太皇太后語塞了。

正面試探，側面敲擊，都無濟於事，皇太子只能乞靈於他篤信不疑的扶箕術了。據《四朝聞見錄·清湖陳仙》，請入東宮的箕仙姓陳，江山縣（今屬浙江）清湖鎮人，父子同操一業，人稱「清湖陳仙」。皇太子召老陳入宮，自己卻穿白絹上衫，繫小紅腰帶，改換了裝束，避而不見。內侍設好了香案，焚化了問狀。箕仙降臨了，執筆寫下「皇太子淳熙十六年二月壬戌即大位」。內侍拿進去交給皇太子，命犒以酒餚，贈以金帛，送陳仙出宮時叮囑他切勿妄語而泄漏天機。皇太子這才感到心裡踏實。

---

① 《四朝聞見錄》乙集〈烏髭藥〉。

　　大約就在請箕仙不久，淳熙十四年十月八日，太上皇駕崩，廟號高宗。對高宗之死，孝宗號慟欲絕，兩天一點也不吃，表現出深切的悲痛。本來，儒家三年喪制，實際服喪 27 個月。而宋代之制，嗣君為先帝服喪，以日代月，三天後聽政，13 天小祥，27 天大祥。然而，為向天下後世表示自己「大恩難報，情所未忍」的孝心，孝宗堅持自我作古，實行三年之喪。

　　政務的勞頓，喪期的哀痛，孝宗日感疲憊，覺得到了該傳位的時候了。不過，他對皇太子似乎還不放心，總認為應該讓他多經歷練。高宗死後沒幾天，孝宗單獨交代博學多識的翰林學士洪邁：「朕準備內禪，而且打算仿效唐朝貞觀故事，讓皇太子參決政事。你去查一下應行的禮儀。」他對宰執們解釋：「皇太子已年長，若只在東宮，惟恐他怠惰，所以讓他參決庶務。可以定個日子開議事堂，與你們議事。」

　　對這一決定，太子侍讀楊萬里立即上書反對。他歷論趙武靈王、魏太武帝、唐太宗令太子監國的歷史殷鑑：

> 　　民無二主，國無二君。陛下在上，卻名皇太子參決，天下向背之心必生。向背之心生，則彼此之黨必立。彼此之黨立，則離間之言必起。離間之言起，則父子之際必開。父子一有纖芥之疑，就難以彌合。陛下應遠鑑古人之禍。

　　他同時上書皇太子，陳述了類似意見，勸誡皇太子「三辭、五辭、十辭、百辭」而決不奉詔。皇太子禮節性地給父皇上了三次辭謝的表章，並沒有五辭、十辭。[1] 從內心說，他知道參決庶

---

[1]《誠齋集》卷 62〈上壽皇論東宮參決書·上皇太子書〉；羅大經：《鶴林玉露》甲編卷 6〈太子參決〉。

務是父皇準備讓位的前奏曲，他早就渴望登位一試了。

　　淳熙十五年正月二日，皇太子正式開議事堂。這天，孝宗特地登御和殿，先令宰執們奏事，然後命他們赴議事堂與皇太子共議國事。議事堂由原內東門司改充，從這天起，皇太子隔日與宰輔大臣在這裡相見議事。凡是在朝館職、在外監司以上的任命，由皇太子參決，再上報皇帝。除出守州府的侍從、文臣監司、武臣鈐轄，其他官員都在議事堂參辭與納呈札子，其間有可行的，皇太子與宰執一起呈上取旨。七天以後，孝宗對大臣們高興地說：「皇太子參決政事沒幾天，已諳知外朝物情。從今天起，每逢朕御內殿，令皇太子侍立。」顯然，孝宗有意識地在強化訓練他治國理政的能力。

　　這時，太子左諭德尤袤也感到有必要再次提醒皇太子，免得楊萬里的警告不幸而言中。他上書皇太子說：

　　　大權所在，天下趨之若鶩，這是十分值得警惕的。願殿下事無大小，都取上旨而後行；情無厚薄，悉交眾議而後定。禍害的端倪，往往開始於思慮不周的當口；疑隙的萌芽，常常隱生在提防未及的地方。儲君之位，只是侍膳問安；撫軍監國，歷來出於權宜。願陛下在高宗神主祔廟後，就懇辭參決，彰昭美德。

　　對尤袤的勸誡，皇太子只表揚了一句：「諭德對我可謂關心得真深切啊」，便沒了下文。

　　孝宗很重視皇太子參決，因事隨時向兒子點撥治國之道與為政之術。他把培養一位英明的君主視為傳授一門絕活那樣，言傳身教。秋天一過，便是孝宗的生日會慶節，按例，全國州軍又要進奉祝壽的錢物了。今年，他打算為兒子做件好事，便對皇太子

説：「朕為你免去各州軍兩年會慶節的進奉，怎麼樣？」

這年的皇太子生日，臣僚照例上了許多祝賀的詩文，有一首詩説「參決萬機裨獨斷，力行三善答輿情」[①]，三善指親親、尊君、長長，歌頌皇太子參決政務以便孝宗更好地獨出聖斷，他在這三種道德規範上向輿論民情交了出色的答卷。儘管是阿諛奉承，卻表明皇太子在參決朝政時小心翼翼，儘可能讓父皇滿意和放心，以便儘快禪位於他。

這年五月的一天，皇太子照例進呈官員任命名單，孝宗注意到有一個名叫司謙之的，剛以門客蔭補，便授以刑工部架閣的差遣。任命是宰執草擬的，皇太子也沒表示異議。孝宗微微不滿地對他説：「切不可開這僥倖之門。他已經破格了，還不自己掂量掂量！」面對父皇的指責，皇太子連連稱是：「僥倖之門一開，攀比援例就會源源而來。確實不能開。」[②]

不過，孝宗還是認為禪位的時機已經成熟。他之所以急匆匆禪位，一再強調的堂皇理由是為服三年之喪；但在個別場合承認「年來稍覺倦勤」，恐怕才是實質原因。[③] 孝宗即位之初，以為「怨不可旦夕忘，時不可遷延失」，銳意興復；但隆興北伐，有恢復之君，無恢復之臣，決策人物張浚志大才疏，使紹興以來「所積兵財，掃地無餘」；自隆興和議後，雖始終「欲有為而不克」。[④] 如今眼看年逾六旬，恢復無望，「倦勤」之説乃是由衷之言，「服喪」之説不過門面之辭。

---

① 王炎：《雙溪集》卷 8〈賀皇太子生辰〉。
② 《宋會要輯稿》職官 73 之 33，《宋史全文》卷 27。按宋代慣例，只有同知樞密院事以上的宰執、三師三公及開府儀同三司的親王、使相以上才能蔭補門客，兩則史料均未指明司謙之是誰的門客，故頗有可能是皇太子的，宰執破例注擬或出於討好。
③ 《建炎以來朝野雜記》乙集卷 2〈上德己酉傳位錄〉。
④ 王夫之：《宋論》卷 11〈孝宗〉、卷 13〈寧宗〉。

淳熙十五年歲末，孝宗命當時獨相的周必大着手準備禪位的典禮。次年新年初三，他封魏惠憲王子趙柄為嘉國公；上元節那天，把太上皇后吳氏遷居慈福宮，慈福宮仍在原德壽宮內。安頓好家事，他接着安排國事。

宋孝宗召見了宰執班子，告訴他們：「近來理政稍感倦憊，這十來天中想禪位給皇太子，以便退居休養，服喪盡孝。」大臣們都交口贊同，只有知樞密院事黃洽沉默不語。他執政六年，少有建明，有同僚譏諷他循默。孝宗便問他：「卿以為如何？」黃洽答道：「皇太子能當大任，但李氏不足以母儀天下。陛下應深思熟慮。」皇帝對皇太子妃是有所不滿的，卻未料黃洽直言如此，頓時驚愕地反應不過來。黃洽卻從容地接着說：「陛下問我，我不敢沉默。但既然說了，從此便再也見不到陛下了。陛下他日想起我的話，再想見我，也不能夠了。」退朝以後，他便力求去位。

孝宗對宰相周必大說「卿須少留」，打算讓舊相繼續輔佐新主，但必大表示一俟內禪大典操持結束，也將辭相出朝。皇太子參決朝政的後半年，正值必大獨相。如今挽留不住必大，孝宗倒也不覺得是倆人合作欠佳的緣故。他先進拜必大為左丞相，再把執政留正升任右丞相。有一天，留正奏事，皇太子侍立在側，孝宗回頭對兒子說：「留正純誠可託。」顯然，他已決定讓留正在不久將來取代必大輔弼新君。他又罷免了黃洽與另一位執政，代以王藺和葛邲。

這壁廂孝宗正在為禪位做最後的安排，東宮那裡似乎又迫不及待了。上元節太皇太后遷入慈福宮那天，皇太子寵信的宮僚姜特立見到左相周必大，便打聽道：「宮中人人都知上元節後舉行典禮。現在卻還靜悄悄地不見動靜，這是為甚麼？」周必大說：「這不是外朝應該打聽的！」姜特立碰了一鼻子灰，他的試探即使不是出自皇太子授意，至少也是迎合了東宮的心思。

二月二日，內禪大典終於舉行了。紫宸殿上儀仗莊嚴，宰執與百官列班侍立。宋孝宗入殿，鳴鞭響了起來。宰執上殿奏事。然後，在鳴鞭聲中，皇帝步入便殿。宰執與文武百官移班殿門外，聽內侍宣讀禪位詔書：

> 皇太子以仁孝聰哲，久司上酉，軍國之務，歷試參決，宜付大寶，撫綏萬邦。俾予一人獲遂事親之心，永膺天下之養，不其美歟！皇太子可即皇帝位，朕移御重華宮。①

聽罷宣詔，群臣再拜蹈舞，三呼萬歲，然後復入殿列班。新皇帝宋光宗入紫宸殿，禁衛班直、親從儀仗等迎駕。鳴鞭聲中，內侍扶掖他來到御座前。他推辭再三，側立不坐。內侍傳出孝宗聖旨，請新皇帝升御座，光宗這才就位。百官逐班稱賀，再呼萬歲；宰執奏事而退。儀仗退場後，光宗來到便殿，侍立於太上皇帝之側。然後，登上輦轎，送太上皇帝赴重華宮。幾天前，宋孝宗已下詔將德壽宮改為重華宮，作為自己退養之所。從北內回大內後，光宗下詔，上太上皇帝尊號為「至尊壽皇聖帝」，孝宗謝皇后尊號為壽成皇后。禪位儀式至此結束，光宗這才穩穩地圓上了皇帝夢。他猛地記起今天的紀日干支是壬戌，竟與清湖陳仙的扶箕之語完全吻合。

禪位那天，有臣僚做了十首口號詩，有兩句說：「乍從黃傘窺天表，愈覺英姿似壽皇。」②意思說，看一眼黃傘蓋下新皇帝的龍顏，那勃勃英姿酷似他的父親壽皇聖帝啊！然而，他治國平天下的雄心與方略比起乃父來，將會怎樣呢？

---

① 《建炎以來朝野雜記》乙集卷 2〈上德己酉傳位錄〉。

② 張鎡：《南湖集》卷 7〈淳熙己酉二月二日皇帝登寶位鎡獲廁廷紳輒成歡喜口號十首〉。壽皇即孝宗尊號「至尊壽皇聖帝」的簡稱。

二　紹熙初政

1. 求言用諫過場戲

　　宋孝宗算是南宋最有作為的君主，但晚年政事也頗有因循苟且處。朱熹在淳熙末年曾有過比喻：「今天下之勢，如人有重病，內自心腹，外達四肢，無一毛一髮不受病者」；他論淳熙後期君相道：「如今是大承氣症，卻下四君子湯，雖不為害，恐無益於病。」朱熹說得有點嚴重，大承氣症狀是中熱內結，神志昏眩；但每個朝代步入後期的「王朝病」，確已漸露先兆。光宗即位，究竟是使天下之勢恢復孝宗前期的那種活力與希望，還是坐視王朝病日趨嚴重？他面臨的無疑是頗為關鍵的時機。

　　即位當年，光宗仍用淳熙紀年，次年改元紹熙。宋代年號多寓用意，往往可視為紀元時期的施政大綱。光宗志在繼承孝宗的淳熙之政，即所謂「將紹淳熙之政」，故以紹熙為年號。紹熙元年（1190）初，詔書稱「壽皇聖帝臨御歲久，典章法度粲若日星」，「當遵而行之，仰稱付託之意」，也表明這點。至於翰林學士草擬改元制詞時說，「合紹興、淳熙為義」，似非光宗本意。光宗在位僅五年餘，若以次年十一月他驚悸致疾為界，可分為前後兩期。史書稱其前期「紹熙初政，宜若可取」，是否如此呢？

　　即位大禮的餘波持續了好幾天：大赦天下，率群臣朝重華宮上尊號冊寶，冊立皇后，尊高宗皇后吳氏為壽聖皇太后，遣使赴金告知即位，等等。即位十天後，光宗在求言方面三天之內連下了三道詔書。第一道詔書頒給內外臣僚的，讓他們上陳時政闕失。這原是新君即位後的應景事，臣僚上言也往往虛應故事，濫歌聖德。也許為強調誠意，詔書特別聲明：「四方獻歌頌者勿

受。」次日，光宗又給離任的宰執和侍從各送去一封詔書，向他們咨訪得失。第三天，他下詔兩省官，指示他們閱選內外封事與奏章，將其中重要而切實的報送上來。大概感到僅此三道詔書還不能讓天下臣僚知無不言、言無不盡，十餘天後，他又下詔職事官輪對，迫使臣僚們逐日挨個發言。內外百官做出了響應。光宗引見臣下，閱讀封事，也似乎忙乎起來。

軍器少監劉光祖上了《聖範札子》，把北宋太祖、太宗兩朝關係到國家宏圖、天下大計的事跡條分縷析為十類，呈給光宗作為創業守成的典範。這封萬言札給光宗留下了深刻的印象，認為劉光祖是可用之才。

在進對的群臣中，黃裳論中興規模也引起了皇帝的注意。他着重從行都、吏治、重鎮三方面論述中興規模與守成不同。光宗是欣賞黃裳的，不久便讓他做自己兒子的老師，升任嘉王府翊善。

這時，邊臣來報，金使入界，但使名不合外交禮節，左補闕薛叔似奏道：「自從壽皇以匹敵之禮對待金國，金人常有南窺之心。現在使名不正而遣使入境，只能讓敵人輕侮。謀國者不能過分畏敵。」對恢復之業，光宗也不是絕無考慮，聽罷奮然接納了這一建議。

不論在朝在外，還是致仕官員，也不論召對，還是上疏，光宗都讓他們各盡所言，自己則「不倦聽納」。羅點使金回朝，光宗尤其鄭重地對他說：「你原是東宮舊僚，更和他人不同，有所欲言，毋憚啟告。」這位昔日的太子侍講趁機進言：「君子得志常少。因為君子志在天下國家，行必直道，言必正論，不忤人主，則忤貴幸，不忤當路，則忤時俗。反之，小人得志常多。明主應該念君子之難進，儘可能支持保護他們；念小人之難退，儘可能洞察提防他們。」

即位求言的當年夏秋之際，光宗還下詔侍從各言時政得失。

紹熙二年二月，驚雷大雪交作，他以陰陽失時再令侍從、台諫、
兩省官、卿監、郎官、館職各陳時政闕失。這年五月，他下詔宣
佈：今後將隨時宣召侍從、經筵、翰苑官，「庶廣諮詢，以補治
道」。接二連三的求言詔令與即位之初的求言之舉，似乎表明皇
帝不僅是一位經常不斷地徵詢意見者，而且是耐心傾聽真話的聆
聽者。不過，對光宗的求言決不能估價過高。他似乎沒有也不想
把各抒己見的臣下進言統一起來，抓住亟須解決的關鍵，制訂切
實有效的措施，付諸雷厲風行的行動。紹熙二年三月，衛涇的應
詔上書對紹熙初政的求言做了形象而具體的描寫：

> 陛下每於臣僚奏對，言雖許直，必務優容，可謂有容
> 受之量。然受言之名甚美，用言之效蔑聞。毋乃聽言雖廣，
> 誠意不加，始悅而終違，面從而心拒。軒陛之前，應和酬
> 酢，密若契於淵宸。進對之臣，亦自以為得上意。退朝之
> 暇，寂不見於施行，蓋有宣泄於小人而遂罹中傷者矣！[1]

說到底，光宗還是把初政求言當作門面文章，不僅臣僚上言
不見諸施行，反而向內廷小人宣泄不滿以至上言者遭到中傷。

宋人總愛自誇「好言納諫，自是宋家家法」；兩宋君主也無
不以「崇獎台諫」「不罪言者」相標榜。紹熙初政的上言者也不乏
建請納諫的。對於納諫，光宗先後做了兩件事，一是即位次月將
左補闕薛叔似、右拾遺許及之改任他官，廢罷了一年前增設的補
闕、拾遺官。宋代台諫官的建制大體沿襲唐制，只是把諫官中補
闕、拾遺改為司諫、正言。孝宗晚年，有感於宋代諫官往往分任
御史之職，為恢復「諫官專是規正人主，不事抨彈」的「古人設

---

① 衛涇：《後樂集》卷 10〈辛亥歲春雷雪應詔上封事〉。

官之意」，在司諫、正言之外再設左、右補闕和拾遺。御史中丞謝諤認為拾遺、補闕不能廢罷，光宗堅執己見。兩官之廢無異於向人們表明：皇帝內心並不希望把言事重點放在規正人主的闕失上。自此以後，進言的近臣果然大為減少。

光宗做的第二件事是重頒御史彈奏格。早在淳熙四年（1177），孝宗曾向御史臺與中央、地方各官署頒行《御史臺彈奏格》，分門別類共 305 條，作為臺諫彈奏的依據和臣僚恪守的準則。紹熙元年三月，御史劉光祖搞了個 20 條的摘編本，內容「關於中外臣僚、握兵將帥、後戚內侍與夫禮樂訛雜、風俗奢僭之事」，光宗「付下報行，令知謹恪」。[①] 此舉目的在於加強臺諫官對臣僚士庶的糾彈，而絕非規箴人主之失。兩件事情用意是一致的。

自然，用諫的表面文章還必須做的。淳熙十六年二月，光宗命中書舍人羅點舉薦可任臺諫的人選，供他親擢。侍從薦舉、君主親擢是宋代選任臺諫的一般程序。然而，光宗對羅點推薦葉適、鄭湜等人選並不滿意，認為他們都與周必大氣類相似。即位以來，左相周必大與右相留正議論素不相合，光宗是知道的。他清楚記得即位那天，必大哽咽着對孝宗說：「盛典重見，但今後不能日侍天顏了。」孝宗也泫然道：「只賴卿等協贊新君。」也許，光宗認為父皇讓他「協贊」，是對自己的不放心，故而對這位舊相頗懷忌憚之心。這種忌憚之心也許還能追溯到他以皇太子身份參決朝政期間，與宰相周必大的關係。這也難怪他對羅點的名單橫挑鼻子豎挑眼了。

周必大雖在內禪時已有去意，但兩月來卻不見有辭相動作。於是，光宗把左諫議大夫謝諤遷為御史中丞，讓兵部侍郎何澹當了諫議大夫。何澹與必大的關係原來不錯，但在必大任相期間，

---

① 《宋史全文》卷 28。《建炎以來朝野雜記》乙集卷 11〈御史臺彈奏格〉作 20 餘條。

做了兩年國子司業仍未遷升，便快快不快。留正遷右相後，建議升他為國子祭酒。他感恩在心，出任諫長後所上第一疏就力攻周必大，列舉其不公不平不正的十大罪狀，請即賜罷斥。在何澹累疏力攻下，必大上狀辭位，稱「右相賢德，中外同瞻」，字面上推重右相，字面外卻向皇帝暗示何澹黨附留正。五月，周必大罷相，出判潭州（今湖南長沙）。

何澹論罷必大，是對留正的回報，在其後四年裡，留正獨居相位。這種局面正是光宗本意所在，這有他的言行為證：其一，留正獨相之初，曾故作姿態請復命新相，光宗對他說：「古來多任一相，現在正以此期望你，你應了解朕的心意。」其二，光宗與留正君相對謝諤不劾必大深感不滿，不久便將其撤職，讓何澹取而代之，當了御史中丞。周必大就是朱熹批評的對大承氣症下四君子湯的淳熙名相，他的罷相表明：光宗連這樣下四君子湯的輔相都不能用，更遑論其他了。

羅點推薦與周必大意趣相類的人選，光宗自然不打算選用。僅就帝王術而言，光宗也比其父差遠了。孝宗之時，「前相既去，後相既拜，卻除前相進擬台諫，後相雖有進擬，慮其立黨不除」；光宗卻反其道而行之，此舉開南宋後期「一相去台諫以黨去，一相拜台諫以黨進」的先例。[①] 其初衷雖也旨在宣示君權的威信，但宋寧宗以降，相權與台諫結黨營私的痼疾難以治愈，卻與此大有關係。

不過，光宗畢竟親選了一些好台諫，最著名的就是那位上《聖範札子》的劉光祖。紹熙元年初，殿中侍御史闕員，光宗對留正說：「卿監郎官中有這樣的人選，你知道嗎？」留正沉吟一下問：「莫不是劉光祖？」光宗說：「對！這人我早記在心裡了。」

---

① 張端義：《貴耳集》卷下。

光宗對光祖說：「你剛直不曲，故而把言責交給你。」光祖感激知遇，益自奮勵，公論為之一振，連何澹也不得不承認近日台諫「風采一新」。

對何澹首攻周必大，當時劉光祖尚未入台，卻並不以為然。他倆是舊交，何澹承認：「近日之事，可說是犯不韙。」光祖對他說：「周丞相並不是沒有可議論之處，但近來一相去位，他引用之士斥逐殆盡，並非好現象。周丞相薦引頗多佳士，哪來這麼些人材代替他們？」出任台官後，光祖所上第一疏是論道學朋黨的，其中說到：「陛下即位之初，凡所進退，原無好惡之私，豈以黨偏為主？而一歲之內，罷逐紛紛，中間好人卻也不少。反而因人臣私意，連累了陛下的賢明。」既委婉地批評了皇帝，又不指名地指責了何澹徇私擊人。光宗對批評倒沒太在意，也許他認為周必大既已罷免，台諫與宰相立黨的傾向也必須防止，便把光祖的奏章給何澹與其他言官傳閱。何澹看了，好幾天恍恍惚惚，竟然靠服定志丸來鎮定情緒。

光祖真以為皇帝是所謂好言從諫之主，便連珠炮似的上章論諫。他彈劾前諫議大夫陳賈與現任右正言黃掄得罪清議，光宗下詔：陳賈奉祠，黃掄補外。光祖又論諫內侍孫某不應轉遙郡觀察使，光宗沒有答覆。這時，光宗準備把帶御器械的榮銜賜給閤門宣贊舍人吳端。吳端是東宮舊人。還在光宗當恭王時，有一次，孝宗的病連國醫都沒能治愈，恭王夫人李氏推薦他一試，倒痊愈了。李氏從此很看重他，這次授其榮銜，就出於她的示意。這一除命，連何澹都認為不妥，連上三疏論列；給事中胡紘拒絕書讀詔命[①]。光宗原就迷信巫術，何況還是李皇后的意思，堅決不肯撤

---

① 宋代以皇帝名義頒佈的各種政務文書，必須分別先經給事中與中書舍人審讀簽署同意通過，稱為「書讀」或「書行」。

回成命，讓大臣帶上御筆宣諭前去說勸劉光祖、何澹和胡紘。兩人見風轉舵，一個不再上疏，一個書讀詔命。唯有光祖仍諫論不止，強調「這是輕名器、壞紀綱、瀆主權，一舉而有三失」，不僅不買宣諭的賬，反而把皇帝也批評了。這下，光宗再也無法賞識其剛直了。恰巧前不久，光祖監督禮部考試，拆號時在試卷上小有差錯，光宗便藉此由頭罷了他的言職，距他入台還不到三個月。

紹熙元年冬，一項任命又引發了一場諫諍風波。士論不佳的潘景珪走後門鑽營到工部侍郎兼知臨安府的要職，右司諫鄧馹接連彈劾他結交近幸。誰知景珪仗着通天的路子，不僅鄧馹丟了言職降了官，其他交章論列的台諫官也多被斥逐。台諫攻之不已，光宗庇之愈力。在這僵持不下的當口，起居舍人黃裳上奏道：

> 自古以來，人君不能從諫的，就是被三種心蒙蔽了：一曰私心，二曰勝心，三曰忿心。因私心而生勝心，又因勝心而生忿心。忿心一生，事情就完全不在道理上了。景珪，乃平常之才，陛下原也以常人待他。就因為台諫攻之不已，致使陛下庇之愈力。陛下應心無所繫，聽台諫之言，就不會有欲勝之心了；待台諫之心，便不會有加忿之意了。

三心之說切中了皇帝的要害，也許為表示自己沒有私心，並能克服勝心與忿心，次年初夏，光宗罷去了景珪知臨安府的職務。

儘管如此，類似這樣「全台論之而不聽，給舍繳之而不回」的拒諫情況，卻屢有發生。紹熙二年，彭龜年在上疏中評價對光宗初政的用言納諫：「質之近日之事，似有拒人之疑」，「雖能申令出不反之威，然殊非改過不吝之道」。馬基雅維利曾指出：在君主制下，一切良好的忠言，不論來自任何人，必須產生於君主

的賢明。也就是說，良好的忠言決不會缺少，但只有君主的賢明才能正確聽納這些忠言，使其發揮真正的價值。紹熙初政，在任用台諫上，光宗有其出於私心而失誤的一面，例如不用羅點推薦的人選而改用何澹，縱容他攻罷周必大；但也有嚴選台諫成功的一面，任命了劉光祖、孫逢吉、林大中、彭龜年等。

然而，光宗私心、勝心、忿心並存，雖有劉光祖這樣敢言常人所難言的台諫官，也終不能容；拒言玩諫的各種手法，倒已得心應手。對台諫論劾的口頭戒止或御筆宣諭，始用於劉光祖與何澹。其後正如彭龜年所面奏：「近日台諫之言，稍稍不效。雖聽用的誠然不少，但或不行，或訓飭，或宣諭中止的，也絕非孤例。」表面上升遷其官職，實際上罷免其言責，龜年斥為「近世最敝之法」，光宗也一而再、再而三地襲用，致使耿直敢言的言官不能久任其職。於是，因劉光祖、孫逢吉等就出任台諫而「風采一新」的局面，轉眼成為明日黃花，而終於「風采日消」。紹熙初政號稱求言納諫，最終不過是應景文章過場戲。

2. 正邪並用

在即位之初的召見輪對中，光宗對人才倒有所措意。有個叫王自中的，「少負奇氣，自立崖岸」，孝宗時有人動議遣返從中原南附的歸正人，他到麗正門前激昂地爭論道：「現在內空無賢，外空無兵，正應廣募忠烈，恢復中原。」他的壯言快語大得孝宗賞識。光宗即位，召見他時說：「早在壽皇那裡聽到你的名字，留在朝中做郎官行嗎？」他終因豪言奇行不見容於世，言者論列不止，只得提舉宮觀閒職。光宗卻記着這個標新立異的人才，後來命其起知州軍，但他已病重不能赴任了。

紹熙初政時，最受禮遇的要數陳傅良。他是永嘉學派中堅，

為學主張經世致用，對古代歷史、制度、田賦、兵政都深有研究，朝野間聲名卓著。他去朝 14 年，入朝時鬢髮皤白，都人聚觀嗟歎，稱為老陳郎中。光宗大有相見恨晚的感慨，迎上去說：「你這十幾年在哪裡？想見你已好久了。把你寫的書拿給朕看看吧！」安排他做秘書少監兼實錄院編修官，同時擔任皇子嘉王府贊讀。光宗在位五年，一直留他在朝中，擢為起居舍人兼中書舍人，讓他記錄自己的起居言行，並書讀詔命，給以特殊的眷顧。從尊禮陳傅良，賞識王自中，與後來親擢陳亮為狀元來看，光宗主觀上還是希望用好人才，有所作為的，而他欣賞的多是既講究經世，又超脫陳規的人才。

也許為全面掌握人才情況，紹熙元年冬天，光宗下詔：今後監司、帥守任滿還朝，殿對之際，可向朝廷薦舉一二名屬下人才。[1] 這種薦士方法，不過是奉行成規，結果卻流於形式。據說，其後三年間地方上被薦者近 900 人，朝廷不能全部錄用，只得讓中書省登記姓名了事；而士風的腐敗也嚴重影響了薦士的質量，推薦的未必是真人才，連朝廷都「疑其私而不信，病其眾而難從」。紹熙四年冬天，有言者指責這一現象，光宗又下一道詔書，規定今後監司、帥守不許獨員薦士，試圖以聯名推薦改變獨員薦舉所滋生的徇私濫薦之弊。這道詔書對請託舉薦的風氣未見得真能起遏止作用，倒證明了紹熙初政時薦士詔令的實際效果是大可懷疑的。

相對說來，對在朝官吏，光宗要熟悉些。有一次，言官論劾鄭興裔使酒任氣，理政鹵莽滅裂。興裔是徽宗鄭皇后的外族，時任明堂大禮都大主管大內公事。光宗知道他在中興后族中德與才

---

[1] 此事繫年據《建炎以來朝野雜記》甲集卷 6〈紹熙許薦士嘉泰罷泛舉〉，《宋史·光宗紀》繫於上年十月。

都口碑甚佳，便對言官説：「台諫官當然可以風聞言事，但也應八九不離十。興裔是后族，我在東宮時，好幾次與他同侍內宴，他滴酒不沾，聞到酒氣就嘔吐，怎能夠使酒任氣呢？」那言官聽了慚愧而惶恐地退了下去。

在任命朝官時，光宗也常使用些小智。即位不久，他起用文名頗盛的倪思權直學士院，與自己昔日的東宮老師尤袤對掌起草制詔的要任。按慣例，如一次起草三道以上制詞，都應宣召兩位學士夜入學士院，鎖院後通宵撰寫，翌晨付用。這次，光宗為考驗倪思是否名副其實，僅召其一人宿直，卻要草擬四道拜除公、師的制詞。次日早朝，倪思交出了詞句贍雅、文義精敏的四篇誥詞，當朝宣讀後群臣誦歎備至。光宗這才去掉他官銜上那個「權」字，把臨時編制改為正式編制。後來，他又選拔了人稱「翰林之才」的樓鑰做起居郎兼中書舍人。樓鑰不僅草詔明白得體，封駁也無所迴避。大內有人私下干請，光宗説：「我也有點忌憚樓舍人的封駁，你不如算了吧！」

在整飭吏治上，光宗也是有所用心的。即位當月，他就下詔戒飭官吏。紹熙元年十月，他頒詔號召州縣官奉法愛民。次年，他又規定：監司、郡守到任半年必須條奏準備施行的利民實事。不過，這種正面號召蒼白無力，猶如風過馬耳，對吏治腐敗起不了導正轉向的作用。於是，針對官員受賄賂、拉關係成風，即位當年，光宗就下詔警告：對贓罪顯著的官吏將嚴懲不貸。次年，又頒詔規定：監司、郡守以公款送往迎來作贓罪論處。宋代舊制：凡保薦京官任職後如有受贓納賄事發，對舉主也要給以處分。這一做法，淳熙後期漸成具文，紹熙初政，光宗再次強調，重申執行。恰巧舊相趙雄所薦官犯贓事發，趙雄按例應削官三秩，從節度使、開府儀同三司降為銀青光祿大夫，剝奪使相的待遇。這下，光宗可為難了，便以折衷的辦法，改削其封邑 2000

戶，從衛國公降為益川郡公。在動真格的時候，皇帝又是雷聲大雨點小，這樣的懲貪成效是可以想見的。

紹熙元年七月，新任簽書樞密院事胡晉臣謁見重華宮，太上皇孝宗對他說：「嗣君擢任二三大臣，深合朕意，聽說外廷也沒異議。」這是泛泛誇獎，新任命的執政僅晉臣一人而已，這一任命也無關大局。實際上，紹熙初政對宰執班子的最大手術就是罷免周必大，讓留正獨相。反觀光宗患病後留正的表現，卻證明他不足以獨力擔當輔政大任，光宗之罷必大，升留正，實為任用宰輔大臣上的一大失着。

胡晉臣進入宰執班子同時，王藺由知樞密院事升任樞密使。孝宗時，王藺直陳時政闕失，孝宗不以為忤，稱讚他「磊磊落落，唯卿一人」。內禪前夕，孝宗特擢他參知政事，顯然有意讓他「協贊新君」。即位之初，光宗也有些「精勵初政」的意向，王藺不避形跡，凡認定政事有失，不僅鯁直敢言，而且盡言無隱。有時，光宗從內朝付出御筆差除，王藺凡認為不合公道人心的，便留下不發，直接放回御座之上。光宗有點難堪，又不在理上，心裡老大不高興。王藺疾惡如仇，也招來同列的忌憚，其中尤以獨相的留正為最。一年半內，王藺的職務變了兩次，不過仍在宰執圈內的調動。這時，有人建議為皇后建家廟，王藺又期期以為不可，意猶未盡，趁應詔上疏之機，請皇帝「先定聖志」，條列八事中不乏刺痛皇帝的內容，宋光宗這次來個不理不睬。

紹熙元年秋末，何澹剛遷御史中丞，便有人示意他彈擊王藺。儘管此人是誰，出自何人指使，史無明文，但人們很自然聯想到這是留正的小動作。何澹也心領神會，欣然上章，極盡詆毀之能事，作為對遷他官職之人的回報。光宗這次不再像辨析鄭興裔受謗那樣清醒明智了，何澹的醜詆正中他的下懷，便立即下詔將王藺降一官放罷。未過幾天，他見到何澹，竟說道：「你的章

疏還不痛快，這人我都怕他。」一番話和盤託出在用人問題上的
狹窄胸襟與在馭臣手段上的低劣水準。

　　如同其他王朝一樣，宋代也有自己的東宮官系統。即以光宗
任皇太子時而言，不僅有在德行上督導太子的詹事、庶子、諭
德，還有在學藝上教輔太子的侍讀、侍講，這些都以朝官兼職或
專任。此外還有主管左、右春坊事二人，承受官一人，例以內侍
兼領；同主管左、右春坊事二人，則以武臣差任。宋代所謂武臣，
並非都是赳赳武夫，而是在銓選、遷轉中與文官系列相對應的
階官系列。因朝夕相處，皇太子與東宮內侍及武臣的關係，要比
其他宮僚貼近得多。皇太子一即位，他們便稱為春坊舊人或隨龍
人，對他們也青睞有加，視為心腹，委以重任。由於特殊地位與
從龍經歷，他們的能量與權力不容小覷，一旦興風作浪，往往會
使朝政出現漩渦，陷入危機。即便孝宗，其春坊舊人曾覿、龍大
淵就權震中外，以至於譖逐大臣，成為乾淳之政的污點。

　　光宗即位次月，就下詔讓隨龍的承受官各轉四官，雖遭封
駁，卻破例如故。而春坊舊人姜特立與譙熙載同被擢任知閤門
事，這是武臣的清要之選，既有地位，又有權力。於是，兩人恃
恩用事，無所忌憚，一時輿論都說「曾、龍再出」。姜特立曾任
春坊同主管兼皇孫趙擴的伴讀，其人小有才幹，能詞擅詩，其詩
天然秀拔，連大詩人陸游都欣賞他，故而最受光宗寵幸，而他也
有恃無恐。

　　特立聲勢日盛，引發了朝臣的不安。對於近幸干政，宋代與
前代一樣，歷來是防微杜漸，引以為戒的。光宗即位不久，侍講
尤袤便借經筵開講的機會，別有深意地舉出唐太宗不以私意任用
秦王府舊人的前代殷鑑。幾天後，他又在講筵上議論武臣遷轉之
制：「近年舊法頓壞，披堅執銳的武將積功積勞僅得一階，權要
貴近優游而超授清要之職。」特立心知肚明，向何澹示意尤袤乃

周必大黨，一度將他論罷奉祠。但光宗對尤袤還是信任的，不久又召他任給事中，仍兼侍講。

　　姜特立權勢的急劇膨脹，相權獨攬的留正也大為不滿。一天，特立對留正說：「聖上認為丞相在位久了，打算遷你為左相。葉翥、張构兩人中應擇一人補執政之闕，不知該先選誰？」留正沒搭理他，第二天便將這事奏稟皇帝。在這以前他也列舉過特立倚恩干政的種種跡狀，要求斥逐他，但光宗下不了決心。這次，留正拿到了有力的把柄，力斥其招權納賄。光宗雖寵信特立，也認為他竟過分到干預大臣任命的事上來了，一怒之下將他奪職，去管理在外宮觀了。太上皇聽聞此事，稱獎道：「留正可是個真宰相啊！」實際上，留正斥罷特立，可謂公私兼顧、一舉兩得，卻引來了謬獎。光宗怒氣稍息，便開始顧惜特立，這種眷顧之情隨着特立出朝與日俱增。特立被罷，譙熙載與其子譙令雍相繼知閤門事，任用的還是春坊舊人。

　　在重用隨龍舊人同時，光宗還召還了被孝宗竄逐的宦官陳源。陳源提舉德壽宮時，頗得太上皇宋高宗的歡心，便狐假虎威，安插親信，窺伺臨安府事。孝宗很厭惡他，借着台諫的彈劾，籍沒了他的家產，編管郴州（今湖南郴縣）。陳源對孝宗自然銜恨在心，召回大內後便勾結黨徒，在光宗前搬弄是非。這時，光宗腦子還算清醒，也很厭惡這些近習，手批付內侍省，要取「尤點者」首級，有宦官倉皇前往重華宮，乞求太上皇保全，孝宗傳諭道：「吾兒息怒。」礙於太上皇出面干預，光宗只能遵命，但臉色更難看地聲言：「改日總要盡殺這些傢伙。」[①] 於是，左右內侍惶惶不可終日，但他們看出南內與北內間的不一致，是可以離間利用、脫禍自保的。

────────────

① 《四朝聞見錄》乙集〈皇甫真人〉，作者注曰：尤點者一說即陳源。

紹熙二年春天，衛涇對光宗說：

> 陛下信任未明，好惡易惑。鯁亮者未必不忠，而終惡
> 其忤己；諂諛者無非為佞，而終喜其順己。於是特立獨行
> 之士漸見疏斥，而偷合苟容之徒則次第進用。

這段上奏說出了紹熙初政中用人的得失與趨勢。光宗雖然尊
禮陳傅良、尤袤等君子，卻也重用了何澹、姜特立等小人，還召
回了陳源，這些人在當時和不久將來成為政局動盪的禍亂之源。
正如彭龜年上疏所說，「觀今之勢，正人與邪人較，則邪者必勝；
朝臣與幸臣較，則幸臣必勝」。紹熙初政的邪正並用，其後果不
但立見於當時，還直接影響到寧宗初的政局。

更有甚者，光宗還荒唐地乞靈方技術士。即位後，他記起了
預告「三王得」的吉兆，把那瘋軍漢召入禁中，準備賜他官做以
為報謝，那漢子不拜而出。後來在出巡途中，光宗又遇見他，賞
賜他錢，那漢子也無謝意。清湖陳仙也被皇帝再次禮請入宮，這
次不必躲躲閃閃，徑直讓他再次降仙。這位箕仙恐怕背上欺君罔
上的罪名，以「近日箕仙不降」為由推辭了。光宗不知從何處聽
到吳中有號稱「何蓑衣」的方士，能道人禍福休咎，好幾次遣使
前往卜問，居然很靈驗，就召他入都，親自為他題了「通神庵」
的匾額。由於皇帝賜額，平江府（今江蘇蘇州）誠惶誠恐地迎拜
護送。一時間，朝野沸沸揚揚，以為咄咄怪事。

吳縣籍新科進士周南耳聞目睹此事，借省試對策的機會諫
論道：

> 近者，忽聞傳命王人，多持繒錢，聘問一妖民於數百
> 里之外。夫使其人果甚靈異，齊家治國安所用之？今者中

外相傳，皆以為市廛乞丐之夫、宦官羽流挾以誑惑，而陛下遽從而信之，幾何而不為天下之所駭愕哉！[1]

周南的學問文章早已名聞太學，他的對策以道學、朋黨、皇極為主題，議論縱橫，氣勢開闊，公認是一篇好策論。主考官決定取為第一名，並將策論送給皇帝看。周南的文章無可挑剔，但其中不少諫及君上的行文，尤其以上那段，皇帝讀後渾身不自在。光宗知道周南與提舉浙東常平鄭湜有交遊，而鄭湜前不久恰有奏疏呈入，當時給他來個留中不報。光宗總覺得周南策論中有段文字就在微諷這事：「天下議論送達陛下之前的不少，陛下就應該像周公那樣，未明而求衣，對食而思賢。」於是，他對送上策論的主考官說：「鄭湜上疏送進才六天，周南從哪裡知道的？」拿起筆來在周南策論卷上批道：「鄭湜無削稿愛君之忠，周南顯非山林恬退之士，可降為第一甲十五名。」實際上，周南的策論通篇未明言鄭湜上疏事，即使他知道鄭湜疏入不報，以那樣的行文進行諷諫也無可非議。光宗苛求臣下愛君，卻把人主應有的納言擢才的雅量賢德置諸腦後，他的批語既感情用事，又文過飾非，僅憑意氣好惡為旨歸的用人之道也於此可見。

3.「薄賦緩刑」面面觀

立國江南一隅的南宋王朝，南渡初年的歲入不滿 1000 萬緡，到淳熙內禪時增至 6530 萬緡有餘。這一數額比北宋最高歲入數還超出 1700 萬緡多，而南宋耕田數比北宋全盛時顯然要少得多，民力之困由此可以想見。各種頭會箕斂壓得人喘不過氣來，

---

[1]《歷代名臣奏議》卷 56 周南〈對策論治道〉。

貨幣貶值的勢頭也日見洶湧。

光宗即位，在減輕人民負擔方面，是做了些姿態的。其登位赦書就宣佈：民間向官府借貸的欠額以及淳熙十四年（1187）以前的稅役一律蠲免；至於「民間所欠債負，不以久近多少，一切除放」。赦文免除民間私債，立即遭到貸出錢物的地主、富商與高利貸者的強烈抵制。幾個月後，光宗不得不做出讓步：私欠以淳熙十四年為界，此前的本息俱免，此後的償本免息。這種言而無信、令而不行，引起負債貧民的不滿與憤怒，幾乎釀成群體性喧噪。

經總制錢是經制錢和總制錢的合稱，其中還包括花樣繁多的苛捐雜稅，由各州椿管，每季起發，運至行在，它是南宋歲入的重要來源，卻是困民擾民的主要稅額。淳熙十六年四月，因劉光祖建議，光宗命四川應該起發的經總制錢暫停三年，其額代輸當地繁重的鹽、酒稅額。紹熙三年十二月，朝廷下令減免荊湖南、北路、京西路、江南西路經總制錢、月椿錢歲額23萬緡。

月椿錢始創於紹興二年（1132），為應付軍需命各州郡每月堆椿發送而得名。各地都是巧立名目，橫徵暴斂，尤為民害，而以江浙負擔最沉重。光宗即位當年，有的州郡上報月椿錢歲額太重，他命有關部門討論減免的州郡與數額，酌情施行，寬解民力。這年，光宗連頒兩詔，第一次在八月，歲減兩浙月椿等錢25.5萬緡，第二次在十一月，減免江、浙州郡月椿錢額16.5萬緡。

身丁錢是宋代沿襲五代南方割據政權在兩稅以外徵收的稅種，由人戶每年按丁納錢，或以米、絹代輸。有的地方的身丁錢竟超過夏稅三倍以上，負擔之重令人不堪承受。身丁錢法定課稅範圍為20歲至60歲丁男，而廣南西路的貧困郡縣卻法外徵稅，對年60以上、20以下的也課以丁錢，號稱「掛丁錢」，深為百姓詬病。紹熙元年，光宗免去臨安府界身丁錢三年，後又續免三

年；放免廣州身丁錢，另以上供錢抵充。他還下詔廣南西路監司督察州縣，不得再課掛丁錢，次年郊禮時重申此令。

和買的原義為兩廂情願的公平交易，宋代則完全演變為政府不必支付和買本錢的定額稅，不少地區的和買額甚至超過夏稅數，成為南宋重稅之一。光宗即位，放免當年臨安府第五等戶的和買絹，又減去紹興府和買絹歲額 4.4 萬匹。

食鹽專賣稅是宋代歲入的大宗，然而以計口計產方式強制配售價昂質劣的官鹽，引起了人民的不滿與反抗，南宋與鹽有關的民眾起事數量之多是引人注目的。光宗似也注意到這個問題，紹熙元年先後兩次減少廣南西路高、雷、化、欽、廉五州和廣東的官鹽專賣歲額。戶部提醒，這樣等於暗中減少稅收 6.3 萬貫，光宗也在所不計。次年，又一次性減少廣東的專賣額。紹熙三年，再罷廣東增收的鹽斤錢，同時減免四川鹽酒重額 90 萬緡。總的說來，自紹熙以後，朝廷少收專賣經費 10 萬緡，而民間科配也略有緩解。

紹熙初政期間，在蠲免常平米、上供米、激賞絹、畸零捐、出錢賑濟貧民等方面，朝廷也頒佈過一些詔令。對能減輕民戶負擔的地方官，則給以褒獎。紹熙初，潼川路轉運判官王渫將撙節的轉運費 16 萬緡代當地井戶繳納井鹽重稅，不僅受到下詔表彰，還遷為成都府路轉運判官。其後，王渫或以同樣方式代民輸納激賞絹錢 33 萬緡，特進一官，繼續留任。這類減免，數量與地區都很有限，不可能真正救民於水火，解民於倒懸，但總算表明光宗還是有所措意的。

紹熙初政在經濟政策上的大動作應推經界法的再試行。經界法始行於紹興十二年，具體措施是在打量田畝、均定苗稅的基礎上造魚鱗圖，置砧基簿，作為國家掌握土地佔有，藉以徵收賦稅的依據。七年以後，除宋金邊界的淮東、淮西、京西、湖北四路

外，其餘諸路基本經界完畢。經界法不可能真正均平賦稅，但朱熹仍推許其「最為民間莫大之利」。不過，由於利在國家與小民，猾吏大姓的利益好處都受影響，就開始消極抵制。

自紹興經界後，歲月遷移，猾吏大姓藉口經界圖籍多有散佚，故態復萌。淳熙八年，孝宗下詔諸路轉運司，督促州縣補齊經界簿籍。但朝堂上不斷有「擾民不便」的抗議聲，迫使朝廷不到半年就收回成命。福建路漳、泉、汀三州，因恰有何白旗起事，沒有實行紹興經界，豪民漏稅轉嫁貧戶；貧民則業去產存，苦不堪言；州縣常賦十失五六，無以交差，便變着法子再從民間徵斂。當地民情誠如朱熹所説，「貧民失業，更被追擾，無以告訴，輕於從亂」。高、孝兩朝，小規模農民起事在汀州一帶時有發生。朱熹等有識見的地方官都認為，原因即在當地從未實行過經界。紹熙元年初，有福建地方官奏請在漳、泉、汀一帶推行經界法。

光宗似也打算從土地入手，一來解決民間賦稅隱漏轉借的弊症，二來確保政府的賦稅收入。他下詔讓福建路監司奏陳利害得失和實施步驟。監司將任務交給新知漳州的朱熹。經周密調查，朱熹向監司呈上《經界申諸司狀》，詳論經界不行之弊與施行之利，還特別論述了經界難行之慮：

> 此法之行，貧民下户雖所深喜，而豪民猾吏皆所不樂。喜之者多單弱困苦無能之人，故雖有誠懇而不能以言自達；不樂者皆財力辨智有餘之人，故其所懷雖實私意而善為説詞以惑群聽，甚者以盜賊為詞恐脅上下，務以必濟其私。而賢士大夫之喜安靜、厭紛擾者，又或不能深察其情，而望風沮怯，例為不可行之説以助其勢。

朱熹強調可能出現的阻力，意在堅定皇帝推行經界法的決

心。光宗看了這封申狀，即下詔命漳、泉二州考慮本州經界事宜。泉州郡守顏師魯模棱兩可，朱熹呈上《條奏經界狀》力論其可行，措施也得當。光宗閱後，下決心推行經界法。這一決定，立即遭到在野的佔田隱稅的大姓與魚肉貧弱的猾吏的阻撓，在朝大臣也很快遙相呼應。宰相留正是泉州人，見顏師魯持兩可之説，自己的鄉黨也多以為不可行，他的態度是明確反對的。嘉王府贊讀黃艾則力請施行，光宗這才再次準備下詔付諸實施。但以留正為首的宰執班子面奏諫止，讓皇帝深感阻力之大。歲末，他下詔：經界就先在朱熹為守的漳州試行。他也許仍打算漳州先行，推向泉、汀，最後再在全國重新整頓業已名存實亡的經界法。

朱熹接到詔令，已是次年二月。江南春早，新一輪農事已經開始，經界只能做些前期準備，大規模鋪開只能等到農閒以後。紹熙二年三月，也許打算畢其功於一役，沒有必要在漳州先行，而可以直接在三州同時推開，光宗又下一道詔書，命福建提刑陳公亮與朱熹同措置漳、泉、汀三州經界。[①] 但從這時到秋後農閒，還有半年多時間，反對派有足夠的活動餘暇。事情進展被朱熹不幸言中，內外官員進狀論經界不便的大有人在。皇帝終於動搖了。當年十月，農閒在即，光宗正式下詔罷行經界。紹熙初政在經濟方面唯一看好的措施，還沒付諸實施就告吹了。

與賦稅歲入息息相關的難題，就是日趨龐大的國家財政開支。光宗從太上皇那裡知道，國家財稅收入的十之七八用於養兵。即位以後，他又明白剩下的十之二三，一部分用以養吏，另一部分則用以皇室享受。這兩筆開銷也日增月益，缺口越來越大了。據統計，太上皇在位的乾道年間（1165－1173），京朝官和選

---

① 這道詔書見《宋史·光宗紀》，《宋史全文》卷 28、《兩朝綱目備要》卷 1 不載。而上年歲末命漳州先行經界的詔書見於後二書，《宋史·光宗紀》不載。諸史各有失載。

人共 1.3 萬人左右；而他即位不久，兩者相加已突破 3.3 萬人，20 年間淨增了 2 萬名官員的薪俸，國家每月支付吏祿與軍糧就要耗費 120 萬貫。

知曉這些內情後，光宗想起即位不久首位召對的在朝官鄭湜，他曾建議：「請明詔大臣，裁定經費，酌罷其不急，損其太過。」便在淳熙十六年十一月命大臣裁減冗費，作為響應。不久，戶部侍郎趙彥逾建請審計內外財賦與開支，光宗便在紹熙元年正月下詔編制《紹熙會計錄》。他讓戶部先統計出個概況，拿出個方案，再由一二大臣主持研究實施，把能夠節省的開支數額，作為減免賦稅的依據。《紹熙會計錄》編成了，但減免事最終卻不了了之，更遑論「以其所減，捐以予民」了。①

宋代大內的開銷，例由合同憑由司經管的，每年支取的金額再大，也不過記個賬而已。雖然每年歲終都派比部郎官前去審計，但郎官到後只正襟危坐，由幾個內侍自個兒三下五除二地算計一下，拿出審計公牘的末頁讓他簽名交差。紹熙初政求言時，已有人提出：今後宮內賞賜、營造、開支，都應讓有關部門作出規定，嚴格執行；一切濫賞浮費都應給以釐正，予以裁節。光宗也覺得大內開支有必要實行緊縮政策，而鄭湜召對時也提及「上自乘輿，下至庶府，一切量事裁酌」。皇帝似乎想做一個表率，便命戶部尚書葉翥、戶部侍郎趙彥逾、御史中丞何澹在編制《紹熙會計錄》的同時，一併稽考宮禁浮費的裁節問題。然而，這事也只有開筆，卻沒有下文。在國家財政開支的難題面前，光宗並非沒有裁減撙節的願望，但一旦要皇室宮禁恭行節儉時，一腔衝動便蔫然泄氣，再也拿不出切實的行動了。

---

① 《兩朝綱目備要》卷 2。編《會計錄》詔書年月據《宋史‧光宗紀》，《兩朝綱目備要》《宋史全文》繫於次年正月。

貨幣通脹直接影響國計民生，也困擾着南宋歷代君主。當時流通的主要紙幣名曰會子，乾道三年，宋孝宗做過一次整頓，規定三年一界，每界以 1000 萬貫為額，隨界造新換舊。然而，作為官方支付手段的會子，由於與國家財政支出綑綁在一起，隨着財政缺口的不斷擴大，不到十年，便無法堅守住當年立下的兌界期限與界額總量的最後底線。淳熙三年，便下詔第三、第四界會子各展限三年，並續印第四界會子 200 萬貫。紹熙元年，光宗又宣佈第七、第八界會子各展限三年，同時印發第九界會子，會子的流通總量達到正常情況下的三倍。有朝臣對他說：「會子界以三年為限，今展至再，則為九年，何以示信？」但光宗也回天乏術，只是漫允印造第十界會子立定年限，採取救急眼前、空許將來的放縱態度。

僅限於湖北、京西路流通的湖北會子，長年以來從未立界收兌。紹熙元年，下詔命湖廣總領所仿照行在會子例立界收換。總領梁總上奏說：「湖廣會子自來只是部分換易破損會子，現尚有 540 萬貫多在流通。不妨再造兩界做回籠舊幣之用。」光宗便改變初衷，同意一下子印造兩界，每界 270 萬緡。而這兩界湖廣會子大部分進入流通領域，貶值更為嚴重，每貫會子僅兌 500 文，實際購買力只及幣值之半。次年初，彭龜年通報湖北會子流通地區的情況：

> 會子既輕，商旅不行。軍人所得會子，愈難變轉。諸軍洶洶，頗以為言。不過還沒執行，故尚未發難。

貨幣貶值失信於社會民眾，即將引發的時局動盪已現徵兆。

令宋光宗頭痛的還有淮南鐵錢。為防止銅錢流入金國，南宋向來讓沿邊地區使用鐵錢，湖北會子就以鐵錢為本位，兩淮地區

更是直接以鐵錢為流通主幣。淳熙年間對各鑄錢監實行增鑄推賞的鼓勵政策，更主要的是私鑄成風，故而鐵錢流通總量激增，其貶值便無可避免。而實際上，會子、交子也參與了兩淮地區的貨幣流通，造成了當地幣種的多元化與幣制的混亂。

也許出於整頓的考慮，紹熙二年，朝廷兩次各撥會子100萬緡，收兌兩淮私鑄鐵錢，並減少有關鑄錢監歲鑄鐵錢20萬貫。[1]次年，光宗下詔造印淮南新交子300萬貫在兩淮流通，三年為界，每貫折合鐵錢770文，稱為鐵錢交子。顯然，這些措施的深層動機在於，既限制銅幣流入金國，又大體劃一兩淮幣制，抑制私鑄。但正如朱熹論鐵錢交子說：「交子本是代錢，今朝廷只以紙視之。」光宗以為行政手段便能使鐵錢之弊一改舊觀，但充其量揚湯止沸而已，兩淮貨幣混亂一直延續到南宋滅亡都始終未獲解決。整個南宋的通脹痼疾也正如朱熹當年指出的那樣：「要革其弊，須是從頭理會方得。」[2]但光宗既無此魄力，也無此能力。不過，貨幣問題的嚴重性要延緩到他的兒子宋寧宗開禧以後，才尖銳顯現為社會危機。

《宋史》這樣評價宋光宗：「薄賦緩刑，見於紹熙初政，宜若可取。」緩刑之舉，史乏其證，雖有「下詔恤刑」「大理獄空」「後殿慮囚」等載諸本紀，不過虛應故事，粉飾門面而已。至於薄賦、經界、節用、理財，有則有之，但或是杯水車薪，小惠未遍；或是有始無終，言行不一；或是只顧眼前，不治根本。應該說是「無甚可取」！

---

[1] 減鑄鐵錢事，《宋史·光宗紀》繫於紹熙三年，《宋史·食貨志》繫於紹熙二年。
[2]《朱子語類》卷111〈論財〉。

4. 儲君問題上的父子齟齬

有宋孝宗侍奉太上皇宋高宗的前例,在父子關係上,光宗似乎只須奉行故事。即位當月,他下詔五日一朝重華宮,但孝宗卻仿效高宗之例謝絕了,由頭無非讓他有更多時間治理國政。次月起,光宗就改為每月四朝;他還為重華宮、重華殿書寫了匾額,也是仿效隆興故事。次年元日,率群臣奉上太皇太后吳氏、太上皇帝孝宗、太上皇后謝氏的冊、寶,一切都冠冕堂皇地例行故事。

重華宮的領班內侍提議修繕北內。當年孝宗就多次改造擴建德壽宮,現在孝宗也可讓光宗出錢操辦營繕工程。但他卻說:「不必告訴南內。我沒用錢地方,就支用重華庫的錢罷。」光宗對此不可能一無所知,但未見他有所表示。

類似孝宗當初陪太上皇帝高宗與太上皇后吳氏釣魚、賞花、遊湖、觀潮、納涼、玩月諸事,紹熙初政時也偶有仿效,但次數屈指可數,有時還會生出些不快來。初政時初夏的一天,茶蘼花開了,光宗獨自帶着兩制官去皇家園林聚景園賞花。正要在茶蘼架下進酒時,言官飛章交至,說壽皇在位時,出幸外苑,必先恭請太上皇同行。光宗認為他們責備自己不孝,便怒沖沖對兩制官道:「壽皇也有不請太上皇的時候麼!」正巧壽皇得知光宗出遊,讓宦官挈玉卮佳釀送往聚景園助興。光宗怒氣未消,雙手還在顫抖,不小心碰砸了玉卮。內侍早想在他們父子間製造些矛盾,回奏時隱去了前後細節,只說:「官家才見太上皇賜飲,就大怒把玉卮給摔碎了。」孝宗自然不痛快。

又有一次,太上皇帝約太皇太后吳氏出遊東園。按例,光宗必須前往侍奉,然後合家三代宴飲同樂。不知光宗是偶然忘記,還是有意不至,家宴時仍不見蹤影。重華宮內侍好搬弄是非,故

意在東園放出一群雞，命人捉又捉不着，便相互嚷嚷：「今天捉雞不着！」當時臨安流行語，請人宴飲稱為「捉雞」，宦官們存心用市語來譏諷與激怒孝宗。太上皇佯裝沒聽見，臉色卻頓時沉了下來。

紹熙初某個元宵節後三天，太上皇把嗣秀王伯圭召入北內，這位同母兄問他元夕是否賞玩良辰美景，太上皇答道：「正月十四日嗣皇帝來重華宮排當。元宵夜，我鼓琴兩曲，左右說月色很好，就到檐下賞月。」紹熙初政時，儘管光宗在門面上尚不失事親之禮，卻遠不像當年孝宗對高宗那樣，表現出尊親奉養之情，難怪他言談間透露一股寂寞淒涼之情。

光宗生過三個兒子，長子趙挺和季子趙恪幼年夭折，次子趙擴成了唯一的繼承人。淳熙七年，趙擴12歲，以英國公身份從傅就學，楊輔、劉光祖、羅點等先後當過他的小學教授。他15歲行冠禮，次年始預朝參。17歲那年，按宋代慣例，他應該出閣就第，但當時的太上皇高宗夫婦和孝宗夫婦都很疼愛他，不忍心讓他移居宮外，便破例在太子東宮旁另起第宅，讓他仍住大內。趙擴尊師重傅，學習倒也勤勉。劉光祖兼小學教授時，在講讀《論語》《孟子》《史記》的同時，還給他講本朝典故；冠禮以後，又把宋朝儀制官名彙編成書，在講經史後為他補課。羅點入講時，往往到天色向暝仍不中輟，有人建議休憩一下，羅點說：「國公向學不止，我怎能停講呢？」淳熙十二年，趙擴封平陽郡王，娶了北宋名臣韓琦的第六代孫女，出閣就第。光宗即位，他進封嘉王。

對唯一的皇位繼承人的教育，光宗十分重視。即位次月，就把自己入主東宮後藏閣的圖書全賜給了嘉王，並置嘉王府翊善。首任翊善是沈清臣，不久以黃裳繼任。其後，他又為皇子增加了兩名講讀官，任職的有孫逢吉、陳傅良、章穎、黃由、彭龜年等

當代名儒，也堪稱一時之選。

在嘉王教育上，還數黃裳傾注的心血最多。光宗的東宮隨龍人吳端出身巫醫，驟得寵信，頗為士論所不齒，這時也派到嘉王府任職。嘉王見他時倒也輕重有節，接待得體。黃裳便給嘉王講《左傳》「禮有等衰」之說，告訴他：「王者之學，就應見諸行事。」嘉王表示要好好致力於王者之學。黃裳每次進講，都引前朝危亡作當世鑑戒，語重心長而直言不諱。嘉王對他人說：「黃翊善的話，對別人說來也許很難堪，只有我能接受。」

有一天，嘉王去北內見太上皇，孝宗問他近來讀甚麼書，他一一列舉，孝宗說：「數量是不是太多了？」嘉王說：「講官訓說明白，我也喜歡讀書，並不覺得太多。」太上皇誡勉道：「黃翊善一片至誠，他講的應該認真聽。」見嘉王一意向學，黃裳教得更上心了。他專門製作了《天文圖》和《輿地圖》，配以詩章，讓嘉王觀天象則領悟學習必須像天體那樣運行不息，覽地圖則牢記淪陷的中原故土。每年嘉王生日，黃裳與贊讀陳傅良都獻賀詩，既表祝頌，又寓諷勸。嘉王往往把兩位老師寓誠涵誨的祝頌之詩恭錄後回贈他們，以示不忘。有一年，他抄錄了陳傅良的賀詩：「造次依儒術，朝回只一經，更無他嗜好，端是眾儀刑。」知道這是贊讀對自己的期望。

在一次侍宴時，嘉王為父皇琅琅背誦了《尚書·酒誥》，說：「這是黃翊善教的。」光宗褒獎了黃裳，黃裳卻說：「如欲進德修業，追蹤古先賢哲王，則須尋天下第一等人才行。」光宗問誰，黃裳答道：「朱熹。他學問四十年，如能召任王府講官，對嘉王會幫助更大。我不及朱熹。」光宗是知道朱熹的，嘉王則第一次聽到還有比自己老師更博學高行的人在。彭龜年繼任直講，講《左傳》魯莊公不能制其母時發揮：「母不可制，當制其侍御僕從。」嘉王若有所思問：「這是誰的說法？」龜年答以朱熹。自此

以後，每講一題，他必問朱熹怎麼説的。

嘉王對講讀經義是用功的：每次溫習講過的經書，總是寫成口義，讓講讀官批閲；講官有重要議論，他一定記錄在冊，謂之曰記。彭龜年以秘書郎兼嘉王府直講，已在紹熙四年。一次進講，龜年讓嘉王讀一篇東西。嘉王一看，原來是北宋哲宗元祐（1086-1093）末年梁燾辨邪正的奏議。龜年説：「那正是小人將進、君子將退的時候。不可不認真一讀。」説着，就給他講了元祐、紹聖之際君子小人進退消長的概況。嘉王聽後，説：「君子小人不可參用，參用則小人勝君子。」過了幾天，他寫了《邪正辨》交給龜年，正是結合梁燾奏議的讀後感。有一次聽講《詩經》，嘉王發表感想説：「下以風刺上，已是臣下委婉。為君的應該能使人臣直言其事才對。」龜年高興道：「願王不忘此意，推而廣之，那就能聽到善言了。」

嘉王儘管好學，但其才性天分卻令人懷疑。有一次，黃裳講學説：「眼下理民的是二百州守，統兵的是九都統，如不能統御，怎能號令指揮他們呢？」嘉王問：「甚麼叫九都統？」[①]黃裳不無感慨道：「唐太宗年十八起義兵，今大王已過十八，而國家九都統之説還不知道，怎麼可以不汲汲向學呢？」

彭龜年聽説嘉王手書「知人難」三字置諸座右，便問他有無此事，回答説：「有的。到底怎樣知人呢？君子認為小人是小人，小人也認為君子是小人。真擔心識錯人啊！」言罷頗有茫茫然不知如何才好的惶惑。龜年答道：「是啊，堯舜也以此為難。不過，今天講的就是辨君子、小人的尺度：為政在人，取人以身；立身

0
7
0

---

① 紹興十一年（1141）第二次削兵權完成後，南宋正規軍體制逐漸形成，先後在長江與川陝一線屯駐了九支大軍，各以某州府駐紮御前諸軍為名，其統兵官為都統制，故名九都統。

以道，修道以仁。人主若情性近君子，則小人不能惑；若情性近小人，則君子亦不能入。」嘉王這才轉憂為喜，說：「這倒是要法。」然而，從宋寧宗即位以後的表現看，證明他完全缺乏辨別君子小人的起碼識見。帝王之學決非學問與德性的簡單累加，也未必是只仰賴師保傳授就能簡單獲得的。

儘管如此，作為當今皇帝的唯一兒子，嘉王卻是理所當然的皇位繼承人。紹熙元年春天，嘉王生了一場病，他的體質並不強健。一次密奏後，宰相留正說：「陛下只有一子，隔在宮牆外十分不便。應該早正儲位，入居東宮，父子就能朝夕相見了。本朝皇子居長居嫡，有未出閣就正儲位的。嘉王既為長嫡，出閣已久，應該立為太子，以正天下之本。」光宗搖頭表示不行。過了一個月，留正節錄呈上了本朝真宗立仁宗的典故，再提立儲事，光宗看後說：「且待以後慢慢計議吧！」次年夏天，留正舊事重提，光宗這次答應：「等過宮與壽皇商量。」

幾天後在重華宮與壽皇的一席對話，對光宗猶如晴天霹靂。太上皇語氣儘管委婉曲折，但意思很明白：「當初，按例是該立你二哥魏王的，因你英武像我，才越位立你，想讓你成一番王業。如今你二哥雖已去世，但他的兒子嘉國公還在。」魏王長子早就夭殤，改判明州後生下次子趙抦。魏王去世後，趙抦隨母親回臨安居住，他體羸多病卻生性早慧。也許出於對魏王雖然居長卻未能立儲的歉疚心理，孝宗對趙抦尤為疼愛，所謂「憐早慧以鍾愛」。內禪前夕，孝宗進封他為嘉國公，就有讓光宗再傳位其姪的設想。太宗傳位己子，在孝宗心目中總是憾事；而高宗傳位自己，皇位重回太祖一系，孝宗顯然銘感在心的。他對太上皇的孝敬之情與奉養之勤絕不比親生兒子遜色，與這種感銘心不無關係。當初，他為王業中興，不拘常例，越次建儲，如今，比起早慧的嘉國公來，嘉王明顯「不慧」，為甚麼就不能讓嗣皇帝不傳位

於子而傳位於侄呢？太上皇正是這麼考慮的。[1]

明白了壽皇的良苦用心，無論從大義而言，還是以情理而論，光宗都不便回駁，只好隨口敷衍道「我也是這麼想的」，內心卻是老大的懊惱與怨懟。回到南內後，又不便向留正說明內中細節，以免影響將來立嘉王為太子的大計，就搪塞留正道：「壽皇的意思，也打算這事緩一緩。」或從皇帝答話神情中窺出點甚麼，留正自此不再提立嗣之事。而光宗直到退位都始終未立皇太子。但太上皇那番意思卻成為他心頭拂不開的陰霾、搬不走的巨石，也在他與太上皇的父子關係上劃出了無法彌合的裂痕，他後來精神病發作與此也不是絕無關係的。

5. 如此「母儀」，如此「聖德」

李皇后的鳳冠夢終於如願以償了。光宗對她似乎從來是懼多於愛，對她提出自己或娘家這樣或那樣的要求，總儘量不讓她掃興。皇后代巫醫吳端邀官，光宗寧可罷免他認為是好台官的劉光祖，也不願拂了她的意願。為光宗耀祖，皇后要大修家廟，光宗全然不顧自己剛提出過裁節冗費的主張，為她大興土木而耗費無度，而對臣下諫論說及的「官府厭誅求之苦，閭巷有愁歎之聲」卻置若罔聞。直到紹熙二年初春，雷雪交作，天象反常，台諫、侍從紛紛在陰盛陽衰上大發諫諍之論，皇帝這才不得不下詔暫停皇后家廟的營造。

對后族的恩數，李皇后貪得無厭地讓皇帝向祖宗舊制討價還價。李氏由皇太子妃升為皇后，光宗下旨參照孝宗夏皇后的規格推恩。有關部門告訴光宗：南宋皇后受冊、寶，親屬雖可

---

[1]《宋史全文》卷 29；周密：《癸辛雜識》續集下〈寧宗不慧〉。

推恩 25 人，但孝宗冊立夏皇后時同意臣僚建議減去 7 人；其後
謝皇后繼立，她認為娘家沒那麼多人可以推恩，請求再減 8 人；
她是當今太上皇后，李皇后推恩禮數不宜超過她。光宗表示同
意，李皇后卻不樂意了。她讓侄子李孝純以李家子孫眾多為理
由上書陳請再增 8 人，也就是說，恢復夏皇后的規格。光宗又
同意了。中書舍人樓鑰繳駁詔旨，不同意付外執行。光宗便頒
御筆給樓鑰，宣諭放行。樓鑰並不堅持，退了一步：「增加的名
額只能用於李氏宗親，既不失厚恩，又不致濫賞。」光宗順水推
舟，再頒御筆宣諭：「那就下不為例，特與書行吧！」不久，皇
后歸謁家廟，又要求推恩李氏一門，於是命婦加封，親屬轉官，
在原定 18 名推恩限額外，新增 3 人，超過了夏皇后的待遇，連
從無一官半職的李氏門客也恩補將仕郎，讓樓鑰也驚詫「求之故
事，既無此例」，再次駁回詔命。

紹熙初政時，李皇后驕奢妒悍日盛一日，光宗卻一味迎合，
唯命是從。紹熙二年春，論時政闕失的臣僚封事中，衛涇概括地
指出，「宮闈之分不嚴則權柄移，內謁之漸不杜則明斷息」，不啻
是對李后「母儀」與光宗「聖德」的一種評價。

東宮時，父皇稱讚光宗「無他嗜好」，實際上他嗜酒之癖早就
名聲在外。即位以後，他更是宴飲無時，費用無度。對優伶曼妙
樂舞，市井詼諧戲謔，皇帝也不時宣入大內，雜陳殿前，興趣濃
厚，樂此不疲。每天臨朝，一副勵精初政的模樣，但退朝之後則
一切置之腦後。周南在《論治道》對策裡形容他：

> 唯有燕樂爾，唯有逸豫爾，唯聞某處教習樂舞以備宣
> 召，某日押入琴工以娛聲音爾。

衛涇在封事裡批評他：

賜予太多，用度浸廣。緡錢支予，遍及貴近，金帶之賜，逮於微賤。優伶之徒，鮮衣靡服，徜徉於道，見者駭目。

大內開支的缺口也越張越大，成為必須籌措解決的問題。

面對宮禁自奉上捉襟見肘的窘境，皇帝可不願像臣下建言那樣「躬自節儉」，他決定打左藏封樁庫的主意。左藏封樁庫是宋孝宗創置的，當初規定「非奉親、非軍需不支」。也就是說，這筆錢只能用於奉養德壽宮的太上皇和對金的養兵備戰。儘管淳熙末年也曾借犒賞軍隊、打造兵器為名，將其中款項撥入專供大內支用的內庫與御前庫，有關部門眼開眼閉不敢執奏，但當時這種現象還不至於太頻仍。

紹熙初政時，宋光宗把左藏西上庫改名封樁下庫，以盡廢庫名，搞亂出入的手法，多次取封樁錢劃入內藏。這樣，從全國百姓頭上搜刮來的封樁錢便汩汩注入皇室小金庫。支取之錢卻多屬浮費，無非支付樂工，賞賜近幸。有一個月，光宗竟四次把封樁庫錢暗渡陳倉送入內藏庫，數額分別為銀 8 萬兩、會子 20 萬貫、金 2 萬兩、銀 5 萬兩。前兩筆還藉口奉養慈福宮太皇太后與重華宮太上皇帝、太上皇后，實際也是移花接木；至於後兩筆純粹是無名之費。樓鑰時任封駁官，沉痛指出：

二萬之金，五萬之銀，在陛下富貴之極，視之若不多。以民間計之，不知為中人幾家之產，細民幾萬之資。州縣取之於民，不知用多少笞箠，竭多少資產，輟多少衣食？

這時的宋光宗早把他居位東宮時所寫的詠雪詩拋到九霄雲外去了。

有一次光宗故伎重演，又以犒軍之費為名下詔撥封樁庫錢 15

萬劃入內藏，權中書舍人倪思上疏封駁：「往年封樁錢每歲入庫
460 萬，而劃入內藏的還不到 2 萬，眼下這種情況非痛加撙節不
可！」光宗這才不得不定議：今後每年「犒軍費」以 40 萬貫為額，
由封樁庫撥歸內藏。較之以前的 2 萬數額，這 40 萬中的大頭，
光宗顯然用來自奉享受的。正如時人揭露：封樁庫錢「入紹熙以
來，頗供好賜之用，似聞日減於舊」。[①]

　　紹熙二年正月，正當春寒料峭時節，天氣卻燠熱異常，驚雷
急電以後，劈頭蓋臉下了場冰雹；兩天以後，氣溫驟降，紛紛揚
揚下起了江南多年罕見的大雪。二月，因陰陽失時，雷雪交作，
皇帝給侍從、台諫、兩省、館職等下詔，讓他們各陳時政闕失。
幾天後，光宗翻閱着陸續送來的應詔封事，儘管有諷諭諫諍，行
文還是委婉的，總是先頌揚一番聖德。好在虛應故事，即便有諷
諫，他也並不在意。

　　然而，光宗發現了一封布衣上書，便認真看了起來。布衣名
叫余古，是天子腳下臨安府錢塘人，正在太學就讀。上書首先指
責「宦官侵奪政權」，「公卿持祿保位」，接着卻勾勒了一幅形象
而逼真的後宮行樂圖：陛下即位已經兩年，應該考慮託付之重，
講求政治之道。近來卻聽說宴遊無度，聲樂不絕，白天不盡興，
晚上繼續。不斷有宮女進獻宮禁，隨時有伶人出入大內。行在宮
殿，已歷三朝，哪裡談得上簡陋？何必再營造樓台，高接雲漢，
月榭風亭，施工不輟？更有甚者，奏胡戎樂，獻齋郎舞，讓近幸、
愛妃與俳優雜處，數十人聚在一起，圍戴着怪誕的頭巾，拖曳着
奇異的裙服，以他們的醜行惡狀，供陛下來取笑逗樂，實在無聊
之至。願陛下不要酒池肉林、玉台瓊室，不聽亡國之音，不好傾
城之色，以漢文帝為榜樣，以唐莊宗為鑑戒！封事最後一針見血

① 洪邁：《容齋隨筆·三筆》卷 13〈元豐庫〉。

地評價紹熙初政：「《詩經》說：靡不有初，鮮克有終。更何況現在還不能謹其初政呢？」

看完上書，光宗怒不可遏。他一方面驚訝，這位太學生對他宮內的行樂居然瞭如指掌，既然如此，朝野之間肯定早已沸沸揚揚了。另一方面，他憤怒，竟然將他比作因酒池肉林而商為周代的殷紂王，比作因寵暱伶官而身死國滅的後唐莊宗，是可忍孰不可忍！光宗再也顧不上好言納諫的君德，特地下詔將這位亂湊熱鬧而越位上書的太學生編管起來，一來出心頭之氣，二來也向天下表明：這一上書純屬誹謗君上，皇帝並沒有那些有失聖德的過舉。後來，言者出來諫救，光宗才改為押送筠州（今江西高安）聽讀，讓他一邊受監管，一邊就學。[1] 余古的上書和光宗的反彈，在世人面前徹底撕落了紹熙初政「宜若可觀」的裝飾面具。

三　「政治日昏，孝養日怠」

1. 悍后李鳳娘

李皇后出身將家。紹興十五年（1145）一天，她的父親李道見有一隻黑鳳停息在軍營前的大石上，心裡感到奇怪。回家後，知道女兒就在這天出世，這才想起有鳳來儀的吉兆，便以鳳娘作為二女兒的名字。十幾年後，李道出戍湖北，聽說道士皇甫坦善

① 余古聽讀筠州，據《宋史·光宗紀》。《宋史全文》卷 28、《兩朝綱目備要》卷 1 俱作秀州（今浙江嘉興）。

於相人，便在府第招待他，讓幾個女兒逐個出來拜見。見到李鳳娘，皇甫坦驚惶得不敢受拜，説：「這女孩將為天下母，我怎敢受她拜？」旁觀者都以為他胡説八道，李道卻聯想到黑鳳棲石的徵兆，心中暗喜。

皇甫坦的風鑑之術，連宋高宗都十分相信，允許他進宮謁見。大約在紹興三十二年，皇甫坦出山入宮，高宗問他何事而來，説：「做媒來。我為陛下尋得個好孫媳婦。」接着把李鳳娘出生故事搬説了一通。李鳳娘應召候選。同時入宮待選的還有皇太子妃錢氏之妹，其父便是兩知臨安府的錢端禮。宮禁內外之人都看好錢氏之妹，但高宗還是篤信皇甫坦的相術，為恭王聘了李鳳娘。[1]

李鳳娘雖長就天姿，卻生性妒悍。乾道七年 (1171) 恭王立為皇太子，她也成了皇太子妃，性格越發驕橫悍狠了。太子入居東宮，左右侍奉的宮女人數自然不能與恭王府同日而語。李鳳娘受不了，經常在德壽宮與孝宗夫婦面前訴説太子左右的東長西短。高宗老大不高興，與皇后吳氏談話時後悔道：「畢竟武將之後。我被皇甫坦誤了！」孝宗也好幾次訓斥她：「你應該學太上皇后的后妃之德。如再只管與太子爭吵，我寧可廢掉你！」

孝宗只想鎮懾住她，並不打算真廢皇太子妃。李鳳娘卻又氣又怕，認為這是太上皇后吳氏在挑唆。冊立為皇后以後，李鳳娘更肆無忌憚、目中無人了。孝宗和謝皇后對太上皇帝高宗與太上皇后吳氏非常孝順恭敬，相形之下，李氏卻十分傲慢無禮，有時甚至乘着肩輿一直到重華宮內殿才停下。有一次，謝氏在談話時

---

[1]《四朝聞見錄》乙集〈皇甫真人〉記其事説：「人謂鳳，實鷟鷟」。據《本草綱目》卷47：「江中有鷟鷟，似鳧而大，赤目」，「此鳥有文彩如鳳毛，故得同名耳」。則《四朝聞見錄》所記未必妄誕。

提到這類事情，李鳳娘竟惱羞成怒道：「我是官家的結髮夫妻！」言外之意譏諷謝氏由嬪妃冊為中宮的。在場的太上皇孝宗聽到這種挑釁性回答，與太上皇后謝氏都怒不可遏。他事後想起內禪前夕黃洽的忠告，真的萌生了廢黜李鳳娘的念頭。他把自己信得過的故相老臣史浩召入重華宮，私下與他談起自己的打算。史浩堅決以為不可行。或許認識到廢后會引起政局風波，這事終於作罷。但李皇后對孝宗和太上皇后謝氏的怨懟卻越積越深。

光宗即位不久，就心臟不好。太上皇既擔憂又關心，從民間搞到了秘方，合了一大丸，據說服了心病即可痊愈，準備派人送去，又恐李皇后截留，便打算光宗每月四朝來問安時面交給他。大內宦官原就企圖製造三宮摩擦，好讓皇帝無暇萌生「盡誅此曹」的念頭，便對李皇后說：「太上合了一大丸藥，只等官家過宮便賜藥給他。萬一有意外，可怎麼向祖宗、社稷交代啊！」李皇后聽說太上皇不同意立嘉王為皇太子，卻屬意於嘉國公，不能不多一份心眼，就派人去打探，果然有藥準備着，便銜恨在心，以為太上皇也太狠心。

李皇后決定為兒子搏一次，也投石問路摸一下虛實。不久，恰有內宴，她突然當面向太上皇提出，請立嘉王為皇太子。孝宗自有考慮，沒立即表示同意。李鳳娘立馬發作：「我，是你們用六禮堂堂正正聘來的；嘉王，是我親生的，為甚麼不能立為皇太子？」太上皇勃然大怒。光宗沒有作聲，他明白皇后的用心，也知道太上皇不會輕改主意的。

內宴不歡而散後，李皇后一手拉着嘉王，一手抹着眼淚，把丸藥的事與不立皇太子拉扯在一起，向光宗哭訴：「壽皇不同意立嘉王，就是想廢你；給你服那顆大丸藥，就是讓嘉國公好早點繼位。」光宗受禪後，頗感貴為皇帝也並不如原先想像那樣能隨心所欲。重華宮的太上皇、慈福宮的太皇太后雖不過問朝政，但

一個父親，一個祖母，自己每一句話語，每一個舉措，都必須看太母的臉色，聽壽皇的教訓，老大不自由。尤其太上皇，總讓他感到有一種父親對兒子的威懾。對太上皇執意讓魏王之子嘉國公作為自己皇位的繼承人，光宗本來就窩着一肚子火，現在一聽皇后的挑唆，也有點信以為真了。

光宗即位後，妃嬪也多起來了。宋代後宮之制，凡封郡夫人以上才有獨立的房院。紹熙時，自立房院的嬪嬙有黃貴妃、張婉儀、武才人、潘夫人、符夫人、大張夫人與小張夫人，最受恩寵的要數黃貴妃。早在淳熙後期，太上皇高宗見皇太子身邊沒有侍姬，就把黃氏賜給了他。光宗一即位，除冊立皇后李鳳娘外，還進封黃氏為貴妃。他把宮中收藏的揚無咎名畫《紅梅圖》賜她，還在畫上題詩一首：

> 去年枝上見紅芳，約略紅葩傅淺妝。
> 今日亭中足顏色，可能無意謝東皇？[1]

以紅梅喻貴妃，以東皇自況，過去你紅葩淺妝，今天在我東皇照拂下，你位至貴妃，顏色十足，還不謝我嗎？調笑中透漏出對貴妃的暱愛。

在妃嬪隊中，皇帝「朝詠暮吟看不足，羨他逸蝶宿深枝」，對黃貴妃尤其專寵，李鳳娘自然妒火中燒，開始不擇手段地報復。一天，光宗在洗手時見宮女端盥盆的雙手嫩如柔荑，白似凝脂，愉悅之下，大感興趣。幾天後，皇后派人送來一具食盒，打開一看，皇帝差點嚇昏過去，食盒內盛放的竟是那宮女雪白的雙手。

紹熙二年十一月二十七日，按慣例，光宗將主持即位後首次

---

[1] 厲鶚：《宋詩紀事》卷 1〈光宗·題揚補之紅梅圖賜貴妃〉。

祭天地的大禮。宋代祭天地前，皇帝、宗室必須在前一天享太
廟，受誓戒，而皇帝受誓戒後不能入住後宮，必須夜宿南郊青城
的齋宮。李皇后就在大禮前一天虐殺了黃貴妃，派人去通報了貴
妃「暴死」的消息，自己到玉津園散心去了。光宗在齋宮接到稟
報，又驚駭，又憤怒，他絕不相信活生生的黃貴妃會一天之間無
疾暴卒，猜想必是李鳳娘下的毒手。但明天是祭祀大典，他不能
違背歷代禮制趕回後宮看個究竟，便哭泣個不停。

郊祀大禮在下半夜丑時七刻（即二十七日凌晨三時左右）開
始。這時，星月當空，夜色清澄。光宗一夜淚流不止，懷疑黃貴
妃是否真死了。但這時，他只能強打起精神，進入指定的位置，
穿戴上袞冕，拿起大玉圭，準備主持大禮。

忽然，狂風驟起，把祭壇上燈燭全數吹滅，祭壇頓時漆黑一
片。轉眼間，一兩朵將熄未滅的火苗被狂風猛地吹向了周圍的簾
幕，簾幕撲剌剌傾倒下來，火舌卻狂竄起來，蔓延成勢不可擋的
大火。光宗被這突如其來的景象嚇呆了。在場的陪祀人也都被狂
風烈火驚退了。瞬間，大雨夾雜着冰雹劈頭蓋臉地打下來，夜黑
如墨，風火雨雹之中，眾人都自顧不暇，也無法前往救駕了。

不一會兒，天色霽晴，大火已被豪雨撲滅。曙光微熹中，玉
帛牲牢狼藉遍地，連祭祀用的鎮圭也不知去向了。郊禮已無法進
行。內侍們這才把嚇懵了的光宗扶上車駕，送回大內。昨天，
接到黃貴妃暴死的噩耗，今天又受到大驚嚇，光宗自「以為獲罪
於天，且憚壽皇譴怒，憂懼不寧」，「震懼感疾」，患上了精神分
裂症。①

皇帝被送回大內，黃貴妃的死因大白。但光宗對悍后無可奈
何，得知真相只能咬牙切齒，精神病徹底發作。實際上，精神病

---

① 周密：《紹熙行禮記》，見《説郛》（宛委別藏本）卷 51。

遺傳因子早就潛伏在光宗的體內，平日一無節制地酗酒，再加上
震驚與恐懼的雙重猛擊，病情來勢洶洶，「噤不知人，但張口囈
言」。①

內侍馳報北內，太上皇帝孝宗與太上皇后謝氏連夜趕來探
視，見光宗雖已睡去，卻仍滿口囈語。孝宗既擔心，又氣憤，便
把李皇后喊來。李鳳娘與親信內侍大約隱瞞了虐殺貴妃事，只說
皇帝飲酒過度而驟然發病的。太上皇大聲訓斥道：「你不好好照
顧皇帝，反使他病到這等地步，全不顧宗廟社稷之重，」憤怒至
極時扔下一句話，「萬一好不了，就族滅你李家！」

太上皇準備回時，光宗醒了，聽內侍說壽皇在，便蹷然而
起，驚怖地下榻叩頭，請罪不已。孝宗慰解再三，仍不能使他釋
懷。回北內後，孝宗坐臥不安，又把丞相留正召來責備：「我讓
你任相，卻不強諫，你幹些甚麼事？」留正說：「不是不諫，沒奈
何皇帝不聽。」孝宗說：「今後你須苦諫。皇帝如不聽納，他來問
安時，我再好好勸他。」

光宗這一病可真不輕，太上皇在重華宮焚香祝天，祈禱兒子
早日病愈。大約半個月後，他的病情才有所好轉。照例，冬至有
大朝會，這種大朝會一年僅舉行三次，即元日、五月初一與冬至
日。但皇帝病得連邁腳登樓都不行，只能免了。病情稍愈後，
李皇后哭訴說：「我勸官家少喝酒，就是不聽。近來你病了，壽
皇幾乎打算族滅我李家。我李家有甚麼罪過？」接着又把太上皇
對留正說的話歪曲走樣地搬弄了一番：「聽留正得到聖語說：如

---

① 佚名：《朝野遺記》，見《說郛》（商務印書館本）卷 29。《南開學報》（1989 年第 6
期）載有劉洪濤〈從趙宋宗室的家族病釋「燭影斧聲」之謎〉，以現代醫學與統計手
段論證了趙宋宗室有精神病遺傳史，表現為躁狂症與憂鬱症。該文所引皆北宋前期
病例，而莊文太子趙愭與宋光宗的病症亦可印證其推論的正確，但光宗更似憂鬱症。

再過宮，一定要留住官家，不讓還宮。」精神分裂症病人，本就容易妄想別人暗算自己，光宗聽了李鳳娘這番話，再與她此前挑唆的丸藥、廢立等謠言串連起來，自此而後始終擔心太上皇要害他、廢他，內心深處視每月四朝重華宮為畏途險徑，總千方百計地找尋藉口，推延日期，於是導致了持續數年的過宮風波。

2. 一個精神病者主天下

郊禮以後的第 15 天，光宗才在內殿召見宰執大臣，他的病已不可能真正痊愈。再過半個多月，就是紹熙三年正月初一，照例應是正旦大朝會，也因皇帝有病取消了。而一月四朝重華宮的儀式，只能請宰執前往代行恭謝之禮。開春以後，病情稍有好轉，光宗才恢復升延和殿聽政，但五月一日大朝會，還是未能如期舉行。其後，皇帝雖勉強聽政，但大朝會卻只在紹熙五年元日舉行過一次，其他都付闕如。即便聽政，他對臣下也經常「目瞪不瞬，意思恍惚」。從紹熙二年歲末起的兩年多裡，就由這樣一個精神病患者君臨天下的。

光宗的病情時好時壞，倒使李皇后更有機可乘，自紹熙三年後，政事多決於李皇后。不過，她對大政實在沒有多大興趣與能耐，只是一味為娘家大撈好處。宋代遵循漢朝非劉氏不王之制，開國以後，即便追贈王封也不輕用於外戚，李皇后卻封李家三代為王，兩個侄子都官拜節度使。紹熙三年十一月，李鳳娘再次歸謁家廟，推恩親屬 26 人，172 人授為使臣，連門客都蔭補為官，恩蔭之濫為南宋以來所僅見。李氏家廟僭越規制，防護之兵居然比趙氏宗廟還多。這一切當然都以光宗的名義頒佈詔旨的。

對皇帝受制於悍后，臣下不是沒有勸諫。據《宋史·羅點傳》，有一天，光宗在便殿召對他，羅點問：「近來，朝廷內外都相傳，

說陛下內有所制，不能遽出，因而沉湎酒色，不恤政事，確有這等事嗎？」羅點是東宮舊僚，才敢以「內有所制，不能遽出」，來暗指光宗受制於皇后。光宗答道：「沒這事。」羅點見皇帝不願正面承認，只得轉而進諫道：「我原就知道陛下不會不恤政事的。宮禁之間或有拂心亂意的事，姑且借酒自遣罷了。鄉下老百姓，閨門有不順心事兒，還縱酒解悶呢！不過，人主君臨天下，這心應像青天白日，風雨雷電過後，湛澈清明。怎能容許再有纖芥塵垢停留在天日上呢？」

紹熙五年初，起居舍人彭龜年進呈自編的《內治聖鑑》，光宗問了書的大旨，說：「祖宗家法最善，漢唐所不及，待外戚尤嚴。」接着，他看了龜年的《進書札子》，又說：「祖宗待外戚最嚴，此處便不可容易壞了。」龜年道：「祖宗不輕委外戚權任，也是愛養親戚之道。我這書大抵對女謁、宦官防之最嚴，這些人見了，恐怕不會讓陛下經常閱讀的。」光宗說：「不至於這樣。」但光宗在神智正常的紹熙初政時，就基本上受制於李氏，何況如今患了精神病。羅、彭的進諫對皇帝來說，猶如馬耳東風，至多換來口不由衷、言不符行的應答而已。

也許病情關係，對東宮舊僚與春坊舊人，光宗反倒較為信任和親近，對姜特立的眷念之情也從心底喚起而不可遏制。紹熙四年五月，他讓姜特立起任浙東馬步軍副總管 [1]，還準備召他入宮，賜錢 2000 貫作為行裝費。姜特立受召，光宗完全可能一念之轉將他留在朝內，就難免出現近佞弄權的政治局面。這一詔命立即遭到朝臣們的反對，彭龜年、蔡幼學、項安世等紛紛請皇帝收回成命。光宗卻在給事中謝深甫的繳駁上批道：「朕憫其舊臣，無辜而去，特與書行。」

---

[1] 《宋史》卷 36〈光宗〉作浙東總管，此據《宋史》本傳及《宋史全文》卷 28。

反對最賣力的是丞相留正，動機依舊公私兼顧。他擔心姜特立應召赴闕，光宗顧念舊情留他在身邊，特立就會東山再起，伺機報自己當年排擠他出朝的一箭之仇。對留正來說，這可是前途攸關的較量。他對光宗說：「四年前，是我任右相時論列他招權納賄，才奉祠而去的。現在既然召他，我理當罷相。」光宗沒做出反應。過了幾天，留正逼光宗表態：「我與特立，理難並立於朝，請早賜處分。」光宗批道：「成命已行，朕無反悔，卿宜自處。」留正便居家待罪，試圖迫使皇帝改變主意。誰知過了七天，光宗仍不理不睬。

六月初一，留正出城，待罪六和塔，上奏請辭相位：「近年不知何人獻把定之說，陛下遂至每事堅執，斷不可回。我居家八日，出城三日，都不理不報，這都是把定之說誤了陛下。我怕長此以往，事情不論是非，陛下固執把定之說，言路就會斷絕。」紹熙初政，光宗就有「臨決機務，自任太過」的毛病，自從發病後，偏執本就是精神病症狀之一，他也更固執難回了。見辭相奏疏也不能讓皇帝回心轉意，留正便把入仕以來所有任命告敕都繳了上去，移居范村僧舍待罪，乞歸田里，使君相僵持更升一級。但光宗既不許他歸田，又不召他回朝，就把左相擱在僧舍冷落着。

九月四日是光宗生日重明節，理應由丞相率百官上壽。留正是左相，雖在待罪，卻未免職，他這天從范村趕回大內，在紫宸殿為光宗上壽。他還是戀位的。按例，左相應是百官班首，光宗卻下詔以右相葛邲為班首。留正不宜再立到丞相位上，好在他還有少保頭銜，只能沒趣地站在少保位子上。祝壽一結束，留正仍折回范村待罪。

歲末，光宗病情有所好轉，這些天是他幾個月來少有的理智清醒的日子。預定冬至向壽聖皇太后上尊號冊、寶的日子迫近了，而依例上冊、寶須以宰相為禮儀使，這次倘若再讓右相葛邲

代行，於大禮不順。光宗對太皇太后一向尊重，便派人召留正回都堂理政，宣佈姜特立仍任浙東副總管，但不再堅持召他入朝。留正去位待罪，行使制度許可的宰相規勸君上最激烈的舉動，前後長達一百四十餘天。君相兩人懷着各自的目的，出於不同的心態，不負責任地視國事朝政為爭勝賭氣的兒戲，這在宋代歷史上是絕無前例的。見留正還朝，光宗似乎纖芥不存，顯得十分高興，他畢竟是個精神病患者。

初政時，光宗召還陳源，但沒重用，他仍厭惡那些近習。而如今內侍們撥弄北內是非，他已聽得入耳了。紹熙四年夏，陳源遷為入內內侍省押班，光宗仍讓他做宦官頭領，並發還了籍沒的產業。陳源剛召回時，只讓徒黨搬弄些小是非，不敢做得太過火。而今得到這麼個最親近皇帝的要職，便與宦官林億年、楊舜卿等沆瀣一氣，「日夜交煤其間」。[1]皇帝對太上皇的疑忌心理在發病前就深層潛伏着，現在經陳源一夥火上澆油，便更為加劇，致使過宮風波越鬧越凶。

對經筵講讀，皇帝越來越不耐煩，卻還要裝出重視帝學的姿態。從紹熙二年初起，他只在白天應付一下，晚講完全停了。一到晚上，一頭扎進酒杯裡。御史台主簿彭龜年就經筵晚講上了一奏，光宗覽奏說：「祖宗對經筵最是留意。」龜年說：「人君以一身擔天下大任，是非邪正須講學明理才能明白。」光宗不願聽到自己邪正不明的話，立即說：「近日邪正卻是分明。」答話時分明有精神病患者常見的固執。龜年說：「但邪正之間，更須聖上常

---

[1] 《宋史》卷469〈陳源傳〉。陳源所任之職，《宋史·光宗紀》作內侍省押班。據《宋史》卷166〈職官六〉，「入內內侍省與內侍省號為前、後省，而入省尤為親近。通侍禁中，役服褻近者，隸入內內侍省。拱侍殿中，備灑掃之職，役使雜品者，隸內侍省」，高宗末年以內侍省職掌不多，「徒有冗費」，並歸入內內侍省。故陳源之職當據《宋史》本傳作入內內侍省押班。

常密察，不可不謹慎。」光宗不以為然道：「畢竟今日正人多。」又問：「你對儒臣夜直有甚麼要説的？」龜年便説：「祖宗總在夜分之時召經筵官講讀，不僅為了窮究義理，而且為了消弭人欲。夜直如有一二儒臣，互以義理相磨礪，個中意味深長，不是其他能同日而語的。」「親儒生有益，的確如此。」光宗敷衍道。但事後依然我行我素，夜飲如故。

昏政已經司空見慣。韓侂胄是嘉王夫人韓氏的曾叔祖，其官位在紹熙年間扶搖直上，短短四年竟升遷了27年磨勘才達到的官階，光宗還想超授他四階，又相當於20年的正常遷轉，直到給事中尤袤繳駁才作罷。伶人胡永年積官至武功大夫，大概仗着戲演得好，請求讓其親族也享受任子入仕的待遇，這在宋制中絕無先例，光宗竟也一口同意。還是吏部尚書趙汝愚提出，以樂藝出身的人不能以恩蔭任子，並希望立為定法，這才制止了這事。

對政事的處理、官吏的任免，光宗往往隨着病情輕重與心緒好壞而是非不定，喜怒無常。黃裳任給事中僅一月，繳駁不當詔令達十餘次而大拂帝意，他忘了曾在嘉王面前對其老師的褒獎，免去黃裳給事中兼王府翊善之職，改任兵部侍郎。還是嘉王不願老師離去，向父皇求了情，光宗這才同意他繼續做翊善，但封駁之職卻被罷去了。

有一次，皇帝降內批除耶律适嘿為承宣使，給事中尤袤一再繳駁，光宗再以御筆宣諭他書行。尤袤儘管特與書讀放行，但同時上了一疏説：「天下，是祖宗的天下；爵祿，是祖宗的爵祿。壽皇以祖宗的天下傳陛下，怎可私用祖宗的爵祿給公議卑薄之人呢？」也許「壽皇以祖宗的天下傳陛下」一語刺痛了他，光宗怒不可遏，把奏議撕得粉碎。尤袤見國事乖戾，積憂成疾，臨終前上致仕遺表。尤袤是東宮舊僚，紹熙初政時君臣之際也算相得，光宗覽閲遺表後，照例須對上表之臣的追贈封賜做出指示，他卻

將遺表擱在一邊，好幾個月都不做出相應的處理，也許竟忘記了。

自發病後，光宗對宗室、外戚與大臣「以薨卒聞，多不信」。紹熙四年夏，蜀帥吳挺死了，他是抗金名將吳璘的兒子。紹興和議前削兵權，諸大將兵柄盡奪，只有四川懸隔遙遠自成一區，吳玠、吳璘兄弟死後，「吳家軍」仍傳吳挺獨掌兵權，漸現坐大之勢。自虞允文以來，有遠見的大臣無不認為四川兵柄必須抓準時機妥善解決。如今吳挺剛死，其子吳曦位望尚低，且不在川中，正是遴選合適將才入川更代，解決蜀兵世襲的絕好機會。但光宗仍「以為傳聞失實，屏申奏而不信」，固執地認定吳挺還活着，奏報在誆騙他，竟然半年之久不置蜀帥。①

理智清醒時，光宗似乎也想做個明君。紹熙四年初，他在便殿召見了提點福建刑獄辛棄疾。早在皇太子時，他就知道稼軒毅然南歸的傳奇事跡與力主抗金的慷慨詞章。這次召見，光宗一方面遷他的官職，一方面向他諮詢戰守事宜。棄疾指陳了荊襄對東南攻守的戰略意義：「荊襄合而為一則上流重，分而為二則上流輕。上流輕重，導致南北之所以成敗。」並對荊襄的兵柄分合、駐軍佈防提出了具體建議，他最後希望朝廷「思安慮危，任賢使能」，「使國家有屹然金湯萬里之固」。但這番議論與建策沒有引起光宗的重視，也未見他對荊襄防守有具體的舉措。

這年進士廷試策，題目是光宗親擬的「問禮樂刑政之要」。在送呈御覽的策論中，有一篇鞭闢入裡的議論引起了他的注意：

① 《建炎以來朝野雜記》甲集卷 1〈壽康妃嬪〉；陳傅良：《止齋集》卷 23〈繳奏張子仁除節度使狀〉。吳挺之死，《宋史·光宗紀》作紹熙四年，《宋史全文》《兩朝綱目備要》均繫於紹熙五年夏，據《止齋集》卷 25〈奏事札子〉題下注云「五月四日」，此札當是紹熙五年五月上的，內有「若乃吳挺之死，半年而不置將」之語，若吳挺卒於紹熙五年夏，是年七月光宗即禪位給寧宗，陳傅良便不可能以「半年而不置將」責備光宗，故吳挺卒年應從《宋史·光宗紀》。

「陛下之於壽皇涖政二十八年之間，寧有一政一事之不在聖懷？而問安視寢之餘，所以察辭而觀色，因此而得彼者，其端甚重，亦既得其機要而見諸施行矣。豈徒一月四朝而以為京邑之美觀也哉？」①

這時正是光宗不朝壽皇，過宮風波越演越烈的當口，群臣的諫章雪片似地送入南內。讀到這段議論，光宗正中下懷，似乎為自己的偏執找到了堂皇的辯解。他認為，對他們父子關係，這段策論可謂最善解人意，當即把這篇廷對策由禮部奏名時的第三親擢為第一名。

當知道拔擢的是陳亮時，光宗喜形於色道：「天下英才，為朕所得。我親自看過的，果然不錯！」實際上，這段策論的意思很清楚：眼下要着手的禮樂刑政之事太多了，何必一定要講究一月四朝的表面形式呢？陳亮的經濟文章早就知名於世，聽到他擢為頭名狀元，太上皇與嘉王也都十分高興。光宗還特地交代翰林學士在賜第告詞裡寫上：「朕之待爾，豈止是哉。」他準備將來大用陳亮，先授他僉書建康府判官廳公事，可惜陳亮未及赴任就病故了。

然而，在朝政處理上，狂躁、遺忘、偏執、猜忌等精神病症狀，光宗都有明顯的表現。他的狂躁症還不算太激烈，但與一般精神病者一樣，堅決認定自己不需要服藥與照料，對讓他服藥物，視他為病人的內侍們大發雷霆，連閤長、御藥都不能出現在左右，一天或驅逐數十人，宮掖之內，人人自危。

精神病者常見的怔忡恍惚、怠倦遺忘，讓光宗常把重大朝政忘諸腦後，今日遷延某事，明日遲滯某事，丟三落四是習以為常的。據陳傅良說，「班直待試於殿庭，侍從待命於郊外，往往邀

① 陳亮：《龍川文集》卷 11〈廷對策〉。

然都不省記」;「甚者嘉邸有子而不奏告，掖庭有喪而不起發」。最苦惱的是宮廷儀衛，光宗經常晏朝，有時列仗已畢，只待皇帝臨朝，忽然傳諭「皇帝不上朝了」，儀衛們只能撤班。

紹熙初政時，光宗的性格已顯現出獨斷偏執的那個側面，發病以後，這一側面益發嚴重，直接影響對朝政的處理。對此，彭龜年的上奏有概括性描述：

> 期年以來，施為稍異，若示人以不可測者。政事舉措，稍不循節奏；進退臣下，頗不事禮貌。意欲所用，雖給舍屢繳而不可回；意所不欲，雖台諫彈擊而不可動。宦寺蒞職於中禁，而不用誥命；內廷取財於總司，而特免錄黃。如此之類，未易悉數。其始，群臣爭之而不能得；其終，陛下行之而不復疑。一時操縱自我，予奪自我。①

上朝對班是確保台諫言事的制度性程序，光宗經常隔下不召；言官偶有論諫，光宗或是不施行，或是乾脆將改為外任，免得他們喋喋不休。給事中、中書舍人繳奏不合理的詔書，本是宋代君權自我約束的有效措施之一，如今他們一有繳駁，光宗不是動用御批宣諭書行，就是將封駁官改除他職，免得他們一駁再駁。這些現象，紹熙初政時已不同程度地存在着，那時，人們有理由責備皇帝個人。然而，自紹熙二年郊禮發病起，已無理由再去譴責其本人。把江山社稷、國計民生交給一個精神病患者去主宰，讓一個業已喪失責任能力的人去擔當這一大任，他能負責嗎？

①《止堂集》卷3〈論剛斷得失疏〉。

3. 過宮風波

　　光宗作為精神病患者的猜疑心理，除認定申奏宗室、大臣、侍從去世多在誑騙外，尤其集中表現在與太上皇的關係上。前者顯然受黃貴妃活生生「暴卒」的刺激；後者的情況較為複雜：在威嚴強幹的父親長年震懾下，孱弱無能的兒子容易形成壓抑扭曲的心理。而太上皇在皇位繼承人上的表態，則讓光宗認為，不僅對嘉王的皇太子地位，甚者對自己的皇位，都是警告和威脅（雖然實際上完全沒他想像的這麼嚴重）。這種揮之不去、思之即來的心理陰影，在發病後遂由潛意識變為病態的妄想，理智極難控馭。倘若周圍的人能施以積極的暗示，這種疑疾自會減弱或消除。怎奈李皇后與左右內侍不斷的讒言恰恰起到相反的暗示作用，致使其猜疑的妄想遂成定勢的錯覺。從發病到退位的兩年半裡，由於這種疑忌心態的支配，在一月四朝重華宮的問題上，光宗固執己見地延宕、推託、拒絕；而群臣則敦促、諷諫、譴責。君臣互相爭勝，過宮風波愈演愈烈，成為紹熙政治史上一出大戲。

　　光宗的精神病來勢兇猛，紹熙三年正月初九，才停藥沒幾天，連登樓都乏力，他還是抱病前去看望了太上皇帝和太上皇后。那天，臨安紛紛揚揚下起了大雪，愛看熱鬧的行在百姓夾道佇立，見到御駕衝風冒雪，由大內往重華宮進發，都感慨天子之孝前古未有。孝宗愛子情切，便對他說：「病體還沒恢復前，不必過宮問安。」[①] 九天以後，按例又應朝重華宮。光宗自稱生瘡，

---

① 《宋史·光宗紀》對光宗發病後每次重華宮問安都有記載，惟此次失載。《攻媿集》卷 23〈請車駕過重華宮第一札〉說：「正月九日，千乘萬騎，衝冒風雪中。」《歷代名臣奏議》卷 11 呂祖儉〈請進書日到宮〉說：「藥餌甫除，不憚風雪，遂御乘輿，都人夾道聳瞻。」亦可印證。

讓大臣代往北內行恭謝禮。從此以後，南內方面，讒言的暗示對皇帝漸起作用，一而再，再而三地廢了一月四朝之禮；北內方面，先是顧惜兒子身體，繼而為兒子卸掉些不孝的惡名，也一再傳旨免去過宮。

只要不觸及精神上的忌諱點，光宗神智漸清，一如常人，也開始臨朝如禮，雖然仍御內殿。對他長期不朝重華宮，臣僚們認為有失人子孝道，更何況貴為天子，又有孝宗垂範在前呢？於是，他們開始頻頻進諫。秘書省正字項安世上書說：「陛下之仁，足以澤被天下，卻不能施愛於庭闈之間；陛下之量，足以接納群臣，卻不能容忍於父子之間。父子之情，無法割斷。陛下聖心一回，何必擇日？即日就駕，就在反掌之間。」光宗不報。半年過去了，他始終沒有到過重華宮，每到一月四朝的日子，總找些理由一再改日和展期，疑懼心理使他將南內到北內的御街視為畏途。後來，乾脆推搪說太上皇讓我免赴重華宮。

十月二十二日，這天是太上皇誕辰會慶節，皇帝生日時謂聖節。在聖節前十天，有皇帝向重華宮進香儀式。前幾天，光宗也答允過宮進香的，誰知進香這天，他又推說太上皇允准可免過宮，拒絕出巡。在群臣激烈進諫下，次日才勉強補上了這一大禮。會慶節那天，按禮，皇帝應率百官赴重華宮向太上皇上壽，全國上自宮禁朝廷，下及州縣官衙，無不鳴鐘擊鼓，飲食醉飽，盡一日之歡。但自進香之禮失期，群臣擔心會慶節上壽也會臨時變卦，紛紛上疏論諫敦請，光宗許諾屆時上壽如儀。

會慶節一早，大內殿前，百官趨班，儀衛執仗，等候皇帝起駕。行都的市民們又早早夾道佇立，等着一睹龍顏。誰知日上三竿，仍寂不聞聲，許久才傳旨說，太上皇傳諭「今天免到宮上壽」。百官、儀衛面面相覷，以為光宗病又犯了。丞相留正知道皇帝舊態復萌，親率百官給太上皇祝壽已無可能，便率百官赴重

華宮拜表賀壽，太上皇內心不由泛上一陣淒涼感。會慶節次日，光宗駕臨經筵，完全沒病的模樣，他實在怕見孝宗，假借太上皇名義傳下了不過宮的諭旨。

會慶節前三天是嘉王的生日，那天，光宗把兒子召入宮中舉行家宴，一家倒也其樂融融。禮部侍郎倪思得知這事，便進勸說：「陛下父子歡洽時，難道就不轉念動心嗎？壽皇想見陛下，正如陛下想見嘉王一樣！」光宗聽後，念及父子之情，倒也感動和愧怍，但倪思請他補上祝壽大禮時，疑忌又壓倒了愧疚，依舊深居不出。

冬至節快到了，又是皇帝朝賀重華宮的大日子。每月四朝之日，皇帝不赴北內已經司空見慣。冬至那天，光宗依舊言而無信，託詞不朝。一些大臣與侍從感到實在不成體統。起居舍人羅點說：「老百姓節序拜親都不闕禮。陛下耽擱了冬至節的賀儀，壽皇一定伸長脖子盼着陛下。常人對朋友還不可以無信，何況人主孝事雙親呢？」光宗猶豫不決，但終於不為所動。十個多月來，這種場面一再重演：說定過宮的日子，卻侍臣立庭，衛士在列，有關機構隨時待命，清道軍兵，次第排立。終日守候，翹首以待，卻從朝到暮，杳無詔命，等到殿門將閉，方才各自散歸，致使「軍民藉藉，妄生謗議」。光宗卻依舊今日遷延某事，明日受阻某人，一味地推託延宕，咫尺北內，杳如萬里。

陳傅良在《直前札子》裡向皇帝發出嚴重警告：

> 如此日復一日，不以為怪，人心益馳，主勢益輕。如有奸險之人乘機生事，則中外之情不通，威信之柄可移。即使擅傳諭旨，恐怕也無從覺察，或放散儀衛，或隔退臣僚，或間牒宮闈，或激怒軍旅。萬一這樣，臣恐陛下孤立，而外廷也無以效忠了。

對這一忠告，光宗也有點驚醒了。吏部尚書趙汝愚也規諫再三。十一月下旬，他出朝重華宮，皇后隨即也到，都民都鬆了口氣。12 天後，他再率群臣赴重華宮，進獻剛修成的《壽皇聖帝玉牒聖政會要》。不到一個月，就是紹熙四年正月初一，皇帝又去重華宮向壽皇行元日朝賀禮。這段日子或是他的病情穩定期。

元日朝賀一過，光宗又接連兩個月深居拒出，臨朝失時、章奏不理的情況也較前嚴重。在臣僚們又一輪群起諫諍中，光宗重新在畏懼猜忌的病態心理與孝養尊親的正常心態之間交戰徘徊。他擔心太上皇不高興，示意趙汝愚將這層意思奏稟壽皇。汝愚回答：「除去宰執，從官平日沒有赴重華宮奏事的先例。」光宗說：「沒關係。你可封呈奏疏。」他一心指望臣下能為他居間調停。汝愚是宗室，與太上皇的嫡親兄長嗣秀王趙伯圭交好，便請伯圭幫着調停。

壽皇一經伯圭勸解，不快也就釋然了。在汝愚規箴與伯圭斡旋下，光宗與皇后在三月上旬同赴北內，一家子從容盤桓了一整天。下旬，皇帝還陪同太上皇帝和太上皇后遊覽了聚景園。孝宗當年為奉養高宗而建造的這一名園，西臨西子湖，是行都最大的御園。今天兒子能陪着遊園賞春，孝宗自然十分高興。這也是光宗發病後僅有的奉陪父皇出遊。

對汝愚的協調，光宗很感激，提拔他同知樞密院事，也許與此有關。這一任命與太上皇的考慮倒是一致的。正打算頒任命制詞，監察御史汪義端反對，他引高宗聖訓「本朝宗室雖有賢才，不過侍從而止，乃所以安全之也」[1]，以宗室為宰執，國朝典故前所未有。這道奏疏雖被留中，但汝愚知道受台諫論劾，便居家上疏，力辭執政，疏共十二上。中書舍人黃裳說：「汝愚事

---

[1] 徐自明：《宋宰輔編年錄》卷 19 紹熙四年。

君忠，居官廉，憂國愛民。義端之見，不可以備位朝列。」光宗便讓義端出朝外任，但汝愚仍不肯受任。光宗主動請示太上皇，這也是他發病後唯一請示孝宗的朝廷大政。孝宗看過汝愚編的《國朝名臣奏議》，認為可與《資治通鑑》並行，也知道他的才德，便傳諭說，高宗聖訓當時只為防止秦檜的奸謀。光宗讓翰林學士把這層意思寫入任命制詞，汝愚這才受命就職。汝愚赴重華宮恭謝，孝宗對他說：「你以宗室之賢出任執政，這是國家盛事！」他對光宗的任命是深為滿意的。

自同遊聚景園後，光宗又回復了老樣子，其間除去病情變化，孝宗竄逐的宦官陳源再次被光宗信用，以及隨之而來陳源黨徒的興風作浪，對皇帝的病態心理起了推波助瀾的暗示作用。臣下們憂形於色，又掀起新一波諫諍高潮。在百官私下交談時，有一種意見以為：「父子之間，何待人言？言之適足激陛下之怒。不如聽之，天理自還。」還有一種觀點認為：「這事只有壽皇曲意遷就皇帝，或可回解。」從精神病患者的心理角度而言，這些看法自有其合理性，但從儒家道德、人主聖範角度而言，無異陷光宗於不孝，置自身於不忠的地位，一經義正辭嚴的駁斥，便難有市場。於是奏勸過宮成為大流，光宗也已習以為常，當面順從地聽勸，嬉笑不以為怪。汝愚好幾次進諫，光宗也是面聞其勸即醒悟，一入後宮就生疑，活脫脫一個精神病患者猜疑畏懼出爾反爾的神態。

光宗疑懼不肯過宮的根源，還是由太上皇不同意立嘉王為皇太子引起的，進而擔心他對自己也會被廢黜或加害。這種迫害狂式的疑慮，光宗對親近的侍從陳傅良、黃裳等也透露過。他害怕舜被父親暗算的事情會出現，也憂慮唐明皇猜疑肅宗的故事會重演，更惟恐春秋衛侯輒與世子蒯聵父子爭國的悲劇會重新登場。陳傅良為他設譬祛疑道：「陛下難道不記得壽皇當年疏遠魏王的事嗎？自古廢立，出於愛憎，壽皇那時對你究竟是甚麼心，陛下

忍心忘卻嗎？」黃裳代為逐一分析了他擔憂之事絕無可能發生，然後勸諫道：「陛下貴為天子，不以孝聞，敵國將會輕侮，小人將為奸亂，戍軍將懷異志，這才是可疑懼的。陛下不該疑的倒起疑，應該疑的反不疑。顛倒錯亂，莫甚於此，禍亂之萌，近在旦夕！」然而，光宗還是聽時感動，過後不動。

九月初四是光宗的生日重明節，侍從、台諫們上壽同時連章累疏奏請皇帝過宮，答謝壽皇養育之恩，諫諍之語甚至比為「夏商末造」。光宗大為不悦，爭勝不出之心更加堅執。十幾天後，一個名叫謝岳甫的士人上奏：「父子至親，天理固在，何待群臣苦諫，徒以快近習離間之意。但太上春秋已高，太上之愛陛下，一如陛下之愛嘉王。萬一太上萬歲之後，陛下何以見天下？」岳甫與時任吏部侍郎的謝深甫似為同族，他的上書以情動人，光宗被打動了，傳旨明天過宮。①

第二天，皇帝從御屏後出來，見百官早已立班待發。這時，李皇后也從玉屏後走出，挽他回去説：「天寒，官家還是飲酒去。」群臣、侍衛相顧失色，卻不敢作聲。中書舍人陳傅良走出班列，上前拉住光宗的衣裾，請他勿回後宮，幾步便隨行到玉屏背後。李皇后厲聲呵道：「這是甚麼去處！你們秀才要砍了驢頭嗎？」傅良只得放手下殿，慟哭失聲。李皇后氣沖沖命內侍責問：「這是甚麼禮？」傅良回答：「子諫父不聽，則隨之以號泣！」説着徑直走出御殿。李皇后怒不可遏，命內侍傳旨：「已降過宮指揮更不施行。」便傳令還宮。

---

① 此事《宋史·李皇后傳》作謝深甫，但《宋史·謝深甫傳》不載，《四朝聞見錄》甲集〈光皇命駕北內〉作謝岳甫，並説「岳甫年名震於京，同姓宰相有欲俟上已駕即薦以代己者」，同姓宰相當指謝深甫，但深甫任相遲在慶元六年（1200），則上書者當是岳甫，而非深甫。

孝宗的生日又快到了。進香重華宮那天，光宗依然不出。會
慶節前一天，侍從官紛紛上奏太上皇，不再頒聖節免朝的詔旨。
許多免朝的詔旨都是光宗擅以太上皇名義發下的，孝宗有苦難
言，便説：「自秋涼以來，每欲與皇帝相見。卿等奏疏，已令送給
皇帝了。」但第二天光宗仍未過宮上壽，僅由丞相葛邲率百官前
往稱賀。一路上，無論市民、士人，還是禁衛、走隸，都相顧歎
息，形之言語，非議的話已很難聽了。百官到重華殿，因皇帝缺
席，儘管御幄設而不用，大樂備而不奏，壽儀俱廢，鰲山空陳，
臣僚都情覺憂愧，口唯咨嗟。侍從們當天上章，居家待罪，光宗
卻下詔不允。

太學生也加入了勸諫的行列，反映出一般國人對皇帝有失
孝道的不滿。自靖康學潮後，南宋太學生始終很活躍，在重大政
事上不僅發出了自己的聲音，且往往代表了公眾的評判。十月
二十五日，太學生汪安仁等 218 人赴登聞鼓院投匭上書，請朝重
華宮。龔日章等百餘人則以為投匭太慢，準備策動伏闕上書。當
政者擔心太學生一捲入，會鼓動群體性事件，禍起叵測，更憂心
忡忡，諫諍益烈。光宗還是老樣子，臨朝説及過宮，未嘗不動情，
一入後宮，就改了主意。

在追詰下，光宗才對侍從吐露：「內侍楊舜卿告訴我不要過宮
的。」侍從、台諫一向認為，只要陳源、楊舜卿等在宮中一日，皇
帝就會聽饞信間，拒朝北內。於是，彭龜年上奏道：「陳源輩只要
在宮中，陛下的猜疑便不會消解。太上往來問訊，皆將指以為疑。
或名為畏懼壽皇，而實欲激怒陛下。」他最後要求「斥逐陳源，以
謝天下」。黃裳也上奏請誅楊舜卿。光宗對監察御史黃度申辯説：
「壽皇也有左右親信的人。」黃度問：「是不是就是離間的小人呢？」
光宗説：「當然。」黃度再問：「所謂離間，陛下親見其事，還是得
之傳聞？如得之傳聞，難道可以不慎思而輕置信嗎？」

十一月上旬，太陽呈現黑子太白晝現。朝臣和市民都把天象與人事聯繫起來，認為將有大變動。黃度上疏警告：「太白晝見犯天關，其占主亂兵入宮。」十五日，光宗終於出朝重華宮，孝宗喜出望外，款留竟日。這日，白天晴空澄澈，夜間卻飛起了雪花。過了兩天，太陽黑子也消失了。臣民都為「雨雪應瑞，群氛消除」而歡欣鼓舞。冬至節那天，光宗又去重華宮，和太上皇帝歡然相處了一天。紹熙五年正月初一，皇帝升大慶殿受群臣朝賀，這是他發病後首次舉行元日大朝會。當天，光宗又先後赴重華宮和慈福宮行慶壽禮。這些日子，他的病情似乎又進入新一輪穩定期。

新年一過，太上皇病了。皇帝則疑竇再啟，一次也沒去探病問安。壽皇的病情並不嚴重，但兒子拒絕前來，心中很不是滋味。他甚至萌發這樣的念頭：有朝一日，到吳越的哪個地方去「自泯其跡」。初春的一天，起居舍人彭龜年說：「我以記注人君言行為職，每次車駕不過宮問安就記錄一次。已記了數十次了。長此以往，恐怕為後世譏議。」光宗回答卻乾脆：「既然壽皇有旨教不去，就照記吧！」龜年說：「雖說壽皇有旨，難道陛下就可不去？就拿今天說，車駕不過宮，還不知甚麼因由呢？」光宗敷衍道：「早來丞相也說過，已對丞相說了，會去的，會去的。」然而，遷延了一個月仍不見動靜。

已是風和日暖、草木競秀的暮春了，光宗準備出遊玉津園。試兵部尚書羅點提醒皇帝先過宮問安，彭龜年也認為：「不恭請三宮而獨出宴遊，不合禮數。」光宗說：「你們為我找個心腹之人調護一下。」黃裳說：「父子之親，何待調護？」羅點接着說：「陛下一出，眾疑冰釋。」光宗說：「朕心未嘗不想念壽皇！」羅點說：「雖有此心而久闕定省，怎麼向天下人證明呢？」但光宗卻無動於衷，選定了日子，帶上李皇后及妃嬪出遊玉津園。

第二天，太上皇也扶病與太上皇后謝氏同往東園賞春。他顯然聽到帝后遊園的消息，才做出這一反應的。回想自己在位時，凡出遊總是恭請太上皇高宗，也記起去年皇帝還陪自己玩過聚景園。這天，太上皇與其說遊園，還不如說在賭氣。這次出遊後，光宗依然故我，不去北內探視，而太上皇的病情卻急轉直下。有一天，他登上望潮的露台，聽見宮牆外里巷小兒嬉鬧着大叫：「趙官家來了，趙官家來了！」便喃喃自語：「我叫他尚且不來，你們叫也枉然啊！」他凄然不樂，病勢轉劇，急遽地走向了生命的盡頭。

四　又一幕內禪鬧劇

1. 人心惶惶的內禪前夕

宋孝宗由泄瀉引起虛症，其後又是艾灸，又是丹劑，終於藥石無效。太上皇病危的消息不脛而走，傳遍朝野，官民也把請願推向高潮。四月十三日，侍從入對，仍然苦請皇帝朝北內。次日，太學生程肖説等移書大臣，責以輔政無方。在這以前，太學生們聽説皇帝燕飲後宮，卻拒絕問疾，便寫了《擬行樂表》的遊戲文章，有兩句説：「周公欺我，願焚《酒誥》於康衢；孔子空言，請束《孝經》於高閣」，辛辣諷刺了光宗無德不孝的行徑。

聽説學生也行動了，光宗允諾擇日過宮。到了那天，宰相率百官入宮等候，太陽西斜，才傳出了皇帝因病不出的通知。群臣深感又一次被愚弄了。侍從、館職、學官紛紛上疏，自求罷黜，

開始居家待罪，其他職事官採取相應行動的更多達百餘人。儘管舉朝請辭，如出一口，皇帝卻下詔不許。與此同時，台諫官請求黜逐內侍陳源、楊舜卿、林億年的章疏紛至沓來。

陳傅良建議以親王、執政或宗室一人充重華宮使，專司探視病情、傳達消息之職，未被議決。時隔一周，侍從請求入對，光宗拒不召見。宰執赴北內問疾，孝宗病重未能引見。鯁直的陳傅良忍無可忍，繳上了入仕以來的歷任告敕，出城待罪。五月初七，太上皇病情惡化，宰相留正等分頭禱祝天地、宗廟、社稷。次日，宰執留正等求見，侍從、台諫也隨入殿廷，請皇帝過宮侍疾。光宗憤然拂衣而起，留正拉着皇帝的衣裾，一邊隨行，一邊進諫。其他宰執和侍從、台諫也號泣着隨至福寧殿門前，黃裳用笏板攔住光宗，請他過宮，羅點泣奏：「壽皇病勢危重，現在不見上一面，後悔莫及！」內侍關上了沉重的殿門，群臣才不得不慟哭而退。

四天後光宗臨朝，責備羅點說：「前幾天，你們引裾論諫也罷了。為甚麼要擅入宮禁呢？」羅點援據三國時辛毗引裾力諫魏文帝的故事，說：「壽皇只有一子，唯恐陛下見之不速。」接着，留正率宰執們上待罪札子，對光宗說：「既然諫請不從，請把我們罷職。」光宗頓時惱羞成怒，命知閤門事韓侂冑傳諭：「宰執都給我退出去！」於是，宰執們結隊出城，在浙江亭待罪。沒了宰相與副宰相，朝堂上群龍無首，倒是前所未見的局面。消息傳入北內，太上皇憂心如焚，讓嗣秀王伯圭傳他諭旨：命宰執都回朝理事。諭旨傳到後，有人指責韓侂冑昨天在誤傳皇帝詔諭。侂冑只得奏稟光宗：「昨天傳旨命宰執出殿，他們都出了都門。請派內侍宣押回來。」見光宗未置可否，侂冑又說：「那請讓我去宣押他們入城罷！」光宗這才同意。

五月十五日，又是一輪朝見的日子。這天，道路戒嚴，乘輿

也準備停當。市民都夾道佇候，指望能見到出朝北內的車駕儀仗。然而，遷延到正午，仍不見蹤影，侍衛的軍士與旁觀的民眾都憤恨不平，謗訕不止，徹底被激怒了。又過了五天，宰相留正等前往問疾，孝宗已說不出話，好幾次環顧左右，希望能見到兒子，卻終於失望了。

起居舍人彭龜年已三次請對，皇帝就是不見。二十三日，他懷揣札子求見，傳旨說改日引對。龜年下決心苦諫，便說：「我任史官而不能侍側，有忠言而不能上達，只有叩首龍墀，表明心跡了。」說完便跪伏在自己的班位上，以額擊地，久叩不止。鮮血從他的額頭上滲出，漬紅了氈氍與搢笏。光宗在後殿聞知此事，卻依舊無動於衷。龜年是去年歲杪選為史官的，年初君臣相見時，光宗還半開玩笑地對他說：「新任命後都不求對？這官，我可是待有學識的人才授與的喲！正想見你說說話呢！」那正是他的病情穩定期，今天卻來個不理不睬。龜年見狀，只得在殿下大聲奏道：「陛下，情勢危急呵！陛下為人所誤，不納忠言，我只能拜辭出朝了！」說完，取出札子，放在龍墀上，準備退出。

這時，光宗忽然傳旨召見他，一見面便問：「一向知道你忠直，打算理會何事？」龜年道：「今日之事，沒比過宮更大的了！」光宗囁嚅道：「是要過去的。是要過去的。」龜年說：「在外廷與群臣說及這事，陛下並不齟齬，且約定日期。而一轉過御屏，主意就兩樣了。這一定有人在貽誤陛下。」光宗不由自主地點點頭。龜年又說：「內外不通，禍亂不聞，實在令臣下痛心！」同知樞密院事余端禮也在一旁說：「叩額龍墀，曲致忠忱，臣子至此，豈是得已？」光宗瞥了一眼他的額頭，答道：「知道了，總會去的。」但事後依舊閉宮不出。

次日，光宗同意黃裳、彭龜年奏請，讓嘉王過宮問疾。王府都監王德謙意存阻撓，固請嘉王向皇帝復奏，嘉王斥退了他，徑

赴重華宮。來日無多的太上皇見到皇孫，略覺安慰。他知道：兒子就是受李鳳娘的刺激才驚懼發病的，也是聽信她的讒言才畏忌過宮的。想起內禪前夕黃洽的直言，如今人之將死，不僅黃洽見不到，連兒子都見不上一面，孝宗撫几長歎道：「悔不用黃洽之言。」眼淚便流了下來。打這天以後，他進入了彌留狀態，但神志仍清楚，他悲憤地拒絕服藥，自病重以來，兒子一次都沒來看望過自己。

自太上皇病重消息一傳開，由於光宗的表現，士庶軍民的情緒都快爆炸了。如果說，此前是暗地慍怒，現在則勃然怒形於色；過去是私下嘖言，如今已公然哄傳於道。上自百官，次及士夫，繼而六軍，下至百姓，無不感慨怨嗟，憤然不平。而臨安城裡，居民慌亂，紛紛遷徙。住城內的移居鄉村，居城郊的遷至旁郡。富家競藏金銀，物價為之瘋長。甚至後宮妃嬪都打點細軟送回娘家，應付可能發生的社會變亂。京城的風波經口耳相傳，臨安周邊的州郡和戍軍充斥了離奇的謠言。有人痛心疾首道：「這都是亂世亡國氣象！」

當陳傅良號泣攀裾、彭龜年額血染墀進行苦諫之際，葉適責備留正：「皇帝顯然有病，父子相見，應等病愈。你卻不遍告群臣，聽任臣子輕議君父，可取嗎？」留正無可奈何道：「皇帝確實有病，卻諱言有病。每天內朝聽政如故，這就是病。不過，人臣絕沒有自己對皇帝說『你有病』的道理！」

南宋末年，有人這樣評論過宮風波：

> 大抵當時執政，無承平諸公識，不能以上疾昭示天下，鎮靜浮言。而朝紳學士率多賣直釣名之人。[1]

---

[1] 〈紹熙行禮記〉，見《說郛》（宛委別藏本）卷 51。

作為孝宗信託的輔政大臣，留正明知光宗病症所在，卻始終聽之任之，一籌莫展，這不僅是「無識」可以解釋的，恐怕還摻雜着「有私」，即利用這一局面穩穩地獨掌相權。

至於在過宮風波中的苦言直諫者，則應從當時的文化角度來衡估：他們是以那一時代的倫理規範去要求他們君主的，這種規範也是君主賴以治國平天下的準則，他們維護的是社會公認的價值觀念，其用心似乎無可厚非。對一個精神病者的苦諫，以今視昔，確乎無聊而滑稽。然而，癥結在於：首先，在君主世襲制下，一個精神病者竟可以合理合法地君臨天下；其次，在其君臨天下時，臣民或只知其君而不知其病，或雖知其病而諱言其疾，把一出中國版的《皇帝的新衣》，從諷刺劇敷演為正劇。所有這些，深刻形象地揭露了君主專制的愚昧和荒唐。

六月九日凌晨，五更鼓剛打過，重華宮領班內侍關禮叩響了留正與趙汝愚私第的大門，送來了太上皇的訃聞。[①] 趙汝愚唯恐光宗疑不置信或聞變不朝，沒有立刻申奏。直到上朝聽政時，宰執才將申狀呈上。群臣力請皇帝即刻過宮，光宗卻起身入內，群臣相率拉着他的衣裾泣諫：「壽皇已崩，陛下應上輦一出。」隨至福寧殿前，群臣不退，光宗哭着說：「這裡不是你們去處。」說完急轉身入內，衣裾為裂。其後，皇子嘉王好幾次入宮泣請，光宗答應即赴北內，但直到日頭西斜，仍閉門不出。看來，連太上皇喪禮都不能正常進行了。

這時，傳來了太皇太后吳氏的御札，命宰執率百官赴重華宮發喪，聽太上皇帝遺誥。遺誥命改重華宮為慈福宮，由太皇太后

---

① 孝宗卒日，《兩朝綱目備要》卷 3、《宋史全文》卷 28、《宋史》卷 392〈趙汝愚傳〉，俱作丁酉夜，《宋史·光宗紀》作戊戌夜，實際上丁酉夜五鼓即戊戌晨，兩說並不矛盾。

居住，在宮後為太上皇后謝氏建壽成皇后殿，以便皇帝省覲。吳氏自高宗去世後，一直住在北內，孝宗內禪，改北內為重華宮，將她的居殿改稱慈福宮，實際上仍住在一宮之內。現改重華為慈福，不過將原一宮兩名併為一名而已。吳氏已 80 歲了，頭腦還很清楚。

　　以後幾天，任憑宰相群臣一再奏請，光宗就是穩居深宮，拒絕往行喪禮。六月十三日大殮，嘉王入宮請父皇主喪。光宗敷衍說：「一等病好，就過宮行禮。」鑑於光宗不出，無人主喪，留正、趙汝愚對太子少傅吳琚說：「大喪不能無主，祝文宣讀時應自稱『孝子嗣皇帝』，宰執不敢代讀。太皇太后是壽皇之母，應請她聽政，暫主喪事。」他們準備在太皇太后垂簾後正式建請立嘉王為皇太子。這樣，一來「命出簾幃之間，事行廟堂之上」，名正言順；二來往後的局面也容易應付些。

　　吳琚是太皇太后的親侄，他傳達到這一建議，卻提醒吳氏道：「後戚不應與聞大計。」於是，太皇太后拒絕了垂簾，只同意代行祭奠禮，同時頒旨說：「皇帝有疾，可就在南內成服。」實際上，皇帝並未服喪。他起居服飾，一如平時，雖臨父喪，渾如他事，不僅如此，還照常宴飲，傳喚俳優；但出於疑忌畏懼的病態心理，怕有人暗算，便「親挾弧矢，欲以自防」。內心深處，他認定太上皇之死妄不可信，說不定是算計自己的圈套。

　　七月三日，太上皇大祥。兩天後，百官例應釋服。但群臣認為：大喪以後，皇帝從未到靈前臨哭成禮，盡廢綱常，不成國家，都憋了口氣，不肯釋服。向金國告哀的使節也已派出，對方不久就會派來弔祭使，按禮應在大行皇帝梓宮的素帷前接受皇帝引見，如果皇帝仍固執不出，豈非見侮於來使，示亂於敵國？皇帝為國之君，為人之子，既不臨喪，又不視斂，既不舉哀，又不成服，滿朝上下的憤慨，眾口一詞地不滿。情緒是會傳染的，三軍

的怨謗，百姓的駭愕，群情激憤到了極點。

成服這夜，白氣貫天，占書認為主兵象。於是，謠言蜂起，越傳越離譜：有的說某將就要開拔，有的說某輩正在聚哭；一會兒傳朝官有潛逃的，一會兒傳近幸藏重器的。宮中則謠傳：壽皇今春召見過一個瘋道僧，他開口就說：「今年六月，好大雪啊！」有個內侍嗤笑他瘋癲，他睨了一眼道：「你渾身是雪，還笑我狂？」這不，孝宗死在六月，朝堂宮禁不都披縞着素了嗎？民間也傳說：早有算命的認為，孝宗聖節稱重華，光宗聖節稱重明，不是好兆頭，「重」字拆開，只有二千日；這不，太上皇從內禪到大行，不正合其數嗎？

廟堂的體面，朝野的怨憤，都不容許繼續大喪無主的局面。否則，確有可能出現臣下一再警告過的局面：「設或一夫鼓倡，指目問罪，大義所迫，千百從之，頃刻之間，人心瓦解，覆亡禍變，倏在目前。」[①] 這種禍起蕭牆已在醞釀中：京口諸軍躍躍欲動，襄陽士人陳應詳準備了數千條縞巾，聯絡好兵民，擬代皇帝為太上執喪，後因紹熙內禪的詔書頒到才偃旗息鼓，最終指控謀逆而遭誅殺。

2. 紹熙內禪

皇帝不執喪，有人私下問葉適：「今當如何？」葉適回答：「這樣就是獨夫了。」大殮後五天，他對留正說：「嘉王已經成年，如能預建儲君，參決朝政，天下的疑憂流言就會消釋。」關於嘉王參決朝政的建議，早在上年留正出城待罪前，左司郎中徐誼就向留正提出過，卻沒被採納。如今，留正認為嘉王立為皇太子監國

①《歷代名臣奏議》卷 12 袁說友〈又奏乞過宮狀〉。

還是可取的：讓皇帝退居深宮三年，由皇太子權監軍國事，如終喪後，光宗不打算退位，就可以復辟；如果同意內禪，太子便可名正言順地登位。而他也可以進退有據，無論新君還是舊主，都不至於影響自己的相位。

於是，這天內朝時，留正上道札子說：「近日中外人情不安，興訛造謗，無所不有。沒有比立國本更重要的了。皇子嘉王應早正儲位，安定人心。」同時附一封上書，是草澤布衣建請立儲的，呈上取旨。光宗看了上書，臉色陡變道：「儲位不能預建，一建就會取代我。我只想讓你知道：這建議是謬妄的！」

又過了六天，留正再請建儲，光宗批：「甚好。」次日，宰執們擬就了立太子的指揮，光宗御筆批道：「依付學士院降詔。」按慣例，這晚就交翰林學士院起草立儲詔書。不料留正當晚又收到另一封御札，見上書八字：「歷事歲久，念欲退閒。」留正疑惑費解：白天的御批明明同意立皇太子，晚上的御札卻說「退閒」，究竟以何為準呢？學士院立儲草制也只能中止了。

留正繼而驚恐起來。他想起仕途未顯前為預卜流年，算過一卦，說自己年至甲寅有「兔伏草、雞自焚」的凶象。當時不知所云，現在一切可解：今年恰是甲寅年，皇帝卯年所生，屬兔，意欲「退閒」，隱含「伏草」；而自己酉年所生，屬雞，「自焚」之象，難道要應驗在自己身上嗎？他於是「深以為憂」[1]。

第二天上朝，留正沒把八字御批告訴其他宰執，經趙汝愚詰問，才不得不說明其內容。宰執們只得再擬立儲奏札送呈，御批道：「可只今施行。」究竟施行立儲還是禪讓，批語含混不清，又

---

[1] 留正深信卦言，事見《紹熙行禮記》、《宋史全文》卷28、《兩朝綱目備要》卷3，此事不能視為小說家言而不予置信，否則難以解釋留正為何隨即不顧一切逃遁出城，由此也足見他作為輔政大臣之淺妄。

不下旨送學士院，宰執們不知如何處理好。留正神不守舍，上下殿階時扭傷了腳脖子，更自認為不祥之兆，向皇帝力請罷相而沒有獲准。

大祥前三天，宰執們再次上奏，以為立儲之事不能再延宕不決，請面奉聖旨以便執行。當晚，光宗批出宰執奏札，封題有異於往日。當着其他執政，留正不肯啟封，交給了內降房。次日，在趙汝愚催促下，留正打開封套，看到牘尾御批的十六字，頓時憂形於色。① 他聽說汝愚擬以內禪事奏請太皇太后，便對汝愚道：「建儲詔命還沒下，就急忙着手內禪，情理未安。今後兩宮父子之間，會有難以相處的麻煩事兒。」兩人的意見不一致，促使留正拿定了逃歸之計。大祥前一天，留正上朝時佯僕倒地，藉機歸第。次日大祥，留正在五更時分上表乞請致仕，表文最後請求光宗「速回聖意，追悟前非，漸收人心，庶保國詐」，也不管皇帝是否同意，乘上肩輿逃遁出城了。

宰相在緊急關頭撒手脫逃，消息頓時傳遍了京城，朝臣都民聽了無不大為驚駭。嘉王向兼任王府直講的彭龜年談起了中外人心洶洶的情況，龜年認為：建儲才可以安定人心，但必須奏稟太皇太后才可以着手。嘉王是不太有主見的人，他倒並非急着做皇太子，而是相信彭直講不會錯的，便讓王府都監王德謙去慈福宮奏明太皇太后，德謙不敢捲入其間，催督再三後才去，但也沒下文。

最近十天來，知樞密院事趙汝愚內心十分矛盾。他少有大志，常說：「大丈夫能在汗青上留一頁紙，才不負這一生。」他以范仲淹、韓琦、司馬光自期，打算竭盡所能，力挽時局。但他

---

① 這則十六字御批的內容，未見史料明確記載。唯《四朝聞見錄》甲編〈憲聖擁立〉所載「某人傳道聖語『敢不控竭』」差似，玩其語意，似是責備之語。

也有難處，作為太宗之子元佐的七世孫，出任同知樞密院事時，台諫劾以不合祖宗故事，由於太上皇干預，這場風波才告平息。作為宗室執政第一人，行事更須步步審慎，如履薄冰。他初入樞府，光宗便召幸臣姜特立入朝，詔命經過樞密院，他心知其非，卻沒有奏止。一來，惟恐諫奏無效，皇帝會讓他與留正那樣待罪去位，為人所笑；二來，他入樞不久便「天下屬望」，也企望藉此平台做番事業。在諫與不諫姜特立上，他與留正是各懷私心的。①

在孝宗病危、光宗不出的那段日子裡，他也憂心如焚。一個叫游仲鴻的糧料院幹辦，向他上書坦陳大計，喻他為伊尹、周公、霍光，他駭恐地將來函燒毀，沒有作答。不久，游仲鴻又馳函責備他：「大臣事君之道，只要有利社稷，就應不惜生死。你既不死，何不去位？」汝愚認為他說得對，但仍不復函，何況現在也非去位之時。但要力挽狂瀾於既倒，勢必涉及敏感的皇位繼承，身為宗室大臣介入其間，瓜田李下，無疑諸多不便，故而一直猶豫不決。

這天，左司郎中徐誼對他忠告：「自古人臣，為忠則忠，為奸則奸。忠奸間雜而能成大事的，從未有過。你內心憂慮政局，外表卻作壁上觀，這不是纏夾嗎？社稷存亡，在此一舉啊！」汝愚聽後大為震動，他畢竟是有擔當、做大事的人，便徵詢其意見，徐誼說：「這是大事，非有太皇太后之命不可！」但宮闈深重，怎樣才能讓太皇太后知道，並進而說服她同意內禪計劃呢？

大祥前一天，工部尚書趙彥逾與汝愚作別，這位侍從也是宗室出身，將以山陵按行使的身份去紹興府勘定孝宗的陵地。言及國事，相對太息。彥逾道：「近事危急如此，知院是同姓之卿，豈能坐視？應該考慮個對策。」汝愚沉默了一會，他不打算立即透

---

① 這一分析參見《朱子語類》卷132〈中興至今日人物下〉。

底，便説：「今有何策？事情急了，持刀去朝天門，大叫幾聲，自己剄殺罷了！」彥逾不以為然：「與其這樣死，還不如換個死法。聽説皇帝有御筆八字，有這事嗎？」汝愚説：「留丞相叮囑再三，不要向外説這事，現在情勢危急，與尚書説也不妨。」彥逾道：「既然有御筆，何不就立嘉王？」講讀官沈有開在一旁説：「外間傳嘉王出判福州，許國公判明州。還聽説三軍士庶都推戴相公主持這件大事。」汝愚吃驚道：「日前有立儲之請，尚且擔心皇帝不高興。這內禪事誰敢承當？還要看慈福、壽成兩宮之意如何？」彥逾説：「留丞相以足病求去，上天付這一段事業給知院，豈可遲疑不決？」被説得有點忘情，汝愚脱口而出：「是啊！幾天前夢見孝宗授我湯鼎，背負白龍升天。」彥逾建議：「禮祭將近，正可着手。」汝愚卻認為：「這是大事，恐怕不宜倉卒。也須擇一好日子。」説着，拿出宮曆來，見禮祭那天正是甲子吉日。彥逾説：「帝王即位，就是好日子。何況宮曆又説是吉日，有甚麼可遲疑的？事不宜遲，應立即做去！」

取得宮禁衛隊的支持，從來是專權帝制下政變的關鍵。他們決定派中郎將范仲壬立即去做殿帥郭杲的工作。[①] 汝愚知道彥逾與郭杲過從親密，故意問道：「假如郭杲不同意，怎麼辦？」彥逾説：「那我就親自去，明天給你回覆。」汝愚道：「這大事已出口，豈能等明天？」

仲壬見到郭杲，説以時勢艱危，動以人臣忠義，他都不開腔，不得已屏去左右，透出樞府之意，他仍不答話。仲壬只得折回覆命。汝愚感到棘手，彥逾自告奮勇去試試。彥逾走後，汝愚坐立不安，在屏障後坐等回音。

---

① 《宋史》卷 247〈趙彥逾傳〉作范任，《宋史全文》卷 28、《兩朝綱目備要》卷 3、《紹熙行禮記》均作范仲壬。

彥逾一見郭杲便問：「現在，外議洶洶，太尉知道嗎？」

回答說：「是的。不過有甚麼法子呢？」

彥逾把密謀內禪的計劃託出，說：「我與樞密只能謀劃罷了，太尉是國家虎臣，這事的成敗全在太尉身上。」

郭杲仍不表態，彥逾沉下臉說：「太尉擔心的是你百口之家吧！我今天竭誠相告，太尉卻一味不答理。樞府問起，我何以為回覆呢？莫非太尉另有所謀！」

郭杲這才矍然而起，說：「敢不效命？請致意樞密，領鈞旨。」

衞隊這一頭搞定以後，汝愚即致函留正，告訴他措置略定，望能稍留勿去，但留正在第二天，即太上皇大祥當日，還是出城逃走了。在發出給留正的函簡後，汝愚着手北內太皇太后這頭的工作，沒有她最後支持，整個內禪就名不正言不順。

葉適和徐誼向汝愚引薦了知閤門事蔡必勝，他與徐誼既是同鄉又兼好友，與知閤門事韓侂胄是同僚。侂胄是北宋名臣韓琦的曾孫[1]，他的母親是太皇太后吳氏的親妹妹，他的妻子則是太皇太后的侄女，由於與慈福宮太后的雙層親戚關係，故而和慈福宮內侍頭兒張宗尹關係頗密切。汝愚通過蔡必勝找來侂胄，讓他尋機會打通太皇太后的關節，侂胄慨然應允：「我世受國恩，情同肺腑，願意效力。」

然而，按宋代宮廷規制，侂胄也不能隨便見太皇太后，他便找張宗尹說：「事到如今，我輩也死到臨頭了。」宗尹問：「現在

---

[1] 韓侂胄與韓琦及宋寧宗韓皇后的世系，據《宋史·韓皇后傳》推算，則是韓琦四世孫、韓皇后的叔祖，實誤。應據《建炎以來朝野雜記》甲集卷 1〈恭淑韓皇后〉、卷 9〈渡江後父子兄弟建節數〉〈中興外戚封王數〉所提供的世系行輩，為韓琦的曾孫，韓皇后的曾叔祖。

該怎麼辦？」侂冑告以內禪之謀說：「必須太皇太后主張才可行。」

太皇太后為人素來簡嚴，聽了宗尹轉達，即面斥他說：「這事難道可以輕易說的？」只讓他傳諭汝愚「要耐煩」。汝愚聞報，揣度讓他耐煩，就是沒把門堵死，命侂冑次日再去慈福宮。侂冑以為希望不大，汝愚關照：「你可先謝宣諭，再提內禪建議。」

大祥次日，侂冑找到了張宗尹，讓他再試一次。宗尹隨即出來告訴他，太皇太后今天感冒不出。眼見希望渺茫，侂冑獨自在宮門前逡巡不決，恰被重華宮原領班內侍關禮撞見，問他為何欲進還退。侂冑猶豫地不想把內情相告，關禮不快道：「自是一家，何必吞吞吐吐！」說着指天立誓，決不泄漏消息。侂冑這才說了趙汝愚的內禪計劃，關禮一聽就說：「你稍等候，我就去奏知。」說完，徑自入內。

關禮一見太皇太后，就哭泣不止。太皇太后詫異道：「你有何苦？」關禮說：「小臣無事，天下可憂啊！」吳氏蹙眉不語。關禮接着說：「自古聖人讀書萬卷，可有曾見到像現在這樣的局面而能保證不亂的嗎？」

聽了他簡單陳述，太皇太后說：「這事不是你該知道的。」關禮說：「這事人人都知道：現在，留丞相已經出朝，依賴的只有趙知院等二三執政。趙知院早晚也會去的，天下靠誰呢？」說着聲淚俱下。吳氏吃驚地問道：「知院，與國同姓，事體與他人不同，也要去朝嗎？」關禮回答說：「知院之所以還沒去，不只是同姓緣故，還因為太皇太后可以依恃啊！現在，定了大計而未能得到太皇太后的同意，計無所出，也不得不去。如他一去，天下不知會怎樣了。」吳氏道：「事情該怎麼辦好？」關禮進勸說：「今天，趙知院命侂冑奏知內禪事，望太皇太后三思，早定大計。」吳氏忙問：「侂冑在哪裡？」「他在宮外等太皇太后諭旨。」

太皇太后答應明天一早在梓宮前垂簾引執政面對，她對關禮

說:「我前日也聽吳琚說來。你去傳諭侂胄:若事順須是教做好,更須仔細。」夕陽西沉時,汝愚終於等來了回音。

促成吳氏做出決斷的,還有吳琚的作用。吳琚在與孝宗、光宗父子的關係上處理得十分得體,孝宗稱之「哥」,光宗稱之「舅」。過宮風波時,吳琚不主張諫者頃朝、謗者盈市的局勢蔓延擴大,上密奏給太上皇說:「臣僚勸請,反涉形跡。殊不知三宮聲問絡繹,豈在乎一月四朝方為盡禮?如欲相見,可自招皇帝前來。請將這奏牘抄降付給留正等。」其見解通達,措施中肯,太上皇後來屢頒「不宜過宮」的詔敕,或即聽從他的建議。但他守口如瓶,從未張揚。在走韓侂胄門路的同時,趙汝愚通過徐誼讓吳琚再去勸說太皇太后。謹慎的吳琚當面沒答應說項,轉身卻求見太皇太后說:「以目前情勢看,不如早決大計,以安人心。但垂簾之事,只可暫行,久了則不好。」太皇太后說:「這也是我的想法。」故而關禮來奏時,她已主意在胸了。

宮內宮外忙開了擁立新君的準備工作。趙汝愚先將事情經過告知了參知政事陳騤與同知樞密院事余端禮,再把太皇太后的諭旨傳達給殿帥郭杲和步帥閻仲,讓他們連夜分兵守衛南內與北內。嘉王正有病告假,汝愚以一函短柬知會王府直講彭龜年:明日禮祭大事,嘉王不能到。龜年自然心領神會。關禮則讓姻親閤門宣贊舍人傅昌朝連夜趕製黃袍。

禫祭是百官除喪服的日子。嘉王趙擴由彭龜年陪同,在軍隊護衛下,首先來到北內。許國公趙抦也來了。嘉王早聽說自己有可能位登九五,自太上皇孝宗內禪不久,宮禁之間就傳出將來由他繼統的說法,這早是公開的秘密。宋代有一種習俗,皇太子一旦在大內即位,市民可以進入他的潛邸,見到甚麼都可以取歸己有,當時稱為「掃閤」。今晨出發前,許國公對掃閤已做預備,以免損失太多。

趙汝愚與執政從政事堂來到北內，率群臣在太上皇梓宮前班列就位。不久，太皇太后垂簾，命召執政們奏事。汝愚奉上傳國璽函，太皇太后命身邊內侍取來傳國璽，並對汝愚說：「國璽早已放在妥善之處了。」原來，汝愚預先命殿帥郭杲率 300 名衞士赴南內請取傳國璽，掌璽內侍羊駰、劉慶祖私議道：「這璽如給郭杲，萬一他所授非人，則大勢去矣。況且外間議論紛紛，說只要趙家一塊肉便可做皇帝，這璽更不可輕授。」兩人便取出璽印，將璽函封彌嚴實交郭杲送往政事堂，自己卻捧着國璽抄近路直奔慈福宮。汝愚這才知道自己拿到的竟是空璽函，惶恐稱賀，再拜簾前。①

接着，汝愚奏道：「皇帝因病，只今不能執喪。臣等屢上札請立皇子嘉王為皇太子，皇帝御批：甚好；繼而又批道：歷事歲久，念欲退閒。請太皇太后處分。」太皇太后說：「皇帝既有成命，相公自當奉行。」汝愚等奏道：「事關重大，將佈於天下，書之史冊，須降一指揮方可。」吳氏說：「好。」汝愚從袖中取出草擬的指揮送上，太皇太后閱後說：「很好。」

汝愚等再拜奏道：「今後有擬奏事情，自應請嗣君處分。但恐兩宮父子間有難以調處的地方，還須煩太皇太后主張。」吳氏點了點頭。汝愚等又說：「上皇病還沒有平愈，驟聞此事，不會沒有驚疑，請讓入內內侍省都知楊舜卿提舉上皇宮事，以任其責。」吳氏便召舜卿至簾前面諭。

---

① 關於取傳國璽事，《四朝聞見錄》甲集〈憲聖擁立〉說：嘉王即位「翌日，時唯傳國璽猶在上側，堅不可取。侂胄以白慈懿（李皇后），慈懿曰：『既是我兒子做了，我自取付之。』即光宗臥內挈璽」。羅大經之《鶴林玉露》甲編卷 4〈紹熙內禪〉也說：寧宗即位後，「命泰安宮提舉楊舜卿往南內請八寶，初猶靳予，舜卿傳奏云：『官家兒子做了』。乃得寶出」。前引《紹熙行禮記》注曰：「御璽，重寶，安得即位後方取？兼璽玉各有職，安得置之臥內，恐非事實。」所駁入理，故酌採《四朝聞見錄》丁集〈慶元丞相〉附考異及《紹熙行禮記》之說。

然後，太皇太后命趙汝愚宣佈詔旨：「皇帝以疾至今未能執喪，曾有御筆，『自欲退閒』。皇子嘉王擴可即皇帝位。尊皇帝為太上皇帝，皇后為太上皇后，移御泰安宮。」

關禮、張宗尹扶掖着嘉王入簾內，只見他淚流滿面，退避不已。太皇太后也放聲慟哭，泣不成聲。稍停，她對許國公說：「外間議論都說立你，我考慮萬事應該從長。嘉王比你年長，且教他做，他做了，你再做。自有祖宗例。」許國公怏怏不樂。嘉王聽了則驚惶欲走，被佗冑扶持住，便連聲喊道：「告大媽媽，臣做不得，做不得！」

太皇太后命取出黃袍，說：「我來給他穿上！」嘉王拽着佗冑的胳膊，繞着殿柱逃避不止。太皇太后大聲喝令他站定，數說道：「我見你公公，又見你大爹爹，見你爺，今天卻見你這模樣！」說着，眼淚又不住地流了下來。她稱得上是一部南宋史的見證人了，高宗、孝宗、光宗做皇帝，她都看在眼裡，沒想到皇位危機竟折騰到這步田地。佗冑在一旁也以天命相勸。嘉王見太皇太后發怒，知道她主意堅決，無可違逆，只得披上黃袍，機械地拜個不停，嘴裡仍喃喃道：「做不得，做不得！」

佗冑與關禮、張宗尹夾扶着嘉王走到素幄前，傳太皇太后諭旨，讓汝愚等勸請。嘉王仍自言自語道：「我無罪。恐負不孝之名。」汝愚說：「天子應以安社稷、定國家為孝。現在中外人人憂亂，萬一有變，將置太上皇何地？還稱得上孝嗎？」

眾人扶着嘉王在御座上就座，他卻邊哭泣，邊退避。同知樞密院事余端禮說：「太上有疾，大喪無主，國家安危在瞬息之間。太皇太后不是為陛下考慮，而是為太上皇帝，為祖宗社稷考慮。現在再堅持退讓，不念宗社大計，才是守匹夫小節，昧天子大孝啊！」嘉王這才收起雙淚，側身就御座之半。

汝愚已率百官跪拜了下去，嘉王從御座上又站了起來。汝愚

第一章 兩朝內禪

113

命殿帥郭杲、步帥閭仲等先出侍衛。內侍引導着新君到太皇太后簾前行謝禮，接着到孝宗梓宮前行禮禮，祭奠哭泣。禮畢，嗣皇帝衰服來到重華殿東廡素帷前，御史台與閣門官早就集百官立班等候朝見新君，他就是宋寧宗。

一場老皇帝缺席、新皇帝勉強登位的內禪禮終於收場了。高、孝、光、寧四朝，內禪倒有三次，歷史似乎一再重複。然而，比起當年紹興、淳熙兩朝內禪來，紹熙內禪從策劃到行禮都是在人心惶惶中進行的，實際上僅僅是迫不得已情勢下的皇位更代。這一事件是一種象徵，意味着從此以後，南宋王朝連淳熙內禪時那種表面的人君之德和升平之象都難以為繼了。只有嘉王府被都民掃閣一空，算是為紹熙內禪添上了一個鬧哄哄的尾聲。

3. 瘋皇的晚年

宋寧宗在北內登位，南內的光宗還蒙在鼓裡。直到楊舜卿奉命前來提舉泰安宮時，才告訴他：「新皇帝是官家的兒子做了！」第二天，寧宗在韓侂冑引導下前來問候起居，光宗正躺着，過了好一會才問：「是誰？」

侂冑代答道：「嗣皇帝。」

光宗直愣愣盯着他看，問道：「是我兒嗎？」接着又問：「你是誰？」

回答説：「知閣門事韓侂冑。」

光宗便側轉身子面裡睡去，再也不答理誰。他的精神病又復發了。

即位第三天，寧宗下詔：五日一朝泰安宮，百官每月兩朝。首次朝見泰安宮的前一天，寧宗上奏光宗，説明日將率百官前來恭謝。第二天，光宗把寢殿大門關得緊騰騰的，讓兒子吃了個閉

門羹。寧宗只能呈上問安表箋，率百官回去了。五日一朝之禮，便始終不能舉行。光宗徹底瘋了，他拒絕見兒子，不願意聽到自己被稱為太上皇。雖然當年他也曾迫不及待地巴望父皇禪位給自己，自己卻不情願這麼早就讓位給兒子。他堅決不願意遷出南內，這裡可是皇帝的居所！

這樣一來，宮殿的安排便有了問題。寧宗原打算另建泰安宮，一俟竣工，就讓光宗遷入，自己好入居南內。泰安宮址初選在秘書省，後決定由李皇后的外第改建。沒奈何光宗僵持着不肯搬，中書舍人彭龜年對寧宗說：「太上皇有疾未愈，不如且讓他們南內養病。壽皇梓宮在殯，陛下暫在喪次聽政，也符合禮的規定。陛下居狹處，太上居寬處，天下之人也會體諒陛下之心。」於是，即位當月，寧宗下詔說：「秋暑，太上皇帝未須移御，即以寢殿為泰安宮。」另建泰安宮的工程暫停了，就改南內的福寧殿為泰安宮，讓光宗居住。

其後，寧宗曾多次往朝泰安宮，光宗都不見如故。他雖一再見到寧宗請朝的表奏，卻來個「求之愈切，閟之愈固」。彷徨無策，寧宗只得開始經營南內，以便自己遷入，父子可以相見。泰安宮後來改稱壽康宮，透露出太上皇病情始終未見好轉的消息。紹熙五年十一月十九日，寧宗從北內遷入南內，不再做太上皇遷出的努力。但光宗仍拒見兒子。

他的病情似乎更重了。常呆呆想着過去的是非得失，有時他會怒目詬罵自己，有時則失聲痛哭不已。這時，李鳳娘總以杯中物來寬慰他。她唯恐觸動光宗的神經，不僅自己，還叮嚀左右的內侍、宮嬪，既不要讓他聽到太上皇的稱呼，也不要讓他聽到內禪的說法。

這年冬天，寧宗初郊禮成，向慈福宮太皇太后恭謝回鑾，御樂聲沸沸揚揚地傳了過來。光宗對御樂還有記憶的，便問甚麼事。

李鳳娘誆他道：「市井上有喜慶事吧！」光宗頓時大怒：「你竟騙我到這地步嗎？」說着掄臂打了過去，把李鳳娘掄倒在門框上。

從這以後，光宗經常神情恍惚，瘋瘋癲癲地在宮禁裡跑來跑去，宮女與內侍都怕撞見他，私下裡叫他瘋皇。慶元四年（1198）九月，他的病情一度減輕，寧宗準備為他上壽。但他的忿怒之情並未稍減，不能原諒兒子取而代之，上壽仍未成功。次年初秋，離生日還有 12 天，光宗終於同意寧宗來為他進香上壽，近在咫尺宮闈之內的父子，已整整五年沒有見面了。這也是父子倆最後的晤對，生日那天他們還是沒能相見，應是光宗的病又犯了。

李鳳娘還那麼迷信方術。聽算命的說她將有厄難，便在大內僻靜處辟了一間精室，獨自居住，道妝而事佛，終於在那裡生了病。由於她平日為人，大概也不會有人前來照拂她。慶元六年六月，寧宗知道她命在旦夕，頒佈了大赦詔書，藉以表白孝道。次日，她孤寂地死在精室裡。長御為她取皇后禮服，管鑰匙的人怨恨她悍狠，不願打開久閉不啟的中宮殿門，責問道：「憑誰之命給她這皇后穿的褘翟？」褘翟沒取到，按禮也該將屍體抬回原皇后中宮去治喪，只得找人用席子裹着抬回去。半路上，聽人喊：「瘋皇來了！」抬的人丟下屍體作鳥獸散。過了好會兒，才知是訛傳，烈日驕陽已把屍體曬出了惡臭。治喪時，宮人們只能雜置鮑魚，燃起數十餅蓮香，淆亂難聞的臭味。

兩個月後，瘋皇也病危了，寧宗仍頒大赦詔書。八月七日，光宗去世，終年 54 歲。

王夫之在《宋論》裡認為：「光宗之視晉惠帝，差辨菽麥耳」；「人君之忍絕其心，公為不孝，以對天下而無怍者，唯光宗獨耳！」[1] 所論都是紹熙後期情況，考慮到他的精神病症，對其個人

---

[1] 王夫之：《宋論》卷 12〈光宗〉；《建炎以來朝野雜記》乙集卷 4〈光宗配享議〉。

作譴責性評判就失去意義了，因為他本人已喪失責任能力，來為自己行為與這段歷史負責了。這樣，對光宗後期「政治日昏」的歷史責任，便不能不追溯到世襲的君主制上。正是這一制度使一個精神病患者能久踞皇位、君臨天下而束手無策，一籌莫展，這一制度的非理性於此可見！

這一局面的出現，孝宗自有其不可推卸的責任。禪位以前，他在了解光宗、察制李氏、選擇輔臣上都有明顯失誤。他顯然高估光宗「英武類己」的那一面，對其「昏懦」「愚頑」的另一面卻視而不見，也絕無可能採取王夫之指出的在宗室近支中另立賢君的「變而能通」的做法。於是，不僅自食其果，而且使乾淳之業在短短數年間急遽衰敗。由此可見，專制政體下獨裁者個人決斷的失誤，往往會對歷史的進程產生不可低估的重大影響。這一政體的非理性也於此可見！

紹熙之政的衰微還表現在光宗祔廟後的配享大臣上。光宗朝共有三位宰相。葛邲為相僅十月，政績平平，但光宗祔廟時，周、留二相名入慶元黨籍，於是他就被拉來權充配享大臣。慶元黨禁馳解以後，周必大之子請以其父配享光宗，必大雖號賢相，但為相僅三月，即被光宗罷去，實在不足以入享光宗廟廷。約略同時，留正之子也為其父爭取配享的殊榮，最大理由就是留正任相與光宗在位相始終。但紹熙之政僅僅五年就落到不堪收拾的地步，多年獨相的留正確實「咎不能逃」，更何況「去國於危難之際」。當時的公論立即否定了這一請求。於是，便只能讓一無作為的葛邲繼續獨佔配享的殊榮，構成對紹熙之政莫大的諷刺。

第二章

慶元黨禁

一　從風起青蘋到軒然大波

1. 曇花一現的慶曆元祐夢

即位當晚，宋寧宗召見了起居舍人彭龜年，愁雲滿面地對舊宮僚說了心裡話：「前不久只聽說有建儲之議，這也足以息浮言、安人心了。誰知這麼倉促登上大位！早上向慈福宮太后泣辭不允，這顆心現在還悸動不止。」次日見到龜年，仍絮叨不休：「我一天都不想吃飯，」說着流下淚來，「昨天太匆忙，參決政事也還罷了。」他實在沒有做皇帝的心理準備。

垂簾那天，太皇太后記得孝宗臨終前關照：「宰相須是留正，不可輕易。」便對寧宗說：「公公在日，只知倚重留丞相。聽說他已出朝，可速宣押回朝。」她也記得吳琚建議「垂簾可暫不可久」，第二天便撤簾，把朝政交給了這位並未練歷的重孫。

留正靦顏入朝，寧宗對他說：「方賴協贊，以成治功。」仍讓他任左相。為了討好，留正建議推恩隨龍人，寧宗回答：「我還未見父母，就可以恩及下人嗎？」對他處理的好幾件事情，寧宗都不很滿意。韓侂冑正謀預朝政，有事沒事就到宰執辦公的都堂轉悠，留正讓省吏對他說：「這兒不是知閣每天往來的地方。」侂冑恚怒而還，在皇帝的不滿上煽風點火。即位僅 50 天，寧宗就內批留正出判建康府。宋代罷免宰執，一般是示意本人自請罷

政，然後君主允准，以保存大臣體面。罕有君主直接黜罷之例，而徑以御筆內批進退大臣則幾無前例。儘管罷免留正無可厚非，但內批之法卻潛伏着隱患。

在罷留正的同一天，皇帝任命趙汝愚為右相。即位不久，寧宗兩次打算拜他為相，汝愚既以同姓之嫌，又認為禪代之事乃處君臣之變，不敢居功，辭相不受，便改任樞密使。面對再次任命，他依舊上札辭免，寧宗批道：

> 壽皇知人之明，由庶僚而擢為侍從；太上委寄之重，越故事而付以樞政。而我秉承前規，將你擢任宰相，就因你才足以知天下之務，道足以任天下之重。不必因同姓之嫌而力辭不止。

見皇帝真心倚任他，汝愚只得接受任命。但他表示：「自祖宗以來，宗室從無出任宰相的。我的職位，愈高則愈危。現在我不得已而就任，但到孝宗祔陵，兩宮重歡時，請先讓我去位。」

「祖宗典故：同姓可封王，不拜相。藝祖（太祖）載諸太廟。」①不論這一典故載諸太廟是否可信，但同姓拜相確為宋代家法之大忌，因為宗室之尊與相權之重相結合，就可能威脅君權與皇位。但局勢的發展已將汝愚推到了相位之前，在寧宗眼裡，在朝野士大夫心目中，一時之間，他已成眾望所歸的人物。他自己也有做一番事業的雄心大志在。

在紹熙二年（1191）入朝為吏部尚書的前十年間，汝愚自蜀至閩，歷任數郡，身行萬里。據他自述：

①　張端義：《貴耳集》卷中。

　　所見閭閻之內，民實困窮；郡縣之間，吏多貪濁。風俗玩弊，上下苟偷，邊備空虛，事力單弱，將帥掊克而不恤其下，士卒愁怨而不聽其上。病弊百出，不可盡言。

他深懷感慨：

　　國家自祖宗開創以來，已歷二百三十有餘年，猶如大廈，歲月久深，棟撓梁折，已經不能遮風擋雨。而興滯補弊，正有賴今日。

　　他感到，寧宗即位後的作為和好惡，還不令人失望；朝中還有一批正直之士，例如陳傅良、彭龜年、黃裳、羅點等，都曾是寧宗的王府舊僚，可以共事而圖治；何況自己推薦的一代名儒朱熹也正在應詔赴闕途中。一種以天下為己任的責任心激勵他慨然發憤、志於有為，汝愚終於受命為相，踏上了一條鋪滿荊棘的危徑。

　　召朱熹赴行在奏事，是新皇帝即位第六天發出的詔命，他這時正在知潭州任上。入朝途中，朱熹又接到出任煥章閣待制、侍講的告詞。告詞首先強調了皇帝對經筵講學的重視：「朕初承大統，未暇他圖，首辟經幃，詳延學士」，接着說出了對他的器重：「爾發六經之蘊，窮百氏之源。其在兩朝，未為不用，至今四海，猶謂多奇。擢之次對之班，處以邇英之命。若程頤之在元祐，若尹焞之於紹興。副吾尊德樂義之誠，究爾正心誠意之說。」① 這種倚望倒並不都是冠冕文章。早在嘉王時期，他就聽說了朱熹的聲名與德行，心儀已久，常恨不能延為王府講官。故而即位首召朱

────────────

① 《宋史全文》卷28。

熹，雖有趙汝愚的力薦，卻也是出自誠心的。

朱熹趕抵臨安，在六和塔下，永嘉諸賢葉適、陳傅良等見到他，各說了自己參政的打算。朱熹聽說近幸用事、御筆內降都漸現端倪，說：「彼方為刀俎，我方為魚肉，何來閒暇議論這些呢？」對時局深以為憂。

十月四日，寧宗在行宮便殿召對朱熹。他上第一札論經權常變之道，希望皇帝能做「處之以權」而「不失其正」的聖賢之君。他的第二札論帝王之學：「為學之道，莫先於窮理；窮理之要，必在於讀書；讀書之法，莫貴於循序而致精；而致精之本，則又在於居敬而持志。」希望皇帝孜孜不倦，自強不息，「以著明人主講學之效，卓然為萬世帝王之標準」，期望值也夠高的。針對他面辭待制、侍講之職，寧宗說：「你經術淵深，正資勸講，以副我崇儒重道之意。」不久，皇帝又給以賜食的殊榮。

朱熹是欲行其道的學者，經筵侍講不啻是帝王之師，就任以後，他便迫不及待地「致君堯舜之上」。便殿召對不久，他為皇帝正式開講《大學》。寧宗即位，經筵仍循近制：每遇單日早晚兩次進講，雙日及朔望（初一、十五）、旬休、假日都停講，大寒、大暑也是罷講月份。朱熹建議：今後除朔望、旬休與過宮日份外，不論單雙日都早晚進講，只在有朝殿的日子才暫停早講一次。寧宗同意。每次進講，朱熹都把要講的內容編次成帙，再通曉明白地開陳分析，凡能聯繫君德與時政處，也言無不盡，寧宗倒也能虛心聽納。一天進講後，朱熹問寧宗：「不知進講的《大學講義》，聖意以為如何？」寧宗若有所得地說：「看來緊要處只在求放心啊！」朱熹高興地頓首道：「陛下拈出這『求放心』之語，正是聖學要領，願推而廣之，見諸實行，不愁不為堯舜之君！」

皇帝對經筵講學倒不乏興趣。即位沒幾天，他就拿出兩張紙，一張是光宗講筵書目，一張是王府講堂書目，對彭龜年說：

「經筵講書太少。退朝無事，恐自怠惰。何況酬應萬機，非多讀書不可。」龜年說：「人君之學與書生不同。虛心受諫，遷善改過，才是聖學中第一事。何必在多呢？」龜年的答話或是針對寧宗讀書不得要領而發。過了幾天，寧宗又拿出兩張紙，一張是他開列的十部經史書目，一張是十人名單，對龜年說：「我欠讀書少。打算增置講官到十名，各專講一書。」他徵求龜年的意見：「這十人可充講官否？」龜年見是朱熹、黃裳、陳傅良、黃由、沈有開等十人，自己也在其中，便說：「陛下若招徠一世之傑如朱熹輩，方孚人望。不能專以潛邸學官充任。」於是，寧宗增置黃裳、陳傅良、彭龜年為講讀官，同時發出了朱熹為侍講的任命。

寧宗初政，他一意向學的熱誠與禮敬講官的謙遜，博得了儒學之臣的一致好感，稱頌他：「即位之初，首下明詔，博延儒英，增置講讀，細繹經史，從容賜坐，一日再御，情無厭倦。」皇帝對講官們也有要求：「今後晚講，各須講解義理，引古證今，庶幾不流於形式。若只讀過，恐怕無益於事。」寧宗不可謂不好學。但正如彭龜年所說，「人君之學與書生不同」，聖主明君不能不學無術，也不能不讀書，但讀書卻未見得就能讀出個聖主明君來，帝王之學非關書也，寧宗後來為政也印證了這點。

對原嘉王府講官，寧宗自然親近與信任，經常召見諮詢。黃裳病得不能上朝了，仍受命出任禮部尚書兼侍講。他抱病入謝說：「陛下現在委任大臣，正得人君持要之道。但我擔心數年以後，你要立意自用，借助小人。陛下目前獎用台諫，正得祖宗設官之意。但我擔心從今以後，你會憎其逆耳，厭其多言。陛下初政，固然稱善，不知能保他日常如今日否？」話說得語重心長，他不久就病逝了。當月，簽書樞密院事羅點也相繼去世。即位當月，寧宗將自己的小學教授羅點提拔為執政，準備重用他。見黃裳、羅點先後淪謝，趙汝愚對皇帝說：「這不僅是二臣的不幸，

也是天下的不幸！」他頓生勢單力孤之感，寧宗對兩位王府舊僚之死，也大感意外與傷心。

劉光祖也做過皇帝的小學教授，紹熙初政時因直諫而出朝。寧宗即位，便召他為侍御史，後改司農少卿。入對時，光祖進《謹始》五箴。聽他讀完《思箴》，寧宗慢悠悠地說：「總之，要從源頭理會。」光祖高興道：「臣千百言，不如陛下源頭一語。望陛下致力於此！」陳傅良曾任嘉王府贊讀，在過宮風波時徑行出朝，寧宗即位，便召他為中書舍人兼侍讀、直學士院，集封駁、經筵、制詔三職於一身，大為重用。他給皇帝的忠告是「毋作聰明亂舊章」，對這七個字，寧宗倒稱得上「終身不忘」，[①] 雖然他還是錯誤領會了這一告誡。

總之，以趙汝愚為政治領袖，以朱熹為精神領袖，以原王府講官為基本班底，寧宗初政，眾賢盈庭，人稱為小元祐，似乎也真透露出一點治世氣象來了。

汝愚首先從整頓吏治入手，實施其興滯補弊的抱負。宋代慣例，人主新即位，凡郡守監司都可以推恩任子，即使權攝州府者也一視同仁。汝愚革除了權攝官的恩例，作為「裁抑僥倖」的第一刀，被裁抑者自然怨聲載道。在汝愚建議下，寧宗即位不久就頒詔諸路監司，令他們對一路官員「廉必聞，污必糾，毋憚大吏，毋縱私暱，賞不爾靳，罰不爾私，其令吏稱民安」，在全國倡廉肅貪，糾正吏風。

汝愚進一步加強對川、廣兩地知州的銓量考核。孝宗淳熙末年，因兩廣、四川道途迢遞，郡守任滿赴京銓考頗為不便，就讓他們在任滿前半年赴所在路分的轉運使司考課銓量，具狀申報尚書省，作為新任命的依據。但諸路轉運使往往徇情失責，馬虎了

---

① 《四朝聞見錄》乙集〈寧皇二屏〉。

事，既無暇仔細考核，更不敢多有黜落，致使昏謬貪濁之吏成為州縣不治的根源之一。汝愚為相後，把川、廣郡守的銓量權改由責重權大的制置司主管，以期「權重則雖廢黜之多而有所不憚，責重則顧計利害之深而不敢苟且」，達到「州縣無不治」的效果。①與此同時，針對士大夫不願出任外官的普遍現象，汝愚認為，今日之勢尤應重視地方之治，具體做法是讓各路制置使、轉運使與總領可以位列侍從，使他們安心地久任外職，而後責以事功，臻於吏治。其後不久，在汝愚建議下，寧宗頒詔均內外之任。

在中央官吏任命上，汝愚有兩項動作。其一，引薦所知的在外人才，直接授與館閣、太學之職，作為修補趙宋大廈的助手。宋代館、學之職號稱文臣清貴之選，歷來視為中央高級人才的儲備庫。其二，重新推行侍從薦舉台諫官的舊制。宋代選任台諫的做法，既可先由侍從薦舉，再交君主親擢；也可不通過薦舉，由君主直除。相對說來，君主直除僅取決於皇帝的明斷，拋棄了侍從薦舉對君權相對合理的制約機制，較易出現弊端。南渡以來多君主直除，淳熙初一度恢復侍從參舉的故事，但侍從多有所畏避，不久仍由君主直除。汝愚再行薦舉制的用意，或即防止寧宗知人不明，直除失當。

在汝愚主持與朱熹推動下，寧宗初政也有善政可稱。即位第五天，寧宗下詔求直言，自道其謙恭態度和誠懇心情：「事關朝政，慮及邊防，應天之實何先，安民之務何急？毋憚大吏，毋諱眇躬。倘有補於國家，當優加於賞賚！」十月，雷電交作，陰陽失時，他又下詔侍從、台諫上疏論朝政闕失。朱熹對他說：「即位之初應詔封事很多，未聽說有施行的。今復求言，殆成虛語。請令後省官住在省衙內審讀，選擇合理切要的封事，奏上取旨落

①《建炎以來朝野雜記》甲集卷6〈郡守銓量〉。

實，這才會聞者知勸，直言常進。」皇帝便命沈有開與劉光祖十天內審閱奏聞。

十月十九日是寧宗的生日瑞慶節，百官照例要進賀表。朱熹對他說：「壽皇梓宮在殯，你若這樣做，有背於上廣孝治、益隆聖德的宗旨。」在朱熹建議下，寧宗下詔不接受聖節賀表，已呈進的也退回去。不久，在選送的應詔封事中，袁說友要求將太上皇召入的樂人、俳優、伶官全部遣出大內，寧宗採納了這一建言。他還聽從了台諫的論劾，貶竄了紹熙時離間兩宮的宦官陳源、林億年、楊舜卿，也令人為之稱快。

當然，對寧宗初政絕不能估計過高。皇帝的性格和為人缺乏主見，凡事無可無不可，完全被動接受趙汝愚、朱熹等人的建議。其本人在知人理政上，甚至比發病前的光宗還要無能與淺薄。即位不久，對嘉王府的隨龍人以及慈福、重華、壽安三宮的親屬、內侍、醫官等，寧宗往往濫賜恩賞，逾制轉官，封駁官彭龜年等繳奏詔旨，他卻經常堅執己見，降下「可與書行」的宣諭。彭龜年曾嚴肅地對寧宗說：「可與書行，乃近世弊令！倘若可以執行，我自會書行，何待再下諭令？倘若不可書行，我豈敢因再令而放行！」

即便趙汝愚的改革弊政，也還都是皮毛枝節的小舉動，未見有慶曆新政那樣的總綱領和大舉措出台。這些小修補究竟有多大效果，起了多少作用，也大可懷疑，這座破敗的大廈已不是小修小補所能支撐住的。儘管如此，朝野對趙汝愚仍寄予厚望，所謂「海內引領，以觀新政」，期盼他能開出新局面，一舉扭轉紹熙以來急遽衰敗的朝政。而汝愚也銳意效慕慶曆、元祐故事，似乎有自信成就范仲淹、司馬光那樣的相業。在他的建議下，寧宗下詔改明年為慶元元年，改元詔書的字裡行間充滿了寧宗君相對慶曆、元祐之治的無限嚮往：

親君子，遠小人，慶曆、元祐之所以尊朝廷也；省刑
罰，薄賦斂，慶曆、元祐之所以惠天下也。朕幸業承祖武，
而敢一日忘此乎？掇取美號，於此紀元。

然而，具有諷刺意味的是，就在這道改元詔書頒佈前四天，
朱熹卻被寧宗罷官出朝。慶曆元祐夢還沒有入夢，就倏然幻
滅了！

2. 道學朋黨之爭

罷黜朱熹，揭開了慶元黨禁的序幕。慶元黨禁是統治階級內
部的黨爭，但卻以道學之禁為其主要內容和外在形式，把朋黨之
爭和道學之爭錯綜複雜地攪和在一起。故而有必要對道學之爭做
一簡單的回溯，才能把握黨爭為何以學禁為主題和外衣。

面對唐宋之際深刻的社會變動，傳統的舊儒學日漸顯得蒼白
無力。自仁宗時代起，周敦頤、張載、邵雍、程顥、程頤等各
自著書立說，聚徒講學，形成了宋代新儒學流派紛呈的局面。[1]
二程兄弟，尤其程頤，活動年代最遲，授業弟子最多，思想體系
最為精緻，始以道學為天下倡。宋室南渡，二程之學蔚為大宗，
經楊時、羅從彥、李侗三傳，到李侗弟子朱熹手中，遂集北宋以
來理學之大成，標誌着程朱理學的最終完成。朱熹因思想博大精
深，人格光風霽月，弟子遍及海內，學說風行一時，自然而然成

---

[1] 宋代新儒學或曰宋學，在北宋的代表學派還有以王安石為代表的新學，三蘇為代表
的蜀學以及范仲淹、李覯、司馬光等；在南宋的代表學派則有以呂祖謙為代表的
金華學派，以陳亮為代表的永康學派，以陳傅良、葉適為代表的永嘉學派，這些都
不應歸入理學（參見鄧廣銘：《略談宋學》）。理學一般可稱為道學，但慶元黨禁列
入葉適、陳傅良，這時的所謂道學又不能簡單視為理學的同義語。

為孝宗以後南宋思想界的一面旗幟。有一種偏見認為，朱熹等理學家只是空談性命道德。其實，他們倒不是專尚空談的：首先，他們身體力行自己提出的道德性命之學；其次，他們也要求包括君王在內，人人都這樣去做，格物致知，居敬窮理，小則修身齊家，大則治國平天下，內聖的功夫便能翻出外王的世界。理學家不僅僅獨善其身，還是要兼濟天下的。

不過，中國學術思想史上有一種傾向，即強調門戶之見、道統之說，總認為只有自己的學說為讜言正論，其他思想是異端邪說，總希望天下只有自家一說的聲音。朱熹理學也未能克服這一傾向。陳亮曾為道學中人畫像：

> 因吾眼之偶開，便以為得不傳之絕學。三三兩兩，附耳而語，有同告密；畫界而立，一似結壇。盡絕一世之人於門外。[1]

他們不願意承認人心不同，見解自異，即便聖人不能繩律天下之人，盡棄己學而獨尊道學；而是以道統自任，以嚴師自居，別白是否，毫不寬容。

以這種態度去治學，至多引起理學不同派別之間的「道問學」與「尊德性」的討論，程朱學派和經世學派之間的「王霸義利」的爭辯。但隨着持這種門戶之見的理學家進入官僚圈的人數日漸增多，問題就超出了思想學術的界限，他們以門戶與道統為抑揚品題的標尺，既然有揄揚，當然也有貶抑，隨着品題既眾，致使疑怨叢生，主觀上全出於至公，形跡上已涉及朋黨。儘管自我標榜「君子同而不黨」，反倒更容易刺激那批門戶、道統之外官宦們的

---

[1] 陳亮：《龍川文集》卷20〈又乙巳秋書〉。

朋黨情緒。只要一有適當的政治火星，朋黨之爭就會被點燃。

不僅如此，中國學術思想史上還有一種通病：某種學說一旦成為顯學，一哄而起的趨時髦風尚總使其滑向庸俗化和形式化的泥淖。正如周密所描述，在道學傳播中，「有一種淺陋之士，自視無堪以為進取之地，輒亦自附於道學之名。褒衣博帶，危坐闊步。或抄節語錄以資高談，或閉眉合眼號為默識。而叩擊其所學，則於古今無所聞知；考驗其所行，則於義利無所分別」。除去這類淺薄無知者，晚宋俞文豹則揭露了那些別具用心者：「有一等贗儒，素以鑽刺為生，見時尚道學，旋取《近思錄》《性學源流》等書剽竊其語，置牙頰間，以誑惑人聽。外示雍容，內實急於進取，口談道學，心實巧於逢迎。」[1] 惟其如此，便容易讓小人找到藉口指其為偽學之名，而使君子受到連累而有玉石俱焚之禍。

宋代朋黨之爭，自北宋初年開始，幾乎從未消歇過，但朋黨之爭與道學之爭錯綜糾葛則集中在高、孝、光、寧時期[2]。其時正是程朱理學駸駸乎由話語權之爭向獨尊之學邁進的時期。理學家及道學依附者在官僚層中所佔比例激增，他們執道學門戶之見，自視甚高而責人太苛；而那些被排在道學門戶之外被責的官僚們，因道學尚未被定為獨尊的官學，還有被議論指摘的可能性，便在發動朋黨之爭的同時，對政敵所主張的道學也一併實施攻擊，以便從根本上摧毀政敵。因此，在道學已成顯學卻未成官學的這一時期，朋黨之爭往往以道學與非道學之爭為其主要內容和外在形式，就是絕非偶然的了。理宗以後以迄明清，因理學已定

---

① 《齊東野語》卷 11〈道學〉；俞文豹：《吹劍錄外集》。
② 北宋元祐時洛蜀朔黨爭即便似有學說不同的因素在內，但也只是新儒學內部不同派別的政見分歧，並未以道學與非道學劃分陣營。

於一尊，儘管朋黨之爭仍是君主官僚體制難以克服的痼疾，與道學之爭卻脫了鈎。

道學朋黨之爭從高宗紹興年間（1131－1162）就初露端倪了。高宗南渡，尊程氏之學，追贈程頤直龍圖閣。紹興六年（1136），左司諫陳公輔摭拾程門弟子的言論作為攻擊的論據，請禁程氏之學，其真實用意則是沮抑程頤弟子尹焞應召入朝。

孝宗對當時士大夫好尚清議之說，明確持反對態度，認為「激成黨錮之風，殆皆由此，可不痛為之戒？」皇帝這種傾向無意中向反道學派攻訐政敵指明了突破口。淳熙五年（1178），侍御史謝廓然和秘書郎趙彥中反對以程氏之學取士，理由就是指程氏「祖性理之說，以游言浮詞相高」。其後，朱熹在浙東提刑任上劾治台州知州唐仲友，引起仲友姻家、宰相王淮的不滿，先唆使吏部尚書鄭丙不指名地影射朱熹以道學「欺世盜名」，繼而示意陳賈全面排擊道學：「近世士大夫有所謂道學者，其說以慎獨為能，以踐履為高，以正心誠意、克己復禮為事。若此之類，皆學者所共學也，而其徒乃謂己獨能之。夷考其所為，則又大不然，不幾於假其名以濟其偽者耶？」他最後建議「明詔中外，痛革此習」，「考察其人，擯斥勿用」。[1] 孝宗先是疑惑，繼而聽納，下詔明示好惡所在。

其後，道學之名一時成為攻擊排斥人的棍子，直學士院尤袤上言：「近來立道學之名，把廉介、恬退、踐履、名節都目為道學。此名一立，賢人君子一舉足就墜入其中。這難道是盛世所應有的嗎？」孝宗回答：「道學豈是不美之名？惟恐假託為奸，真偽相雜罷了。」這才下詔戒敕，制止了事態的擴大。

淳熙十五年（1188），朱熹應薦入朝，兵部侍郎林栗與他討論《易》和《西銘》，見解不合，不歡而散。有人忠告朱熹：「正心

---

① 陳邦瞻：《宋史紀事本末》卷80〈道學崇黜〉。

誠意之論，皇上不愛聽，你就別說了。」朱熹說：「平生所學，惟此四字，怎能隱默不言，欺瞞君上？」孝宗召見後，除朱熹為兵部郎官。他因足疾發作，請求宮觀閒差。林栗便當朝詆毀他不學無術，不過竊取張載、二程的緒餘，誇誇其談成為宗主，號之道學，妄自尊大；每到一處，便挈門生十數人，仿效春秋戰國遊士之態，大做孔聖、孟子受聘之夢，倘以治世之法作評判，則為亂臣之類的首領；如今用其虛名，置之朝列，他卻邀索高價，傲睨累日，不肯供職，事君無禮。林栗最後請皇帝將其停罷，令其自省。但孝宗覺得林栗也忒誇大其詞。

朝臣都在緘默觀望，只有太常博士葉適率直上疏，逐條駁斥林栗的不實之詞：「自古小人殘害忠良，都有名目。近又創為道學，鄭丙首倡，陳賈應和，見士大夫稍慕修潔、略有操守的，就指為道學，使他們不能進用。過去王淮表裡台諫，陰廢正人，用的就是這個法子。林栗襲用鄭、賈之說，以道學為大罪，逐去朱熹。只恐自此讒言橫生，善良被禍。希望陛下摧折橫暴，以扶持善類，奮發剛斷，以慰公論。」對葉適的奏狀，孝宗也沒有正面表態，他沒有留朱熹在朝為官，卻也讓林栗出知州郡去了。孝宗不好道學，卻也反對朋黨，他對朱熹與林栗的處理，應即他素所主張的「人主但公是公非，何緣為黨？」①或許孝宗駕馭有術，道學朋黨之爭雖在淳熙年間波瀾迭起，卻始終沒有掀起政局上的軒然大波。

光宗初政，人們對年前林栗劾朱熹的事件記憶猶新，臣僚入對與上書中論及道學朋黨的為數不少，尤以劉光祖上《論辨學術邪正》奏疏最為中肯。他回顧了淳熙後期以來的道學朋黨之爭，指出：上次入朝時，雖聽到譏貶道學之說，還未見朋黨之分。去國六年，擔憂兩方議論日甚，惟恐一旦出現交攻之勢。這次重

---

① 《建炎以來朝野雜記》乙集卷3〈孝宗論不宜有清議之說〉。

來，其事果見：因惡道學，乃生朋黨；因生朋黨，乃罪忠諫。以忠諫為罪，離開紹聖弊政還有多遠？豈能因疾其學而並攻其黨，因攻其黨而並棄其言呢？我只能希望聖心豁然，使是非由此而定，邪正由此而別，公論由此而明，私情由此而熄，道學之譏由此而消，朋黨之跡由此而泯，則生靈之幸，社稷之福。不然，相激相勝，輾轉反覆，貽禍無窮，就不知何處是盡頭了！

光宗把這封章奏頒示臣僚，據說有人讀後流下了眼淚。

東宮舊僚楊萬里也告誡光宗：「欲激人主之怒，莫如朋黨；空天下人才，莫如朋黨。黨論一興，其端發於士大夫，其禍及於天下。願陛下公聽並觀，壞植散群，是君子就進用，是小人就廢黜，不問他是某黨某黨。」萬里雖沒有正面論及道學之爭，但他論朋黨之爭顯然是以此為背景的。

也許楊萬里、劉光祖等警告產生了作用，紹熙元年（1190），陳賈將以知靜江府入朝奏事，受到殿中侍御史林大中的彈劾，說他「表裡王淮，創道學之目，陰廢正人」，倘若允許他入奏留朝，決非靖國之計，光宗便收回成命。

總觀光宗朝，道學朋黨之爭未見有淳熙年間那樣直接的交鋒。而光宗後期過宮風波成為政局熱點，也對道學朋黨之爭起了一定的抑制作用。然而，既然理學由顯學通往官學呈不可遏止之勢，道學家及其師友弟子由修身齊家進而跨入治國平天下的官僚人數比例呈居高不下的走勢，那麼，無論就學術地位，還是就政治地位而言，道學在走向獨尊的官學路途上，受到非道學勢力的阻抑也將不可避免。光宗朝道學朋黨之爭的短暫消歇，只不過是必然爆發前勢能的積蓄。

能否有效制止道學朋黨之爭的總爆發呢？從尤袤、葉適，到劉光祖、楊萬里，最終都只能乞求君主「聖心豁然」，「公聽並觀，壞植散群」，「摧折橫暴，以扶善類」。也就是說，人主的明斷與

權威，才是能否消彌道學朋黨之爭的惟一關鍵所在。那麼，宋寧宗是明斷而權威的君主嗎？

3. 韓侂胄從積怨到結黨

司馬光曾給宋神宗上過一疏，主旨是人君為政有體，治事有要，據說，寧宗即位前很喜歡讀這篇《上體要疏》。然而，初政不久，他就差除不經中書門下，徑以御筆付出施行。王府舊僚彭龜年對他說：「陛下自即位以來，好出御筆，升黜之間，多為不測，若示人以聰明威斷，實則有失為政之體，殆非初政之美。」他批評寧宗忘了《上體要疏》，請他再「平心熟誦，反而思之」。

御筆，也稱內批、御批，在處理朝政時君權獨用，徑由禁中付外，不經中書擬議，繞過封駁程序，避開台諫論列，一旦失控，最易被權臣利用。徽宗的御筆成為蔡京的囊中物，致使大觀、崇寧之政污濁敗壞，是覆轍不遠的前車之鑑。有識之士都為皇帝重新濫用御筆而憂心忡忡。另一王府舊僚黃裳在去世前也說：「陛下近日所為頗異前日，除授之際，大臣多有不知。我聽說後憂慮更甚，病情更重了。」寧宗初政即用御筆，不論本人自開先例，還是他人從旁教唆，若聽從忠告，認識危害，停止使用，為時不晚，但他卻置若罔聞，一意孤行。

紹熙五年八月，寧宗下了一道薦舉人才的詔書，但強調「不植黨與」。吏部侍郎彭龜年敏感到這一說法必有來頭，就上疏說：「自古小人想空人之國，必進朋黨之說。陛下還記得潛邸時聽講過元祐、紹聖之事嗎？如今臨政還沒兩月，小人已能用此說蠱惑陛下。輕信則易惑，易惑則小人之計得逞了！」這種強調不會出於皇帝本意，或來自別具用心的提醒。而寧宗同意書之詔命，或許認為植黨總非好事，詔書也只是泛泛而論，並非專指

某黨。但既然採納了這一說法，無異於向提議者表明，朋黨將是一個可能打入的楔子。歷來朋黨之禍，都緣於人主的好惡之偏，在即將爆發的韓侂冑與趙汝愚的激烈黨爭中，皇帝的好惡偏向何方，將是至關重要的。

紹熙內禪，實際上是一場宮廷政變。除去太皇太后吳氏，在這場政變中，趙汝愚以首席執政的身份始終主其事，趙彥逾參加了最初的決策，韓侂冑與關禮則在內外朝之間穿針引線，郭杲以軍事實力保證了政變的成功。寧宗即位當月，殿前都指揮使郭杲進拜武康軍節度使，顯然出於趙汝愚的建議。關禮為入內侍省都知，又差充提舉皇城司，他謙抑謹慎，辭免推恩，請求致仕，不以功自居。

據說，定策內禪時汝愚曾許諾：事成以後讓韓侂冑建節，趙彥逾執政。[1] 在即位推恩時，汝愚對彥逾說：「我輩宗臣，不當言功。」彥逾老大不痛快，卻不便說甚麼。汝愚對侂冑則說：「我是宗室之臣，你是外戚之臣，怎麼可以論功？只有爪牙之臣才應該推賞。」爪牙之臣指殿帥郭杲。侂冑大失所望，他垂涎節鉞已經多時。節度使畢竟是宋代武臣難得的榮銜，恩數同於執政，俸祿高於宰相吶！

知閤門事劉弼瞅了個機會對汝愚說：「這事侂冑頗有些功，也須分些官職給他。」汝愚從內心有點卑視侂冑，說：「他又有甚麼大功！」劉弼與侂冑是閤門同僚，頗以知書自負，內禪定策時，汝愚只找侂冑計議，他被摒斥在外，內心很不平衡，轉身便將這話告訴了侂冑。侂冑起先還不相信，前去拜謁汝愚，想試探個究竟。汝愚岸然正襟，冷漠地接待了他。出來後，侂冑歎道：「劉知閤沒有誑我！」便萌生了排擠汝愚的心計。

---

[1] 此說見於《紹熙行禮記》，但似不可盡信。

　　國子司業葉適知曉後，勸告汝愚：「侂胄指望的不過節鉞，給他為好。」見汝愚不聽納，歎息道：「禍患將從這兒開始！」權工部侍郎、知臨安府徐誼也對汝愚說：「將來必定是國家禍患。應先滿足他要求，而後疏遠他。」汝愚仍不以為然。

　　寧宗終於特遷侂胄二官。他原為防禦使，特遷兩階為承宣使，離節度使還有關鍵的一階。這應是汝愚的建議，他終究沒把節度使給侂胄。侂胄怨氣沖天，憋氣力辭，只遷一官為宜州觀察使。汝愚若有所悟，派人去轉達撫慰之意，但回答已出言不遜了。

　　朱熹剛入朝，便注意到這個問題，好幾次讓人帶親筆信給汝愚：「侂胄怨望殊甚，應該厚賞其勞，處以大藩，出之於外，勿使預政，以防後患。」朱熹對門人設譬說：「韓侂胄，就像我們家鄉的乳母，應該早些陳謝。」建州風俗，乳母哺乳孩子，一斷奶，東家就用首飾、錢幣禮送她出門，稱為陳謝。儘管侂胄這時已下定了排逐汝愚的決心，而且開始了相應的行動，但汝愚仍疏闊地認為：「他自己說不受官職，何慮之有？」認為對手容易應付，對朱熹的建議猶豫不決，再失可以彌補的機會。

　　對侂胄的裁抑，汝愚自以為在貫徹他認定的為政原則。同時代人在其身後這樣評論他：「平時氣貌方嚴，未嘗假人詞色。及為相，尤重惜名器，不以朝廷官爵曲徇人情」。[①]他對選官求見者一概不見，對久遊門下者避嫌不用，以杜絕用人上拉關係走後門的不正之風。他一心革除弊政，命幹辦糧料院游仲鴻考察兩淮經總制錢的積弊。仲鴻對他說：「丞相之勢已孤，卻不憂此而憂彼嗎？」人們可以說他不通權變，卻不能不肯定他為人之正、為政之忠。然而人心吏風已非慶曆所能比，這種正直反而招來嗜進者

---

① 劉光祖：《趙公（汝愚）墓誌銘》，載傅增湘：《宋代蜀文輯存》卷71。

的嫉恨與怨望，紛紛倒向了侂冑。

當慶元黨禁已成歷史煙雲，理宗朝有人以詩批評汝愚的失策：「不使慶元為慶曆，也由人事也由天」；「好聽當時劉弻語，分些官職與平原」。[①] 晚清魏源也認為：汝愚的失着在於以己例人，然而，「汝愚，樞密使也，受賞不受賞，無所加損；韓侂冑，閤門使也，而欲其不受賞，得乎？」正是汝愚「忠有餘而智不足」，當時儘管「有用人之權，有去小人之力，而優柔不斷」，最終造成了雙方力量的進退消長。[②]

也許，汝愚表面上說，「宗室外戚之臣不應論賞」，背後卻有難言的苦衷。明清之際王夫之在《宋論·寧宗》裡這樣揣測：

> 光宗雖云內禪，其實廢也。寧宗背其生父，正其不孝之罪，而急奪其位，且以扶立者惟有大勳勞而報之，天理民彝，其尚有毫髮之存焉者乎？忠定（汝愚謚號）其忍以此自待，忍以此待其君乎？忠定不欲以禽獸自處，不敢以禽獸處君，且不忍以禽獸處同事之勞人，厚之至也。顧不能以此言告人者，一出諸口，而寧宗即無以自容也！

聯繫起居舍人劉光祖也對寧宗說過：「陛下以為前日倉皇即位為得已乎？為不得已乎？大臣不得已而立陛下，為社稷計也；陛下不得已而從大臣決策，亦為社稷計也。」從道學的忠孝觀出發，王夫之所揣測的難言之隱也是有可能的。至於寧宗，內禪時雖口口聲聲「恐負不孝之罪」，但行定策之賞時決不會考慮得如此深遠的。

---

① 《鶴林玉露》丙編卷6〈韓平原〉。韓侂冑後來封平原郡王。

② 魏源：〈趙汝愚擁立寧宗論〉，見《魏源集》上冊，中華書局，1976年，第214頁。

在這場較量中，韓侂冑有兩個優勢。其一，他是韓皇后的外族。雖然歷史上以外戚而篡位的並不少見，但在外戚與宗室之間做選擇時，君主往往認為，對皇位的威脅同姓宗室要比異姓外戚來得直接切近，故而多親外戚而忌宗室。其二，侂冑知閤門事的職務「獲聯肺腑，久侍禁密」，比起宰相之職來，更有接近皇帝、交通內廷之便。他平時給人的印象小心謹慎，故而寧宗也常向他詢訪，以期裨補。於是，侂冑憑藉「傳導詔旨，浸見親幸」，也經常可以在其中上下其手，竊弄威福。寧宗的倚重與御筆，正是欲與趙汝愚一決雌雄的韓侂冑迫切希望得到的。

他與劉弼的關係今非昔比了：過去只是閤門同僚，現在同一怨望把他們綑在了一起。劉弼對侂冑説：「趙丞相欲專大功，你不但得不到節鉞，恐怕還免不了嶺海之行呢？」南宋貶官最重的處分是送往兩廣、海南州軍安置或編管，故稱嶺海之行。侂冑先是愕然，繼問對策，劉弼説：「只有用台諫。」侂冑問：「怎樣才可用台諫呢？」答道：「御筆批出就是了。」心計不多、城府不深的韓侂冑聽了劉弼的話，頓時醒悟。自此便將御筆與台諫緊緊抓在手裡，作為打擊政敵的兩件須臾不離的法寶。寧宗好用御筆，侂冑作為知閤門事頗有染指之便，於是他就日夜謀引其黨的台諫，作為擯逐對手的關鍵一步。

台諫官何以在宋代黨爭中能起至關重要的作用呢？宋代中樞權力結構，除去君主，按性質、職能可以劃為三個官僚圈，一是位居三省二府（中書省、門下省、尚書省、中書門下、樞密院）之長的宰執圈；二是包括給事中、中書舍人等封駁官在內的侍從圈；三是御史、諫官構成的台諫圈[1]。其中，侍從因無彈劾權，只

---

[1] 台諫官也有位列侍從的，但其職能與一般的侍從有別，君主下詔也往往將二者分列並舉，故應視為獨立的官僚圈。

在朝政上提供建議，其制衡力量遠不如台諫那樣能與相權抗衡。北宋蘇軾曾概括台諫在君主官僚系統中的關鍵作用：「言及乘輿則天子改容，事關廊廟則宰相待罪。」對君主來說，台諫象徵着公論，必須充分重視與採納。對上至宰執大臣、下至一般臣僚，台諫都擁有監察彈劾權，而相權則是其主要制衡對象。按宋代慣例，包括宰相在內的廟堂大臣，一旦得知被台諫論劾，就必須去位待罪。由於台諫擁有議論與彈劾的雙重權力，在黨爭狀態下，黨爭雙方無論為了左右輿論、評斷是非，還是為了排斥政敵、打擊異己，都勢必借助與倚重台諫力量。

趙汝愚雖知台諫對革新朝政的重要性，動作卻遲緩了些。寧宗即位沒幾天，他把左司諫章穎改調侍御史，右正言黃艾遷為左司諫，只做了內部微調，對台諫闕員卻未及時任命。不久，章穎、黃艾改任他官，台諫缺員嚴重，汝愚奏請任命劉光祖為侍御史。光祖在紹熙初政時任殿中侍御史，台諫風采為之一新，人們是記憶猶在的。但知樞密院事陳騤卻聲明：「光祖與我有嫌，今光祖入台，願先避位。」據宋代迴避制，台諫官與宰執有親戚關係、薦主舉人關係或嫌隙不和的，都允許職務迴避，且以職低者引避為一般原則。汝愚猝不及防，愕然而止。侂胄隨即以內批除原知建康府謝深甫為御史中丞，他是韓黨之一。原來他與陳騤暗中合謀已久，汝愚卻沒有察覺。

其後，汝愚建議皇帝讓侍從薦舉御史，此舉用意顯然與侂胄爭奪台諫。他認為，侍從中仍多正人，所舉自然不負眾望，也可遏制侂胄援引台諫的勢頭。這次薦舉名額為兩人，侂胄進行了活動，讓謝深甫推薦與侂胄深相交結的大理寺主簿劉德秀。結果誠如汝愚所料，薦吳獵的最多，其次是游仲鴻。侂胄見劉德秀不能入選，便讓寧宗以內批兼用御史中丞所舉一人，於是，劉德秀與吳獵並任監察御史，游仲鴻反而落選。

劉德秀以州縣官從四川入朝，趙汝愚只讓他做大理寺主簿，他怫然不滿，見於辭色，受到侂胄的拉攏。他為人狠愎自任，一登言路，便視忠良骨鯁的士大夫猶如寇仇，不盡吞噬搏擊決不罷手。史稱，在慶元黨禁中，肆無忌憚「未有如德秀之甚者」①。由於謝深甫、劉德秀的入台，侂胄在與汝愚的對陣中佈下了活眼，爭取了主動，其黨魚貫而進，言路上都是他的黨羽。這是因為宋代台諫官享有獨立言事權，不但不必通過台諫之長，還可以彈擊台諫長官及其他言官。因此，對黨爭的任何一方說來，重要的並不在於爭取全體台諫，關鍵在於抓住雙方力量消長或君主傾向轉變的有利契機，汲引及時而得當，一兩個台諫便足以成為彈劾政敵、左右輿論的過河卒子，進而控扼整個言路。

援用台諫，初戰告捷，侂胄迅即主動出擊。就在內批劉德秀為御史的五天之後，侂胄又讓寧宗任命刑部尚書京鏜代數天前去世的羅點繼任簽書樞密院事。京鏜在孝宗晚年出任四川安撫制置使，任命剛下，汝愚正從四川入朝，便對人說：「京鏜望輕資淺，怎麼當此方面之任？」話傳到了京鏜耳中，就此積下了怨隙。他在四川政績尚佳，召為刑部尚書後，結交於侂胄，為他出謀劃策。不久前劉德秀入台，就有他的舉狀。侂胄打算竄逐汝愚，苦於找不到藉口，京鏜說：「他是宗姓，誣以謀危社稷，就可一網打盡了！」侂胄一下子開了竅，就造開了這方面的輿論。

這年十月深秋，氣候反常，雷電交作，寧宗命台諫、侍從疏論朝政缺失。起居舍人劉光祖說：

> 小人之謀，其意將以陰制今日之相臣而動搖之也。陛下所宜早悟，無使大臣懷疑畏之心。今陛下有獨斷之意，

---

① 《宋宰輔編年錄》卷20開禧二年。

乃是小人陰竊主權之梯媒，而陛下未知思也！

山雨欲來風滿樓，光祖已有預感。他的上疏說得十分明白，那個與相臣對舉的小人所指為誰，是不言自明的，他希望寧宗認真思考「小人陰竊主權」的嚴重性。在即將挑明的黨爭中，皇帝的好惡偏向決定一切。

初冬，趙彥逾接到出知建康府的任命，應該出於宰執的注擬。彥逾大為惱火，他本指望汝愚為相後援引自己共同執政的，不料竟來了個外放，便轉投韓侂胄營壘。他對侂胄說：「那事都是我倆之力，汝愚不過坐享其成而已。現在他自踞相位，專擅其功，卻一點也不考慮我們！」不久，彥逾改任四川安撫制置使，殿辭時，他送上一張開列着朝臣姓名的紙條說：「老奴今去，不惜為陛下言，此皆汝愚之黨。」寧宗近來也常聽到「宗室為相將不利社稷」的話頭，但對汝愚還是相信的——儘管他對侂胄的信任更與日俱增——畢竟是危難時刻擁立自己的肱股大臣。但彥逾和汝愚都是宗室，又同為內禪決策者，這次告發無疑是很有分量的。從此，寧宗心頭便對汝愚生出拂不去的疑雲。

4. 在宗室與外戚之間抉擇

與韓侂胄在攤牌前緊鑼密鼓的活動相比，趙汝愚的反應顯然遲緩和軟弱。對此，朱熹憂心如焚。早在應召入朝途中，他聽到寧宗以御筆逐罷留正，便頗有憂色道：「進退大臣也應存其體貌。皇帝新立，豈可開輕逐大臣之風？」但入朝侍講後，他對弟子說：「聖上可與為善，若常得賢者輔導，天下還有希望。」顯然，朱熹認為皇帝是中人之質，可與為善，也可與為惡，關鍵在於變化氣質。他更意識到經筵官作為帝王師的使命感與責任心，急於

致君堯舜上，知無不言，言無不切，抓住一切機會對皇帝開導與
諫正。

留正罷相後，侂胄知道右正言黃度與留正一向議論不合，暗
示他上章再劾，以便給留正更嚴厲的處分。黃度對同僚說：「落
井下石很容易，但長小人氣燄行嗎？」他看出侂胄有竊弄政柄的
傾向，準備論劾，被侂胄察覺，借御筆奪了他的言職，出知平江
府。黃度力辭新命，憤然上書：

> 祖宗以來，人主雖獨斷於上，但天下事必經中書，未
> 有直以御筆裁處的。崇寧、大觀御筆可為深戒。近來台
> 諫官與封駁官屢有更易，中書無所參預，御筆漸多，實駭
> 觀聽！

接着舉自己為例，但皇帝根本不重視。黃度又上疏給宰執：
「御筆，蔡京用以亂天下，現在甚麼時候，而容許侂胄假借御筆，
斥逐諫臣，使人低頭而去，不能說一句話。這又不是國家的好
事！」趙汝愚袖其上疏入見，寧宗仍不悟御筆之弊，改讓黃度奉
祠歸養①。黃度被逐，不過是韓侂胄向趙汝愚正式發動搏擊的前哨
戰而已。

朱熹在講筵聞知這事，便與吏部侍郎彭龜年約定，找個機會
共請面對，當皇帝面揭發侂胄的所作所為。正巧金國來使，龜年
充任接伴使全程陪同，面對事耽擱了下來。一天，朱熹趁經筵講
畢上疏寧宗道：

---

① 奉祠即提舉宮觀，宋代宮觀之職常授予歸養或貶降的官員，又有在京宮觀（內祠）
與在外宮觀（外祠）之分。

陛下即位未能旬月，而進退宰執，移易台諫，甚者方驟進而忽退之，皆出於陛下之獨斷，而大臣不與謀，給舍不及議。正使實出於陛下獨斷，而其事悉當於理，亦非為治之體，以啟將來之弊。況中外傳聞，無不疑惑，皆謂左右或竊其柄，而其所行又未能盡允於公議乎？此弊不革，臣恐名為獨斷而主威不免於下移，欲以求治而反不免於致亂。①

寧宗既不糾正御筆之非，又不自省為政之非，只向臣下轉發了這份奏疏。

侂冑見朱熹只差點了自己的名，一切都說得呼之欲出，勃然大怒。他深感朱熹的威脅更切近直接。一來，朱熹是理學領袖，具有登高一呼、應者雲集的號召力。二來，朱熹任職經筵，能經常不斷地對皇帝施加影響，說不定有天寧宗真聽了他進諫，來個「遠佞人」將自己黜逐了。於是，侂冑與同黨密謀，認為先除去為首者，其餘者小菜一碟。以直諫著稱的彭龜年出朝接伴金使，正是一個絕好的機會。

侂冑讓優伶王喜刻了峨冠博袖的朱熹木偶像，在御前獻演傀儡戲，仿效朱熹形態講說性理，嘻笑怒罵，既醜化朱熹，又試探皇帝。寧宗對朱熹早有忌憚，看了表演不但不制止，反而加深了對道學的反感。侂冑見算計得逞，便趁機進饞：「朱熹迂闊不可用。陛下千乘萬騎，而朱熹卻請陛下一日一朝太上皇，豈非迂闊？」對朱熹甚麼事都插上一腳，論上一番，寧宗早不耐煩，覺得侂冑說的有道理。

閏十月二十一日，晚講結束，朱熹請皇帝施行他日前面陳的

---

① 《朱文公文集》卷 14〈經筵留身面陳四事札子〉。

四事。退講以後，寧宗頒下內批：「朕憫卿耆艾，方此隆冬，恐難立講，已除卿宮觀，可知悉。」趙汝愚見到御筆，秘而不宣，對其他執政也不告知，還想讓寧宗悄悄收回成命。他把御筆袖還給寧宗，且諫且拜，甚至以自求罷政為請：「侂胄必欲逐朱熹，汝愚退而求去。」汝愚諫請愈力，寧宗怒氣愈盛，認定他為助朱熹竟拒絕人主之令。

過了兩天，侂胄怕夜長夢多，便令入內內侍省都知王德謙緘封內批面交朱熹，這種罷免方式也是絕無先例的。朱熹一見內批，知道皇帝徹底倒向了侂胄，已不可能再有所為了，當即附奏感謝免職，同時給中書進札請免辭謝禮。接到寧宗免謝的詔旨，他便告別了臨安。這天離他入朝只有 46 天，他致君堯舜的夢想被一紙內批徹底揉碎了。

朱熹被罷是侂胄向改革派正面攻擊的開始，頓時激起了軒然大波。給事中樓鑰兩次拒絕書行，向寧宗提出折衷的建議：「陛下憫其耆老，不想讓他立講，望能授以內祠，仍令他修史，稍俟春暖，再回經筵。」寧宗仍不理睬，命照已頒旨令辦。中書舍人陳傅良也再繳錄黃說：「莫若留之，方慰人望。」①

工部侍郎兼侍講黃艾問為何驟逐朱熹，寧宗回答：「我最初任命他的是經筵之職，現在他事事要過問。」黃艾懇請再三，寧宗並不回心轉意。吏部侍郎兼侍講孫逢吉趁進講之機，反覆諷諭，寧宗不滿道：「朱熹之言多不可用。」他對自己昔日的老師也逐漸生分了。

起居郎劉光祖兩次諫奏道：「陛下即位，首召耆儒，這是初

---

① 《止齋集》卷 27〈繳奏朱熹宮觀狀〉。《兩朝綱目備要》卷 3 說：「傅良疏中有朱熹論事頻繁迂闊之語，故時人謂傅良因廟議不合，陰肆中傷云。」但上引繳狀並無中傷之語，倒是對朱熹評介頗高，援救甚力，《兩朝綱目備要》之說不足信。

政最可稱道的。今無故逐去，為甚麼用之急而去之遽？我再三諫奏，不是助朱熹，而是助陛下啊！」寧宗還是不睬。太府寺丞呂祖儉力論內批之弊、近習之患，直白地忠告皇帝：「外廷情實，固宜致察；內廷奸欺，尤當深防。」

監登聞鼓院游仲鴻的上疏措詞尤其激烈：「陛下御批數出，不由中書。宰相留正之去，去之不以禮；諫官黃度之去，去之不以正；近臣朱熹之去，又去之不以道。朱熹一去，則誰不欲去？正人盡去，何以為國？望即召回朱熹，不使小人得志，養成禍亂！」他徑以小人斥侂冑，人們都為他捏了一把汗。

吏部侍郎彭龜年送金使出境，回到楚州（今江蘇淮安）時，聽説朱熹被黜，便上奏道：「天下都以朱熹的出處判治道的隆替。我曾與他相約在講筵共獻愚忠。現既罷他，我應並罷。」寧宗不報。龜年回朝，見侂冑用事之勢已成，言官盡出其門，便對劉光祖説：「不拔禍根，無以為國！」他知道，因朱熹去朝，揭露侂冑的任務只能由自己去完成了。

紹熙五年十二月九日，龜年決心背水一戰，向寧宗當面揭發侂冑，寧宗大為震動道：「只為是朕親戚用他，信而不疑，不知竟如此！」龜年道：「正恐陛下不知，所以要進言。」説着便進讀事先擬好的奏疏：

> 進退大臣，更易言路，皆初政最關大體者，大臣或不能知，而侂冑能知之，大臣或不能言，而侂冑能言之。假託聲勢，竊弄威福，陛下總攬之權，恐為此人所盜。昔元符間陳瓘謂：自古戚里侵權，便為衰世之象；外家干政，即為亡國之本。若陛下以臣言為是，則乞黜侂冑，以解天下之疑；若以臣言為非，則臣與侂冑不能兩立，退當屏處。

寧宗聽罷，倒也無怒容。龜年說：「我欲論此人很久了，至今方發。只緣陛下近日逐得朱熹太突然，故而希望陛下也能立即斥去這小人。不使天下人說陛下去君子如此之易，去小人如此之難。我仰犯聖威，自當居家待罪！」寧宗說：「不必如此。」賜坐款問，仍頗禮遇。龜年回第即以札子申告中書，以便趙汝愚知道後能應對處理。

次日，寧宗對汝愚說及此事：「侂冑是親戚，龜年是舊學，誠是難處。」他打算把雙方都罷免。在這關鍵時刻，汝愚沒能抓住寧宗優柔寡斷的性格特點，力勸他疏遠侂冑，因為即使雙方同罷，以犧牲龜年換得斥逐侂冑，在策略上也還是可取的。他建議讓韓侂冑奉內祠，彭龜年依舊供職，坐失逐韓的唯一機會。寧宗說：「隨龍舊僚五人，只有彭龜年在，有事肯來說。只要如此，就甚好！」

然而，汝愚退後，侂冑加緊活動，寧宗毫無主見，最後頒下的內批任命卻是韓侂冑進一官，與在京宮觀，龜年出知江陵府兼湖北安撫使。汝愚再見寧宗，請留龜年，這次皇帝再也不聽他的了。十幾年後，吳琚對人說：寧宗當時並沒有堅留侂冑之意，倘有一人繼踵而言，逐去是很容易的。這話明顯有回護的成分，繼龜年以後還是有人論劾侂冑的，但在處理彭、韓去留時，寧宗一開始顯見是躊躇不定、猶豫不決的，而汝愚的失策正在於沒能及時利用這短暫的遲疑。

對寧宗的內批，給事中林大中與中書舍人樓鑰兩次聯名繳駁：「陛下即位之初，延見訪問嘉邸舊僚，幾無虛日。現在僅龜年一人還在侍從經筵之列，如今又將他罷免。以言得罪，尤害政體。況且一去一留，恩意不同：去者從此不能再侍左右，留者既然是內祠，就可以隨時召用。」他們意識到這一任命對雙方力量消長的重要性，建議寧宗或者仍留龜年於經筵，或者並去侂冑於

外祠。寧宗批道：「彭龜年除職與郡，已是優異。韓侂胄初無過尤，屢求閒退，罷職奉祠，亦不為過。一併依已降指揮書行。」絕無商量的餘地。

在罷黜龜年的當天，御史中丞謝深甫也劾罷陳傅良。幾天後，監察御史劉德秀又彈去起居舍人劉光祖。一時間，善士相繼坐絀，群小益以得志。吏部侍郎孫逢吉上疏道：「道德崇重，陛下敬禮的無過朱熹，志節端亮，陛下委信的無過龜年，今先後皆以論侂胄罷去。我擔心賢者都將心無固志。陛下用的全是些庸鄙薄之徒，何以為國？」寧宗無動於衷，侂胄卻恨之入骨。

罷免龜年一事，連此前靠攏侂胄的陳騤也看不下去，對寧宗說：「以閤門去經筵，何以示天下！」侂胄知道後，悻悻地對人說：「彭侍郎不貪好官，則情理中事。樞院也想做好人嗎？」罷逐龜年僅過四天，也免去了陳騤知樞密院事的職位，讓參知政事余端禮取而代之。侂胄又命京鏜參知政事，以便在宰執班子內鉗制趙汝愚。汝愚在朝廷上已完全陷於孤立無援的境地。

慶元元年（1195）初春，侂胄見攤牌的時機已經成熟，便相繼起用了京鏜汲引的李沐任右正言，胡紘為監察御史，作為搏擊政敵的鷹犬。李沐的父親是淳熙參知政事李彥穎，故遂以大臣之子入仕。一天，李沐向宰執趙汝愚告假，準備返里給退閒的父親祝壽，恰巧皇帝也遣使前往賜藥、茗，作為對前朝大臣的禮遇。汝愚讓他把皇帝恩賜的藥、茗一併捎去，意在讓他更光彩地榮歸。李沐回答道：「遣使賜藥是禮數，恐不能因為我的人子之榮而廢禮罷！」汝愚見他不識好歹，說了他幾句。其後，李沐想為致仕的父親謀求節度使的榮銜，汝愚沒有同意，便積下了難解的怨隙。

胡紘在未成名前曾慕名往謁見主持武夷精舍的朱熹。朱熹對來訪學子的飲食招待向來簡單，與來訪者一起吃脫粟飯，就着

三四隻浸泡在薑醋裡的茄子。胡紘以為怠慢自己。對人說:「這太不近人情!隻雞樽酒,山中不見得辦不到。」歸途道經衢州,他向知州覓舟。恰巧葉適因親屬求醫先向衢守求助,衢守早知葉適的文名,把找來的船隻先讓他用了,胡紘對葉適又積下了憤怨不平之氣。進士及第後,他出試縣宰,入朝參見執政趙汝愚,通報身份時,傲然自報科第榜目與名次,指望能給個好出路,汝愚對這種高自標榜的做法不以為然:「廟堂之上如都以前幾名用人,那些不是名列前茅和不是科舉出身的,何由進用呢?」胡紘因而對汝愚也心存齟齬。他與李沐都是有才學的,文章直逼柳宗元,而李沐的詩文也頗灑脫。士林敗類自甘墮落,其搏噬正人君子的兇殘陰險是遠過一般鷹犬的。

汝愚自朱熹、彭龜年相繼去國,審時度勢,自知抱負已不可能施展,去意漸決。他請去再三,皇帝都不答應:「丞相即使想去,也須等我和太上皇相見,再徐議進退。」汝愚將辭相札子放在御榻上,寧宗親自取來再退還給他,顯然不打算立即罷其相位。

正月初八,新年剛過,汝愚就命家人打點行裝,準備次日退朝便辭相出城。韓黨惟恐汝愚體面去位,他日還會復用,倘若東山再起,那就前功盡棄了,就施計延緩他的辭行。這天晚上,學士院鎖院草詔,傳聞是孝宗祔廟將行恩賞。但汝愚仍催辦行李,說:「朝廷自行賞,我自以私義求退。」有幕客說:「皇帝剛即位,你作為大臣,進退不應如此匆忙。姑且聽了明日宣麻再說。」次日,果然是祔廟行賞。蹊蹺的是,對他既授特進,又遷三階,而按故事只遷一階官。於是,汝愚上表辭遷官、辭特進,奏牘、批答往來,等到允許他辭去二階官職與特進,已快過去一個半月了。

二月二十一日,趙汝愚正欲辭相,右正言李沐上殿,請罷其右相之職。他把各種撲朔迷離的謠言編織成一篇彈劾狀,說汝愚「以同姓居相位非祖宗典故,太上聖體不康之際,欲行周公故事,

倚虛聲，植私黨，以定策自居，專功自恣」①。汝愚得知被劾，按例出浙江亭待罪，乞請罷政。當天經筵講席上，皇帝問侍講們：「諫官論及趙汝愚，你們認為怎麼樣？」多數人模稜兩可，兵部侍郎章穎說：「人情危疑，國勢未安，不能輕易進退大臣，望不允其去。」寧宗即命內侍宣押汝愚回都堂治政。李沐聞知，馬上再進札子，要求皇帝「即賜明斷，更不宣押」。

歲末年初以來，流言蜚語不脛而走，寧宗也頗有聞知：內禪前，趙汝愚說過「只立趙家一塊肉便了」，言下之意立許國公趙抦也可以；沈有開在汝愚面前說過「嘉王出判福州，許國公出判明州，三軍士庶準備擁戴趙相公」；太學傳言「郎君不令」，即嘉王不理想，故而太學生上書請尊汝愚為伯父；而受鼎負龍的夢更被歪曲附會得活龍活現。將這些捕風捉影的謠傳與趙彥逾出朝前的告發一聯繫，再經李沐劾狀的煽動，寧宗對汝愚確實放心不下了。

當天晚上，寧宗命權直學士院鄭湜起草罷相制詞。次日，宣佈了汝愚罷相，以觀文殿大學士出知福州。制詞對汝愚的評價還是高的：「應變守文，兼有大臣之能事；善謀能斷，獨當天下之危機。」這些措詞，或是寧宗的本意，他雖心存懷疑，還打算讓他體面去位的。但韓黨卻以罷相制詞一無貶詞，罷逐了鄭湜。兩天以後，御史中丞謝深甫率殿中侍御史楊大法、監察御史劉德秀、劉三傑等合台上言，以為汝愚冒居相位，現既罷免，就不應再加書殿隆名，典守大藩，宜姑守職名奉祠，杜門省過。合台論劾是宋代御史台加強論劾分量的特殊方式，以期引起君主的重視。寧宗下詔依御史台所言，汝愚依舊觀文殿大學士，改提舉臨安府洞霄宮。

至此，在韓、趙黨爭中，皇帝終於倒向了韓侂冑。儘管雙方

---

① 〈紹熙行禮記〉，見《說郛》（宛委別藏本）卷51。

首領一方是外戚，一方是宗室，但這次政爭並不具有外戚集團與宗室集團鬥爭的性質。韓侂冑及其黨羽並不代表后族的利益，他們也只是藉着汝愚宗室大臣的特殊身份，作為打擊政敵的藉口而已。但這一口實對皇帝的站隊卻起着決定性作用。他也許認為，汝愚作為同姓宰相、定策大臣，對皇位的威脅遠比侂冑為大，何況還有那些無風不起浪的流言，能不令人起疑和提防！

二　偽學逆黨之禁

1. 貶趙激起的風波

趙汝愚罷相在朝野激起強烈的反響，人們都把他視為能再造慶曆、元祐盛世的一面旗幟，於是，諫諍、抗議的奏疏紛至沓來。擁趙反韓呼聲之強烈，聲勢之浩大，為韓侂冑始料所未及，他決定給反對者以打擊，好在台諫早已驅遣如意，內批猶如探囊取物。

汝愚罷相的第三天，權兵部侍郎章穎在經筵上請召還汝愚，左正言李沐首劾他阿諛結黨，罷官與祠。幾天後，工部侍郎、知臨安府徐誼上疏論救汝愚。侂冑知道他是汝愚的心腹智囊，懷疑彭龜年彈劾自己即出於他倆的指使，早銜恨在心，讓監察御史劉德秀、胡紘將他論罷。國子祭酒李祥也上章力辯：「當初國命千鈞一髮，汝愚不避滅族殞身之禍，奉太皇太后之命決策立陛下，使天下復安。今使社稷之臣怫鬱而罷，何以示天下後世？」國子博士楊簡隨即上書支持上司：「汝愚之忠，陛下所知。作為祭酒屬官，如見利忘義，畏禍忘義，我恥於這樣行事。」兩

人隨即被李沐劾免。

太府寺丞呂祖儉對人說：「汝愚不可能沒有過錯，但沒到言官所說的地步。」他上奏說：「最近右相罷免，宣和弊政將重現於今日，沒有人不深懷憂慮的。陛下疑防外朝，則腹心之謀、耳目之用，不能不有所倚仗。但倘使讓其氣燄增長，而威福集於私門，則觀望趨附者漸多，而為公盡忠者漸寡。我深恐陛下不能盡聞真理實事，將有誰來效力宗廟社稷呢？」侂冑恚怒道：「呂寺丞竟然干預我的好事！」

見李祥、楊簡被劾，四月二日，祖儉毅然上封事說：

> 陛下初政清明，然未曾逾時，朱熹，老儒也，有所論列，則亟使之去；彭龜年，舊學也，有所論列，亦亟許之去；如李祥老成篤實，今又終於斥逐。臣恐自是而後，天下或有當言之事，必多相視以為戒。鉗口結舌之風一成而未易反，豈是國家之利耶？

他接着提醒寧宗，御筆已為近幸利用：

> 若乃御筆之降，廟堂不敢重違，台諫不敢深論，給舍不敢固執，蓋以事體多關貴幸，深慮左右乘間，過有激發而重得罪也。從昔而來，凡勸導人主事從中出者，夫豈意在尊君？蓋欲假人主之聲行之於外，使莫敢爭執而可以漸竊威權，所當深加省察。

最後，他直斥權臣，警告皇帝：

> 車馬輻湊，其門如市，恃權怙寵，搖撼外廷，聲炎所

及，類莫敢言，政權將歸於幸門，而不在公室。凡所薦達，皆其所私，凡所傾陷，皆其所惡。豈但側目憚長，莫敢指言，而阿比順從，內外表裡之患必將形見。①

上書以後，祖儉便打點行裝，準備流貶。有旨說：「呂祖儉朋比罔上，送韶州安置。」中書舍人鄧馹繳奏，認為不應以罪黜逐。很快御筆就頒給鄧馹：「呂祖儉志在無君，其罪當誅，姑從竄斥，以示寬容，自應書行。」這天經筵上，樓鑰進講呂公著奏議，便說：「像公著這樣的社稷之臣，應該寬宥他十代的子孫。前幾天因言得罪的呂祖儉，就是他的後代，現在流放嶺外。萬一死了，聖朝就有殺言者之名。」寧宗懵懂問道：「祖儉所言何事？」原來，不僅貶竄祖儉，他全然不知，連封事都沒送到他手裡。但令人不解的是，寧宗儘管現在知道了這事，卻既不糾正對祖儉的處理，又不追究侂胄的責任，除去庸弱無知，很難有其他理由為他開脫了。

侂胄看透了皇帝的弱點，有恃無恐道：「誰再論救祖儉，就處以新州之貶！」許多人不敢再吭聲了。有人對侂胄說：「自趙丞相罷去，天下已切齒。現又投祖儉到蠻瘴之鄉，如不幸貶死，眾怒更深，何不稍徙內地？」侂胄這才略有回心，他不想做得太絕。祖儉早已從容上路，行至半路，接到改送吉州（今江西吉安）安置的詔命，次年又量移高安（今屬江西）。祖儉曾向其兄呂祖謙問學，篤守的信條是「因世變有所摧折，失其素履，固不足言；因世變而意氣有所加者，亦私心也」②。他在謫地總是草鞋徒步，隨時做着流放嶺南的準備。次年，這位「觸群小而蹈禍機」的無

---

① 《歷代名臣奏議》卷 206，呂祖儉：《乞還國子祭酒李祥任》。
② 《宋史》卷 455〈呂祖儉傳〉。

畏志士在貶所去世，黨禁的陰霾正密佈政壇的上空。

儘管侂胄發出恫嚇，有人噤若寒蟬，但防民之口勝於防川，反映公道人心的呼聲仍沒有被遏止住。就在祖儉上書被貶以後的第三天，太學生楊宏中對同學說：「師長們能辯大臣之冤，學生們卻不能留師長之去，於義安嗎？」他擬議叩闕上書，太學生周端朝、張道、林仲麟、蔣傅、徐範等六人自願加入。蔣傅久在太學，忠鯁有聲，起草了一篇正氣凜然的上書，七人連袂署名。當夜傳來消息：侂胄獲知此事，揚言將嚴懲上書者。已簽名的一位福州學生懼怕了，請求抹去自己的姓名。有朋友勸徐範也不要捲入，徐範慨然回答：「既已具名，還有甚麼可改變的！」

次日，楊宏中等六人毅然伏闕上書道：

> 自古國家禍亂，唯小人中傷君子。黨錮敝漢，朋黨亂唐，大率由此。元祐以來，邪正交攻，卒成靖康之變，臣子所不忍言，陛下所不忍聞。諫官李沐論前相趙汝愚將不利於陛下，以此加誣，中外義憤，而言者以為父老歡呼。蒙蔽天聽，一至於此！李沐內結權幸，陰有指授，其氣燄已足以薰灼朝路，撼搖國勢。陛下若不亟悟，漸成孤立，後悔莫及。

> 去歲變在朝夕，假非汝愚出死力，定大議，縱有一百個李沐也不能渡過危機。當國家多難，汝愚位樞府，主兵柄，指揮操縱，何所不可？不以此時為利，今上下安定，反而獨懷異志？章穎、李祥、楊簡相繼抗論，同日報罷，六館之士為之憤惋涕泣。殆恐君子小人消長之機，於此一判！

> 願陛下鑑漢唐之禍，懲靖康之變，念汝愚忠勤，燭李沐回邪，竄李沐以謝天下，召祥、簡以收士心。臣等縱使

身膏鼎鑊，也在所不辭！①

上書遞進後，如泥牛入海。他們便將副本散發給各侍從、台諫，侂胄大怒，準備將他們竄逐嶺南。不久，朝廷下詔，以「妄亂上書，扇搖國事」將楊宏中等六人各送 500 里外編管。中書舍人鄧駰繳還詔旨，上書援救：「國家自建太學以來，累朝對上書言事的學生天覆海涵，從不加罪。最重不過押歸本貫或他州聽讀而已。陛下處分過嚴，人情震駭。」寧宗不聽，侂胄黨羽錢象祖新知臨安府，連夜逮捕了這些太學生，分別派人強行押送貶所。寧宗這次知道楊宏中等上言何事的，但對太學生仗義執言仍做出了是非顛倒的處理。新任右相余端禮在御榻前叩拜數十次，懇請寬待學生，皇帝終算動了惻隱之心，改送六人至太平州（今安徽當塗）編管。鄧駰因相繼論救呂祖儉和太學生，不久即被罷免。

楊宏中、蔣傅、徐範等六人上書迅速廣為流傳，他們的浩然正氣與無畏勇氣贏得了世人的欽敬，稱為「慶元六君子」。宋代自靖康以來，每逢國有大事，太學生都不懼安危，伏闕上書，發出公論，伸張正義。世人把「慶元六君子」上書視為公道人心的又一次吶喊。

在貶黜六君子當天，侂胄將李沐遷為右諫議大夫，劉德秀為右正言，作為對他們搏擊有功的褒獎。至此，同情趙汝愚的知名之士都相繼罷黜，但其他士大夫官員與太學生都憤憤不平，仍不乏上疏議論者，這讓韓侂胄大為頭疼。如不採取高壓措施，呂祖儉、六君子式的激烈抗議，有可能前赴後繼，此伏彼起，說不定哪天局勢就會翻盤。侍御史楊太法與右正言劉德秀獻策，讓朝廷

① 現存六君子上書，諸本頗有異文，此參《宋史》卷 455〈楊宏中傳〉、卷 392〈趙汝愚傳〉及《宋史全文》卷 29。

頒詔訓飭在朝官吏，對不從詔者處以重典。

　　這時制詔官與封駁官都是韓黨天下了。直學士院傅伯壽奉命草擬了這道詔書：

　　　　風俗者，治忽之樞機；士大夫者，風俗之權輿。今也
　　不然，懷背公死黨之恩，蔑尊君親上之義，諛佞側媚以奉
　　權強，詭僻險傲以釣聲譽，倡說橫議，貪利逞私，使毀譽
　　是非，混然淆亂。自今至於後日，其有不吉不迪，習非怙
　　終，邦有常刑，朕不敢貸！

　　這道詔書以背公結黨為罪名，以尊君親上為虎皮，鉗制輿論，已有黨爭擴大化的意向。

　　韓黨感到，趙汝愚的門下與朱熹的弟子頗多知名之士，都是於己不利的反對勢力，逐個打擊費時費力，總得編派個能一網打盡的籠蓋性罪名，就想到了「偽學」。偽學這一名目不是一次性形成的，在孝宗朝道學之爭時已有指斥道學為偽學。六月上旬，劉德秀上疏，舊事重提，借祖宗的亡靈來壓當今的皇上：「邪正之辨，無過於真偽而已。過去，孝宗皇帝垂意恢復，首務核實，凡虛偽之徒，言行相違的，沒有不深知其奸的。願陛下效法孝宗，考核真偽，以辨邪正。」寧宗將奏章轉發群臣。奏章將孝宗以來思想學術上所謂「真偽」之爭和慶元黨爭中所謂「邪正」之分拉扯攪和在一起，為韓侂胄排擊異己提供了左右逢源的藉口。

　　韓黨無異於教唆那些見利忘義而清議不齒的官場小人，可以把反對者都指為「道學」，甚至暗中給出開好的名單，以便他們依次誣陷斥逐。劉德秀首先鋒芒小試，一氣彈去國子博士孫元卿、太學博士袁燮、國子正陳武，國子司業汪逵入札辯救，連他一併劾罷了。具有諷刺意味的是，自下發劉德秀奏章後，中書重新設

立了廢棄已久的台諫言事簿,驅使言路鷹犬為他死力搏擊,而以言事簿記錄數作為論功行賞的根據。韓侂胄本是粗人,志在招權納賄,雖欲盡逐政敵,卻不能巧立罪名,而劉德秀在為虎作倀上總走在前面的。

何澹這時已當上了御史中丞。這個紹熙初政中就見風使舵、推波作浪的老手,在繼母死後要求起復不服喪,唯恐一旦守制三年,眼巴巴近在咫尺的執政之位就不歸他有了。但太學生一通移書,冷嘲熱諷說:「你先主太學,繼長諫垣,這可事關三綱五常啊!」他這才不得不悻悻去位。終喪以後,趙汝愚執政,只讓他起知明州,他怨望地向韓侂胄搖尾乞憐,終於召為台長。他卻急着圓執政夢,見劉德秀着了先鞭,緊跟着上疏請禁道學:「專門之學,流而為偽,空虛短拙,文詐沽名,願風厲學者,專師孔孟,不必自相標榜。」次日,寧宗命將其疏張榜朝堂。

吏部郎官糜師旦再次奏請考核真偽,將一個多月前劉德秀的建議具體付諸一個甄別運動,他獲遷左司員外郎。何澹不甘落後,隨即上疏:「在朝之臣,大臣熟知其邪正之跡,但不敢指明,恐招報復之禍。望明詔大臣去其所當去者。」也就是在甄別基礎上,對朝臣來一次大清洗。這次清洗幾乎網盡了趙汝愚、朱熹門下的知名之士。

劉德秀、何澹一夥出於一己的利害恩怨,迎合了侂胄的需要,激成了偽學之禁。他們不僅把自己心中,還把與他們沆瀣一氣的士林敗類中最卑鄙骯髒的報復欲、名利心都鼓蕩了起來,釀成了宋代黨爭史與思想史上最黑暗酷烈的一幕。在這一過程中,昏憒的宋寧宗完全受制於來勢洶洶的朝堂輿論,認可了偽學之禁。嘉定十一年(1218),在一次經筵上,侍讀袁燮與他重新討論這椿黨禁時道:「逆黨之說,既不足取信,又撰一名謂之偽學。」他不無感慨道:「這說道學。若不立此名,則無法排陷君

子。」寧宗原是雅好道學的，但從他放任偽學之禁看，他對道學缺乏全面正確的認識。

自汝愚罷相，公論為之不平，上自朝堂之臣，下至布衣之士，交疏論辯不絕，韓侂胄以貶竄鉗天下之口，也未奏效。監右藏西庫趙汝讜也是宗室，上疏乞留汝愚，請斬侂胄。侂胄命言路黨羽以「惑亂天聽」將其廢逐。但侂胄認定，如不重貶汝愚，抗議便不會止歇。於是，作為對何澹上疏的響應，汝愚隨即免去了觀文殿大學士，罷宮觀，但迫害仍在升級。韓黨把汝愚的存在視為現實的威脅。有黨羽進言：食肉者必棄其骨，若留着必招集蠅蚋，何不連其骨都遠遠屏棄之，庶幾絕蠅蚋之望。

不久，監察御史胡紘上奏說：「趙汝愚唱引偽徒，謀為不軌，乘龍授鼎，假夢為符。他對人稱：朝士中有人推其裔出楚王元佐，乃正統所在；還準備與徐誼挾持太上皇帝赴越，稱紹熙皇帝。」謠言越編越離奇。但寧宗對正統所在說和紹熙皇帝說不能不有所疑慮。元佐是太宗嫡長子，因精神發狂，皇位為三弟真宗繼承，其後皇位雖一直在太宗系內傳承，與元佐後裔卻始終無緣。孝宗以太祖幼子德芳六世孫入承皇統，寧宗作為孝宗之孫，對汝愚自稱正統所在的謠言，不能不有所顧忌。至於光、寧雖是親父子，但寧宗即位之時已有「恐負不孝之名」的心理，對汝愚欲使父親復辟為紹熙皇帝之說，也不會沒有微妙的猜疑之心。

於是，汝愚被責授寧遠軍節度副使，永州安置。貶竄之命固然是侂胄的旨意，但也顯然得到了皇帝的首肯。與此同時，徐誼貶為團練副使，南安軍安置，寧宗對「紹熙皇帝」的傳聞是信以為真的，故而視徐誼為汝愚「謀為不軌」的同黨。貶竄汝愚的制詞是韓黨汪義端起草的，一開筆就用了漢誅劉屈氂、唐殺李林甫的典故，隱含殺機，繼而列舉罪名：「謀動干戈而未已，人孰無疑；妄談符讖之不經，意將安在？」謀動干戈，即指紹熙內禪時

汝愚命殿帥郭杲調兵護衛南、北大內；妄談符讖，說的還是那個「受鼎負龍」之夢。一經渲染，汝愚竟動用軍隊，製造天命，一一坐實在「謀為不軌」的罪名上。

胡紘還建議把貶竄汝愚事奏告太上皇，父子或會因此盡釋前憾，親情如初。寧宗表示同意，他知道父親並非心甘情願地把皇位禪讓給他，也希望有機會向父親表白，讓趙汝愚擔戴起自己的負罪感。不久，藥局趙師召出於獻媚侂胄而上書皇帝，請斬汝愚以謝天下。寧宗沒理睬，自己的皇位畢竟有賴於汝愚的定策之功。

歲末，汝愚對長子崇憲等說：「侂胄之意，必欲殺我。我死，你們還有可能免禍。」他從容踏上了前往貶所永州（今湖南零陵）的路途。路上，他有點病渴，醫生以為熱症，投以寒劑。舟過瀟湘，風雪漫天，他佇立船頭，望着茫茫雪景，杳杳遠山，思緒如潮。他因此外感風寒，寒氣表裡交侵，便不能吃東西了。慶元二年年初，行至衡州（今湖南衡陽），已病得不輕，州守錢鍪稟承侂胄旨意，對他百般窘辱。正月二十日，汝愚服藥後暴死，一說他的藥裡放入了冰腦，中毒身亡。[1]

訃聞傳到臨安，人們不顧高壓淫威，多自作挽章，私相弔哭，甚至大書挽文張貼在都城建築物上。皇帝動了惻隱之心，下詔：「與復原官，許其歸葬。」中書舍人吳宗旦在繳駁中卻主張：

---

[1] 汝愚卒日，《宋史》本紀作正月庚子，本傳作正月壬午，此從本紀。其死因亦有歧說。《宋史》本傳僅說：「為守臣錢鍪所窘，暴薨。」《宋史·韓侂胄傳》則說：「慮他日汝愚復用，密諭衡守錢鍪圖之。汝愚抵衡，暴薨。」《宋史全文》卷 29 和樵川樵叟《慶元黨禁》說：「為臣守錢鍪所窘，遂服藥而卒。」唯田汝成《西湖遊覽志餘》卷 4〈佞幸盤荒〉以為「或謂中毒」。但劉光祖所撰《趙公（汝愚）墓誌銘》（《宋代蜀文輯存》卷 71 所收）和《朱文公文集·別集》卷 1〈與劉德修書〉轉述汝愚子、婿書函皆未說其中毒，《趙公墓誌銘》作於侂胄敗系後，如汝愚確系遇害中毒，光祖完全可趁着清算侂胄的有利時機追究兇手，全無隱諱必要。故汝愚幾無他殺可能性，因窘辱自殺的可能性卻不能排除。

「欲乞且令歸葬，以伸陛下待遇之私；更不牽復原官，以慰天下議論之公。」寧宗只能表示同意。

歸葬的靈車從衡陽向汝愚的故里饒州餘干（今江西餘干西北）進發，所經之地，父老們都在道旁焚香泣拜。萍鄉全城百姓用竹枝把紙錢挑掛在門前，靈柩行經時便焚化紙錢，整個萍鄉縣城煙焰蔽空。甚至遠在四川、福建的深山窮谷，寡婦稚子們聽到訃告也「莫不憤歎，以至流涕」。在這場政爭中，公道人心的天平明顯傾向汝愚一方。即便在任何政治高壓下，民心的向背總是評判是非的標準。汝愚執政才兩年，入相僅六月，能夠奮不顧身，臨危受命，使南宋渡過了一次君權嬗遞的政治危機；他志在改革弊政，網羅德才兼備之士，輔助新君之政，令天下都懷翕然望治之心。他雖未成就慶曆、元祐式的經世事業，但朝野人心還能辨別出他與侂胄在從政為人上的根本差異，轉而寄希望於他。尤其經歷了韓侂胄專政的倒行逆施後，都以為倘若汝愚不死，「事固未可知」。

汝愚暴死，引起正直人士的普遍憤慨。大內宮牆城門下，幾乎每天有悼念汝愚的詩文張貼出來。韓黨打算鎮壓，又不知作者為誰。實際上，這些匿名詩文大多出自太學生之手。一天，太學生敖陶孫等聚飲三元樓，酒意酣張後，陶孫揮毫在酒樓的屏風上題詩道：

　　　　左手旋乾右轉坤，如何群小咨流言？
　　　　狼胡無地居姬旦，魚腹終天弔屈原。
　　　　一死固知公所欠，孤忠幸有史長存。
　　　　九原若見韓忠獻，休說渠家末代孫！[1]

---

[1]《四朝聞見錄》丙集〈悼趙忠定詩〉。

詩把汝愚比作輔佐成王的周公，被楚懷王貶逐的屈原，結末兩句痛斥侂冑將無顏面去見祖先韓琦。酒過數巡，陶孫發現題詩屏風不見了，知道已為韓黨偵知，便換上酒保送來的衣服，喬裝下樓，正與捕者交臂而過。他亡命福建，這首悼詩卻以不同的抄本流傳開了。不僅臨安，不少地方都為汝愚冤死而賦詩摹印，匿名揭帖於市肆。

2. 盡黜「偽學」，盡逐「逆黨」

慶元二年正月上旬，宰執班子有一次大調整。右相余端禮遷為左相，參知政事鄭僑改知樞密院事；京鐺則由知樞密院事進拜右相，謝深甫自簽書樞密院事升任參知政事。現在，汝愚已死，侂冑大權在握，黨徒們更有恃無恐了，他們對政敵的排擊比侂冑還要賣力起勁。好在道學已成為隨心所欲地打人的大棒，這是專制政治下思想罪的妙用。

正月下旬，右諫議大夫劉德秀再劾故相留正四大罪，第一條就是招引偽學以危社稷。他明知留正與道學中人既無思想淵源，又少人際關係，純粹是借偽學之名，報私人之怨。當年他以州守入朝，不為時相留正所知，託著作佐郎范仲黼說項。留正認為，這人如留在朝班，朝廷決無安靜之理，只除他大理寺主簿。如今，劉德秀探知侂冑對留正昔日在都堂當眾羞辱他仍耿耿於懷，便也想借偽學之禁，報復這隻死老虎。他還抱怨仲黼當初沒有力薦自己，便把仲黼也劾了進去，說是「附和偽學」。留正以觀文殿大學士罷相奉祠不久，就因言者劾其擅自出朝，撸去書殿榮銜。寧宗知道留正力請建儲始末後，恢復他觀文殿大學士的職名。侂冑卻對留正積怨未消，便借劉德秀之劾，讓寧宗給留正下詔，剝奪了他的職名，取消了他的奉祠。

這時，韓黨有人再出新招：「名道學則何罪？當名曰偽學。」那些猥薄干進之徒都說「偽學」罪名最便羅織，便攘袂奮臂，力攻偽學，開了學術之禁的方便之門。劉德秀的奏疏定道學為偽學，用心十分險惡：使思想罪向政治罪靠近了一步，以便深文周納，致人死地；又使整肅面從官場擴大到學界，鉗制住代表民心輿論的學生們的嘴和筆。政敵畢竟為數有限，學生卻是為數眾多，頗成氣候，都城有太學生，地方有州縣學生。自靖康學潮後，作為士大夫的後補梯隊，學生議論朝政、關心國事的自覺性日漸高漲。慶元黨爭中學生旗幟鮮明地站在韓侂胄的對面，都城與州縣的學生倘若互通聲氣，匯成洪流，局面將不堪設想。

二月初，省試在即，吏部尚書葉翥、吏部侍郎倪思知貢舉，右諫議大夫劉德秀同知貢舉，三人聯名上奏說：「偽學之魁竊人主之柄，鼓動天下，故而文風未能大變。請將《語錄》之類，一併廢毀。」省試策問照例應以皇帝名義出題，但寧宗在喪期中，便給葉翥等考官下了御筆，希望他們「毋使浮誇輕躁者冒吾名器」。御筆雖沒說「偽學之士」，但顯然已被葉翥奏議中「偽學」之說所蠱惑，所謂浮誇輕躁者總令人感到與「偽學」有關。這年取士的試卷只要稍涉義理就遭黜落，連《論語》《孟子》《中庸》《大學》都成為不能引用的禁書。而葉翥所發的第一道策問則是「問安劉者乃重厚少文之人」，以西漢周勃平諸呂叛變、擁立文帝的典故來阿諛韓侂胄，應試士子都愕然不知所對。

黨禁狂瀾既已掀起，便容不得在朝之士有任何反對甚至搖擺的表現。這年四月，宰執班子又有一次調整，余端禮稱病罷相。他繼汝愚登相位，後來史家以為他是韓黨。其實，端禮在道學朋黨之爭中從未推波助瀾過，但生性軟懦退縮，雖頗知擁護善類，但受侂胄掣肘，總難如願，對汝愚被逐，只能長吁短歎。端禮既罷，只剩下京鏜獨居右相，何澹改任參知政事，侂胄意旨的貫徹

更暢通無阻了。葉翥不久前約倪思共論偽學，倪思在黨禁上首鼠兩端，這次沒有附和他，便罷去吏部侍郎，出知州郡，葉翥則有執政之酬，遷為簽書樞密院。

六月中旬，度支郎中、淮西總領張釜上疏說：「天下都已洗心革面，不敢再蹈昔日之習。願明詔在位之臣，上下一心，堅守勿變，不使偽學偽言乘隙破壞既定局面。」他希望寧宗在偽學之禁上決不動搖，大得侂冑歡心，即遷為尚左郎中。中書舍人汪義端把汝愚比為李林甫，對寧宗說：「偽學之黨都是知名之士，應該斬草除根。」

不久，葉適門人王大受見到吳琚，談起偽學之禁株連良善，人心惶惶，唯恐不保，建議他勸說太皇太后出面干預，讓外朝不要再糾纏舊事。吳氏從吳琚處輾轉聽到汪義端「斬草除根」的上言，她雖一向謹慎，不願留下干亂外政之名，這次也向皇帝轉達了自己大不以為然的態度。

寧宗向無主見，對太皇太后卻十分尊敬，隨即下詔說：「今後給舍、台諫論奏，不必更及舊事，務在平正，以副朕救偏建正之意。」①韓黨見到詔書大為惱怒，左諫議大夫劉德秀糾集了監察御史張伯垓、姚愈等上疏力爭：

> 今後，舊奸宿惡如不思悔改，我們不說，則貽誤陛下的進用；說了，則違礙今日的御札。若等他們敗壞國事，而後進言，則噬臍莫及。三種情況，無一可取。望陛下將臣等奏章布告天下，使中外舊奸知道朝廷紀綱尚在，不敢放肆。

---

① 《建炎以來朝野雜記》甲集卷6〈御筆禁言舊事〉。

韓黨認識到這道詔書的嚴重性，故而殊死抗辯。寧宗被迫讓步，御筆將前一詔書中「不必更及舊事」改為「不必專及舊事」，以君主之尊收回前詔之命，在宋代是幾無前例的。

韓黨惟恐皇帝再猶豫不決地變過去，攻訐排擊更變本加厲了。殿中侍御史黃黼針對寧宗的御筆上奏說：「治道在於黜其首惡而任其賢才，使有才者不失其職，不才者無所憾恨。仁宗曾說：朕不欲留人過失在心。這才是為政之道。」對劉德秀等巧言強辯表明了不同意見。侂胄容不得言路上有不和諧音，即改任他官，不久罷去，讓姚愈替代了他的言職。

侂胄也漸懷疑吳琚在暗助道學，對兄弟仰胄說：「二哥只管引許多秀才上門。」他與吳琚是中表兄弟，故稱之為二哥。在一次賞花會上，侂胄半真半假地對吳琚說：「二哥肯為侂胄入蜀作萬里之行否？」吳琚答道：「再遠萬里，我也不辭。」侂胄笑道：「慈福太后豈容二哥遠去，剛才開個玩笑罷了。」但吳琚還是被排擠出朝，差典了外郡。

七月中旬，太常少卿胡紘上疏說：

近年偽學猖獗，賴二三大臣、台諫出死力而排擊，元惡殞命，群邪屏跡。自御筆有救偏建中之說，有人誤解聖意，急於奉承，倡為調停，取前日偽學奸黨，次第起用，冀幸他日不相報復。徽宗建中靖國之事，可以為戒。

接着他引漢唐故事，漢霍光廢昌邑王一日誅其群臣百餘人，唐五王不殺武三思終死其手，最後主張：「今縱使不能盡用古法，也應令他們退伏田里，自省過咎。」這一建議旨在從官吏任命上杜絕政敵東山再起，大獲侂胄青睞。上疏僅兩天，胡紘即遷中書舍人。寧宗已完全被韓黨的輿論攻勢所左右，下詔說：凡偽學之

黨，曾被台諫論列的，宰執都暫停進擬其官職。

韓黨鷹犬們把下一步搏擊的目標轉向已奉祠家居的朱熹。士林敗類一旦自甘鷹犬，其存心之險惡、伎倆之卑鄙有時連主子也自歎弗如。侂胄當初把朱熹逐出朝列，是出於黨派既分，政爭既起，箭在弦上，不得不發，防止皇帝聽了朱熹的進言，疏遠黜斥自己。把朱熹趕走以後，隨之趙汝愚也貶死，侂胄並沒有進一步深究朱熹的意思。朱熹的名望太大了，過分之舉將冒天下之大不韙。聽說朱熹曾以陳謝乳母為譬勸汝愚給自己以節鉞，侂胄會心一笑：自己索要的不就是陳謝之禮嗎？

在歸里後一年間，朱熹連上六疏，請朝廷追奪自己的職名，寧宗一再賜詔褒慰，沒有同意。與此同時，韓侂胄也輾轉向朱熹打招呼：朝廷不過以此別真偽，望先生體察此意，不要再辭職名①。慶元初，侂胄雖未任宰執，但儼然已是幕後宰相，故而無論是寧宗褒慰還是廟堂寄聲，都體現出侂胄的意向。朱熹堅辭職名，自有其為人準則在；侂胄雖不快，也未有加罪之意。但侂胄卵翼下的言路黨羽們卻躍躍欲試，把朱熹視為可邀大功的奇貨，不過還是相互觀望而不敢發難。門人聽說鄉閭有趨名逐利者捏造事實討好韓黨，便函告朱熹。朱熹回書道：「死生禍福，久置度外，不煩過慮。」

陳賈是當年攻擊朱熹的幹將，光宗朝一直出任外官。這年初冬才應召入朝，出任兵部侍郎。他的入朝任職，似是韓侂胄感到朱熹不知趣的反應。韓黨隨即又除沈繼祖為監察御史，急於讓他充當彈劾朱熹的馬前卒。原監察御史胡紘醞釀劾論朱熹前後將近一年，終於見到侂胄決心再劾朱熹的信號了，可惜自己已遷太常

---

① 據《兩朝綱目備要》卷4：「廟堂寄聲云：朝廷欲以此別真偽，望先生體此意，勿復辭。熹不聽，辭益力，廟堂不樂。」此廟堂顯指韓侂胄。

少卿，離開了言路，不能再享受那份搏噬的快感，便把疏稿送給了沈繼祖。

沈繼祖官卑職微時摭拾過朱熹關於《論語》《孟子》的論說以招搖標榜。偽學之禁起，他上疏追論程頤，遷為監察御史。接過胡紘疏稿，他大喜過望說：「這下可以立致富貴了！」便迫不及待地上疏論劾朱熹：

> 剽竊張載、程頤之餘論，寓以吃菜事魔之妖術，收召四方無行義之徒以益其黨伍，潛形匿影，如鬼如魅。士大夫之沽名嗜利覬其為助者，又從而譽之薦之。根株既固，肘腋既成，遂以匹夫竊人主之柄。

接着捕風捉影，深文周納，列舉了朱熹不忠不孝不仁不義不公不謙六大罪，還編造了「誘引尼姑，以為寵妾」的桃色謠言，來證明朱熹不能修身。最後，他要求學孔子誅少正卯故事：「陛下居德政之位，操可殺之勢，而朱熹有浮於少正卯之罪，難道不能立即誅殺他嗎！」寧宗於是下詔：朱熹落職罷祠。

沈繼祖在彈章中還株連了布衣學者蔡元定。元定與朱熹的關係在師友之間，世稱西山先生，尤袤、楊萬里聯名向朝廷推薦他，他託病堅辭不仕。在孝宗陵地選擇上，朱熹、趙汝愚與韓侂胄有過一場爭論。侂胄一派所卜陵地，勘查下來土層淺薄，下有水石，朱熹對寧宗說：「不忍以壽皇聖體之重，委之水泉沙礫之中。」言下之意，侂胄一方應對此負責。朱熹卜葬之學是向元定討教的，侂胄便對元定恨之入骨。沈繼祖劾疏中一再誣其為「妖人」「邪說」，並請行文建寧府，追送別州編管。寧宗下詔編管道州（今湖南道縣），所受處分遠比朱熹為重。在歷代政爭中，布衣平民蒙禍往往比達官名人更酷烈，迫害者對他們下手是少有顧忌的。

慶元三年初，執行命令下達建寧府（今福建建甌），州縣派人火急逮捕元定。朱熹與百餘名弟子在蕭寺為他餞別，座中有人感歡泣下，元定神色不變，賦詩道：「執手笑相別，無為女兒悲。」舉止沉毅一如平日。他與兒子蔡沈毅然上道，杖屨步行三千餘里，雙腳流血。到貶所後，遠近前來問學的絡繹不絕，有人好心勸他謝絕為好，他說：「他們為學問而來，我怎能忍心拒絕？禍患也決不是閉門絕戶所能躲避的。」次年，元定死於貶所。

偽學之禁還在擴大和升級。這年春天，大理寺直邵褒然請求明詔大臣：自今權臣之黨，偽學之徒不得擔任在京差遣。目的在於確保在朝官吏是清一色的韓黨天下。寧宗轉發了這一奏章。入夏，又有言官說：

> 三十年來，偽學顯行，場屋之權，盡歸其黨。所謂狀元、省元與兩優釋褐，若非其私徒，就是其親故。望詔大臣審察其所舉而後除授。

此舉旨在對內外差遣的除授，進行全面的朋黨甄別，甄別面竟然擴大到道學盛行以來的各科進士和太學優等生。

秋冬之際，各路轉運司將對屬下的州縣官進行年度考核，監司、帥守也將向朝廷推薦一批官吏以供選拔。韓黨讓寧宗下詔：今後監司、帥守薦舉改官，一律在奏議前聲明所薦非偽學之人，如有違犯，願正朝典之罪。他們指望這樣就把薦舉渠道上的「偽學之黨」也給杜絕了。兩天後，言路上的韓黨又上奏說：「以元祐調停之說為鑑，杜絕偽學根源。」建議考核以前，屬官遞呈轉運使的預收家狀也必須在結尾填明「委不是偽學」五字。其後不久，官僚薦舉與進士結保等文牘都有「如是偽學者，甘伏朝典」之類的套話。

中國歷代黨爭往往並不局限在高層政界的小圈子內。黨爭中

佔優勢一方總企圖既將其拉進思想之爭的軌道，又將其拉出高層小圈子，前者為證明自己在道義上的絕對正確，後者旨在讓黨爭雙方以外的一般官僚、士大夫乃至平民百姓對黨爭表明態度，劃清路線。於是，高層黨爭往往帶來整個社會的動盪不安。慶元黨禁中韓黨的所作所為也是如此。他們把這種劃線表態的做法推向全國應試的士子，必須聲明不是偽學方能應試。這種以政治高壓為後盾的言論鉗制，士子們多虛應故事，韓黨取得的只是虛假的保證，但也足以自慰了。不過，畢竟有抗議聲音在。這年官吏考核時，撫州軍事推官柴中行移文轉運司説：「自幼習《易》，讀程氏《易傳》，不知是不是偽學。如以為偽，不願考校。」他以自己的膽氣向偽學之禁、對言論鉗制開了個玩笑，一時士論傳為美談。

反抗情緒在太學生中最為強烈。宋代太學立有齋生題名碑，凡在太學出身的學生都有題名其上的榮耀。這年秋天，齋生題名碑上何澹的姓名被人剗削了。這顯然是太學生幹的，原因無非何澹詆誣道學，搏噬正人，在學的太學生恥與其名列同碑。這種匿名的不滿舉動在政治專制下是代有其人、屢見不鮮的。這可觸痛了何澹，他貴為執政，還遭此羞辱，便勃然大怒。臨安知府趙師意欲巴結，卻像近年流傳京師的匿名揭帖詩文那樣，找不到是誰幹的，就收買了不逞之徒，故意向太學生尋釁鬥毆，以此為藉口逮捕了幾個學生，威逼他們承認削去題名和揭帖詩文都是太學生所為。被捕的學生堅決否認，被移送大理寺獄，拷掠得體無完膚仍不承認，但最後仍以削去何澹題名遠配嶺南編管。①

對已貶政敵的打擊也在加碼。時當盛夏，監察御史劉三傑服喪期滿，還朝入見，便危言聳聽地上疏道：

---

① 此事《宋史全文》《慶元黨禁》繫於慶元六年，但因事連敖陶孫弔趙汝愚題詩，故以《兩朝綱目備要》繫於慶元三年秋較為近是。

前日偽黨，今又變為逆黨。這批人潛形匿影，日夜窺伺，氣候稍變，就喜形於色。防備不周，必受其禍，今日之計，只有銷解一策。其習偽深而附逆固的，罪不容誅；其他能洗心革面的，則讓他們去偽從正，以銷今日之憂。

這一上言，把思想政治上的分歧和鬥爭推上忠逆之類的最高審判台，使政敵難逃誅心和誅身的雙重判決，然後再採取所謂區別對待的政策，對政敵分化瓦解。這種手法也是中國專制政體下黨爭時慣用伎倆。

劉三傑再劾留正共引偽學之罪，作為「銷解逆黨」的一手。劉三傑遷為右正言，留正則送邵州居住。實際上，無論政敵中的領袖人物趙汝愚、朱熹，還是一般人物如彭龜年、陳傅良、劉光祖等人，他們的進用都與留正沒有關係。侂冑一夥一再打擊留正，純粹借「偽學逆黨」而一泄私憤。

偽學轉為逆黨之說一出，那些趨炎附勢、見風使舵者以為黨禁又將升級。新州教授余嚞上書請斬朱熹，絕偽學，且指蔡元定為偽黨。參知政事謝深甫將其上書一擲，對同僚說：「朱元晦、蔡季通不過相互講明其學罷了，果真有甚麼罪？余嚞蟣蝨小臣，居然狂妄如此！」或許是顧忌朱熹盛名，韓黨沒有對朱熹採取進一步的迫害。

慶元三年歲末，知錦州王沇上疏請置偽學之籍：「凡曾受偽學舉薦升遷或自代之人，並令省部籍記姓名，授與閒慢差遣。」吏部侍郎黃由反對說：「人主不可立黨以待天下之士，故而不必置籍。」寧宗覺得黃由有理，但把持言路的韓黨論劾不止，寧宗全無定見，不再堅持了。

一張偽學逆黨的名單很快編定，其後續有增補。計有宰執四人——趙汝愚、留正、王藺、周必大；待制以上 13 人，享有盛

名的學者朱熹、陳傅良和彭龜年、徐誼、鄭湜、樓鑰、薛叔似、孫逢吉等名列其中；其他官吏 31 人，知名的有葉適、劉光祖、呂祖儉、項安世、李祥、楊簡、袁燮、吳獵、蔡幼學、周南等；武臣有皇甫斌等三人；太學生即慶元六君子；士人蔡元定、呂祖泰也榜上有名。

這張名單是胡亂拼湊的。列名其中的 59 人，雖確有不少道學家，但約有三分之一的人根本與道學無關。即以曾任宰執的四人而言，留正與王藺與道學了無瓜葛，周必大以文章名世，當時也不視為道學家，將這三人與汝愚同列為「偽學逆黨」的魁首，純屬胡編亂派。因此，道學家集團（或借韓黨之所謂「偽學」）並非這張名單的共同點，而是這些人都曾直接或間接地觸怒過侂冑或其黨徒。正如朱熹弟子黃幹所說：「本非黨者甚多。群小欲擠之，藉此以為名耳」，這才是這張「偽學逆黨」名單的實質。[①]

3. 黨禁在一波三折中延續

編制「偽學逆黨」名單，既是慶元黨禁的高潮，也是強弩之末的開始。即便在高壓專制下，反抗依然以種種形式巧妙地表現出來。慶元四年（1198）春天，又到了解試舉人的時節，一些考官就在策問試題上做起了文章，抨擊韓侂冑。果州學官王莘和西

---

① 有關慶元偽學逆黨名單的宋代史料有《建炎以來朝野雜記》甲集卷 6〈學黨五十九人姓名〉與〈慶元黨禁〉，皆列 59 人，僅個別人姓名、官職略有異同而已。這張名單一般都認為是慶元三年王沇上疏後即編定的。但我認為：慶元三年末四年初所列名單或未至 59 人，其中個別人應是後來補入的，即如諫立黨籍的黃由慶元四年還在任禮部尚書，而布衣呂祖泰乃慶元六年上書以後才引起韓黨側目和嫉視的。故而這兩人就不至於在慶元三四年間即入黨籍。關於名單的評述參見酈家駒：〈試論關於韓侂冑評價的若干問題〉（《中國史研究》，1981 年第 2 期）。

充縣丞任逢分別指定為昌州和瀘州的主考官，任逢出的策問題是
「今日內外輕重之弊」，題文援引了兩個故事：一是漢代外戚王
鳳輔政，有人雖為所舉卻不趨附；一是唐代牛仙客以不才濫登相
位，有人不去謁見。問道：「今欲居班列者，各知所以砥節厲行，
銷去私意，無入而不知出之病，無愧於不附鳳、不詣仙客之人。
何術可以臻此？」[1]策問以外戚王鳳、幸臣牛仙客比附侂冑，而表
彰「砥節厲行，銷去私意」的「居班列者」，顯然指遭侂冑黜逐的
「偽學逆黨」中人。

礼部侍郎胡應期嗅出了氣味，摘錄了試題去告發，侂冑惱羞
成怒。這年在發策上做文章的，還有廣東考官陳一新和福建考官
林復之。宰執京鏜、何澹準備將他們一起治罪。監察御史張巖上
疏說：「諸路解試舉人，有的經義題斷章取義，有的策問題含沙
射影。」王莘出的經義題截取了《尚書》語句，但張巖真正矛頭
所指的是出經義題的任逢等人，王莘不過是陪綁。中書舍人范仲
藝知道韓黨又將藉此整人，便告訴了禮部尚書黃由。黃由找到京
鏜、謝深甫、何澹等執政，當面力爭，卻滴水潑不進。不得已，
他上書侂冑分析利害得失，侂冑聽從了勸告，不予追究，內心雖
悻悻不平，卻也不讓黨徒行過甚之舉。

也許試題風波又激起了言路上韓黨的反彈。四月，左諫議大
夫張釜請再下詔禁止偽學，右諫議大夫姚愈也上言道：「近世行
險之徒，倡為道學之名。權臣力主其說，結為死黨，窺伺神器，
願明詔播告天下。」上言已全是陳詞濫調，但顯然亟須借詔書來
穩住陣腳。寧宗沒有立即響應，拖了個把月，才由直學士院兼中
書舍人高文虎草詔布告天下。詔書首先指斥「偽學逆黨」不安分
守紀，「意者將狃於國之寬恩而罰有弗及歟？」接着是無力的勸

---

[1]《兩朝綱目備要》卷5。

諭：「諭告所抵，宜各改視回聽，毋復借疑似之説，以惑亂世俗。」疑似之説令人聯想到不久前的試題事件。最後恫嚇道：「若其遂非不悔，怙終不悛，邦有常刑，必罰無赦！」[1] 充分表露出韓黨的反彈情緒與報復心理。

詔書當然借皇帝的名義，但持續不斷的「偽學逆黨」之爭，寧宗從心底也有點厭倦了。這年初冬，黃由出任蜀帥，陛辭時説：「治蜀當以安靜和平為先，治天下兼同此道。」言外之意很清楚，勸寧宗再也別在「偽學逆黨」上折騰了。寧宗深有同感，頒下了他的奏章。有韓黨對張巖説：「黃尚書可説是大有定力，如去年置偽籍，今年發策事，都能使用事者回心轉意。」殿中侍御史張巖即奏劾黃由「阿附權臣，植立黨與」，黃由被降官奉祠。

發策試題事又被抖落了出來。慶元五年正月，王莘、任逢等相繼被論罷。王莘受本路轉運使汪德輔派遣主持解試，德輔不是科第正途，而是以蔭入仕的。為防止考官再在試題上做影射文章，張巖建議：今後轉運使不是進士出身的，委派其他監司負責遴選考官；同時派一人為點檢官，專掌命題去取之事；再有不稱職者，即加重罰。韓黨這才算出了口惡氣。

就在正式懲處策問案前半個月，原樞密院直省官蔡璉告發趙汝愚在內禪定策時有異謀，偽學逆黨之禁重起狂瀾。原來，當初在樞密院決策時，蔡璉在旁聽到後準備張揚出去，汝愚將他囚管了起來，免得壞了大事。寧宗即位後，蔡璉從輕決配，去年歲末才逃回臨安。韓黨發覺竟還有奇貨沒能用上，便命他連日起草誣陷的書狀，洋洋灑灑七十餘紙。書狀奏上後，有詔下大理寺立獄。汝愚雖早已貶死，但佗胄打算拘捕原與寧宗親近的彭龜年、徐誼、沈有開、曾三聘、項安世等人，訊問坐實這一「異謀」，這

---

① 《宋史》卷394〈高文虎傳〉。

些人都受到蔡璉的指控。一時間，一場更酷烈的迫害就在眼前。

　　兩天後，工部尚書兼給事中謝源明向中書舍人范仲藝問起這事，仲藝回說不知道。源明略述其要，並建議他繳駁錄黃，而只將錄白送門下省審覆①，以贏得時間，相機行事，仲藝漫相應諾。次日，吏部侍郎張孝伯又向他說及此事，並勸他論列彭龜年等人，他一口回絕。孝伯說：「見到無禮於君上的，就應像鷹鸇搏擊鳥雀一樣。倘若這幾人異謀成功，將置主上於何地？舍人為甚麼要庇護他們呢？」仲藝說：「近年以來，朝廷發落諸人，不可謂不盡。現在又無故拘捕侍從、朝官數十人，豈不驚駭四方？」孝伯諾諾地走開了。仲藝後來才知道，孝伯已與侂冑面爭過了，那番話只是試探自己。在專制高壓下，人人自危，重足而立，王顧左右而言他，也是屢見不鮮的。

　　當夜仲藝當直，起草了駁奏。第二天，他袖着錄黃去見侂冑說：「相公今天得主上信任，有所作為應以韓魏公為法。章惇、蔡京之權，當時不能說不大，但至今得罪清議，就為興同文獄的緣故。相公為甚麼要那樣做呢？」侂冑也說了心裡話：「我原沒有這心，因受他人見迫，不容我罷手。你也就別問是誰了。」侂冑初衷不過利用偽學逆黨來打擊趙汝愚等有數的政敵，但潘多拉匣子一旦打開，他也不能全面掌控局面了，那些士林敗類藉機泄怨憤，獵名利，比他都起勁。仲藝問是誰的主張，侂冑告訴他：「京鏜、劉德秀等實主此議。」他收起仲藝的錄黃，拘捕才停止執行。

　　諫官張釜、陳自強，御史劉三傑、張巖、程松等卻連連上疏，

① 宋代中書據皇帝旨意起草詔令，須交門下省審覆。其中，重大事件面奏得旨後，另以黃紙錄送門下省審覆，稱「畫黃」；小事則先擬出處理意見，得旨同意後，再以黃紙錄送門下省，稱「錄黃」。而樞密院據皇帝旨意起草命令，則在得旨後以白紙錄送門下省審覆，稱「錄白」。此獄當由中書與樞密院聯合請示諭旨，故既有錄黃，又有錄白。

論劾不止。寧宗不打算再重譴龜年等潛邸舊僚，下詔說：「累經赦宥，宜免追論。」最後仍拗不過台諫輿論，不得不遷了蔡璉的官，彭龜年勒停，追奪三官，曾三聘追削二官。

黨禁之起，劉光祖也名列偽學逆黨。奉祠期間，他應邀撰作《涪州學記》，別有寄託道：「學之大者，明聖人之道以修其身，而世方以道為偽；小者治文章以達其志，而時方以文為病。好惡出於一時，是非定於萬世。學者盍謹所先入，以待豪傑之興。」他堅信偽學之禁只是一時現象，歷史將做出公正的結論。諫議大夫張釜讀到這篇學記，奏劾他私附偽學、佐逆不臣、蓄憤懷奸、欺世慢上等五大罪，最後仍以詔命，奪去光祖職名，房州（今湖北房縣）居住。

其後約一年間，黨爭雙方都沒有甚麼大動作。持續四年的緊張對峙，韓黨也累了。只有監察御史朱元之上過一奏：「國是已定，關鍵在於堅持，不要變更，才能達到安定之治。」雖還在鼓譟，底氣已很不強勁了。

慶元六年三月初九，一代理學大師朱熹在建陽考亭的竹林精舍去世。他晚年仍講學不輟，有人勸他謝絕生徒以遠禍避難，他笑而不答，在給弟子書函中說：「以前常擔心來學之人真偽難辨，現在多虧朝廷這樣大開熔爐，鍛煉一番，那些混淆夾雜之徒，不須大段比磨勘辨，自然無所遁其情矣。」對自己學說的傳播充滿自信。朱熹之死，引起了黨禁雙方的關注。儘管禁錮嚴酷，但路近的學生都前來奔喪，路遠的弟子則設立牌位，私相祭弔。葬禮預定在十一月二十日舉行。

韓黨擔心葬禮將變成「偽黨」的大示威，有點惶惶不可終日。四月下旬，監都進奏院鄧友龍請皇帝明詔大臣，對人才用捨、政事從違謹審抉擇。用意正在守住對「偽學逆黨」的最後防線，免得全線崩潰。朱熹葬禮前不久，右正言施康年上奏：

　　四方偽徒準備在那天聚眾送偽師朱熹之葬。我聽説，偽師在浙東則浙東之徒盛，在湖南則湖南之徒盛。現在雖死，其徒不忘，生則畫像以事，歿則設位以祭。會聚之際，必無好事，不是妄談世人長短，就是謬議時政得失。望令守臣嚴格約束，將採取的措施申報尚書省。

　　建寧知府是韓黨傅伯壽，防範自然不遺餘力。雖有些人嚇退了，但前來會葬的仍多達數千人，成為對高壓專制有力的抗議。

　　九月十一日，正在韓黨為日漸迫近的朱熹葬儀心驚肉跳的當口，布衣呂祖泰擊登聞鼓上書，請斬韓侂胄，猶如一石投水，使漸趨沉寂的慶元黨禁波瀾再起。祖泰是祖儉的堂弟，祖儉上疏被貶，他徒步前往貶所探視，歸語友人：「自我兄被貶，天下箝口，我必以言報國。但還須稍待，不能因為我的緣故連累他。」儘管在韓黨高壓下，他議論世事依然無所顧忌。現在，他認為以言報國的時機到了。在上書中，他揭露了韓侂胄及其徒黨陳自強、蘇師旦等人「自尊大而卑朝廷」，又為「偽學逆黨」辯誣：「道與學，乃是自古以來賴以立國的根本。丞相趙汝愚，當今有大勳勞的功臣。立偽學之禁，逐汝愚之黨，是空陛下之國，而陛下還不知覺悟嗎？陛下的舊學之臣如彭龜年等，現在哪裡呢？」最後，他請誅侂胄、師旦，罷自強之徒，「原大臣健在的，唯有周必大可用，宜以相代。否則，事將不測！」寧宗不置可否地將奏疏下達中書處理。①

　　慶元黨禁開始，周必大就激流勇退，致仕歸里。比起韓侂胄與他汲引的宰相京鏜、謝深甫，必大在從政為人上都堪稱正派，

---

① 呂祖泰上書事《慶元黨禁》作慶元五年，《宋史》本傳為嘉泰元年，《宋史》本紀與《兩朝綱目備要》卷 6、《宋史全文》卷 29 俱繫於慶元六年九月，《續資治通鑒》卷 155 考異甚詳確，今據以繫年。

人們對他普遍看好，隱然有東山之望。侂胄對他深懷顧忌，怎奈他在黨禁期間說話行事始終謹慎，沒落把柄在韓黨手裡，故也不便下手。如今祖泰公然請斬自己，代以必大，侂胄自然怒不可遏。不過，侂胄知道禁偽學貶逆黨並不得人心，何況眼下正行明堂大禮，立即深究嚴辦，也不是時候，便沒有馬上下令追究。

徒黨們比主子還迫不及待，他們無不認為：祖泰上書是必大在幕後操縱。監察御史施康年動用了露章奏劾的特殊形式，即在上奏皇帝同時，將章疏公佈於朝堂。他的彈章說：「淳熙末年，王淮為首相，必大擠去其位，取而代之後，就首倡偽徒，私植黨羽。現在屏居鄉里，不思反省，卻誘致狂生，叩閽自薦，希冀召用。」監察御史林采也附和道：「偽習之成，造端始自必大，宜加貶削。」七天以後，明堂大禮告成，又過了五天，寧宗始下批旨：「呂祖泰挾私上書，語言狂妄，送連州拘管。」右諫議大夫程松與祖泰原為好友，這些天惶惶不可終日，自忖：「人家都知道我與他交往，會認為我參預上書之事的。」為洗刷自己，便單獨上奏說：「祖泰有當誅之罪。他上書必有教唆者，今縱然不殺，也應杖脊黥面，流竄遠方。」殿中侍御史陳讜也附議。寧宗又聽從所謂「台諫公論」，下旨臨安府責杖一百，發配欽州（今屬廣西）牢城拘管。

這十來天裡，前來慰問的士大夫為數不少，欽敬之餘流露出擔憂之情，祖泰毫不後悔自己的所作所為。侂胄有寬待的意向，但必須說出受誰指使。祖泰從決心上書起，就抱定「自分必死」的信念，只希望能以一死使皇帝猛醒。專制政體下，歷代志士仁人認為只有以血與死才能使其醒悟之時，這種血必然白流，死也必然白死！但是，這些志士仁人卻是中國人的脊樑。

祖泰被押進臨安府衙時，凜然無懼色。知府趙善堅因侂胄傳話，先以好話套他：「誰讓你上書的，有共擬章疏的人嗎？只要

說了，就可寬待你。」祖泰笑道：「問得多蠢！這是甚麼事？我自知必死，豈可受教於人，和人商議嗎？」善堅喝問：「那你喪心病狂了嗎？」祖泰痛斥道：「以我之見，眼下阿附韓氏，獵取美官的，才是喪心病狂！」善堅據案大怒，呟喝胥吏行刑。祖泰雖受杖刑，仍大聲道：「你是宗族，與大宋同休戚。我呂祖泰這是為誰家計安危而受杖辱啊！」

堂上之人聽了，有的發出了輕微的歎息聲。趙善堅面露愧色，下令將他押赴貶所。

周必大也受到牽連，由少傅降為少保，韓黨指望他會上章辯論，這樣就可以從中深文周納，再找迫害的藉口。不料他卻上了一份文辭得體的謝表，大意說：「我致仕七年，過去罪愆仍在，貶官一等，再造恩典難言。這都因皇帝陛下崇德尚寬厚，馭民重故舊的緣故。這才舉國都說該殺，雖無寬貸理由，毫釐不施刑罰，姑用最輕條款，讓我衰朽之年尚有完整之軀。」佗胄一夥實在從謝表中找不出茬子來，只得無奈地罷手。

祖泰上書被竄，朱熹葬禮也過去了，韓黨仍心有餘悸。就在會葬朱熹的兩天以後，殿中侍御史陳讜又上疏建議明詔大臣，在進擬人才之初就應審其邪正，不要等到封駁官繳奏。嘉泰元年（1201）二月，周必大再次貶官後六天，言路上的韓黨再次上言：「偽學之徒，餘孽未能盡革，願聽言用人之際防微杜漸。」老調還在重唱，但音量小多了，中氣也不足了。黨禁已接近尾聲。

4. 黨禁的弛解

即便在黨禁最酷烈的日子裡，韓佗胄還是不斷聽到各種忠告的。籍田令陳景思是隆興名相陳康伯的孫子，朱熹死後，他就勸姻親佗胄不要做得太過頭。慶元末年起，佗胄漸有悔意，曾對人

説：「這批人難道可以沒有吃飯的地方嗎？」

慶元五年春天，胡紘同知貢舉，由於主考宏詞科不當，罷去吏部侍郎出朝。夏天，劉德秀也出知婺州。次年初秋，京鏜死在左相任上。至此，韓黨四大幹將只剩下何澹一人在朝。世人稱四人為「四凶」，正是他們主張偽學之禁，群小趨附，韓侂胄斥逐的異己，多是四人所為；四人之中，又數京鏜和劉德秀為最。侂胄尚未顯赫時，就與他倆結交；及至擅權用事，所有倒行逆施，大都出自他們的教唆。偽學之禁，京鏜創謀，侂胄只想用以逐異己、泄私憤而已。現在，京鏜既死，侂胄對鼓譟一時的「偽學逆黨」之説也感到紛擾厭煩了，打算略有更改，消解中外不滿傾向。

韓黨窺伺到這一意向，開始見風轉舵。慶元六年歲末，距會葬朱熹事件僅過二十幾天，言路上的韓黨上言説：

> 最近奸偽之徒呼朋引類，企圖報復，應該警惕這一苗子。偽徒之中，首惡者已屏斥禁錮，其次者也投置閒散。為天下後世計，使已往者能夠悔罪，後來者可以少過，應該融會黨偏，咸歸皇極。今後對回心改過者，可暫給外祠；對死不悔改、負隅頑抗的，必須處以重典，投之荒遠。這樣才能成就皇極至正之治。[①]

用語儘管仍聲色俱厲，但已色厲內荏，尤其是「融會黨偏，咸歸皇極」八字，透露出黨禁即將鬆動的消息，這無疑反映了侂胄的意圖。

[①] 這一上言，《慶元黨禁》繫於慶元五年十二月甲午，《續資治通鑒》卷 155 繫於慶元五年，當即據此。《兩朝綱目備要》作慶元六年十二月甲午（十二日），五年十二月無甲午日，故當據以繫年。

嘉泰元年七月，已故蜀帥吳挺之子吳曦多年居留行在，規圖回蜀為帥，買通了路子，得到了侂胄的許諾。但沒打點到知樞密院事何澹的份上，他不同意這一安排。侂胄容不得不同意見，怒罵何澹：「當初以為你肯聽我的，黜逐偽學，才把你放到執政之位上。現在倒要立異嗎？」讓他罷政奉祠去了。

何澹一罷，黨禁弛解的步子更快了。發動黨禁的目的早已達到，不僅政敵趙汝愚貶死，其他看不入眼者也都斥逐出朝，侂胄已牢牢攬住了朝政大權。如今，四員幹將或死，或罷，或外任，他頓有羽翼盡去、鷹犬乏人之感。日前，吏部侍郎張孝伯見到他說：「再不弛黨禁，恐怕將來不免有報復之禍。」這對侂胄大有觸動。那些在黨禁中黜退的人，倒真有點專利國家，不為身謀，近來頻進恢復之議，令侂胄有點心動：如真要開邊北伐，其中有些人還是值得借重的。於是他下定決心全面弛解黨禁。

台諫們摸準了侂胄的心思。嘉泰二年（1202）正月中旬，侍御史林采、右正言施康年上奏寧宗：

> 近年習偽之徒，倡為攻偽之說。陰陽已分，真偽已別，人之趨向，一歸於正。謹守而提防之權，在二三執政大臣，其次在給舍，又其次在台諫。望播告中外，專事忠恪，毋肆欺誣，不惟可以昭聖朝公正之心，抑亦可以杜偽習淆亂之患。

這也是專制政體下中國歷代黨爭的通例：大權在握的一方，絕不會承認自己黨同伐異是不正確的；即使迫於形勢做些讓步，也總不忘擺出一副既往不咎、寬大為懷的高姿態，奏上一通「真偽已別人心歸正」的凱旋曲。

寧宗內心早希望結束黨爭，僅僅由於韓黨的阻撓。這次，

他頒下了兩人的奏章，但沒有正面表態，他要等待侂冑發聲。不久，侂冑正式建議弛偽學之禁，寧宗自然言聽計從。

黨禁的全面弛解，以所謂黨首趙汝愚的平反為標誌。不久，汝愚追復資政殿學士。平反詔書説：「曩固眾論，嘗掛深文。」意思説，過去固然眾人論劾，卻也有些深文周納。不痛不癢地把責任推給眾人，誣陷者無罪；根據不實之詞做出處分的當政者是不必承擔任何責任的。這是專制政體下平反昭雪的一大慣例。其後，列入偽黨名單的健在者，徐誼、劉光祖、章穎、吳獵、薛叔似、陳傅良、皇甫斌、葉適、項安世、游仲鴻、詹體仁等都復官自便。但在他們的復官制詞中，仍強調「宗相當國，凶愎自用」，「而一時士大夫逐臭附炎，」[1] 意在敲打他們：這只不過是皇恩浩蕩下的大赦。只要黨爭主事者在政壇上依然有發言權，對舊日政敵與事件的甄別總會留下個尾巴，以證明當初的打擊是完全必要的。這似乎也是專制政權下屢驗不爽的通例。

朱熹去世兩年多後，也被頒詔賜以華文閣待制致仕的恩澤。故相周必大、留正還在世，次年初也分別追復少傅、少保之官。嘉泰三年，葉適上札子，希望皇帝效法仁宗嘉祐之政，「不分彼此，不問新舊」，「人才庶幾復合，和平可以馴致」。他還舉薦了樓鑰、黃度等人，也都錄用，起知州郡。現在薦人奏牘也不必再寫「不系偽學」的保證了。

侂冑對道學開始表現出足夠的寬容。有一次，趙令憲倉促間將正在閱讀的朱熹《論語集注》放入袖中，赴韓府邀會揖拜時，一不小心，《集注》滑到了地上，他惶惑不知所措，侂冑卻報以一笑。

然而，黨禁的惡果並沒隨着禁網的張開而消除，它對南宋後

---

① 《四朝聞見錄》丁集〈嘉泰制詞〉。

期的政風、士風都直接產生了消極影響。在長達數年的酷烈黨禁中，略以儒學知名者多無所容身。蔡元定貶死，朱熹祭之以文；朱熹病故，陸游也撰文以祭，「俱不敢以一字誦其屈，蓋當時權勢薰灼，諸賢至不敢出聲吐氣」。[①] 面對所謂「偽學逆黨之禁」，士大夫官僚迅速分化為幾種類型。類似呂祖儉、祖泰兄弟，慶元六君子那樣雖九死而不悔，奮起抗爭的畢竟為數不多。與此相對照，類似何澹、胡紘、陳自強、京鏜、高文虎那樣為虎作倀、助紂為虐的士林敗類也還是少數。一些潔身自好之士往往緘口以遠禍；另一些懦弱膽怯之人，否認師承，遠離師門，撇清與道學的關係，也大有人在。在專制高壓下，大部分人畢竟是弱者。

慶元黨禁本質上是一場黨爭，但與宋代其他黨爭有所不同。其他黨爭較嚴格地局限在政見之爭的範圍內，而慶元黨禁的發動者使黨爭以道學之爭的面貌出現，對政敵所主張的道德規範、價值觀念、行為方式，在竭盡歪曲醜化的前提下，借政權的力量給予全面聲討與徹底掃蕩，而所聲討和掃蕩的正是士大夫長久以來藉以安身立命的東西。於是，一切都是非顛倒了。

對這種是非顛倒，五六年後，真德秀在《戊辰四月上殿奏札》曾有論述：

> 有如至誠憂國以為忠，犯顏切諫以為直，臣子之分也。柄臣則以好異詆之，設為防禁，以杜天下欲言之口。於是忠良之士斥，而正論不聞矣。正心誠意以為學，修身潔己以為行，士大夫常事也。柄臣則以好名嫉之，立為標榜，以遏天下趨善之門。於是偽學之論興，而正道不行矣。相煽成風，唯利是視，以慷慨敢言為賣直，以循默謹畏為當

---

① 《四朝聞見錄》丁集〈慶元黨〉。

然，以清修自好為不情，以頑鈍無恥為得策。

由於是非顛倒，嚴重導致一般士大夫的價值危機與道德失範，致使正氣消弭，廉恥淪喪，士風澆薄，政風頹靡。這種世俗人心的逆轉，慶元黨禁，不得不任其咎。

在這種「海內之士瀾倒風從」的大氣候下，不僅北宋慶曆元祐間那種以天下為己任的政風士風頹然無存，即便與紹熙以前宋孝宗時代的政風士風也不可同日而語。誠如晚宋有學者指出：「紹熙之前，一時風俗之好尚，為士者喜言時政，為吏者喜立功名」；自慶元黨禁起，「稍自好者，名以偽學，欲自立者，號以私黨。於是，世俗毀方為圓，變真為佞，而流風之弊有不可勝言者矣！」時人目睹身歷了這種政風士風的急遽逆轉，感歎良深道：「慶元之學禁為人心禍，真酷且深也！」①

問題還不止於此。宋寧宗暗弱無能，黨禁方興時倒向了韓侂胄，導致了韓黨在黨爭中的壓倒性優勢；其後他雖有過中止黨禁的意向，卻最終屈從了韓侂胄操縱的台諫攻勢，誤以為是代表了所謂的公道人心。在黨禁持續的六七年間，作為君權的代表，他始終消極不作為，猶如供奉御座之上的一尊木偶，全然聽憑侂胄擺佈，默然旁觀他上演一齣齣鬧劇而無動於衷。惟其如此，侂胄才得以肆無忌憚地排擊政敵，迫害善類，培植勢力，專斷朝政，走上了權臣之路。於是，「君子之脈既削，小人之勢遂成」，黨禁之網雖然鬆動，權臣之勢卻如日中天。而韓侂胄擅權開啟了南宋後期接踵而至的權相專政之門，這一局面的出現正是慶元黨禁對晚宋政治最直接的消極影響。

①《宋史全文》卷 29 引〈講義〉；《兩朝綱目備要》卷 7。

三　韓侂冑專政

1. 韓侂冑和他的追隨者

　　韓侂冑專擅朝政與擊敗政敵所用的是同一伎倆：其一，假借御筆；其二，操縱台諫。即位以來，宋寧宗就好出內批御筆，罷免宰相留正，用的就是內批。御筆無疑有違宋代的治道，但其始初階段出自寧宗，還體現了他本人意旨。然而，御筆既繞過了宰執、給舍、台諫，傳導又必經內侍和近幸，更何況侂冑既有外戚的特殊身份，又居知閤門事的特定職務，在其間或施加影響，或上下其手，使御筆成為其唾手可得的尚方劍和護身符，自是題中應有之義。寧宗對此全不省察，反自以為政從己出。侂冑通向權臣之路，毋寧說是寧宗親為開啟的。

　　御筆既然成了囊中物，侂冑便無所顧忌地汲引親信，培植黨羽。他首先網羅的是台諫官，以便借重所謂台諫公議鉗制上下，左右輿論。在私選台諫以為羽翼時，侂冑尤其注重蒐羅知名之士，借其聲望懾服人心。何澹少年取科名，美姿容，善談論，為世所稱；謝深甫、胡紘等也曾都是有名望的士人。

　　侂冑私用台諫的方法是先由自己密啟，再請寧宗御筆。在正常程序遴選下，台諫官確有可能成為公道人心的代言人；但在有力之臣汲引私人的情況下，他們的議論彈劾，都秉承風旨，而絕非公論。但韓黨仍強調所謂「台諫公論不可不聽」，寧宗也信為當然，於是他們就威福自用，無所忌憚。與此同時，侂冑還效法權相秦檜故伎，每除言官，必兼經筵，他專政期間，不兼經筵官的台諫只有兩人。其目的無非利用經筵官經常侍講君主之側的便利，通過兼職台諫，窺伺皇帝動向。在台諫悉為鷹犬後，侂冑進

而控制封駁機構，以確保自己的意志借助詔旨的形式暢行無阻。於是，給事中與中書舍人等封駁官與台諫官一樣，都如同韓侂胄的役隸，無不請命遵令而後行事。這樣，以寧宗在御筆上的失誤為起點，侂胄一步步地走上了權相之路。

紹熙五年冬，寧宗命侂胄以知閤門事兼樞密都承旨，這是樞密院屬官，恩數一如權六部侍郎。宋代典制，外戚不任外朝官，以防重蹈前朝外戚專權的覆轍，宋高宗就不讓邢皇后之父出任樞密都承旨。侂胄也許知道這條規定，上奏力辭。寧宗卻懵然不知高宗的故事，仍讓他當上了外朝官。

此例既開，侂胄在官路上便一路綠燈。汝愚貶逐不久，侂胄就拜保寧軍節度使，終於圓了節鉞夢。次年，加拜開府儀同三司。慶元四年，加封為豫國公、少傅；次年，遷少師，進封平原郡王。宋室南渡以來，外戚封王都是皇后之父，而侂胄只是寧宗韓皇后的曾叔祖，儘管世系疏遠，仍進封為王，實屬前所未有的殊榮；而韓氏五世建節，在兩宋史上也絕無先例。慶元六年，侂胄進為太傅，兩年後進爵太師。宋代三公中，太師僅用以禮待少數開國元勳或身歷數朝的元老重臣，至此，侂胄已遷升到榮銜的最高等級。

儘管在慶元、嘉泰十年間，侂胄的權勢不斷上升，直到建節、封王、拜太師，但都是榮銜，而非實職，他所任的最高實職只是樞密都承旨，而迄未染指相位。可能的解釋是：侂胄也許認為這種局面比他親任宰相專斷朝政，要進退自如得多，既能避免外戚干政的非議，又絲毫不妨礙他大權在握。

侂胄雖非宰相，但宰執官以下的升黜，都在其掌控之中，朝堂之士都奔競其門下。當時應召入朝的官吏，未等到皇帝引對，必先去謁見他。對拂逆其意者，則借御筆橫予貶黜。侂胄攫取百官升黜大權，經歷了三部曲：趙汝愚為相時，有人向其求官，他

答以「當白之廟堂」；京鏜為相後，他還答以「當與丞相議之」；自嘉泰三年（1203）陳自強為相，則對請託之客徑答「當為敷奏」。至此，宰相僅為具官，侂胄已凌駕其上，當不當宰相對他已不是問題。陳自強甚至將印好的空名敕札送往韓府聽其填用。而侂胄想除擢要臣，選用兵帥，竟懶得用空名省札奏稟皇帝，自己徑作御筆批出。這樣，短短數年之間，韓侂胄位極三公，爵尊為王，外則專制二府之權，內則挾持人主之尊，專政之勢已堅不可破。

　　侂胄有點不把朝廷和皇帝放在眼裡。太廟背枕駱駝嶺，山上有一片廣袤的山林，因下瞰太廟，歷來號稱禁地。侂胄聽術士說，這裡營造必能致福，便下令開山伐林，建樓造館。竣工以後，入夜之時，這裡總是燈燭照天，簫鼓譟耳，徹夜遊燕，一無顧忌。寧宗也聽之任之，不以宗廟禁地為念。慶元初，有一次寧宗率群臣赴慈福宮朝見太皇太后吳氏，行禮已畢，當隨從出宮上馬準備護送皇帝回大內時，忽傳侂胄到，群臣立即折回侍立，手執朝笏恭候他到來，倒把準備起駕的寧宗晾在了一邊。吏部侍郎孫逢吉憤然道：「臣子事君父之禮應該如此嗎？」對侂胄專政，世人都為皇帝乾着急。大約嘉泰三年前後，有一次內宴演戲，伶人王公瑾飾顧客，挑剔賣傘商的雨傘只油了外面：「如今正（政）如客人賣傘，不油（由）裡面。」以諧音巧妙諷刺「政事皆不由內出」，一旁的寧宗卻懵然不知所指。「天下大計，不復白之上」，寧宗已完全淪為侂胄卵翼下的傀儡。①

　　據《四朝聞見錄》說，韓侂胄「侵盜貨財，遍滿私室，交通賂遺，奔走四方」，廣受賄獻是堂而皇之的。慶元三年，他生日時，內自宰執、侍從，外至監司、帥守都爭送壽禮。四川茶馬司獻上

---

① 張仲文：《白獺髓》；《四朝聞見錄》戊集〈滿朝都是賊〉。

紅錦壁衣（壁毯）和承塵地衣（地毯），與平原郡王府的中堂正相契合，原來為討其歡心，事先偷着量好尺寸派人定製的。吏部尚書許及之獻十張紅牙果桌，見者驚歎。權工部尚書錢象祖送的是十副珍珠搭襠，光彩奪目，原為宋代前大長公主的妝奩故物。知臨安府趙師嚳最後到場，拿出一隻小櫝說：「窮書生沒甚麼好獻，有小果聊佐一觴。」啟櫝一看，粟金鑄的小葡萄架上綴着百來顆碩大的北珠，觀者為之駭然。

侂冑有四個寵妾，都封郡國夫人，能入宮與妃嬪雜坐，恃勢驕倨，後宮很討厭她們，卻敢怒不敢言。韓府的親屬姻黨，乃至僮僕奴客，也都不問流品，躐取美官，有的官至大夫，有的職為將領。其弟仰冑倚恃乃兄，納賄弄權，走捷徑求官者爭相趨附，世人謂之大小韓。有一次內廷燕樂，優人扮候選官問卜者得官之期，卜者大聲答道：「眼下如欲求官，先見小寒（韓）；今後更望成功，必見大寒（韓）才行！」侍宴者都吃吃暗笑，寧宗卻似乎沒聽出弦外之音。

慶元黨禁和韓侂冑專政使吏風士風迅速敗壞，頗有官僚士大夫出入其門，自稱門生不足，進而稱恩主、恩王甚至恩父，阿諛諂媚，在所不論。侂冑援引之人可分兩類。一類為士林敗類，多在慶元黨禁中充打手。另一類為無德寡能的佞幸小人，構成了嘉泰、開禧期間韓侂冑專政的台柱。黨禁漸弛，專政已成，侂冑本不學無術，也許只需俯首聽命的爪牙，便不太需要第一類人當鷹犬了。

韓侂冑專政後期，陳自強最受信用。他做過侂冑的童子師，但訊問久斷。侂冑發跡後，年逾花甲的陳自強入都候選州府學官，拉上了關係。他昏老庸謬，並無多少才學可取，為了抬舉他，侂冑導演了一齣「尊師」戲。那天，朝臣聚會韓府，侂冑設褥向他行弟子禮，命在座朝臣與他同席，還關心問道：「這許多時，

先生在何處？」又對朝臣說：「陳先生是老儒，埋沒了可惜！」次日，侍從交薦其才，除為太學錄。不到四年，升為御史中丞，入台未滿月，再遷簽書樞密院事。嘉泰三年，居然拜為右丞相。

自強自然感激涕零，見人就說：「自強惟有一死以報師王。」侂胄以太師為平原郡王，自強諛稱他為「師王」，當面則稱昔日學生為恩王、恩父，不知人間有羞恥字。自強生性貪鄙，四方致書須在封函上題明「某物並獻」，否則就不開拆。有人求官，他總按其人貧富與其勢緩急，當面議價，銀貨兩訖。為相次年，臨安一夕大火，將其累年鬻官納賄所得焚為灰燼，侂胄帶頭贈錢萬貫，於是上自執政，下至州府，紛紛獻助，沒幾個月就撈了 60 萬貫，比燒去的還多出一倍。侂胄看中他順從，沒自強難以專權；自強熱衷財貨，唯侂胄才能優容，於是師生狼狽為奸，威福共用。

趙師𥰁趨附韓門，以列卿知臨安府，其鮮廉寡恥無所不用其極。慶元四年，有人獻北珠冠四頂給侂胄，他最寵幸的四妾各得其一，還有十姬憤然不平，侂胄卻不敢漫應。師𥰁得知，甩出十萬貫購置了十枚北珠，製冠以獻。十姬喜孜孜地在元宵夜戴冠賞燈，回來對侂胄嚷嚷：「趙大卿的北珠冠讓我們風光十倍，郡王何必吝惜一官呢？」元宵節後三天，趙師𥰁即轉工部侍郎。還有一次，侂胄在南園招飲，與從者漫步園內山莊，見竹籬茅舍，回頭對師𥰁說：「真有點田舍氣象，可惜少了點犬吠雞鳴。」才走數步，只聽見雞啼狗叫聲從矮叢林間傳來，眾人聞聲尋去，竟是師𥰁，侂胄樂得前俯後仰。不久，師𥰁遷為工部尚書仍兼知臨安府。

與趙師𥰁可以一比無恥的，還有許及之和程松。許及之在淳熙末年有好名聲，擢任拾遺，侂胄擅權後卻專事諂媚，得遷吏部尚書兼給事中。有一年他往韓府上壽，遲到一步，守門人正打算閉門闌，他就佝僂着鑽進大門，擠進了諛壽者的行列。任尚書兩

年不遷，他淒淒惶惶，一見到侂冑，大談知遇之恩和衰遲之狀，說着說着涕流不止，撲通一聲，雙膝跪了下來。侂冑不由得可憐他，說：「尚書的才望，我放在心上。你去吧，就會進拜好官的。」不久，許及之果然進拜同知樞密院事，但「由竇尚書，屈膝執政」的話柄也騰笑朝野。①

程松原僅是臨安府屬的錢塘知縣。一次，侂冑小有不快，把一個寵姬趕出了門。程松聽說，忙出高價買了她來，盛饌華帳，夫婦倆早晚恭謹地侍候她。幾天後，侂冑怒氣消解，想召還寵姬，知為程松所買，勃然大怒。程松將她送還，說：「有郡守準備買了她帶到外地去，我這才將她藏在寒舍的。」從愛姬嘴裡知道程松謹待以禮，侂冑才轉怒為喜，將程松從知縣幾經遷轉升為諫長。慶元六年，程松一年未遷官，快快不樂，買了個美人兒，以自己的表字作美人的芳名，進獻韓府。侂冑好奇問：「她怎麼與大諫同名？」程松恬不知恥說：「我只想您能常記住我的賤名。」次年，程松除同知樞密院事，也當上了執政。

除陳自強，蘇師旦是侂冑重用的另一個心腹。他原是平江書吏，被侂冑羅致，當上了知閤門事兼樞密都承旨，自知出身低微，硬與蘇轍之孫蘇林拉同宗關係。開禧元年（1205），居然拜安遠軍節度使，沒人肯為他起草建節制詞，侂冑讓樞密院檢詳文字易祓被遷改兩制官特事特辦。制詞竟隱然以蘇師旦比孔子，說他「有文事，有武備，無智名，無勇功」②。建節以後，侂冑對師旦說：「都是使相了。」抬舉他與自己平起平坐，一下子身價百倍，

---

① 趙之犬吠雞鳴與許之由竇屈膝，俱見《兩朝綱目備要》卷5，唯《齊東野語》卷3〈誅韓本末〉說：侂冑「身殞之後，眾惡歸焉」，趙事「乃鄭門所造以報撻武學生之憤」，許事「亦皆不得志抱私仇者撰造醜詆」。然而，兩人之事的個性真實即或存疑，其通性真實仍不容置疑：韓侂冑專政下趨附者多人格卑下而為人不齒。

② 《齊東野語》卷11〈蘇師旦麻〉。

海內趨附之士造訪其門而不得一見。他利用都承旨的職務之便，招權納賄，門庭若市，自三衙以至江上諸帥的職位，都立了價錢，多至數十萬貫，少者也不下十萬。短短數年間，積聚了金箔金 29250 片，金線 60 辮，馬蹄金 15720 兩，瓜子金 5 斗，2 尺 5 寸高的生金羅漢 500 尊，金酒器 6730 兩，釵釧等首飾金 143 片，金束帶 12 條。暴富如此，還向侂冑借錢，侂冑竟認為他為人「真誠」。就像寧宗對侂冑擅權亂政知之不詳一樣，侂冑對蘇師旦的怙勢弄權也並不清楚。只要一手遮住在上者的耳目就可以為所欲為，幾乎是任何形式獨裁統治難以根絕的痼疾。

對侂冑竊弄大權，擅作威福，引用群小，愚弄人主的行徑，社會各階層不懼高壓淫威，仍以各種方式表達了強烈的聲討。紹興酒監葉洪在韓家做過塾師，對侂冑專政義憤填膺，大約慶元五年前後，他寫了一個封事，斥責侂冑「弄權不已，必至弄兵」，建請寧宗「強主威，去私黨」，讓受業於己的侂冑族子在內宴時面呈皇帝。寧宗把封事交給侂冑，侂冑認出葉洪的手筆，便削去他的士籍，編管了起來。①

公開的聲討會受迫害，人們便改用匿名或隱晦的方式傳達憤慨之情。有一年，一位宗室出身的舉子在客邸憤然題詩：

> 蹇衛衝風怯曉寒，也隨舉子到長安。
> 路人莫作皇親看，姓趙如今不似韓。②

---

① 此事據歐陽守道《巽齋文集》卷 19〈書葉監酒慶元封事〉與《四朝聞見錄》丙集〈葉洪斥侂冑〉。但後者有些細節不盡可信，如說葉洪事發後被編管 16 年，而侂冑自慶元初年專權到敗死總共才 13 年。

② 《桯史》卷 6〈大小韓〉。

詩沒有署名，一過客在題詩邊批道「霍氏之禍萌於驂乘」，詛咒侂冑必將像西漢外戚霍氏一樣有滅族之禍。在專制社會，民謠折射出下層民眾的好惡愛憎。當時臨安有小販摹印了烏賊出沒潮汐中的花紙片，一文錢一張賣給孩子們玩，並教他們唱道：「滿潮（朝）都是賊，滿潮（朝）都是賊。」臨安府知道後，抓了賣花紙的小販們，杖責一頓，禁止出售。不久，又有賣漿者敲着碗盞吆喝生意：「冷底吃一盞，冷底吃一盞。」冷就是寒，影射韓侂冑，盞諧音斬，市民聽後馬上會心地笑了。

對自己的處境，侂冑並非一無所知。據《四朝聞見錄》，他臥室內的青綢帳四周「用羅木自圍其寢，防刺也」。有年冬天，侂冑舉家遊西湖以後，在吳山上私家園林南園裡置宴。宴上獻演牽線傀儡，當時人稱一種肩負小孩的胖泥偶為「迎春黃胖」。侂冑對身邊族子說：「你號稱能詩，詠上一首。」族子借物寓諷道：

> 腳踏虛空手弄春，一人頭上要安身。
> 忽然斷線兒童手，骨肉都為陌上塵。

委婉地告誡侂冑：不要太春風得意，稍一閃失骨肉不保的結局將是不堪設想的。侂冑也聽出了詩外餘音，家宴慘然不快。然而，權力欲的驅動，追隨者的鼓譟，何況皇帝又那麼容易愚弄和對付，都讓侂冑在弄權的路上身不由己了。

2. 權臣專擅下的寧宗之政

慶元嘉泰之政，說到底就是韓侂冑專權，宋寧宗作為一個庸弱無能的君主，在此期間可說是一無作為。他與蔡京擅權亂政下的徽宗不同，徽宗作為性好聲色犬馬的風雅君主，還使崇寧、宣

和之政打上了個性的印記。他與秦檜干政時的高宗也不同，正如張溥《宋史紀事本末敘》指出，「構既無良，檜尤凶醜，君臣魚水」，紹興之政是這對君臣共同鑄成的。而慶元嘉泰之政幾乎聽不到皇帝的聲音，找不出寧宗作為君主的個性特點。也許，對權臣的唯唯諾諾，對朝政的不置可否，便是他唯一的特點。

寧宗即位約三年後，起居舍人衛涇在《丁巳歲右史直前札子》裡富有現場感地勾畫了寧宗臨朝圖：

> 待罪史官，分立柱下，今逾兩月，每睹陛下尊居黼座，延見群臣，奏篇無慮累牘，前席或至移時，陛下霽色溫顏，兼聽廣覽，雖靡厭倦，而聖志謙抑，深自退託。未嘗有所咨訪，有所質問，多唯唯默默而容受之。進言者不得極其諫，秉筆者無所載其美。已事而退，皆若有不自得之意。

皇帝只管和顏悅色地聽取那一大幫宰執、侍從、台諫與庶官連篇累牘、議論紛紜的進奏言，時間再晚，論奏再長也不敢倦怠，但聽了也就完了，既不咨問，也不決斷，沉默寡言地讓他們不得要領地退了下去。

衛涇揣測了皇帝端拱沉默的種種可能，提醒道：「長此以往，人們將窺測陛下深淺。望臨朝聽政之際，奮發德音，特出英斷。」衛涇雖近為右史，卻仍以臣子仰視人主的眼光在期待他。而實際原因就在於寧宗性既不慧，言又拙訥，豈能期望他成為「特出英斷」的大有為之主。韓侂胄更接近皇帝，對他的深淺早就窺測得一清二楚，沒費多少周折便成了擅政的權臣。

寧宗處理政務的能力是大可懷疑的，即位不久，群臣章奏就滯積內廷。彭龜年建議他，應讓通進司把每日進奏開列一單，皇帝閱後根據不同情況，將留中的奏議在單子上注明，其他奏札

則據單子封付三省、樞密院處理，既能確保章奏正常反饋，及時處理，又能避免近倖在其中玩弄花樣。龜年還附上了單子格式，但對其理政究竟能起多少作用，則不得而知。即位以來，他對大臣進擬，不過批依畫可而已，臣下批評他凡事仰成，無所作為，他還自以為謹守「毋作聰明亂舊章」的師訓，陳傅良曾這樣教導過他。

這種膠柱鼓瑟也表現在台諫問題上，寧宗常對左右說：「台諫者，公論自出，心嘗畏之」，還說這是在「法祖宗」。[①] 他沒認識到，台諫一旦為權相所操縱，反會以公朝執法為私門吠犬。侂胄正是摸清了寧宗的底牌，才首借台諫以鉗制上下，攻道學，專朝政，一切都借台諫名義進行，對寧宗一再強調台諫公論不可不聽。

在韓侂胄專政的 13 年裡，凡台諫論劾位高望重之人，都出自其唆使。開禧元年，李大異擢任諫議大夫，人們祝賀他所學得行，他卻愀然不樂：「現在台諫官就像州縣衙役，何足道哉！堂上傳呼某人當杖，就持梃上前；又吆喝放行，就置之而去。」賀客不禁一噱。他不幸言中，席不暇暖，就因諫北伐用兵違忤了侂胄，罷去了言職。

台諫每有常規月課，便彈劾一二小吏應付差事，起初還論及釐務官或郡守，後來只選些簿尉監當官權充月課，或者不痛不癢泛論君德時事。「聊以塞責」，竟成了其時台諫官心照不宣的流行語。有一位監察御史，到了月末該上奏章的日子，連聊以塞責的內容也遍找不着，便上言道：「都城賣炒栗的都用黃紙包裝，黃色只有帝王能用，望予禁止。」都民一時傳為政治笑話。

糾察官邪的台諫官尚且如此，吏治的腐敗不言而喻。冗官仍

---

① 《四朝聞見錄》戊集〈考異〉。

以驚人的速度增長着，慶元二年吏部四選的官員數達 42434 人，五年之間淨增 9418 人，後來雖採取了一些揚湯止沸的措施，卻仍居高不下。吏風敗壞，兼之粥少僧多，在任的官吏貪贓枉法，乘機撈一把；卸任的官吏則納賄求缺，到處走後門。慶元元年，吏部侍郎倪思建議：「今後對貪墨官吏，即使不送獄根勘，也應差官核實懲治，庶幾大贓治而小贓懲」，但最後也不了了之。嘉泰二年，又有臣僚提出：「此前贓吏劾罷，投閒數月即奉祠祿。今後請皆停二年。」但實際執行中，主管部門沒有不睜一眼閉一眼的。陳自強父子和蘇師旦公然賣官鬻爵，交相為市。豺狼當道，焉問狐狸呢？

薦舉制成為官吏們獵取美官肥缺的一大捷徑。慶元元年，寧宗下詔，對實有政績者實行「諸司薦舉，連銜以聞」，旨在克服紹熙年間獨員薦士可能發生的徇情請託之弊。但汲汲仕進的士大夫不久就挾着三四道連銜薦章向執政索要美闕，對策無非同時請託兩人而已。於是，在外被薦者多達千餘人，有毫無清名者卻舉充廉吏，有素昧平生卻舉稱親知，有不能文章者卻舉任著述。嘉泰元年，眼見薦舉勢頭狂濫不止，寧宗不得不下詔說：「自今有人則薦，無人則闕。」次年，採納台諫建議，下詔停止泛舉，規定今後即使有特旨令內外舉薦，也必須「具實跡以聞」。濫舉冒薦之勢雖稍有抑制，但弊症並未根本解決。真德秀指出：嘉泰以來，每年薦舉的員額，往往掌控在權貴之手；孤寒無援之才，即便盡心職業，仍然不免沉淪底層；膏粱庸呆之徒，如憑有力後台，彷彿如同持券取貨那樣。

約自孝宗末年以來，監司、郡守之間送往迎來、公款吃喝、官費送禮漸成風氣，尤以建康六司與成都三司最為猖獗。紹熙二年 (1191)，宋光宗下詔申明：監司、郡守互送以贓罪論處。嘉泰三年，寧宗又頒下類似詔書特予強調，但政風如故。次年初

夏，都大提舉四川等路買馬監牧公事彭輅路經成都，受安撫制置使謝源明、轉運使兼攝茶馬公事趙善宣款留，長達兩月之久，從入境迎迓到歡宴送行，彭輅收進各色禮物價值數萬緡，謝、趙中飽私囊之數也不會比他少。不久，朝廷改任趙善宣為提舉四川茶馬公事，用意之一是轉運使公署與茶馬司衙門都在成都城內，可省去迎送費用。但謝、趙兩人照舊每人支取了迎送水腳費達數千緡；謝源明還創設了壓境錢，趙善宣改官上任足不出城，也恬然收下了這筆公款。史載，成都三司互送，一飲之費計 3400 餘緡，建康六司還要翻個倍。有時候，鄰路的監司、制帥也過來打秋風，蠹耗侵吞的公款數目更令人咋舌。足見寧宗詔書不過具文，從負有一路監察之責的監司所作所為，也可知吏治腐敗已到何等地步！

　　宮廷恩賞仍是棘手的難題。即位不久，寧宗讓知閣門事謝淵依韓侂冑例，按奉祿特給全支本色，因為謝淵是重華宮謝太后的親弟；而謝太后的侄女婿傅昌期則遷為幹辦皇城司。太上皇后李氏畢竟是生身母親，分封她的三姊妹為成國、信國、崇國夫人，依宮嬪之例每人每年支給大量的錢銀米絹，有封駁官執奏，也置之不理。對隨龍人，不論官吏還是軍兵，一律各轉四官。寧宗還以密白遷補原嘉王府醫官二人。所謂密白，是樞密院向皇帝呈報機速事宜用的，可不經中書門下直接關報門下省。這份密白或出自樞密都承旨韓侂冑之手，但寧宗顯然認可的。儘管最終經封駁官繳奏而遷補未成功，但皇帝在隨龍人恩賞上也夠煞費苦心的。恩賞不節，內廷費用寅吃卯糧。即位以後，寧宗曾一次取淮東總領奉獻的羨餘 50 萬貫劃歸內帑，用途仍與其父光宗一樣，移封椿庫的儲存填補內藏的缺額。慶元以後，每座封椿庫取撥錢數達十萬緡，銀子數萬兩，黃金也數千兩，僅慶元六年秋季三個月內，劃撥金銀錢計 250 萬緡，大多是違規支出。

　　寧宗還算略知民間疾苦的。即位以前，他護送高宗靈柩去紹興落葬，路見農民田間稼穡的艱苦場景，對左右感慨說：「平常在禁內，怎能知道這些！」即位以後，幾乎每年都頒佈蠲免災區貧民租賦稅額的詔書，這些詔書在嘉泰元年匯成《慶元寬恤詔令》。然而，對這些詔令的實際作用不宜高估。正如有臣下指出：往往今年下詔說「權免一次」，來年督促照收如故，適足以胥吏為奸，民害加重，腐敗的吏治，剝削的官吏，「朝堂號令不過為牆壁之虛文！」[①]

　　嘉泰元年春，臨安府發生大火災，燒了四晝夜才熄滅。皇宮以北街區夷為殘垣碎礫，59人活活燒死，逃生中踩死與受傷者不計其數，受災超過5萬戶，災民達18.6萬人以上。寧宗下詔賑災，同時仿效古老的傳統，避殿減膳半個月，自責「不明不敏」。他從內帑撥錢16萬貫，米6.5萬石，表示願將「廩庾之積，捐以與民，一無所愛」；同時從大內搬出銷金鋪翠的服飾，焚之通衢，號召天下士庶不再服用，災後營造務從簡樸。這場大火把御史台也燒成灰燼，幸好保存圖書的秘書省免遭回祿之劫。京城傳開了一篇無名氏的四六文，最流傳的警句說「公議不明，台遂焚於御史；斯文未喪，省僅保於秘書」[②]，抨擊台諫不主公道。

　　嘉泰四年春，臨安又是一場大火，火勢迫近太廟。寧宗命臨安府抄呈被災之家，每人賜錢1000文，米4斗，接着又是避正殿，下罪己詔。右丞相陳自強也不得不仿漢代故事，引罪避位，寧宗批道：「卿欲丐去，朕何賴焉？」他不僅離不開韓侂冑，也離

---

①《宋史》卷390〈沈作賓傳〉，《宋史全文》卷28引〈講義〉。

②《兩朝綱目備要》卷8。但將兩句繫於嘉泰四年大火條下似誤，該卷列舉延燒官府並無御史台，而同書卷7嘉泰元年大火條下說：「延燒御史台」，《西湖遊覽志餘》卷24〈委巷叢談〉亦可佐證。

不開陳自強了。不能說寧宗賑災恤民，避殿減膳，沒有施仁與民之心，但他本人無能，吏治貪濁，最終只能小惠未遍，虛應故事而已。

類似的虛應故事在慶元、嘉泰之政中並不少見。慶元五年，時任右諫議大夫的陳自強上《緊要政事叢目》，包括人才、財用、軍旅等30門。寧宗命侍從、經筵官進故事，在叢目中各擇一事，先述前代得失，再引本朝故事，終論今日所宜，一旬一事，兩年內講畢。不久，翰林學士高文虎又上勤政、兵制等20事，請皇帝仿前例施行。這些緊要政事是否開講，是否講畢，並不重要，即使聽講完畢，慶元、嘉泰之政依舊是權臣專政，稗政叢生，寧宗在理政上也依舊那麼顢頇昏昧。

寧宗即位不久，原嘉王府內侍王德謙驟蒙親信，擢為內侍省押班，賜以宅第，官遷承宣使。內批御筆主要由他傳導，他便驕恣逾法，飲食服飾僭擬帝王，出入以導駕燈籠自奉，為人求官，贓以萬計，泄言其事者禍患立至，寧宗卻全不察知。由於他的舊身份和新權位，外朝多趨附其門，韓侂胄與他爭相用事，但德謙更接近寧宗，屢佔上風。侂胄深知御筆內批還須假手於他，表面上不得不與他套近乎，兩人結為兄弟。

慶元三年春，德謙覬覦節鉞，首先拉攏中書舍人吳宗旦，薦為刑部侍郎、直學士院，打算讓他起草建節制詞。然後，他試探侂胄：「內侍有這樣先例嗎？」侂胄道：「已奏知皇帝，就要宣麻了。」德謙便向寧宗正式提出。宋代自真宗以來，宦官再尊榮，也只除承宣使，宣和間童貫、楊戩等宦官為節度使，乃徽宗變亂舊制，殷鑑未遠。這次，寧宗完全忘了「毋以聰明亂舊章」的師訓，居然同意了。德謙喜出望外，竟讓吳宗旦先擬制詞草稿。

臥榻之側豈容他人鼾睡，侂胄對黨羽預作交代。次日，制詞付出，參知政事何澹不押制詞，右諫議大夫劉德秀率台諫合班論

劾不止，右相京鏜主張毀裂麻詞，貶逐德謙，寧宗竟問：「只除他一人，可以嗎？」京鏜以堂皇的理由予以反對。寧宗收回成命，他沒覺察出這是狗咬狗的權力鬥爭，見台諫論列，又以為公論所在，遂除德謙在外宮觀。台諫們力攻不已，寧宗再詔罷其宮觀，送南康軍居住。

王德謙出朝時，拉住侂胄衣袖泣道：「弟弟，你誤了我！」侂胄誆他：「哥哥放心去，就有詔書追回的。」背裡卻指使黨徒痛打落水狗，將他僭擬乘輿和貪贓受賄事抖落出來。寧宗還顧念王府舊人，下詔改移居撫州，他事不必追究。韓黨請追改為安置，今後縱有特旨也不赦免，並許台諫執奏。也許又出於「台諫公論」的考慮，寧宗一一同意。德謙廢斥而死，自此內批都「侂胄自為之矣」。①

約慶元六年前不久，右正言劉三傑出為郡守，陛辭寧宗。他恰生千日瘡，下殿時只能傴僂地扶着陛檻。寧宗見狀勃怒，不問情由，御筆批出：「劉三傑無君，可議遠竄。」三傑是韓黨，侂胄為之辯解，但仍奪三秩，免去郡職。此事雖小，卻令人尋味。第一，寧宗只見到劉三傑表面的不恭敬，對韓黨專權卻視而不見，絕非明察之君。第二，侂胄儘管專擅，仍未到說一不二的地步，寧宗依舊能貫徹自己的意志。由此可見，韓侂胄專政以及他鼓動的慶元黨禁，乃至後來開禧北伐，某種程度上都是他所認可的，至少未有堅決的反對。縱觀寧宗前期政治，侂胄固然是主要角色，但寧宗在君權上的失控與不作為仍須負最終的責任。

嘉泰二年，黨爭禁網漸弛，陳傅良也復官奉祠。一天，寧宗

---

① 《四朝聞見錄》乙集〈吳雲螫〉。葉氏說：「何澹時為中丞」，「悉如所教，繼即合台疏德謙罪」，則誤。德謙請節時在慶元三年二月，而何澹在二年四月已由中丞參知政事。此從《兩朝綱目備要》。

問起這位王府舊學官:「陳某今何在?卻是好人!」準備特除他寶謨閣待制。侂冑回答說:「台諫曾論其心術不正,恐不是好人。」寧宗馬上說:「心術不正,便不是好人了!」打消了召用的念頭。

一年後,傅良告老,寧宗卻慨歎:「這是朕的舊學官,而且是書詔之臣啊!」對昔日老師的評價顛三倒四,出爾反爾,無論是缺乏深切的了解,還是不能堅持正確的見解,都反映出寧宗為政的昏聵顢頇。

慶元六年,光宗與太上皇后李氏先後亡故,年頭歲尾相繼出生皇子趙坦和趙增,一個只養了八個月,一個還沒有滿月,都夭折了。這年冬天,韓皇后病逝,年僅36歲。韓皇后的事跡,史書頗少記載。淳熙十二年(1185),孝宗為尚是平陽郡王的寧宗擇婦時,她與姊姊同時入宮,她更順適兩宮之意,便選中了她。史稱她「柔和而端敏,肅靖而寬容」,在高宗吳后、孝宗謝后、光宗李后三代婆婆之間相處得很好,寧宗立后冊文稱讚她無愧婦道。她的父親韓同卿遠權勢,懼滿盈,從不干政,世人只知道侂冑是后族,竟不知同卿為國丈。韓皇后謝世讓寧宗不無傷感,聯繫到父母見背,兒子不育,大有流年不利之感,有點厭惡慶元紀年了。歲末,他下詔明年改為嘉泰元年,指望吉利的年號能為他的家國帶來祥和安泰。

宋代政治的轉變,年號的更變往往透露出信息。「嘉泰」的含義或取自《周易》「天地交,泰」。採用這一年號似也包含了韓侂冑的意願,就像慶元年號表達了趙汝愚的志向一樣。下詔改元這年,三個人的去世對韓侂冑專權不能不產生影響。朱熹之死,解除了侂冑在政敵上的最後威脅;京鏜之死,韓黨失去了死硬派幹將。這兩個因素結合,或許促成了侂冑對黨禁的鬆動。韓皇后之死,則令侂冑迫切感到不能再憑外戚之尊,而必須建立大功業來換取繼續專權的發言權。

　　嘉泰共四年，雖有臨安大火災令寧宗、侂胄不無驚駭，但與慶元年間激烈的黨禁相比，表面顯得有點平靜。一位毫無才智的庸弱之主，倚靠着一位不學無術的強權之臣，駕馭着一台腐敗無能、破舊失效的官僚機器，支撐着一個內憂外患、積重難返的國家，勾畫出嘉泰政治的全景圖。倘若如此以往，也許還能使這個王朝苟活得長久些。無奈權臣韓侂胄正醞釀着一個冒險性的大計劃，這無異於驅迫一個苟延殘喘的病人去參加一次力難勝任的高強度競技比賽，而寧宗對這一冒險計劃依舊缺乏主見與明斷。

第三章

從開禧北伐
到嘉定和議

一　以「恢復」的名義

1. 北望神州路

　　慶元黨禁雖將政敵驅逐出朝，韓侂冑卻招來了朝野的抨擊，失盡了上下的人心。與此同步的擅權，仍能聽到各種反對的聲音。這種情況未隨黨禁的開放而緩解，反而可能隨着言網的鬆動而加劇。怎樣才能保住既得的權位，侂冑有點憂心忡忡、一籌莫展。這時，有人勸他「立蓋世功名以自固」，侂冑感到這是個好主意：既能轉移反對派的注意力，使他們淡忘偽學之禁的創痛；而自己獨攬大權、專斷朝政也有了雄厚的資本，非議之聲或許會隨之消歇。

　　那麼，建立甚麼樣的蓋世功名呢？北伐金國，恢復故土，這是自靖康之恥以來幾代臣民難圓的夢，蓋世奇功莫過於此。於是，侂冑決定發動北伐，收復中原。數十年後，有學者將這一決策與當年策動的燕雲之役相提並論，認為「不度事勢，妄啟兵端」，「誤國殄民，前後一律」，指出「小人擅朝，欲為專寵固位之計，往往至於用兵」。[①]在專制獨裁政體下，這類出於轉移政治視線的動機，以民族或統一的名義，貿然將國家與人民拖入一場

「不度事勢」的戰爭，歷史上確實並不少見。

　　趨炎附勢者窺測到主政者的新意向。於是，邊將不時奏報金朝多有變故的消息，逢迎者也遊說治兵北伐之計，其中包括久遭禁廢而仍圖進用的個別官員。恢復的氣氛在短時間內便炒熱了。

　　丞相陳自強已是一條聽話的老狗，在恢復大計上也如此：「侂胄曰：兵當用，自強亦曰：當用；侂胄曰：事可行，自強亦曰：可行。每對客言：自強受恩深，只得從順。」[①] 隨着恢復之議的興起，也有各種反對意見出現。自強在曲意附和同時，力援私黨，佔據言路，利用台諫左右輿論，以脅制反對意見。

　　與陳自強互為表裡、力倡恢復的還有蘇師旦、鄧友龍、易袚、陳景俊等人。當時宋金邊界上有些好事之徒經常往來兩國之間，號稱「跳河子」，鄧友龍視為奇貨，時向侂胄薦見。侂胄曾在淳熙末與慶元初兩次使金，對金國情況略知一二，這些「跳河子」，便剟拾事狀，陳說利害，有意渲染金國內外交困之狀。侂胄雖有意開邊，卻顧慮人心輿論的向背。諫議大夫易袚建議，唆使朝臣上奏，誇大敵國之事，他自己首先上疏，大談「敵國如外強中乾之人，僅延殘喘」，「夷狄有必敗之勢，中國有必勝之理」。對北伐非議者，侂胄決心剿滅異議，實施打擊。於是，御史中丞鄧友龍和諫議大夫易袚、林行可對力爭者相繼論劾，以至貶斥。和、戰、守的輿論迅速向北伐主戰一端傾斜。

　　在北伐之議的附和者中，李壁是引人注目的。他是著名史家李燾的次子，也頗有才學。入朝以後，侂胄事無巨細，必與他商議。他患得患失，便趨和奉承，很快遷至禮部侍郎兼直學士院的要位。對侂胄銳意用兵，他明知輿情並不認可，與士大夫談及時也蹙額皺眉，表示要進諫反對。但當着侂胄的面，說的卻是迎合

---

① 《四朝聞見錄》戊集〈臣寮雷孝友上言〉。

其開邊的話頭。不久，侂冑讓他做了參知政事。李壁內心反對輕率北伐，但為了名位權力，終於把國家的休戚當作了交換的籌碼。

寧宗的態度並不明朗。有記載說：「開禧用兵，帝意弗善」，或許這是他在嘉泰末年的傾向；但他確也認為「恢復豈非美事」，[①] 依舊模稜兩可，一無主見。然而，用兵開邊決不是寧宗首先動議的，則是肯定的。恢復之議日甚一日地升溫，有人對侂冑說：「自古君倡而後臣和，從來沒有以人臣專大征伐的。以人臣而專征伐，諸葛亮誠然為忠，桓溫、劉裕則為篡，你算哪一類呢？」侂冑默然無語。他既不像諸葛亮那樣是為了漢室王業，卻也絕無篡奪之志，只是為了鞏固既得的權位。他將戰爭視為一種可以不負責任、不計後果的輕率兒戲，至於戰前審時度勢的見識，戰時運籌帷幄的才略，顯然是並不具備的。

靖康之變後，徽、欽二帝成為階下之囚，客死金國；大好河山落入金朝之手。從岳飛那「靖康恥，猶未雪，臣子恨，何時滅」的仰天悲歌開始，直到不久前去世的陳亮那「堯之都，舜之壤，禹之封，於中應有一個半個恥臣戎」的慷慨吟詠，收復中原故土，重建一統江山，始終是南宋志士仁人難以紓解的民族情結。這種情結沒有因時光的流逝而化解，這一時期陸游、辛棄疾的愛國詩詞最能凸顯這種民族情結的濃重與強烈。

這種民心，侂冑是知道而且試圖利用的。在力主恢復的士大夫中，頗有才略可用之士，慶元黨禁起，他們即使不名列偽黨，也多擯落家居了。禁網弛解後，侂冑網羅四方知名之士入其麾下，其用意有二：一方面讓這些知名之士作為他擅權的裝飾屏風；另一方面，這些知名人士既是北伐所需的人才，又可作為恢復之舉的號召，為其建立蓋世功名所效力。

[①]《宋史全文》卷 30，《宋史》卷 474〈韓侂冑傳〉。

樓鑰歷任光、寧兩朝的兩制官，黨禁起來後，他認為公道人心不在侂胄一邊，寧可廢罷也不趨炎附勢，他並非道學家，卻也上了黨籍。侂胄對他不趨附，倒也知敬重。黨禁弛解後，既迫於公論，又重其文名，侂胄準備召用他，讓他的親戚傳言他的子弟，只要他通一封寒暄的短柬，就召他入朝。樓鑰命子弟備紙筆，親書一段《顏氏家訓》中子弟累及父兄的故事，其子弟自此不敢再提與韓侂胄通函事。楊萬里詩文聲名更高於樓鑰，侂胄打算請他為新落成的自家南園作記生色，並許諾他兩省之職，萬里決絕回話：「官可以放棄，記不可能作！」侂胄惱羞成怒，讓他家居至死。

儘管時有碰壁，侂胄畢竟羅致了一批知名之士。他起用了吳獵，讓他先後總領湖廣江西京西財賦、主管荊湖北路安撫司公事，累遷京湖宣撫使，他在儲運襄陽軍餉，選拔孟宗政等名將，構築防禦工事上都有建樹。薛叔似也出任京湖宣諭使，項安世則起知鄂州，葉適權兵部侍郎還更早些。

陸游、辛棄疾也都與侂胄有較多的往來，另一位辛派詞人劉過則成為韓府的座上客。嘉泰二年（1202），陸游應召入朝任實錄院同修撰，侂胄對他十分殷勤，宴席上命寵姬四夫人彈奏阮琴，起舞助興，然後向這位大詩人求作《閱古泉記》。次年歲末，辛棄疾起知紹興府兼浙東安撫使，不久召赴行在，也應邀出席過侂胄在南園的會飲。辛、陸被羅致，最令侂胄得意，他倆思念故土、渴求恢復的新作一經吟成便不脛而走，久被視為主戰派的旗幟和歌手。侂胄的北伐之議因他倆的關係而聲望陡增，但他們也因此遭到種種非議。

實際上，在侂胄所招致的知名之士中，對侂胄本人以及他倡議的伐金戰爭，態度並非完全一致。劉過對侂胄顯然識人不透，估價過高，其《代壽韓平原》詩說：「要令鄰敵尊裴度，必向東山

起謝安。」把他比作平定河北藩鎮叛亂的裴度和戰勝前秦侵犯的謝安；甚至將他比作牧野之戰前的姜尚，「維師尚父鷹揚，熊羆百萬堂堂，看取黃金假鉞，歸來異姓真王。」[1] 詞人容易沉浸在想像的勝利中：「今日樓台鼎鼐，明日帶礪山河，大家齊唱大風歌，不日四方來賀。」[2] 作為一個布衣詞人，出於對收復故土的渴望，未能對敵我雙方做冷靜、全面的分析，對侂冑本人及其北伐主張，都懷着熱切的期待，雖不無諛詞，還是可以理解的。

大詩人陸游對侂冑本人並不阿附，慶元末，侂冑向他求《南園記》，他不僅無諛言，還寓有規箴。[3] 然而，一生以恢復自期的詩人對這次北伐自始至終是熱情支持、慷慨謳歌的。他也為侂冑寫壽詩，「身際風雲手扶日，異姓真王功第一」，這種歌頌主要還是期待他能恢復統一「致太平」。陸游主張北伐抗金，收復故土，代表了人民的願望；至於如何抗金，如何進行充分的準備，做出正確的估計，選擇有利的時機，這些都是政治領袖和軍事統帥的職責，是不能苛求久居山村的詩人做出準確無誤的判斷的。

葉適、辛棄疾在政治與軍事上都有深刻的認識，對戰前的準備、戰機的選擇、戰爭的後果，就絕不像陸游、劉過那樣樂觀。然而，他們向來是主戰派，當時一般人誤認為他們是無條件擁護北伐之舉的。稼軒自南歸後，一直期待着北伐反攻的那一天，所謂「四十三年，望中猶記，烽火揚州路」。對正在從事的伐金準

---

① 劉過：《龍洲集》卷 11〈清平樂·新來塞北〉。此詞一作稼軒詞，《兩朝綱目備要》卷 10 說：「辛棄疾因壽詞贊其用兵則用司馬昭假黃鉞異姓真王故事」，鄧廣銘：《稼軒詞編年箋注》卷 6 說：「不知究系稼軒所作否？」根據辛棄疾對開禧北伐的看法，此詞顯然不是稼軒所作，《吳禮部詩話》已辨其為京師人小詞。

②《龍洲集》卷 11〈西江月·賀詞〉，此詞一作稼軒詞，但吳師道《吳禮部詩話》已辨為劉過之作。

③ 參見朱東潤的《陸游傳》(上海古籍出版社，1979 年) 與歐小牧的《陸游年譜》(人民文學出版社，1981 年) 相關評述。

備，不論韓侂冑是否別有用心，稼軒在總體上是贊成支持的。他在軍事上有真知卓識，為更確實地了解金國虛實，出任浙東安撫使後，他分別派人深入山東河北實地偵察，而後親自把偵知的兵騎之數、屯戍之地與將帥之姓名匯總繪在「方尺之錦」上。嘉泰四年初，寧宗召見他，問以鹽法後，向他徵詢目前應否出兵伐金的意見。棄疾回答道：「金國必亂必亡，願付之元老大臣，務為倉猝可以應變之計。」

這次召見與上言，歷來被認為是棄疾支持侂冑北伐的根據。侂冑也確實做了為己所用的理解，認為稼軒在「陳用兵之利」，「元老大臣」無疑就指自己，十分欣喜，便決意開邊。但是，棄疾所說的「金國必亂必亡」，並不就是說滅亡在即，他在開禧之際曾說過用兵「更須二十年」[1]，顯然認為戰前準備相差尚遠。而他所說的把應變之計託付給元老大臣，弦外之音即告誡皇帝不應把這一重任交給由侂冑汲引的那些輕脫寡謀之徒；也許稼軒當仁不讓地把自己包括在「元老」之列，期望能在備戰應變中負起重任。[2]但寧宗不可能真正理會稼軒上言的真義。

稼軒被久廢起用後，陸游曾以詩慰勉道：「深仇積憤在逆胡，不用追思灞陵夜」，反用了漢代名將李廣復出後追殺當初羞辱他的灞亭尉的典故，勸告他不必糾纏被韓黨傾陷排擠的舊恩怨，而應以全民族的深仇積恥為重，為北伐抗金建功立業。辛、陸正是在北伐抗金這點上才與侂冑接近的，雙方的出發點與目的並不相同，卻在這點上交匯了。因此，讚揚辛、陸的愛國主義，並不等於肯定開禧北伐及其發動者；指出侂冑在開禧北伐上的輕舉妄動，也不必把辛、陸等對北伐抗金的支持視為「污點」。

---

[1] 袁桷：《清容居士集》卷46〈跋朱文公與辛稼軒手書〉。
[2] 這一推斷參見鄧廣銘：《辛棄疾傳》，上海人民出版社，1956年，第105頁。

也許，侂胄認為，既然已爭取到辛、陸等主戰派代表人物的支持，贏得了社會輿論，就沒必要讓辛棄疾分享自己唾手可得的大功業了。不久便解除了他浙東安撫使之任，命他改知鎮江府；開禧元年（1205），在北伐烽煙即將點燃的前夕，又讓言官藉故將他劾罷。

據幾年以後真德秀的回顧：「北伐之舉，宗社安危所系也。雷同相從，如出一口，而爭之者不數人。」開禧北伐前夕輿論的一面倒，侂胄長期專政，鉗制輿論的因素固然不可忽視，但自隆興北伐失利以來，南宋臣民的民族復仇情緒也在其間起了決定性的作用。有一個事件很能說明這種復仇情緒在朝野的強烈程度。慶元六年夏天，南宋賀金生辰使趙善義在歸途中因爭下車地點，與金國伴使相持不下，忿忿然脫口而出：「你們正被蒙古侵擾，還有甚麼閒工夫與我國計較，莫待要我朝舉兵夾攻嗎？」儘管善義後因失言生事而免官，發泄的卻是南宋朝野久被壓抑的復仇情緒。侂胄正是利用、挾持了這種民族情緒與社會輿論，把伐金的氣氛很快渲染得十分濃烈。誠如《兩朝綱目備要》所說：「復仇，天下之大義也。張忠獻（張浚）抵死切齒而不得伸，阜陵（孝宗）二十八年長太息而不得遂者，一旦舉而行之，誰曰不可？」嘉泰後期，韓侂胄及其追隨者，辛、陸等愛國志士和朝野臣民都不約而同地把視線集中到西北神州、中原故土上來了。

寧宗也受到了這種同仇敵愾的影響。嘉泰四年歲暮，他下詔明年改元為開禧，取太祖開寶與真宗天禧年號各一字綴合而成。開寶年間，平南漢，取南唐，基本奠定了統一的版圖；天禧年間則是澶淵之盟以後真宗統治的太平時世。寧宗似乎也認為「恢復豈非美事」，轉而贊成北伐之舉了。

2.「燕可伐歟」？

開禧北伐前夜，劉過在詞裡唱道：

> 堂堂謀臣尊俎，邊頭將士干戈。
> 天時地利與人和，燕可伐歟？曰可！

化用了孟子勸齊伐燕的故事，認為南宋在天時、地利、人和上都具備了北伐的條件。詩人的謳歌，畢竟不是發動戰爭的依據，決策者必須從宋金雙方的政治、軍事、經濟實力着手，做出綜合縝密的冷靜分析。這時，劉過還有一首詞說：「新來塞北，傳到真消息：赤地居民無一粒，更五單于爭立。」[①]給人的印象是金國統治者內部危機四伏，民不聊生，怨聲載道，只消稍施一擊，即刻土崩瓦解。事實是否如此呢？

宋寧宗嘉泰、開禧時期（1201－1204，1205－1207）正值金章宗泰和年間（1201－1208）。金章宗是與宋光宗同年即位的，其政績卻是光宗無法比肩的。在政治、經濟各方面，他把祖父金世宗大定之治的成果以法制形式固定了下來。章宗是金朝廢除奴隸制使之轉變為封建制的最終完成者。他將二稅戶及隸屬僧道、宮監的奴婢悉放為良人，制定了禁止奴誘良人法，限制了猛安謀克的特權，加速其漢化的進程。在制度上，他使金熙宗以來漢官制更為健全，還實行了尊孔儀式，制定了禮樂制度，完善了取士科目，確立了以《泰和律》為代表的法制體系。

章宗朝，人口與稅收都達到了金代的峰值。天下富庶，糧儲充裕，明昌年間（1190－1195），甚至擔憂廩粟積久霉變，下令諸

---

① 《龍州集》卷11〈西江月·賀詞〉〈清平樂·新來塞北〉。

路及時晾曬。其時，金國始建常平倉超過 500 處，僅此一項儲糧數即可供金國官兵食用四五年之久。在金朝列帝中，章宗是漢化最徹底的君主，他有志於治，多次諮詢群臣漢宣帝綜核名實之制與唐代考課之法，期望金朝能超過遼、宋而比肩漢、唐。據《金史·章宗紀》評價，在他統治期間，「承世宗治平日久，宇內小康」，「典章文物粲然成一代治規」。這就是開禧北伐前夕金國的政治經濟基本形勢。

金朝統治在章宗時代臻於極盛，但危機也漸露端倪。封建化完成後，土地和流民問題也開始嚴重困擾金朝的社會經濟。各地常平倉的巨額儲糧多為抑配和糴所致，國家儲糧遞增，但控制的貨幣量也隨之銳減。由於貨幣總流通量的減少，米價居高不下，一有天災人禍，農民就缺乏財力購入，所謂「赤地居民無一粒」，或即由此造成的。儘管如此，金朝支持戰爭的糧餉並不因貧民飢困而成為問題。

章宗在位，寵幸李元妃，外戚近幸干政，也導致了朝綱不正，軍民怨嗟。章宗以皇太孫即位為帝，引起其叔父輩的不滿和反對。明昌四年，鄭王永蹈謀反被殺，兩年後鎬王永中又以「語涉不遜」賜死，這就是傳聞的所謂「更五單于爭立」。鄭王、鎬王之變對章宗統治有所影響，但承安元年 (1196) 以後，金朝統治基本上還是穩固的。

蒙古諸部日漸強大，對金國北界時有侵擾，其中尤以阻䪁部和廣吉剌部為最。章宗採取了攻防並舉的戰略，一方面派遣夾谷清臣、完顏襄和完顏宗浩先後多次北伐，重創來敵；一方面在臨潢（今內蒙古巴林左旗東南）至泰州（今黑龍江安東北）一線開築壕塹，作為防禦工事。阻䪁南侵打破了金朝北疆的寧靜，但這時蒙古諸部尚未統一成為強悍善戰、無堅不摧的遊牧軍事帝國，這一任務直到開禧北伐爆發那年才由鐵木真最終完成。而蒙古對金

朝構成真正威脅應在嘉定四年（1211）以後，嘉泰、開禧之際蒙古諸部的騷擾，對金朝不過是疥癬之疾。至於在軍隊戰鬥力上，封建化完成後，猛安謀克的作戰能力確實有所下降，但金朝仍注意保持其尚武舊俗。泰和元年（1201），金朝專置按察司，任務即教習武藝，以確保其勇武風俗不致改易。兼之，金軍尚有僕散揆、完顏匡、完顏宗浩等將帥之才，其戰鬥力仍比將恬兵嬉的南宋軍隊明顯高出一頭。

　　自隆興和議後，金對南宋的基本國策是保邊求和，金章宗也恪守這一原則。他一方面加強榷場管理和防禦，增加邊界戍兵；一方面在金宋交往中以大局為重，力求維護和平局面。紹熙過宮風波和禪讓內幕不可能不傳到金朝，據呂祖儉說：「自紹熙變故，（金人）有輕我之心：彼之來者，陳幣在館，辭語不恭；我之去者，摧辱逼脅，不顧常禮。」這種現象主要是金國出使者和接伴者聞知宋朝內情後，站在敵國立場上，以幸災樂禍的個人情緒影響到兩國的正常關係。不久，章宗即注意到問題的嚴重性。承安三年（1198），下詔強調：「凡館接伴並奉使者，毋以語言相勝，務存大體，奉使者亦必得其人乃可。」泰和二年（1202），章宗對出使南宋的張行簡說：「聽說此前奉使者過淮河，每到中流即以分界的原故，在乘坐哪國渡船上爭執，這不合禮儀。你應該戒飭舟子，並對宋使說：兩國和好長久，不宜因爭細故而傷大體。」足見金朝仍希望維持兩國和平相處局面。

　　實際上，紹興三十一年（1161）金主完顏亮南侵慘敗，兩年後張浚主持隆興北伐的失利，其間儘管有偶然性因素在起作用，但更深刻表明了紹興和議以後形成的宋金對峙，從根本上說是地緣政治的產物，揭示兩種帶競爭性的體制在地域上達到並保持着力量的平衡。如果雙方綜合國力沒有明顯的消長，或者外來因素的強力干預，這種平衡態勢決不是那麼容易打破的。因此，關鍵

就在於躍躍欲試企望打破這種平衡態勢的南宋，是否在綜合國力上對金國已經取得了壓倒性優勢。

首先來分析一下南宋軍隊的裝備和設施。在兵器製作上，據時人指出：金朝軍器上，都有監造官的姓名，遇有損壞，影響使用，原監造官就依法懲處，斷不輕恕，故而金國兵械其精良一如法規；相形之下，南宋軍械的製造部門則「一切不問，則欲速成，可以逃責」，導致武器設備苟且滅裂，充數量而不中用。[1]騎兵在整個中世紀始終是各國軍隊的決定性兵種，而南宋騎兵缺馬情況較之北宋更為嚴重。據嘉泰三年（1203）江州都統制司申報，兵力配備中馬軍應該有披帶馬匹1680匹，如今卻不及千匹，缺額幾近一半。這一數據暴露的問題帶有普遍性，南宋壓根兒沒有強大的騎兵可與女真騎兵抗衡。

通信與傳令系統不啻軍隊的神經。對此，寧宗即位不久，彭龜年論其遲滯時指出：連登極赦書從臨安到盱眙軍（今江蘇盱眙）都遲了兩日十一時，金字牌竟晚到三日一時。赦書、金字牌是最緊急文書，尚且遲誤如此，其他軍事通信傳令設施的壅滯更可想而知。龜年警告：「邊烽無警，偶不廢事。但偷玩成習，萬一不測，致失備禦，其貽禍豈細！」但直至開禧北伐前夕，南宋軍隊的傳令通訊系統仍是這一狀態。

對這一時期南宋軍隊的素質，有人有過總體描述：

> 今之所謂將者，或拔於行伍而驟用，或取其家世而因任，或以積日累月次第而遷，或以片言一長偶合而得，未聞有尺寸之效，積素之威，可以服人心而協眾論。甚者懵不知軍政，漫不治軍旅，唯知刻剝軍人，聚斂財賄，內

---

[1] 華岳：《翠微北徵錄》卷8〈弓箭制〉。

以供庖傳之費，外以充苞苴之資，凡可以便私計者，無不
為也。

兵士是構成軍隊的基礎，情況同樣不容樂觀：

> 尺籍伍符，虛實相半。老弱居其一，工匠居其一，俳
> 優居其一，輿隸胥吏居其一。詭名冒籍，無所不有。則是
> 朝廷養兵萬人，所可用者數千人而止耳。至於軍籍刓缺，
> 往往掠市人而刺之，非其本心，唯去是計。其間不逞無
> 賴之徒，利於所得，朝應募而夕逃遁。為主將者，無以誰
> 何，姑任其去來而已。①

當時的將帥不知孫武、吳起為誰人，孫吳兵法為何書的，竟
然十有八九；只知道如何私役軍卒，販運回易，剋扣士兵，聚斂
橫財。開禧用兵在即，軍士們冒寒出戰，仍是「衣不蔽體，日食
尚闕」。

軍隊內部矛盾十分尖銳。士兵們不僅被將帥武臣，甚至文臣
官吏役使佔有，往往一個官衙就佔用廂軍與禁軍四百餘人，役使
科抑，幾同奴隸，故而一有機會就發泄怨憤與不滿。甚至大會操
時，列隊士兵應當聲喏卻沉默不語，以示抗議。參戰雙方在綜合
國力相頡頏時，軍隊素質的高低優劣，對勝負歸屬往往起決定性
作用。南宋以這樣的將帥統率着如此的士兵貿然北伐，其結局是
不難預卜的。

而與金相比，在綜合國力上，南宋其時也絕無優勢可言。正
如周南在北伐失敗後分析的那樣：

① 《歷代名臣奏議》卷 234 蔡戡〈論和戰〉。

自中原失守，我以偏方一隅，當虜之眾大，卒乘不如其多，土地不如其廣，財力不如其盛，六七十年矣。中間養兵息民幾三十年，未有振起之形。①

由此可見，即使不論動機，開禧北伐也是輕率之舉。

自紹興和議以來，在戰、守、和三策中，對金國究竟應取何種國策，始終是南宋君臣爭論不休的中心議題。且不論高、孝兩朝，即使在宋金關係相對穩定的紹熙年間，也時有臣僚的議論打破軍事上的寧靜。到嘉泰、開禧之際，北伐的硝煙已隱然能嗅到時，對該不該把國家拖進沒有勝算的戰爭泥沼，又引發了一場爭論。支持者中既有韓侂冑及其追隨者那樣的投機分子，又有陸游、劉過這樣的愛國志士；反對者中，各人出發點也不一致，既有史彌遠、錢象祖這樣的求和派，也有辛棄疾、葉適這樣的抗戰派。

嘉泰四年夏天，辛棄疾知道寧宗和侂冑不是沒有理解，就是有意歪曲他在年初上言的本意，便在不少場合闡述己見。他對程洺說：「中國之兵不戰自潰，自李顯忠符離之役始。但其後軍隊依舊父子更代，這種軍隊只能列陳江上，裝點門面。至於渡淮迎戰，左右應援，非沿邊土丁斷不可用。沿邊之人，幼則走馬臂弓，長則騎河往來，從來沒把金人放在眼裡。招募分屯後，只要新其將帥，嚴其教閱，使他們勢合而氣震，就能不戰而使敵人懾服。」但是過宮風波和慶元黨禁，使十年歲月空然流逝，而可戰之備從未着手，取勝之資全無積累。稼軒指着尺錦繪成的敵情圖，感慨不盡道：「敵國的兵馬仍然如此，豈可輕率對待！」故而他不止一次說過：「用兵更須二十年。」開禧北伐前一年，他以一首《永遇

---

① 《歷代名臣奏議》卷234周南〈論兵之勝負為國之強弱〉。此奏編者誤題光宗時，但奏中有「誅戮首事」之語，知在誅韓侂冑以後所上。

樂・京口北固亭懷古》對即將到來的北伐表達了深切的隱憂:「元
嘉草草,封狼居胥,贏得倉皇北顧」,以劉宋元嘉北伐草率出師、
倉皇敗北的歷史教訓,反對朝廷貿然開戰。

　　葉適平日時有「大仇未復」之語,也是力主抗金的。北伐前
不久,他鄭重地連上三札:

　　　　臣聞陛下思報積恥,規恢祖業,此至大至重事也。誠
　　宜深謀,誠宜熟慮,宜百前而不懾,不宜一卻而不收。故
　　必備成而後動,守定而後戰。今或謂虜已衰弱,虜有天變,
　　虜有外患,說輕勇試進之計,用粗武直上之策,姑開先釁,
　　不懼後艱,此至險至危事也。臣願陛下先定其論,論定而
　　後修實政,行實德,變弱為強,誠無難者。

　　接着,他陳述了修實政、行實德的具體建議。葉適的態度很
明確:金宋強弱之勢未改,實政實德之事未修,故而主張務實備
戰,反對倉卒伐金。[1]

　　辛棄疾和葉適,一位深諳兵韜武略,一位頗知經世致用,平
生又皆力主抗金,對開禧北伐的見解都是深中肯綮的。實際上,
只要對國勢邊事稍加留意,誰都能僅憑常識即可判斷是否應該輕
率用兵,倉促北伐。嘉泰、開禧之際的南宋王朝,正如時人形容
的那樣,譬如一條船,中興將近八十年,外觀看去,船體似乎還
堅致,但歲月既久,弊漏漸多,苟延殘喘,尚且憂懼其傾覆,如

――――――――

[1] 葉適:《水心文集》卷1〈上寧宗皇帝札子〉。《宋史・葉適傳》微諷葉適說:「出師之
　　時,適能極力諫止,曉以利害禍福,則侂胄必不妄為,可免南北生靈之禍。議者
　　不能不為之歎息。」實際上葉適上引之札時在開禧出師之前,諫止之意甚明,問題在
　　於寧宗、侂胄不可能聽從採納。

今竟然僥倖去做前人所難之事，後果也就不難預卜了。①

當韓侂胄準備駕着這條破損的舊船疾駛向戰爭狂瀾時，朝堂上反對的並非只有葉適一人。知廬州宇文紹節也直言不諱地致書侂胄：「你有復仇之志，而無復仇之略；有開邊之害，而無開邊之利。不量國力，浪為進取！」開禧元年，學士院召試館職，武學博士魏了翁上策論説：「反觀自身，則懍懍然未有可以勝人之實。而欲舉二百年祖宗之天下，輕率地試於一擲之間，則舉足之間，關係宗廟社稷的安危存亡！」御史徐柟論劾他對策狂妄，自黨禁開放後，侂胄不願多開罪於知名之士，放過了魏了翁。

3. 走向戰爭

韓侂胄萌生開邊的念頭，是在嘉泰三年（1203）歲杪。這年，北方連年旱災，飢民流亡，「盜賊」蜂起，數以十萬計的流民潮湧動在唐、鄧、潁、蔡、壽、亳州一帶，部分流民向南宋守臣提出渡淮歸宋的請求。金朝唯恐南宋乘隙尋事，在沿邊聚糧增戍，還關閉了襄陽榷場。邊報傳來，韓侂胄以為金國亂亡在即，着手準備工作。

次年六月，侂胄派外甥張嗣古以賀生辰使赴金，命他探敵虛實。嗣古使歸，上朝覆命還未回家，就受邀至韓府諮詢敵情。他據實陳報：「以我之見，金未可伐。太師勿輕信人言。」大拂其意。為製造開戰的藉口，侂胄秘密指使邊將挑起事端。於是，邊將就讓亡命之徒越過邊界，製造事端。嘉泰四年十一月，宋兵抄掠金國寶雞、郿縣（今陝西眉縣）。自此，在宋金邊界的東、中、西段，這類試探性挑釁此起彼伏。

① 參見《宋史》卷415〈傅伯成傳〉，這一比喻即傳主所説。

這年歲暮，鄧友龍以賀正旦使赴金。入金以後，夜半有人偷偷求見，極言金國外為蒙古所擾，內為饑饉所困，王師如來，勢若摧枯拉朽。次年初，鄧友龍使歸，報告的情況都投韓侂冑所好，同時上倡兵之書，北伐之議由此敲定。

開禧元年（1205），宋軍挑起的邊界爭端，次數日漸頻繁，事態日漸擴大，他們攻鎮奪縣，不僅殺死金國縣令、縣尉、巡檢等，燒毀官舍，還奪取民馬，抄掠民財。皇甫斌募兵騷擾淮北，公然下令人自為戰，劫掠歸己。

金朝的態度是克制的，這年春天，金人俘獲了南宋間諜，得到了宋朝準備北侵的情報，金國樞密院立即移文南宋：「依誓約撤新兵，毋縱入境。」宋廷回答：增戍為防北朝流民入境。金廷認為這顯然在搪塞，而且挑釁未有消停跡象，便新設河南宣撫司，以平章政事僕散揆為宣撫使，在諸道征兵刷馬預為戰備，西線臨洮、德順（今甘肅靜寧）、秦州（治今甘肅天水）、鞏州（治今甘肅隴西）等地各置 4000 名弓手。

僕散揆以金河南宣撫司名義移文宋三省、樞密院，責問用兵原因，宋方推諉是盜賊生事，邊臣不謹，已經降黜，更予戒諭。夏天，金章宗召集大臣，諮詢對宋方針，多數人主張「設備養惡」，即做好戰爭準備，讓南宋把事情做絕。章宗因南北和好四十餘年，人民久不知兵事，況且北有邊患，內遭饑荒，並不打算進行這場戰爭。

宋朝派出賀生辰使李壁使金，行至鎮江，聽說忠義人朱裕受鎮江都統制司派遣，聯合金國漣水縣弓手李全攻襲漣水（今屬江蘇），便上書請斬朱裕，儆懲來者。渡淮入金後，金國接伴使和館伴使都表示出維護南北和平的意向，李壁的回答也頗誠懇：「本朝家法，一本仁厚，豈肯輕率用兵，北朝勿聽間諜之言。自今各崇信義，則浮論自息；疑心一生，非兩國之利。」金朝的疑

慮打消了。但使歸覆命時，他見侂冑銳意用兵，卻覆手為雨道：「敵中赤地千里，斗米萬錢，與韃為仇，且有內變。」

初秋，宋殿前副都指揮使郭倪與濠州守將田俊邁買通了金國虹縣人蘇貴為間諜，對僕散揆説：「宋人增戍，本為防盜，如今聽説建立了河南宣撫司，反不敢撤戍了。增戍之兵原是白丁，自備飯糧，窮蹙飢疫而死，十有二三。」僕散揆向金廷建議撤銷宣撫司。金章宗聯想到李壁來使時曾説：「增戍之事，本朝豈有他心，貴國自為過慮。今只須同時彼此俱罷，庶幾兩無疑阻。」便同意撤司，西線臨洮等地新置的弓箭手也都罷去。

開禧元年歲暮，金使趙之傑來賀正旦。兩國關係已劍拔弩張，之傑入見時舉止有點倨慢，手執國書欲進不進，並不直接送上，似有要寧宗起身來接的架勢。閤門奪過他手中國書，呈給寧宗，金使頓覺受辱，內心忿忿然。一會兒，贊禮官悠長地喊道：「躬身立。」金章宗父親名允恭，「躬」「恭」同音，按外交禮儀，對方所有帝諱乃至同音字都應避免使用。准此而論，宋朝贊禮官似非禮儀上的疏忽，而是受命指使下的蓄意尋釁，意在激怒金方。金使直立不動，表示抗議。侂冑奏請寧宗起駕還內，未幾傳旨命金使正旦日朝見。

這種使節相見不合禮儀的事情，慶元嘉泰間也曾有過。那時，金使失禮在先，寧宗起身入禁中，宰執謝深甫命金使在殿角等候，請寧宗再御殿，由贊引官重引金使進國書，「迄如舊儀」[1]。但當時兩國關係正常，故而妥善處理了。這次卻不同，著作郎朱質看出了侂冑的用意，立即上書請斬金使。侂冑沒有這麼做，但免去了金使遊覽三天的日程安排。

---

[1]《宋史》卷 394〈謝深甫傳〉。此事與深甫有關，但他在 1203 年初已罷相出判建康府，故顯然與 1206 年初這次金使入見為兩件事。

與金使赴宋同時，陳自強推薦陳景俊為賀金正旦使北行偵知金國虛實。朝賀時，金章宗面諭宋使「不宜敗好」，後又派御史中丞孟鑄赴宋使館邸轉告：「朕方以天下為慮，不計小嫌，故罷宣撫司。近來群臣屢言貴國渝盟。朕念和好歲久，委曲涵容。倘若盜賊仍不消停，臣下將續有抗議，朕雖兼愛生靈，事端豈能不止？卿等歸國，應以朕意稟告汝主。」話說得有禮有節，委婉而有分量。金朝意向明確：要求對方邊臣不生事，「盜賊」不作亂，以確保邊境安寧。景俊回國覆命，自強為迎合侂胄，警告他勿將金廷之言如實奏聞。侂胄北伐決心更堅決了。

直到開禧二年春，金朝仍希望盡力避免這場迫在眉睫的戰爭。不過，獲悉對手秣馬厲兵，金朝也被迫做出反應，修道路，閱舟師，點集兵夫，添置寨柵，以便有備無患。

在製造邊境摩擦和加緊外交試探同時，南宋在軍政上也開始了戰前準備。在裝備上，嘉泰三年夏，殿前司撥到封樁庫錢10萬，奉命打造戰艦。初秋，置四川提舉茶馬二人，一人分治馬事，不久命四川提舉茶馬司通治茶馬事，試圖從大理國求購戰馬。開禧元年秋天，再置和州（治今甘肅西和西南）馬監，和州毗鄰吐蕃諸部，在此設立馬監，顯然希望開闢戰馬的新來源。儘管如此，戰馬奇缺局面未能改觀，於是下令獻馬者補官，京西沿邊七州之民結伙越境，劫奪金地民戶的馬匹。

在兵員上，嘉泰三年秋季，增置襄陽騎軍。這年冬天，兩淮諸州趁農閒時節教閱民兵弓弩手。次年春季，吳曦練兵西蜀。春夏之際，命內外諸軍研討純隊法①。夏季，以軍官子弟赴諸軍帳前

---

① 純隊是50人一隊使用清一色兵器，與此相對的花裝則全隊以各色武器搭配使用。南宋統兵者有「花裝純隊之爭」。詳見王曾瑜：《宋朝兵制初探》（中華書局，1983年），第261-262頁。

效力。初冬，令諸州置招軍簿。開禧元年春季，新置澉浦（今浙江海鹽南）水軍，直屬殿前司；淮西安撫司招募強勇軍。初夏，內外諸軍分別接到隨時準備開拔的密令，諸路安撫司奉命教閱禁軍。夏季，相繼命興元都統司增募戰卒，湖北安撫司也增招神勁軍。冬季，殿前司神武軍 5000 人開赴揚州屯戍。歲暮，馬軍司增刺弩手。這些臨陣磨槍式的戰前準備，不能說一無效果，但在因循苟且、貪污刻剝的政風、吏風、軍風下，其成效大可懷疑。

戰爭所需要的財賦糧餉，是必須解決的大問題。嘉泰四年初，因金國在邊境增戍積糧，宋廷也命各制置司盤點邊關倉儲，積糧計 800 萬斛，可食的則無多，便頒度牒 15000 道給總領所，依原儲額收糴補齊。這年夏季，頒詔諸路核點諸州樁積錢米，監司核實後上報尚書省；沿江及四川軍帥也簡核軍糧數，上報樞密院。同年冬，下詔總核內外財賦，侂胄以右相陳自強兼國用使，參知政事費士寅、張巖同知國用事。

宋代國用司是非常設性總管財賦的機構，乾道二年（1166）初置，當時隆興北伐雖失利，但宋孝宗仍銳意恢復，故有此創設。後來或許認識到近期絕無再與金決戰的可能性，三年後將其撤銷。寧宗、侂胄再設國用司，顯然考慮到「財賦各歸戶部而事權散紊」，意在以國用司調動全國財賦以支持北伐。開禧元年春，寧宗命國用司制定考核財賦法，這年夏天，韓侂胄親自兼任國用使。次年初，國用司改名國用參計所，命諸路州縣呈報歲賬而索取其積餘，四川諸州都不據實報，如實申報的江浙諸州則頗遭掊取之害。這年春天，北伐出師在即，從封樁庫劃出黃金萬兩，準備賞賜立功將士。然而，南宋在戰爭物資供應上顯然捉襟見肘，春夏之際竟頒納粟補官令，企圖以鬻官來彌補糧餉的短缺。

在人事上，侂胄也做了些安排和調整。嘉泰二年，寧宗下詔命宰執各推薦可守邊郡的人才二三人，同時命諸路安撫使、總

領、監司薦舉可任將帥的名單。次年，又頒詔諸軍主帥，各推舉有將才的部下三人，不如所舉者處以連坐。開禧元年，在朝侍從、臺諫、兩省官與在外待制以上官員，又奉詔各舉將帥、邊守一二人。頻繁的舉薦詔令所暴露的則是軍事人才的嚴重缺乏。

嘉泰四年歲初，金國饑饉連年、流民四起的邊報傳來後，侂冑立即做出反應，任命親信參知政事張巖為淮東安撫使，同知樞密院事程松出帥淮西。他還打算讓知樞密院事許及之出守江防重鎮建康府（今江蘇南京），許及之畏懼推託，侂冑一怒罷了他執政之位。原先追隨侂冑的執政中，張孝伯、費士寅也感到北伐有點輕舉妄動，卻不敢明諫，侂冑察知後也將他倆相繼罷免。

開禧元年六月下旬，寧宗詔拜韓侂冑為平章軍國事。早在嘉泰元年夏，監惠民局夏允中就上書皇帝，讓侂冑平章軍國重事。侂冑雖垂涎這一宋代最高權位，還畏懼眾議，假惺惺地辭謝說「聞之駭汗如雨」，指斥建議者「肆為狂妄之說」，請允許他致仕。寧宗不許，批其疏後道：「朕方得所倚賴，豈容遠嫌？」允中拍馬不在當口上，反因上書放罷，押出都門。但隨着北伐的迫近，侂冑日漸感到必須集大權於一身，既便於調度指揮，也可以提高聲望，以為號召。這次是右相陳自強、侍御史鄧友龍及時獻媚，向寧宗援引故事，重提舊議，才有此詔命。

宋代授平章軍國事，寓有優待元勳重德之意，與一般宰相不可同日而語。在此以前，只有四位大臣獲此殊榮。一為真宗朝王旦，一為仁宗朝呂夷簡，兩人不到半年都力辭而罷，還有兩位即元祐重臣文彥博與呂公著，寵幸如蔡京、專擅如秦檜都與此無緣。韓侂冑拜平章軍國事，比呂公著同平章軍國事少了「同」字，其體更尊；比文彥博平章軍國重事少了「重」字，其權尤廣，即所謂「政事無所不關」，僅省免其常程細務而已。太常寺議定典禮：序班丞相之上，三日一朝，赴都堂治事（開禧北伐起，改為

一日一朝）。禮官又建議，其節度使俸祿照舊支給。對這一決定，侂冑推辭了一下，終以下詔褒納而不再拒絕。至此，侂冑既享有建節、封王等最高榮銜，又擁有了宋代相臣罕有的大權，儼然處於權位的峰巔上，可以為所欲為了。這一任命後，三省印都納送韓府，宰相不復有印，僅同參知政事。

侂冑還命樞密院設置機速房，以親信朝士主管其事，兵事密謀，都讓他們論定再報他。知名之士周南正主管吏部架閣文字，侂冑欲羅致他，周南拒絕拉攏，對人說：「我正以為首開兵端是發狂必死之藥，怎能參預其間呢！」開禧元年秋季，殿前副都指揮使郭倪出任鎮江都統制兼知揚州，侂冑以兩淮為北伐主戰場的意圖已十分明顯。

北伐的輿論宣傳也逐步升溫。嘉泰四年春夏之際，朝廷在鎮江府為紹興抗金名將韓世忠建廟。世忠指揮的黃天蕩戰役就是在鎮江江面上拉開戰幕的，而後直將完顏宗弼的大軍逼進黃天蕩（今江蘇南京東北），給不可一世的金軍以沉重打擊。如今，選擇在北伐前夕在這裡為他立廟，顯然是意味深長的。

時隔一月，寧宗下詔追封岳飛為鄂王。民族英雄岳飛的姓名本身，在南宋愛國軍民心中就是恢復故土、洗雪國恥的一面旗幟。侂冑打算興師伐金，自然有必要打這面大旗，既激勵將士，又振奮民心，更抬高自己。追封制詞說：「人主無私，予奪一歸萬世之公；天下有公，是非豈待百年而定。」追封岳飛，儘管侂冑心存私意，但確是大振民心、大得人心之舉，起到了號召軍民的積極作用，為即將到來的北伐贏得了輿論上的廣泛支持。

侂冑利用一切機會在輿論上鼓吹北伐。開禧元年，禮部試進士，第一名毛自知就因在策論中主張「宜乘機以定中原」，大得侂冑歡心而點為狀元的。這年秋天，宋廷又追贈宇文虛中為少保。虛中在建炎初置生死於度外，應詔出使，為金強留。金熙宗皇統

六年（1146），金上京漢人俘虜起兵南歸，欲推他為首，事洩以謀反罪處斬。開禧北伐前夕，追贈他為少保，也隱然有表彰民族節概的用意在。同時，南渡四大將之一的劉光世也追封為鄜王，光世並無抗金殊勳可言，侂胄追封他仍為「風厲諸將」。

開禧二年初夏，權禮部侍郎李壁上奏說：「自秦檜首倡和議，使父兄百世之仇，不復繫於臣子的慮念。宜亟貶奪爵位，改定惡謚，示天下以仇恥必復之志。」秦檜死後，高宗贈封申王，追謚忠獻。人民對他的痛恨，與對岳飛的愛戴同樣深切。於是，禮部從秦檜後裔處拘取了封王贈謚的告詞，追奪王爵，降為衡國公；定謚「繆狠」。誰知侂胄對同伙說：「且休，且休！」也許「狠」字觸到了他的痛處，最後改謚「謬醜」。侂胄此舉無非繼追封岳飛後，再次在北伐輿論上製造轟動效應，這種效應也確實達到了。降封制詞中「一日縱敵，遂貽數世之憂；百年為墟，誰任諸人之責」，立即成為傳誦一時的名句。但時論以為：李壁所論不為不公，惜乎只斥其主和，而不論其無君，只是迎合侂胄用兵之私而已。

正當各種戰爭準備緊鑼密鼓進行時，開禧元年四月二十七日，武學生華岳叩閣上書，給紅紅火火的北伐宣傳當頭潑了一盆冷水。上書首先勾畫了一幅戰前的景況：

> 旬月以來，都城士民彷徨相顧，若將喪其室家；諸軍妻子隱哭含悲，若將驅之水火。我見到侍衛之兵日夜潛發，樞機之遞星火交遞，戎作之役倍於平時，郵傳之程勝於往昔，這才知道陛下準備北征。

接着，華岳揭露了韓侂胄及其黨羽專擅弄權、結黨營私的種種倒行逆施，認為：這些也像外患一樣，已侵入國家的腹心、股

肱、爪牙、耳目和咽喉等要害部位，並驅使士卒仇其將佐，百姓叛其守令，自樹國中億萬仇敵。今不務去我腹心、股肱、爪牙、耳目、咽喉之患與那億萬仇敵，卻打算空一國之師，竭一國之財，與遠夷外戎較量於血刃相作塗之地，豈非不恤自身而誤用其心嗎？

他進而分析道：萬一國家首開戰端，則將帥內離，士卒外叛，塗炭萬民，血刃千里，這是天數不利於先舉；將帥庸愚，軍民怨恨，馬政不講，騎士不熟，豪傑不出，英雄不收，饋糧不豐，形勢不固，山砦不修，堡壘不設，雖帶甲百萬，運餉千里，而師出無功，不戰自敗，這是人事不利於先舉。

他請皇帝斬韓侂胄、蘇師旦，「先去國中外患仇敵，然後公道開明，正人登用，侵疆自還，中原自復。不然，亂臣賊子吟九錫隆恩之詩，有異姓真王之心，塗炭生靈，墜毀王業。那時，陛下雖欲不與之偕亡，但禍迫於身，權出於人，俯首待終，噬臍莫及！」華岳最後表示，為了驗證取信，願身系囹圄，如侂胄奏凱班師，甘願梟首示眾，為欺君罔上者戒；如結局與所奏相符，就放歸田里，永為不齒之民。

寧宗閱過上書，未為所動，依舊交由侂胄處理。幾乎同時，侂胄收到了華岳的一首詩，題為《上韓平原》：

> 君家勳業在盤盂，莫把頭顱問鑞鏤。
> 漢地不埋王莽骨，唐天難庇祿山軀。
> 不隨召奭始求老，便學孔明終託孤。
> 十廟英靈儻如在，讒於宗社作穿窬！①

---

① 《宋史》卷 455〈華岳傳〉；華岳：《翠微南徵錄》卷 1〈開禧元年四月二十七日上皇帝書〉、卷 4〈上韓平原〉。

大意説：你家曾祖韓琦倒是功垂千秋的，你可不要把頭顱去試斧鉞，王莽、安祿山的下場就是前車之鑑。你即便做不到召公奭那樣一開始就追求治政與長壽，也該學學諸葛亮受託孤之重，忠心輔弼嗣君。大宋十廟祖宗的英靈決不會放過你這竊國之賊的！故而，寧宗讓他處理這事時，侂冑怒不可遏地命大理寺立獄。華岳被削去學籍，押送建寧（今福建建甌）土牢監禁。

華岳上書系獄後，已少有人再敢於公開批評北伐了。開禧二年春夏之交，連原先追隨者錢象祖也認為即將到來的北伐是冒險之舉，表現出觀望態度，侂冑認為他「懷奸避事」，連奪兩官，信州居住。三天以後，知處州徐邦憲入朝，上疏寧宗，請立太子。他説：「與其找名目來停戰，還不如借建儲大赦的機會，行弭兵之事，洗弄兵之咎，省戍邊之師，發倉粟以賑餓殍，應農時而復民業。建儲弭兵正可相為表裡。」他以相似內容上書侂冑，試圖為他找台階下。但在侂冑看來，戰車好不容易發動，怎能讓息兵停戰的話頭使其熄火呢？便指使侍御史徐柟奏劾，將徐邦憲降秩罷祠了。

這時，距開禧北伐的爆發只有個把月了。寧宗對北伐雖有聞知，卻不甚了了。侂冑敗死後，指控他的罪名之一是，舉事北伐，卻「上不取裁於君父，下不詢謀於縉紳」[1]。關於不詢謀於縉紳，是用兵之議遭致朝野的異議反對後，決策和準備工作便「其議愈密，外廷罔測」，故而「出師已有定期，在廷縉紳皆未之聞」。事涉軍機，外廷不知，尚有理由可説。至於不奏稟皇帝，則是侂冑專擅已慣，寧宗總是言聽計從的，故也認為不必一一取裁了。侂冑雖無不臣之心，卻有嫚君之舉。自平章軍國事後，他把機速房設在私第，假作御筆，升黜將帥，已是司空見慣，甚至密諭諸將出師之日，也假借御筆頒下。至於御前金牌，祖制規定專隸內侍

---

[1] 《四朝聞見錄》戊集〈臣寮雷孝友上言〉。

省，他卻多自韓府發遣，調發人馬，軍期急報，都不奏稟寧宗。開禧北伐，本就是權臣專擅下裹挾私意的輕率決策。寧宗無能，侂冑專擅，禮樂征伐不自天子出，也是必然的。侂冑固然應該追究，寧宗本人就沒有責任嗎？

二　開禧北伐

1. 從三路出擊到全線潰敗

北伐的戰幕是開禧二年（1206）四月下旬（6月上旬）拉開的，戰爭在東、中、西三個戰場展開。御史中丞鄧友龍任兩淮宣撫使，郭倪以副殿帥兼山東、京東路招撫使，這是東路統帥。由東路渡淮北上離中原最近，且主要地形是平原，利於長驅直入，故而南宋方面選擇兩淮，尤其淮東為北伐主戰場，旋即調發三衙禁兵增援淮東。兵部尚書薛叔似為湖北、京西宣撫使，鄂州都統趙淳兼京西北路招撫使，皇甫斌兼京西北路招撫副使，這是中路的統帥。西路則以程松為四川宣撫使，吳曦為四川宣撫副使兼陝西河東路招撫副使。

宋軍首先在東線發動進攻。四月五日，東線左翼宋軍進圍壽州，金亳州守將率步騎馳援，宋軍被迫撤圍。這一仗也許只是大規模軍事行動的前奏，而且失利了，宋方未予記錄[①]。四月二十五

[①]《金史》卷12〈章宗四〉：「四月丙辰（五日），宋人圍壽春。壽春告急於亳。」似已非此前一般性的軍事摩擦。然壽春（今安徽壽縣）時屬南宋安豐軍，金壽州（今安徽鳳台）與壽春相鄰，當是壽州。

日，鎮江都統制陳孝慶與勇將畢再遇奉郭倪之命，自盱眙（今屬江蘇）出師，進攻淮水對岸的泗州（今江蘇臨淮東南）。畢再遇原籍兗州，淳熙間就以驍勇聞名。接到命令後，他要求親選新募的敢死軍為前鋒，郭倪撥給他 87 人，命他克日進兵。

泗州原為宋金榷場所在，這時金軍早關閉了榷場，加固了城門，嚴陣以待。再遇對陳孝慶說：「敵人已知我軍出兵的日子，兵以奇勝，應出其不意。」便提前一天渡淮，兵臨城下。泗州有東西兩城，再遇將舟楫、旗戈陳列西城下，造成欲攻的假象，親麾精兵直撲東城南角。他身先士卒，率先登城，殺敵數百，金軍大潰，打開北門逃遁。西城仍堅壁不下，再遇披髮戴兜鍪鐵鬼面，揮動上書「畢將軍」大字的將旗，高喊：「大宋畢將軍在此，你們是中原遺民，可快快投降！」不一會兒，金守城官縋城請降，泗州兩城克復。

泗州之戰是開禧北伐的開始。郭倪入城勞軍，授再遇御寶刺史牙牌，再遇說：「大宋在河南有 81 州，現在下泗州兩城就得一刺史，而後何以為賞。何況招撫使帶得朝廷幾塊牙牌來？」固辭不受。

在東路右翼戰場初戰告捷同日，中路宋軍由江州統制許進克復了新息（今河南息縣），不久又攻下內鄉（今河南西峽）。由金歸宋的光州忠義人孫成也在四月二十六日收復了褒信縣（今河南新蔡南）。五月六日，中路統帥命江州都統制王大節率部攻蔡州（今河南汝南），蔡州是中路北進中原的重鎮，但王大節不僅攻城不克，反而全軍大潰。

泗州大捷的消息傳來後，南宋群情激昂，韓侂冑更是興奮地以為恢復之期指日可待。他向寧宗列舉了東路和中路的捷報，請正式下詔伐金。侂冑早就籌劃這篇堂堂正正的北伐出師詔了。他先命葉適改權吏部侍郎兼直學士院，試圖借其大名，再造轟動一

時的宣傳效應。葉適認為北伐時機尚未成熟，不願草詔，託病力辭兼職說：「我做一篇詔書要十天半月，恐怕誤事。」侂胄只得改命權禮部尚書兼直學士院李壁草詔。五月六日，寧宗內批道：「北金世仇，久稽報復，爰遵先志，決策討除。宜頒詔旨，明示海內。」次日，北伐詔正式頒佈。為表示「兵出有名，師直為壯」，詔書開頭就說：

> 天道好還，蓋中國有必伸之理；人心助順，雖匹夫無不報之仇。

接着指責金國「軍入塞而公肆創殘，使來庭而敢為桀驁」。前者是無中生有，開禧北伐前，金人從未騷擾過邊境，倒是宋方在不斷挑事；而後者也是侂胄有意挑起的外交紛爭。詔書號召：

> 西北二百州之豪傑，懷舊而願歸；東南七十載之遺黎，久鬱而思奮。聞鼓旗之電舉，想怒氣之颸馳。①

詔文鏗鏘有力，激勵人心，不久臨安市上就有印刷物出售。下詔七天後，皇帝以伐金事祝告天地、宗廟和社稷。

金國雖不願打這場戰爭，但南宋首開兵端後也迅即做出反應。四月十五日，金章宗下詔在南京（今河南開封）恢復河南行省，由平章政事兼左副元帥僕散揆為主帥，全權負責對宋戰爭。同時升諸道統軍司為兵馬都統府，東線以山東東西路統軍使紇石烈執中為山東兩路兵馬都統使，西線以陝西統軍使完顏充為陝西五路兵馬都統使兼元帥右監軍。不久，又以樞密副使完顏匡為右

①《兩朝綱目備要》卷 9；參校《大金國志》卷 21〈章宗皇帝下〉。

副元帥，主中線戰事。這樣，以河南行省為中心，金國也構成了東、中、西三路軍事佈局，分別阻遏南宋三路北進的勢頭。就在南宋下北伐詔的五天後，金朝也下了南征詔書，指責韓侂冑「輒鼓兵端，首開邊隙」，「敗三朝七十年之盟好，驅兩國百萬眾之生靈」，最後表示金國不得已而應戰，「彼既逆謀，此宜順動。尚期決戰，同享升平」。

但戰事的進展卻令宋人氣短。五月七日，中路統帥之一的皇甫斌惟恐落後，未接宣撫使薛叔似的軍令，就率軍 1000 人，北攻唐州（治今河南唐河），初敗於支池河，再敗於方城。皇甫斌以出身將家、好說兵事而自詡，但紙上談兵而已。他的麾下優伶薈萃，有民謠嘲諷道：「宣威群下問，恢復竟如何？」[①] 其實，金人早在一個月前就獲得他準備規取唐、鄧的情報，行省派出的援軍與堅守唐州的金將一舉擊潰了他的部隊。

皇甫斌派出的曹統制率步騎數萬分路攻蔡州，進至溱水，河水暴漲，又接到東路左翼建康都統制李爽攻壽州敗績的消息，便遲回不進。金將完顏賽不夜率騎兵 7000 人，分路抄擊，待宋軍剛過河，金軍精騎即控扼了渡橋。黎明，宋軍大潰，被追殺達 2 萬人。侂冑大怒，六月，奪皇甫斌三秩，十幾天後再奪其五官，南安軍安置。

東路戰況同樣令人沮喪。山東京東路招撫使郭倪戰前自視甚高，酒後就吟杜甫《蜀相》詩，阿諛者肉麻地吹捧他，他也真以為臥龍再生。戰爭開始後，他宴別先期出發的軍需官陳景俊，大言道：「木牛流馬，就勞駕足下了。」座中之人幾乎噴飯。泗州克復，時值盛暑，他在帥府見客，自己與來客用的紙扇上都題着那兩句杜詩：「三顧頻繁天下計，兩朝開濟老臣心。」

---

① 《四朝聞見錄》丙集〈天上台星〉。宣威為宣撫、宣諭、招撫使之別稱。

另一位東路主帥是兩淮宣撫使鄧友龍，他曾追隨理學家張栻，自稱道學中人，故而也入慶元黨籍。恢復之議起，他曲意鼓吹，也慷慨自許，明明不知兵機韜略，卻偏以侍御史身份妄薦大將。監察御史婁機面議他：「今日誰可為大將！即使以你充任，能管保有用嗎？」泗州之捷後，他與郭倪都被小勝衝昏頭腦，既無持重之操，又無臨敵之算，卻自以為奇功唾手可得。

泗州收復後，郭倪即派其弟池州副都統郭倬和主管馬軍行司公事李汝翼移師西北，合攻宿州（今安徽宿縣），以馬軍司統制田俊邁為先鋒，並增派鎮江都統制陳孝慶率軍後援；又命畢再遇率480騎兵為先鋒直取徐州。田俊邁以步、騎兩萬連克虹縣（今安徽泗縣）、靈壁，勢如破竹，僅七天就兵臨宿州城下。郭倬、李汝翼率兵五萬也隨後趕到，便兵分三路進圍宿州。沿邊忠義奮不顧身，肉搏登城，城下宋軍卻嫉妒功落他人手，竟從下往上射箭。墜落的忠義人怒斥道：「是一家人，還分你我！」攻城便延滯了下來。

南宋大軍駐營在低窪處，時值兩淮雨季，一夜豪雨使軍帳積水數尺，金軍不失時機地偷襲焚燒了宋軍的糧餉。兼旬大雨，再加上飢餓，十天後宋軍不戰自潰。五月二十三日，宋軍撤圍向蘄縣（今安徽宿縣東南）方向敗退。金國騎兵一路追擊，殺傷數千人，追至蘄縣將宋軍團團圍住。眼看宋軍將全軍覆滅，郭倬向金軍乞和，金將仆撒宰萱說：「執田俊邁給我，讓你們全師撤回。」郭倬竟將勇將田俊邁縛送金營。金軍雖讓郭倬率軍撤離，但仍將約半數的殿後宋軍給剿殺俘虜了。

畢再遇的騎兵進發到虹縣時，正遇上從宿州潰退下來的郭倬部敗兵，就急行軍趕赴靈壁，擔任後援的陳孝慶正擬退兵。再遇說：「我奉命取徐州，假道過這裡，寧死靈壁北門外，也不死在南門下！」郭倪下令撤師的軍令剛好送達。再遇說：「宿州軍潰，敵

人必然追襲。我來阻擊他們！」果然，金騎兵 5000 餘人分兩路追殺而來。再遇令敢死隊 20 人守靈璧北門，自率精騎衝突敵陣。金人見戰旗，驚呼「畢將軍來了」，便奪路逃遁。再遇手揮雙刀，逐北數十里，殺敵甚多，鎧甲為之盡棄。他扼守靈璧，估計南宋大軍已撤到 20 里外，才將餘部撤回泗州。

宿州之役是北伐以來最嚴重的慘敗。潰兵滿野，下泣之聲不忍入耳，傷病甚至肢殘的兵士，無人救助，有實在忍受不了傷殘苦痛的便投井自殺，潰兵過處甚至「井滿不可汲」。[1] 在東路主戰場上，宋軍已完全喪失進攻性作戰的實力和可能。而東線左翼，建康都統制李爽率部進圍壽州，逾月不克。在金河南援軍和壽州守軍的兩相夾擊下，也大敗而歸，金軍攻佔了壽春府（今安徽壽縣）。六月十七日，建康副都統田琳收復了壽春府，但比起李爽的潰敗，這已算不上勝利了。

東線、中線的戰事幾乎同時發起的，攻勢一開始也較凌厲。相比之下，西線戰事發動雖早，攻勢卻並不猛烈。其間固有西線主帥吳曦不可告人的動機在，或許也是南宋的戰略部署，即西線僅僅起牽制敵人配合友軍的作用。

東線戰幕拉開前不久，四月十三日，西線宋軍攻入天水地界，次日在東柯谷（今甘肅天水東南）一帶被金將劉鐸擊敗。七天後，吳曦派兵進攻來遠鎮（今甘肅武山西南）蘭家嶺。但這些只是開禧北伐爆發前西線的前哨戰。五月十三日，興元都統制秦世輔率部由漢中出征關中，這是西線一次較大規模的軍事行動。但大軍開拔不久，剛行至城固（今屬陝西），就未戰而自潰。六月二十五日，吳曦派兵 6000 攻鹽川（今甘肅隴西西南），為金將擊退。七月十五日，吳曦親率五萬大軍攻入秦州（治今甘肅天

---

[1]《桯史》卷 14〈開禧北伐〉。

水），竟被金將完顏承裕、完顏璘以千餘騎兵戰退，奔逃四十里。與此同時，他命萬人再攻來遠鎮，也被金同知臨洮府事朮虎高琪擊破。

八月下旬，西線另一主帥程松遣將襲取方山原（今陝西寶雞西），自己率兵數萬乘暴雨大霧分道奪得和尚原（今陝西寶雞南）等關隘。這些兵家必爭之地，金軍自然不會坐視宋人扼守。金元帥右都監蒲察貞遣將設伏在方山原上，別選勇士 500 名由絕徑攀援到方山原宋軍上方的山頭上，上下合擊，奪回了方山原。而後又遣將用智鬥勇，盡復和尚原等關隘，大敗宋軍。雄關險隘得而復失，西線戰事的前景也可以推測了。

九月下旬，吳曦部將馮興、楊雄、李珪以步、騎 8000 再攻秦州。步兵走西山，為金騎二百馳突追擊，潰退至皂郊堡（今甘肅天水南），被斬殺二千餘人；騎兵走赤谷（今天水西），也擋不住金騎的凌厲攻勢，被殺千餘人；楊、李戰死，馮興僅以身免。至此，西線進攻遂告終止。

東線戰事早就一蹶不振了。七月十五日，水軍統制戚春和副統制夏興國率水兵萬餘名沿黃河北上，準備取金邳州（治今江蘇邳縣南）[1]，被金邳州刺史完顏從正擊敗，戚春投水而死，夏興國被殺。東線進攻性戰事至此全告失敗，張揚了好幾年的北伐，只收復了一座泗州城。所有的慶功文章只能做在這座孤城上了。早在七月下旬，尚書都省曾以札子形式草草頒了赦令，而宋代慣例總是以皇帝的德音赦書曲赦武功拓地上的居民，或許韓侂胄也認為不便再借用寧宗名義來慶賀這彈丸之城的克復了。九月下旬，賞收復泗州之功，畢再遇功為第一。

---

① 南宋時黃河改道由徐州、邳州、楚州一線奪淮入海，故宋軍水師能從宋楚州（今江蘇淮安）溯河而上。

韓侂胄終於明白，他的北伐大業倚用的是一批怎樣的酒囊飯袋。盛怒之下，便狠狠地懲罰他們，六、七、八三月，貶竄敗將成了他的一大節目。不僅皇甫斌，鄧友龍、郭倬、李汝翼、李爽等先後被奪官，受居住或安置的處分；郭倬因獻勇將田俊邁給敵國，最後在鎮江斬首。

七月初的一天晚上，侂胄獨招李壁同酌，說起輕信蘇師旦之事，李壁略說了些師旦的劣跡，試探道：「師旦弄權，使明公負謗。不竄謫此人，不足以謝天下！」師旦因迎合用兵，開禧元年拜為節度使，仍領閤門事，他公然定價售賣將帥之職，早是公開的秘密，只有侂胄還蒙在鼓裡。如今經李壁揭秘，一怒之下，便當場讓李壁代草劾奏。沒過幾天，師旦被奪三官，衡州居住，還抄他的家，抄出他招權納賄、鬻官賣爵的金銀贓物，數量之大令人咋舌，侂胄用作為四川、兩京湖、兩淮宣撫司的犒軍費。不久，蘇師旦除名，韶州安置。

七月下旬，侂胄將參知政事張巖改知樞密院事，李壁升為參知政事。在這以前，他已讓江南東路安撫使丘崈代替被貶竄的鄧友龍出任兩淮宣撫使，命他赴揚州部署長江一線的三衙諸軍分守江淮軍事要地。丘崈一向主張對金復仇，北伐前侂胄試圖拉攏他共取功名，準備讓他任簽書樞密院，宣撫江淮。丘崈答道：「中原淪陷百年，固然不可一日而忘。但兵凶戰危，勝負未知，首事之禍，由誰承擔？一定有誇誕貪進之徒，僥倖以求萬一。」侂胄不得不表示：「這事姑且推遲一下。」內心卻甚為不快。丘崈有些軍事才能，處事也穩健。如今北伐喪師，侂胄只能起用他來收拾敗局。

丘崈認為眼下未可言戰，只能安集離散之兵，戍守要害之處，防止金軍報復。他主張放棄攻克的泗州，還師盱眙。因為泗州已成孤懸之城，淮北還屯駐精兵近兩萬，萬一金人南出大清河

口，長驅天長（今屬安徽）等地，將會造成淮東宋軍首尾中斷的
態勢。迫於形勢，侂冑雖然不滿，也只得讓他去料理了。

自泗州之戰起，渡淮宋軍達七萬餘人，到六七月間，東線的
宋軍幾乎都潰不成軍了。丘崈赴任後，首先命田琳等招收宿州、
壽縣兩地潰兵，僅得四萬，安撫慰勞後一新號令，整編還成；然
後部署郭倪、陳孝慶等屯駐宋金邊界和扼守軍事要地。

2. 轉攻為守，左支右絀

宋軍已無再進攻的可能，現在輪到金軍後發制人了。開禧二
年十月一日，金河南行省最高統帥僕散揆下令，九路金軍從東、
中、西三個戰場向宋軍全面反擊。開禧北伐進入第二階段：金由
戰略防禦轉為戰略進攻，宋則由戰略進攻被迫轉為戰略防禦。

金軍的東線攻勢由左、中、右三路構成：左翼由左監軍紇石
烈執中率山東兵兩萬出清河口攻宋淮南東路；僕散揆親領行省兵
三萬出潁州（治今安徽阜陽）、壽州（治今安徽蒙城）；右翼由河
南路統軍使紇石烈子仁統兵三萬出渦口（今安徽懷遠東北），與
中路合攻淮南西路。中線戰場由右副元帥完顏匡提師 2.5 萬出唐
州（治今河南唐河）、鄧州（治今河南鄧縣）。西線五路則是右監
軍完顏充率關中兵一萬出陳倉（今陝西寶雞西南），右都監蒲察
貞引岐、隴兵一萬出成紀（今甘肅天水），蜀漢路安撫使完顏綱
統蕃漢步騎一萬出臨潭（今屬甘肅），臨洮路兵馬都總管石抹仲
溫領攏右步騎 5000 出鹽川（今甘肅隴西西南），隴州防禦使完顏
璘以本部兵 5000 出來遠（今甘肅武山西南）。金軍反攻的重點顯
然也在東線，秋高馬肥之際，正是女真騎兵戰鬥力最強悍之時，
而兩淮平原也正是騎兵縱橫馳突的最佳戰場。

就在僕散揆下達反攻令的同一天，宋寧宗下詔，要求內外軍

帥各舉智勇兼備堪充將帥者二人。除畢再遇、田俊邁，北伐宋軍幾乎沒有值得稱道的將帥之才。寧宗生日端慶節那天，想到前線將士在凜冽秋寒中與南下的金軍作戰，深感不安與憫恤，他罷去了聖節宮廷內宴。東線三路金朝大軍已經全線突破淮河，進入南宋的淮南東路和西路。不久，寧宗又去告祭天地、宗廟和社稷，告以金兵侵淮事，而半年以前，他祝告的則是北伐金國事。祭告後兩天，他開始避正殿，減常膳，表示對國運的關注和憂慮。這次避殿減膳長達三個月，表明確實不是裝裝門面，走走形式，但除此以外，他作為君主卻一籌莫展。

十月廿九日，紇石烈執中統部以戰船 500 從大清河口渡過淮河，攻下淮陰，進圍楚州（今江蘇淮安），列營 60 餘里。另有 3000 兵戍衛淮陰的糧營，3000 艘運糧船停泊在大清河上。升任鎮江副都統的畢再遇偵知後，即遣部夜襲淮陰，焚燒金營糧草。楚州是淮東軍事重鎮，宋軍拼死固守，畢再遇又多次出擊楚州城外的敵營，故金軍久攻不下。兩淮是長江下游的屏障，丘崈命主管殿前司公事郭杲移屯真州（治今江蘇儀徵），準備隨時馳援兩淮。十一月三日，丘崈被任命為簽書樞密院事、督視江淮兵馬。在金軍壓境的形勢下，寧宗把扭轉危局的希望寄託在他的身上，親寫書翰慰問他。

十月三十日，僕散揆親率河南行省大軍攻克安豐軍（今安徽壽縣），取霍丘縣。十一月十五日，攻至廬州（今安徽合肥），因宋將田琳據守，他揮師東進，九天後攻下含山（今屬安徽），隨即進圍和州（今安徽和縣）。和州城外敵騎蔽野，城內居民和宋軍的儲糧無多，形勢岌岌可危。守將周虎有大將之器，與士兵同甘共苦，好幾次親率部下攻圍苦戰。他的母親拔下首飾，拿出妝奩，巡城犒軍，激勵守軍盡力一戰。士兵們為他們母子的愛國誠意所感動，無不拼死血戰，固守州城。僕散揆見和州久攻不克，

半個月後撤圍，轉攻六合。

這時，有人勸丘崈放棄兩淮，專力守長江，他堅決反對：「棄淮則與金軍共有長江天險，我誓與淮南共存亡！」六合（今屬江蘇）離長江僅數十里，六合一失，金軍即可飲馬長江，隔江虎視建康（今江蘇南京）了。郭倪派前軍統制、其弟郭僎率兵 1 萬前往救援。兩軍相遇於儀真胥浦橋（在今江蘇儀徵），宋軍大敗，被殺 8000 人。金軍攻至竹鎮，離六合僅 25 里。這時，畢再遇率援軍搶先一步馳抵六合，伏兵南土門，擺出無人守城的模樣，等金軍至城濠下，萬弩齊發，金鼓大作，旗戟並舉，再遇率師出戰，金兵驚懼遁走。金軍便屯駐瓦梁河（在今江蘇六合），控扼真州、揚州之間的交通咽喉。郭倪原打算僥倖一勝，以掩前失，不料仍一敗塗地，他聞訊後放棄揚州倉皇逃遁。這位以諸葛亮自況的原東路統帥之一，這才「自度不復振，對客泣數行」，有人當場嘲笑他說：「這是帶計諸葛！」[①]

中線戰場的南宋大軍屯駐在襄陽，招撫使趙淳、副都統魏友諒和統制呂渭孫互相傾軋，各不相下。湖北京西宣撫使薛叔似向以功業自許，但臨事怯弱，少可稱道。自金軍大反攻以來，宋軍中路防線也一再為金兵突破。十一月上旬起，完顏匡軍勢如破竹，連克棗陽、光化軍（今湖北光化北）後，進攻神馬坡。魏友諒統兵五萬夾漢水對陣，以強弩據守漢水之側，在金軍強烈攻勢下，連失 13 寨，不得不突圍赴襄陽。趙淳竟焚毀樊城，退縮襄陽。樊城為軍事重鎮襄陽的屏障，趙淳自撤屏障，金軍遂得以長驅直入。

完顏匡隨即攻克隨州（今湖北隨縣），進圍德安（今湖北安陸），因宋將李師尹堅守狙擊，遂派別部相繼攻佔了安陸、應城、

---

① 《桯史》卷 15〈郭倪自比諸葛亮〉；《宋宰輔編年錄》卷 20 開禧三年。

雲夢、孝感、漢川（今均屬湖北）等地，自己則在十一月廿四日親率大軍進圍襄陽，破其外城，六天後又克宜城（今湖北襄樊南）。宋魏友諒軍不戰自亂，潰走江陵。開禧三年大年初一，完顏匡猛攻襄陽城。新任京湖宣撫使吳獵派驍將孟宗政等馳援，完顏匡解圍而去，順道取谷城（今屬湖北）。二月上旬，金軍攻克荊門軍。

十一月間，東線右翼金軍紇石烈子仁部先後佔領了定遠、滁州、來安、全椒等州縣，十二月中旬，攻至真州（治今江蘇儀徵）一帶，與僕散揆部會師，屯駐在真、揚之間。這時，真州宋軍還有數萬之眾，死守河橋。紇石烈子仁率金軍分路從淺水處涉渡過河，突現敵後。宋軍大驚失色，不戰而潰，被殺兩萬餘人。十二月廿三日，真州失守，士民奔逃渡江的達十餘萬人。真州既失，揚州危在旦夕，郭倪早在幾天前棄城南渡而逃。揚州宋軍便開決城西、城北的巨勝、成公、雷塏等渚水，渡江南去。至此兩淮州縣幾乎盡陷金軍之手，金騎再次飲馬長江，建康、鎮江已一葦可航。

西線戰場也不斷傳來壞消息，儘管西線五路金軍的反擊攻勢不及東線與中線那麼凌厲迅猛。十二月四日，完顏綱率部進圍佑川（今甘肅岷縣東南），迫使南宋守軍投降後不久，又攻下茘川、閤川，然後佔取宕昌（今屬甘肅），十二月中旬，大軍抵大潭縣（今甘肅西和西南）。蒲察貞部則在十二月上旬取天水，破和尚原，陷西和州（今甘肅西和南），攻克成州（治今甘肅成縣）。也在十二月，金軍進犯七方關（今甘肅康縣東北），被宋將李好義擊退，但軍事重鎮大散關卻為完顏充部金軍攻佔，川蜀門鑰已落金人之手。

比起宋軍北伐來，金軍的南征基本上節節順利，頻頻得手。憂心戰事的南宋朝臣每以戰事問陳自強時，這位「以容容為上

策，以唯唯為善謀」的當朝丞相卻束手無策，仍只是俯首唯唯，或乾脆說：「太師自有措置」，往韓侂胄身上一推了事。侂胄這才認識到建蓋世功業的美夢終成泡影。但戰事既開，無論勝敗，軍費卻一天也不能短缺，南宋財政早有寅吃卯糧的虧空感，軍費開支成了大問題。侂胄不能不自為表率，他上表寧宗，請准許他將家藏先朝賜予的金器6000兩獻為軍費。寧宗下詔應允，並表彰了他，而天下人仍「皆笑韓之欺君」。①幾天後，太皇太后謝氏也拿出私儲100萬緡作為犒軍錢。侂胄與謝氏一帶頭，上自執政下至州郡官吏，還有后妃，或減俸，或捐贈，倒掀起了一股不大不小的熱潮。

官軍潰敗、城池失守的邊報不斷傳來，金軍逼近長江防線，侂胄「為之鬚鬢俱白，困悶莫知所為」②。政局和輿論對他越來越不利，皇帝對他仍很信任，有時還賜筵內廷。在一次內宴上，寧宗命準備演出的優伶把果桌移在旁邊，兩人看似失手實則有意地將果桌上的生菱打翻在地，一人忙說：「不好，不好，壞了許多生菱（生靈）！」以諧音譏刺侂胄輕率用兵，塗炭生靈。在另一次賜宴上，三名優伶一扮樊遲，一飾樊噲，一演杜撰人物樊惱，藉以諧音煩惱。當互問命名來由時，飾樊遲者說：「孔夫子所取。」扮樊噲者答：「漢高祖所取。」演樊惱的優伶卻道：「樊惱自取。」侂胄知道優伶們在嘲諷他貿然開邊「煩惱自取」，卻不便發作。儘管皇帝對他態度沒變，但戰爭失利，侂胄頗有顧忌，不像以前為所欲為。

---

① 《四朝聞見錄》戊集〈侂胄助邊〉。《南宋雜事詩》卷1注引〈筆塵〉：「韓侂胄出師數衄，自悔失圖，私出家財二十萬以助軍興」，捐獻數額與此不同。
② 《四朝聞見錄》戊集〈優伶戲語〉。

3. 吳曦之叛

　　四川的門鑰大散關是開禧二年十二月十一日失守的，時隔 16
天，四川宣撫副使吳曦自稱蜀王，向金稱臣，公然亮出叛旗，使
南宋的戰爭危局雪上加霜。消息傳來，朝野震驚。

　　南宋初年，吳玠、吳璘兄弟在川蜀抗金戰爭中擁有了自己的
部隊，號稱吳家軍。吳玠死後，吳璘代領其軍。由於當時宋金對
峙的嚴峻局勢，四川遠離中央，在地理、財政上都有相對獨立性，
紹興年間，宋高宗的第二次削兵權未對吳璘採取措施。吳璘去世
後，其子吳挺繼任吳家軍新統帥。吳氏三世帥蜀，儘管自高宗以
來「皆留其子孫於中朝」，但從孝宗朝起就引起有識之士的憂慮。[1]

　　紹熙三年（1192），朝議討論更代蜀帥事，留正認為吳家軍不
知有朝廷，命丘崈為四川安撫制置使。丘崈入川前對光宗説：「吳
挺如死，兵權不可再授其子。請讓我有權酌情撫定諸軍。」光宗
表示同意，次年，吳挺死，丘崈命總領財賦楊輔權利州西路安撫
使，統制官李世廣代領其軍。這時，光宗精神病復發，半年不置
蜀帥。後在知樞密院事趙汝愚的建議下，命興州都統制張詔兼知
興州，取代吳挺領軍。吳挺之子吳曦則調任建康軍馬都統制，後
遷殿前副都指揮使，名義上待以戍衛京師的重任，實際上奪了他
幾近世襲的吳家軍兵權。

　　據説，吳曦少時，吳挺問其志向，他即有「不臣之語」，吳挺
一腳把他踹倒在火盆上，臉上烙出了傷疤，川人都叫他吳巴子。
吳曦成年後，孝宗借其朝覲，留以禁衛。吳挺死後，他總想回川

---

[1]《兩朝綱目備要》卷 7。反對議論如《桯史》卷 3〈趙希光節概〉載，趙雄對孝宗語
　曰：「西人又以二父（指玠、璘）故，莫不畏服」，「古帝王長慮卻顧，為子孫萬世之
　計，似不如此」。

獨領吳家軍。當上副殿帥後，他曾命畫工將皇帝的乘輿、儀仗等繪成精細的捲軸，有人問他何用，他誑言道：「帶回去讓孩兒男女看了好消災。」後來人們都知道，他的反狀已萌櫱在這時。

吳曦開始結交陳自強，賄以重金。自強便對韓侂胄說：「只有吳曦才能鎮住川蜀。」侂胄正醞釀開邊，也認為吳曦可以擔當西線的大任，就同意放他歸蜀。嘉泰元年夏天，吳曦被任命為興州都統制兼知興州，利州西路安撫使。走出臨安府北關時，他焚香拜天道：「總算脫身歸去了！」入川後，他首先譖罷副都統王大節，不再任命新的副帥，把兵權獨握在手。而後，他以重賄再走蘇師旦的門路，索要整個四川的軍政大權。

開禧二年三月，侂胄物色西線主帥，以原同知樞密院事程松為四川宣撫使；由於蘇師旦運動，吳曦任命為宣撫副使，旋兼陝西河東路招撫使。侂胄也自有考慮：程松任錢塘知縣時，就是通過吳曦與自己套上近乎的，兩人既然有舊，協力共濟，自然是統領西線的最佳搭檔。

程松到任後，移司興元（今陝西漢中）東，統兵三萬，吳曦則領兵六萬，進屯河池（今甘肅徽縣）西。對付吳曦，程松「才不足以馭其奸，疑適足以趣其變」，還想着以執政之禮來接受他的庭參。吳曦哪會把一個巴結自己與侂胄，由小知縣躐居方面大帥的程松放在眼裡，不僅不去參見，反而抽調了程松1800名衛兵歸己統領。

自高宗紹興以來，朝廷另設總領四川財賦所主管四川財政，其長官與宣撫使分庭抗禮，旨在使財權、軍權分離，以免川帥坐大。韓侂胄專權後，將四川總領所隸屬於四川宣撫司，宣撫副使有權節制按劾總領，財權也成了吳曦伸手可攫之物。

吳曦出任西線戰場副主帥後，金廷為應付即將到來的戰爭，把策反的目標對準了他，開禧二年三四月間，給他送去了一封誘

降函。這通書函的具體內容已不得而知，原件在吳曦敗死後被抄出，送往臨安。

開禧北伐一開始，吳曦認為獻地求榮的時機已經成熟。四月下旬，他派密使赴金，表示只要封他為蜀王，他就獻出階、成、和、鳳（分別治今甘肅武都、成縣、西和，陝西鳳縣）關外四州。但金廷對其獻降心存疑慮，沒有立即反應。其後幾月間，吳曦做賊心虛，神思恍惚，「夜數躍起寢中，叱咤四顧，或終夕不得寢」[①]。但叛降第一步既已跨出，吳曦自知騎上虎背，決無退路了。

朝廷不斷派使者入川，傳達侂胄「日夜望其進兵」的鈞旨。為穩住侂胄，等待時機，吳曦派兵佯與金軍作戰。有吳曦做內奸，西線宋金戰局可想而知。金蒲察貞部進攻西和州時，宋軍力戰抵禦，正在激戰當口，吳曦傳令退保黑谷，宋軍聞令頓時潰不成軍。吳曦便焚河池縣，退居青野原，將士們不知底裡，仍奮力死戰，金兵卻在暗中好笑。宋朝重兵扼守的大散關，歷來號稱天險，正是吳曦撤去了鶩關的守軍，金兵才得以從背後直搗大散關，致使雄關失守。

吳曦終於取得了金朝的信任。十月，金軍發起全面反攻後，金廷認為：侂胄素忌吳曦威名，四川又在上游，一旦在金掌握之中，戰局就將徹底改觀。於是，金章宗決定接受吳曦的獻降，預備了詔書，鑄好了王印，交西線主帥完顏綱全權處理。完顏綱在吳曦老家德順州（治今甘肅靜寧）找到了他的族人吳端，命吳端攜詔書去見吳曦。金朝詔書說：「若按兵閉境，使我師併力巢穴而無西顧之虞，則全蜀之地，卿所素有，當加冊封，一依康王故事。更能順流東下，助為犄角，則旌麾所指，盡以相付。」[②]吳曦怦然心動，

---

① 《桯史》卷3〈梓潼神應〉。

② 《金史》卷98〈完顏綱傳〉。

但程松還駐兵興元，仍不敢輕舉妄動，便對外宣稱已將吳端杖殺。

不久，金兵攻鳳州，程松馳函要求吳曦速派騎兵赴援。吳曦回函詐騙說已發 3000 騎兵，同時派主管機宜文字姚圓與吳端赴金軍大營奉表獻降。完顏綱遣使去見吳曦，向他索要告身以為憑信，吳曦一股腦兒都拿出來交給了金使。完顏綱收到後，即派使者帶上詔書、金印至罝口（今四川略陽西北）立吳曦為蜀王。

十二月廿二日，吳曦秘密接受金國的詔書、金印後，就率部由青野原還屯興州。次日，他召集幕屬與部將說：「現在東南失守，皇帝車駕巡幸四明。我們應該從權行事。」大將王喜贊同叛立。有部屬說：「如這樣，相公八十年忠孝門戶將一朝掃地。」吳曦說：「我主意已定。」便一方面派兵奪取設在益昌（今四川廣元西南）的四川總領所倉庫，一方面對外宣稱金人欲求關外四州，這才議和的。他又致書程松，勸他離川。

早在數月前，不止一人對程松說吳曦必叛。他卻嗤笑告變者腦子有病，如今吳曦果真降金，他竟惶愕不知所為。這時，知興元府兼利州東路安撫使劉甲和主管四川茶馬公事范仲壬主張起兵討叛。他身為四川軍政最高統帥，竟然擔心事泄取禍，把兩人禮送走了。

興州城內百姓聽說金兵將至，一城如狂，爭相逃命。程松也置川蜀四路的江山和人民於不顧，倉皇逃竄了。他從閬州沿嘉陵江順流而下，逃至重慶時致書吳曦稱他為蜀王，竟向他乞取送行的彩禮以買舟東下。吳曦派人贈以封匣，程松以為是讓他自裁的匣劍，拔腳狂奔，被使者追上。他抖抖索索開匣一看，才知是吳曦饋贈的財物。日夜兼程逃出三峽，他西向揮淚道：「這才算保住了頭顱。」

十二月廿七日，吳曦始稱蜀王，遣使向金獻上川蜀地圖志和吳氏譜牒。次年正月十八日，吳曦在興州（今陝西漢中）正式即

位，繼張邦昌、劉豫之後當上了金國第三個兒皇帝，議行削髮左衽令，遣使向金稱臣，獻謝恩表、誓表、賀全蜀歸附表。隨後，他引金兵入鳳州，付以關外四州；同時派兵沿嘉陵江乘舟而下，折入長江去戍守溯江入川的軍事要地，沿途卻揚言與金人約攻襄陽。他還在成都營治宮殿，準備遷居蜀中，又聽其弟建議召用蜀地名士以安定民心。但大多數知名之士棄官而去，權知大安軍楊震仲飲毒自殺，軍學教授史次秦自熏其目，拒仕偽朝。

首先向朝廷通報事變的，就是利州東路安撫使楊甲。他在棄官而去前募了兩個士兵，帶了帛書晝夜兼程趕赴臨安面呈給參知政事李壁。大約二月初，吳曦種種不臣之狀已傳入朝廷，成都府路安撫使楊輔也密奏朝廷論吳曦必反，但韓侂胄仍不相信這種預料與傳聞。二月十三日，李壁轉上楊甲的告變奏議，舉朝震駭。寧宗連稱楊甲為忠臣的同時，想起了楊輔的密奏，認為他也必能討叛，便密詔任命楊輔為四川制置使，授權他相機行事。

侂胄聞叛，大驚失色，有人勸侂胄乾脆封吳曦為王。他便致函吳曦說：

> 侂胄排群議，以節使能世其忠。今公此舉，侂胄何面目以見上與士大夫？是非節使負侂胄，乃侂胄負上與天下士大夫也。書至日，即宜捨逆從順，反邪歸正，閉三關以絕金，上偽璽於公朝。侂胄當為奏之上，封節使以真王，猶可以慰天下士大夫之望，而侂胄庶幾有面目以見上與天下士大夫矣！[①]

---

① 《四朝聞見錄》戊集〈考異〉。《兩朝綱目備要》卷 10 開禧三年二月己未條所載該函文字與此頗有異同，或一為草稿，一為正本。

信函發出後，侂胄仍感不妥，召見知鎮江府宇文紹節，託付討叛重任。紹節分析道：「現在如進攻，吳曦必死守瞿唐關；如駐軍荊南，徒損威望。聽說隨軍轉運使安丙一向忠義，似非附逆之人，如授以密旨，或能討賊成功。」侂胄便以帛書密諭安丙：「如能圖曦報國，即使二府之尊也不會吝授的。」

楊輔接到任命，吳曦卻不買賬，將他移知遂寧。劉光祖等勸他舉兵討叛，他以不諳兵事和無兵可用為由，遷延不發，最後把官印交給通判，棄離成都而去。與楊輔的畏縮成對照，一些忠義之士卻暗裡籌劃義舉。監興州合江倉楊巨源與原吳曦部將張林、朱邦寧及義士朱福等聯絡了 300 人準備討逆。

有人把這消息告知安丙。吳曦叛後，安丙被召為偽丞相長史、權行都省事。他審時度勢，表面接受下來，暗地卻另有打算，託病不赴衙署理事，聽到這一消息，便把楊巨源請入臥室。巨源問：「先生要去做逆賊的丞相長史嗎？」安丙流淚回答：「目前兵將不能奮起，必須有豪傑，才能滅此賊。」巨源激他：「先生的主意定了嗎？」安丙指天發誓：「若誅此賊，就是做忠鬼，死也無憾！」巨源自知官卑望微，便與安丙相約：「非先生不足以主此事，非巨源不足以了此事！」

興州中軍正將李好義與其兄好古也在串聯軍士李貴、進士楊君玉等數十人準備誅逆。好義也考慮到如無素有威望的人出來鎮撫，即使吳曦受誅，很可能一變未平，一變復生。聽說巨源也在籌劃此事，便邀他共商大計，都同意推安丙出主其事。巨源對好義說：「我與安長史已約好舉事之日。那天先邀吳曦謁廟，到時命勇士刺殺他。」好義說：「吳曦出入必清道，且侍衛眾多，恐難以成功。聽說寒食日他去祭東園，倒是動手的好機會。」好義希望見一次安丙，以為約定。巨源說：「我先去和長史說，明日偽宮相見時，讓他問你的先世作為定議的暗號。」

安丙終於出主其事了。第二天，二月廿六日，安丙在偽宮見到好義，說：「我與令堂曾經共事，楊省乾盛讚你的才略，遲早要委你重任的。」接上暗號後，安丙命楊君玉起草了一份「密詔」，因楊輔新除四川制置使，安丙、巨源便聲言密詔來自楊輔，起事的忠義都深信不疑。

唯恐夜長夢多，巨源、好義果斷決定提前起事。廿八日深夜，好義夜饗義士，與好古及子侄輩拜別家廟。好義對妻子馬氏說：「日出後若還無消息，你自作打算吧！」馬氏說：「你為國誅賊，何以家為？」馬氏之母也說：「去吧，好好幹！你們兄弟，生為壯士，死為英鬼！」好義對預事之人說：「婦人女子尚且專慮朝廷，我們該怎樣呢？」群情更為激昂，好義率眾發誓：「入宮妄殺人、掠財物者死！」

次日天色未明，好義率74個忠義之士潛入偽蜀王宮，內應早將宮門洞開。好義率先大呼而入：「奉密詔以安長史為宣撫，令我輩誅反賊，違抗者滅其族！」千餘名吳曦的衛士聽說有詔書，頓作鳥獸散。楊巨源持詔騎馬抵內殿，自稱奉使宣「密詔」。好義的隊伍包圍了吳曦的寢室。吳曦聞聲倉惶起身，露頂光腳，開門欲逃，見李貴已到門前，便返身入室死拉住門。李貴奪門，門紐折斷，一把抓住吳曦的髮髻，一刀刺中他的臉頰。吳曦也有勇力，將李貴反撲在地。好義急呼他人以斧擊其腰，吳曦痛得放開了李貴，被李貴一刀砍落了腦袋。

安丙接到吳曦被誅的馳報，到場宣詔說：「邦有常刑，罪在不赦。」軍民歡聲雷動。隨後，安丙命人將吳曦首級掛在興州城內示眾，同時捕殺其黨羽。他向朝廷奏報了吳曦之叛及矯詔平叛的經過，便宜賞功的情況，函封了吳曦的首級連同僭制的乘輿、法物以及金人的詔書、王印，一併遣人送往臨安。吳曦僭位前後僅41天，就被徹底平定，這時，金國派遣的冊封使尚未到達，侘胄

給安丙的密諭函書也還在路上。

吳曦被誅的露布送達臨安，寧宗與侂胄放下了心頭的巨石，即日拜安丙為知興州兼四川宣撫副使，楊甲為四川宣撫制置使兼知成都府。吳曦首級送到的次日，寧宗將其獻祭宗廟、社稷，又在臨安梟首示眾三日。吳曦妻、子被處死，男子年 15 以下都送兩廣州軍編管。吳璘的子孫全部遷出四川，吳玠的後代免去連坐。

賞賜平叛的規模之空前、費用之巨大令人瞠目結舌。王喜等 420 名將領或由副使建節，或由白身授郎，全軍約 7 萬人或轉三官，或遷五秩，共計遷轉官資達 30 萬階。收復關外四州後，又特賜有功將士轉遷官資 9 萬餘階。為了支付兩次轉遷官資的功賞，四川總領所其後每年支錢物約 280 萬緡，這還不包括對平叛將士一次性賞賜的金 7000 兩、銀 61.777 萬兩、錢 8.025 萬引、絹 61.7 萬匹。

吳曦之叛完全是侂胄用人失誤造成的一次浩劫，出於對侂胄弄權開邊的不滿，當時蜀人謠傳說，金國封侂胄為吳王，還說侂胄欲與吳曦分王吳蜀之地，這當然是不實之詞。然而，侂胄文過飾非，把叛亂的敉平作為自己的功績，勸說皇帝舉行登樓受俘的慶功大典，後來也許考慮到畢竟是家醜，且與恢復之功完全掛不上鈎，這才作罷。

寧宗賜給楊輔便宜行事的密詔，大概是他在位期間值得稱道的主動舉措了。但楊輔臨危避事，仍表明他的判斷失誤。至於侂胄給安丙的密諭，送達已在叛平後三天，也未起到作用。安丙矯詔誅逆的成功，最根本原因是分裂不得人心，而平叛過程中最擔身家性命風險的則是楊巨源和李好義。如今平叛成功，侂胄還自以為功道「此詔非矯，實朝廷密旨」[1]，給自己貼金。他徑以矯詔

①《齊東野語》卷 11〈文莊論安丙矯詔〉。

的官職授與安丙，也為了證明自己的密降帛書在平叛中的關鍵作用。

　　吳曦之死，對金朝的戰略反攻不啻沉重一擊。金章宗批評完顏綱：「吳曦歸降，金軍自應進據仙人關，既把握川蜀的管鑰，又做吳曦的後盾。你既不據關，反撤大軍，致有今日結局！」關外四州向為川蜀屏障，叛平之後，李好義、楊巨源對安丙說：「吳曦被誅，金人破膽，應乘勢收復關外四州，否則必為後患。」於是安丙遣將分路進攻四州。好義率步騎 1000 人，死士 200，一路上忠義民兵應者雲集，僅七天就直搗西和。他親冒矢石，率先攻城，人人奮不顧身，金將棄城遁去。好義軍聲大振，以步騎三萬乘勝徑攻秦州（治今甘肅天水），試圖牽制兩淮金軍。安丙卻命他知西和州，謹守疆界，不得侵越，致使昂揚的士氣頓時低落。

　　吳曦之誅，楊巨源、李好義首倡之功最大，安丙向朝廷報功時，詐稱以他倆為首，實則將首功據為己有，還庇護叛將王喜。惟其如此，朝廷獎諭詔書竟沒有一字提到巨源和好義，附逆從亂的王喜反拜為節度使。安丙忌功妒能，先是聽到王喜派死黨毒死李好義而不予追究；繼而指使親信殺害楊巨源而誣以謀亂自刎。好義、巨源相繼死於非命，蜀中忠義之士莫不扼腕流涕，一時再次人情洶洶。安丙上章自求免職，朝廷保留他宣撫副使的要職，免得把他激上吳曦叛亂的老路。

4. 搖擺在和戰之間

　　為了攻宋，金廷徵發河南兵夫達 27 萬，投入兩淮戰場為 17 萬，投入京湖戰場 10 萬；為防備韃靼部族趁機南擾，又調發河北兵民 10 萬，以加強北方的防守。金朝內部形勢隨之吃緊，內外騷動，民眾亂象漸生。金軍在戰略反擊中已佔優勢，並不願

在懲罰南宋的道路上走得太遠。南征統帥僕散揆在精心計劃進攻時，即與金章宗商議和戰大計。章宗給他三策：第一策是徑渡長江；第二策是劃江為界；第三策，如果趙擴上表稱臣，縛送首謀，歲增貢幣，歸還俘掠，罷兵議和也未嘗不可。

僕散揆是主張在適當時機和條件下與宋議和的。他尋訪到侂冑的族人韓元靖，讓他渡淮赴丘崈營中。元靖自稱韓琦五世孫，丘崈問其來意，他說：「兩國交兵，北朝都認為出自韓太師私意，現在相州（今河南安陽）的祖墳都保不住了，所以南來投太師。」說到最後，才吐露出願為兩國議和穿針引線。

丘崈立即奏報朝廷。寧宗和侂冑正愁議和無門，便命丘崈派人護送韓元靖歸金，以探對方的誠意。丘崈派幕屬劉佑同赴金河南行省，帶回了僕散揆的書函，表示須稱臣割地，獻首禍之臣，才能議和。丘崈再次奏報上去，寧宗不願開罪韓侂冑。十一月下旬，丘崈只得派人持書、幣再使金營，轉達了宋廷議和意向，說：「用兵乃蘇師旦、鄧友龍、皇甫斌的主張，不是朝廷的意思，眼下這三人都已貶黜了。」僕散揆駁斥道：「侂冑是平章軍國事，若無意用兵，師旦輩豈敢專擅？」他決定以戰勝為籌碼，來個欲擒故縱：「我奉命征討，不敢自專進止」，託辭拒絕了，宋使不得要領而歸。

僅過半月，丘崈再次遣使攜函赴金營，書函犯了金朝廟諱；而數天前郭倬馳援六合恰被金軍大敗於真州。僕散揆據此認為南宋缺乏誠意，拒見使者，退回來書，讓人責備宋使道：「既欲議和，為何出兵真州，襲擊我軍？」但詰問中仍露出和意。從頻頻來使求和，僕散揆認定宋軍已無大規模反擊的實力和可能，而金軍也不適應即將到來的南方陰濕氣候，便在歲暮率大軍班師，只留部分軍隊屯駐濠州（今安徽鳳陽東北）靜待議和。

丘崈向侂冑建議：由朝廷直接移書金廷繼續議和；又認為：

既然金方指侂胄為首謀，移書時侂胄以暫不署名為妥。侂胄大怒，罷去了他的職務。李壁力論丘崈有人望，侂胄不快道：「天下難道只有一個丘崈嗎？」兩天後改命知樞密院事張巖代領其職。侂胄原以為，只要宋朝提出議和，金廷就會不附任何條件地欣然同意。但兩國交兵，和談只能是戰爭的繼續，戰爭雙方的勝負強弱必然在和談過程中體現出來。如今，金軍在反擊中佔了上風，當然握有了討價還價的主動權。對此，侂胄完全缺乏認識，決定「不復以和為意」。

侂胄又想到了辛棄疾。在北伐籌備和開始階段，他並沒有與當代賢傑分任權責，共創功業的大公之心，如今面對戰既無力、和亦無方的局面，他準備以名位利祿將辛棄疾等知名人士籠絡過來，為他支撐危局，分謗任咎。開禧三年初春，朝廷頒詔任命棄疾為兵部侍郎：「朕念國事之方殷，慨人才之難得。」詔書當然仍是秉承侂胄的意志。棄疾憤然表示：「侂胄豈能用稼軒以立功名者乎？稼軒豈肯依侂胄以求富貴者乎？」力辭新命，歸居鉛山。

戰爭在年初已然定局，但宋軍戰略進攻與戰略防禦都如此不堪一擊，卻出人意料。其重要原因之一，就是侂胄所用非人。在朝堂上，侂胄倚用為左右手的陳自強和蘇師旦，前者「陰拱固位」「饕餮無厭」，後者「因受結託，薦用庸謬」，由他們推薦的北伐將領往往私底下聲稱，「我這欠債的冤主卻委以打仗的戰將」，這類笑話喧騰征途，傳至境外。由此也決定了侂胄藉以方面之重的主帥與大將的素質：郭倪、郭倬、李爽、李汝翼、皇甫斌諸輩都是猥瑣庸才，他們平日只知剋剝士卒，收受賄賂，作為買官進身的資本；而吳曦更是外交敵國謀危父母之國，剛剛開打就前軍敗，後軍潰，大者被殲，小者狼奔，其部將罪重者受戮，罪輕者貶竄。在北伐主力上，袁甫的回顧也印證辛棄疾的戰前分析是正確的：「稍以立功自見及控扼關隘之人，大抵皆義勇、民兵、萬弩手、

雄淮、敢死諸軍」；而官軍則「棄甲曳兵而走者」。[①] 以這樣的軍隊，在那樣的將帥統領下進行北伐，焉能不敗？

還師次月，全軍主帥僕散揆病死軍中。一個月前，章宗已任命左丞相宗浩兼都元帥代其主河南行省事。宗浩繼任統帥後，就大肆張揚將親自率師攻襄陽。侂胄接報，又大為恐懼，擔心上流屏障一失，南宋朝廷就會岌岌可危，便命知樞密院兼督視江淮兵馬張巖再向金營傳遞求和信息。張巖以督府名義招募議和使臣，但戰敗情勢下，連合適的人選都徵召不到，最後起用了蕭山縣丞方信孺。

開禧三年二月，方信孺以樞密院參議官的身份帶上督帥張巖的乞和書函出使金國。行至濠州，金將紇石烈子仁將他投入大牢，命金兵持刃脅逼他答應議和條件：「你不打算活着回去嗎？」信孺答道：「奉命出國門時，早把生死置之度外了！」子仁只得放他北上去見宗浩。

宗浩將他安頓在驛舍裡，上書「天獄」兩個大字。龐趙奉命來見信孺，告訴他說：「這裡不是濠州可比的。」信孺道：「事情須商量，何必恃威嚇人呢？」

龐趙譴責南宋無故興兵，信孺說：「本朝立即追悔，所以斂兵約和。」「恐怕無兵可戰才請和的吧！」龐趙譏刺道。「難道沒有淝水之戰那樣的 8000 之眾嗎？」信孺應口反擊。

龐趙重申僕散揆定下的議和條件說：「稱臣、割地，自有故事。」信孺說：「靖康間倉卒割讓三鎮，紹興時為太母委曲求全，怎能用為故事？這事不僅小臣不敢議，督府也不敢奏。請讓我面見你們丞相剖決。」

宗浩在行省府列兵召見了他，威脅說：「不答應條件，即日

---

① 袁甫：《蒙齋集》卷 2〈入對札子〉。參見第 212 頁辛棄疾的議論。

旌旗南指，樓船東下！」信孺侃侃而辯，詞正理直。宗浩喝道：「前日興兵，今日求和，為甚麼？」信孺道：「前日興兵復仇，為社稷；今日屈己求和，為生靈。」

宗浩頗有漢文化修養，唇槍舌劍一番後讓信孺與他聯句賦詩，信孺慨然應允。宗浩先吟兩句：「儀秦雖舌辯，隴蜀已唇亡。」意思說：你再像張儀、蘇秦那樣能言善辯，但南宋既失四川，已唇亡齒寒了。信孺反擊道：「天已分南北，時難比晉唐！」意思說：天限南北，你們還打算像遼朝利用石敬瑭這樣的民族敗類，以晉代唐，建立附庸國，是不可能得逞的。

宗浩見聯句不能折服他，便問：「你們國家有多少州軍？現在一天就失了川蜀五十四州，我都為貴國擔憂！」信孺聲色不變道：「我出使在外，自然不知失蜀始末。大元帥間諜工作向來高明，還不知我們立國根本嗎？」

接着他侃侃而談兩廣、八閩、淮南、兩浙與江東、江西的富庶，「除川蜀財賦僅足五十四州軍民之用外，國力有餘，所以餘富也惠及貴國」。宗浩不得不折服他的辯才，修了復函讓他帶回說：「和還是戰，等你下次來使後決定。」

信孺回朝覆命，寧宗命侍從、台諫、兩省官集議。對金國提出的議和五款，除割地、稱臣兩款沒有同意外，對歸戰俘、罪首謀、增歲幣三款認為可以接受。當然，首謀不是指韓侂冑，而是讓蘇師旦、鄧友龍、皇甫斌來頂缸。於是，信孺帶着張巖的回書再使金國。此前不久的平定吳曦之叛，使侂冑誤認為宋軍還有攻擊力，催促張巖在東線再發起軍事行動。張巖便派畢再遇、田琳合兵攻敵，並發出懸賞，招募能活捉金帥的勇將。然而，西線戰事卻一再受挫，連一度收復的大散關也再次失守。侂冑這才重新感到棘手。金廷態度也更強硬，在議和條件上寸步不讓。

信孺向宗浩遞上回書，復函詞卑意恭，請求金國「捐棄前過，

闊略他事」,「感恩戴德,永永無報」。戰敗國無外交,談判是辛苦的。在五款中唯歸戰俘一項兩無爭議,在歲幣上,南宋只同意由隆興和議的銀絹20萬兩匹恢復到紹興和議的25萬兩匹,金方絕不接受這一數額;至於罪首謀,分歧則在究竟誰為首謀這點上;而割地、稱臣絕無談下去的可能。和談陷入僵局。

信孺對金方和談代表龐趙説:「本朝認為增幣已經委屈,何況名分、地界呢?」金人指責南宋背信棄義,擅起兵端,信孺針鋒相對地説:「你們失信,我們才失信的!」金人責問:「我們哪裡失信?」信孺從容説:「本朝興兵在後,而北朝致函吳曦,誘使叛降在前。你們先誘我叛臣,情理曲直顯而易見。」

金人一時語塞,信孺繼續説:「以強弱而論,你們奪得了滁州、濠州,我們也攻下了泗州和漣水;你們説我們攻不下宿州、壽州,你們包圍了盧州、和州、楚州那麼長時間,就一定能攻得下麼?五款已答應三條,還固執地不接受議和要求,那也不過再交戰罷了!」

龐趙見信孺説得很誠懇,便與他定約説:「割地之議就暫且擱置;但不能稱臣,也應改稱叔為伯;增幣五萬之外,另加犒軍費也可以考慮。」實際上,這只是龐趙代表宗浩個人在談判條件上的鬆動。信孺在南歸覆命前,還與龐趙約定數事,例如宋廷派出通謝使,呈送宋寧宗誓書等。

不久,宗浩奏報了和談進展,章宗指示:一、宋如稱臣,許以江、淮之間取中為界;如仍稱侄,即當盡割淮南,直以大江為界;陝西並以大軍已佔為據;二、首謀奸臣必使縛送或函首以獻;三、歲幣增至30萬兩匹;四、另輸銀1000萬兩以充犒軍之用;五、方信孺言語反覆,不足取信,命另遣忠實前來稟議。議和條件顯然更苛刻了。

八月,方信孺回朝覆命後以通謝國信所參議官身份,帶着寧

宗誓書的稿本再赴河南行省大營。因為有了金章宗的新詔命，宗浩沒讓龐趙再出面，接待的金將指責信孺沒有詳達金廷原意，反而急匆匆帶來誓書稿本，並出爾反爾地說：「歲幣不是犒軍費可以了結的。」信孺說：「歲幣不能再增，所以代以 100 萬通謝錢。現在得隴望蜀，我只有頭、璧俱碎而已！」金人以誅戮禁錮恫嚇他，信孺堅決地說：「拘禁金國是死，辱沒使命也是死，還不如死在這裡！」

在外交折衝上，宗浩略輸信孺一籌，便在其出使身份上找茬，指為「輕妄」，下令將他關押起來，並以此為由向宋廷交涉，要求改派「謹厚」的使者。南宋現在凡事低人一等，對金國扣留宋使不提出抗議，反認為信孺出使未能協調兩國關係，隨即再派通謝使前往金營徵詢意見。宗浩知道，囚禁宋使畢竟不在理上，便放信孺南歸，同時致書張巖，將金章宗欽定的議和條款知照南宋方面。

信孺約在九月上旬返抵臨安覆命說：「金國要求五件事：割兩淮，第一；增歲幣，第二；犒軍，第三；索還被俘者與歸正人，第四；至於第五麼，我不敢說！」侂胄追問再三，厲聲道：「若不說，朝廷將有行遣！」信孺這才慢悠悠道：「欲得太師頭罷了。」侂胄聞語大怒，即以惡語詬詈信孺。不久，信孺被奪三官，貶臨江軍居住。信孺是開禧北伐期間出色的外交使節。在南宋處於軍事劣勢的條件下，他能清醒認識到金國北有韃靼之擾，雖勉強出兵與宋朝相持，力絀情見，勢不能久，故而敢於拒絕金人索求，而希望以一己之口舌，弭雙方之兵戎，而能夠不辱使命。他的外交才能為「公論所推，雖敵人不能掩」[1]。但侂胄終不能用他。

侂胄又被激怒了，再度銳意用兵。九月四日，寧宗頒詔告誡

---

[1] 劉克莊：《後村大全集》卷 166〈方公行狀〉；《宋史》卷 395〈方信孺傳〉。

諸路將帥：和議未必可成，應該加強邊備。十天後，淮西轉運使奉命措置雄淮軍。又過五日，趙淳任命為殿前副都指揮使兼江淮制置使。連息影鉛山的辛棄疾也接到詔命，任為樞密院都承旨，命他速赴行在奏事議兵。以寧宗名義發出的詔書仍是侂冑的旨意，還企圖借助稼軒來為他收拾敗局。詔命到日，棄疾已沉痾不起，上章請辭的幾天後，就懷着深深的遺憾去世了。

張巖則被侂冑召回，斥責他督視無功。他原就不知兵事，因善於見風轉舵，又長於說笑逗樂，在慶元黨禁中成為侂冑打手，博得了歡心，終於以執政繼任東線主帥，開府僅九個月，靡費官錢 370 萬緡有餘，督視無功也是意料中事。

十月十四日，侂冑通過寧宗詔諭軍民，告以「和議未成，虜多要索之故」，詔書說：

> 敵人陰誘曦賊，乃在交鋒之前，當知今日之師，忱非得已而應。事雖過舉，蓋猶繫於綱常；理貴反求，況已形於悔艾。凡我和戰，視敵從違。[1]

比起伐金詔來，口氣的軟弱，心情的無奈，都躍然紙上。

侂冑當然不會以自己的頭顱作為與金議和的籌碼。然而，他既缺乏方信孺那樣對金國內外形勢的深刻洞察力，又不可能用人得當，措施得力，凝聚南宋軍民之力構築起一條抗金防線，而仍如過去一樣，固執而輕率地宣稱「有以國斃」，即把整個國家捆綁在戰車上同歸於盡。

隨着北伐的失利，侂冑的地位開始動搖，面責其非的朝臣也多了起來。蘇師旦被貶以後，試禮部侍郎倪思當面對他說：「周

---

[1]《建炎以來朝野雜記》乙集卷 18〈丙寅淮漢蜀口用兵事目〉；校以《兩朝綱目備要》卷 10。

筠、蘇師旦狼狽為奸，師旦已逐，周筠尚在。人言平章騎虎不下之勢，此是李林甫、楊國忠晚節。」侂胄悚然答道：「聞所未聞。」蘇師旦被貶以後，事無論大小，侂胄都倚用省吏史達祖，就像當初信任蘇師旦一樣。達祖詞壇名家，文章也好，侂胄凡有擬帖撰旨，俱出其手；但他為人從政一無可取，與陳自強稱兄道弟，那些干求差遣的無恥之徒轉而必先登其門，而他也專以奉獻金帛多寡為之予奪。同時受侂胄倚重的還有三省、樞密院吏人耿檉、董如璧，他們三人都不把執政放在眼裡，以至朝野有「史丞相、耿參政、董樞密」之説①。正是史達祖、蘇師旦、陳自強、劉德秀等一夥狐群狗黨的倒行逆施，韓侂胄成為千夫所指的眾矢之的，既加速了自身的覆滅，也在身後蒙上了更多的污名。

三　誅韓與議和

1. 楊皇后和史彌遠的結盟

慶元六年（1200），韓皇后去世後，寧宗沒有立即冊立新皇后。妃嬪之中，楊貴妃與曹美人俱受寵愛，優柔寡斷的皇帝拿不定主意。

楊貴妃出身低微，生身父母姓甚麼，連正史都失載，籍貫也不清楚，一説是遂安（今浙江淳安西南）人②。養母張夫人擅長聲

---

① 《四朝聞見錄》戊集〈侂胄師旦周筠等本末〉；《歷代名臣奏議》卷 185 衛涇〈論蘇師旦狀〉。

② 此據《建炎以來朝野雜記》乙集卷 2〈今上楊皇后〉，《宋史》卷 243〈楊皇后傳〉曰「或云會稽人」，當是與楊次山相認歸姓以後冒籍。

伎，宋孝宗乾道年間入慈福宮為樂部班頭，她也隨從入宮，在楊才人位下做雜劇孩兒，應是以嬉樂戲耍逗人發噱的兒童演員。她姿貌出眾，舉止得體，尤受太上皇后吳氏喜歡，年齒稍長，就以擅奏琵琶隸慈福宮，也招來同伴的嫉妒。一天，吳氏入浴，同伴姐妹便慫恿她把吳氏脫下的皇后冠服穿戴起來，隨即舉報她僭上。誰知吳氏不但不以為罪，反而對捉弄者說：「你們不要大驚小怪，她將來也許會穿上這身服裝，到我這地位的。」

她出落得楚楚動人。寧宗還是嘉王時，每赴慈福宮家宴，眼神總往她那兒瞟。寧宗即位之初，留在重華宮主喪聽政。一次，在慈福宮家宴上，酒潑在了手上，楊氏捧着銅匜伺候他洗手。雙目對視時，寧宗怦然心動，便以手沾水有意灑她一下。楊氏心領神會，一有機會便往聽政處跑，就此得幸皇帝。吳氏知道後大為不快，準備嚴厲鞭撲楊氏。內侍王去為勸道：「娘娘連天下都給了孫子，一個婦人又何足惜，何況這事不宜讓外人知道。」也有貴戚在旁邊說：「娘娘尚未見玄孫，楊氏命相宜生子嗣。」吳氏怒意始解，將她賜給寧宗時說：「看我面上，好生待她。」

慶元元年（1195），寧宗封楊氏平樂郡夫人，對她寵愛日增。兩年後進封婕妤，直到這年慈福宮太后去世前，楊氏對她始終定省有禮。隨着地位上升，她深為出身低賤而苦惱，對原先親族雖暗地也有饋贈，但絕不往來。她命內侍私下為她尋找同宗，找到了武學生出身的楊次山。次山被宣召入宮，兩人相見，演了一場多年失散一朝相認的輕喜劇：次山聲淚俱下，還舉事作驗證，「或謂皆后所授」[1]。她這才放棄原姓，歸姓楊氏，並依次山的籍貫自稱會稽人。

慶元五年，楊氏進封婉儀，次年冊為貴妃。在慈福太后死

---

① 周密：《齊東野語》卷 10〈楊太后〉。

後，她對太皇太后謝氏也朝見勤謹，視疾探病時甚至親嘗藥餌。寧宗重孝道，對她很滿意。韓皇后死後，中宮虛位，韓侂胄失去了靠山。在擁立中宮問題上，侂胄認為，楊氏知書史，通古今，為人機警而頗任權術，對她有點忌憚。而曹美人也正受寵幸，她性情柔順，其姊妹都通籍禁中為女道士，與侂胄稔熟親暱。侂胄力勸寧宗立曹美人為后，同時千方百計地隔絕楊貴妃與外朝的通籍往來。楊次山從門客處知道這事，告訴了楊貴妃，她銜恨在心而不露聲色。儘管在楊貴妃與曹美人之間，寧宗更喜歡前者，但還是下不了決心。

嘉泰二年（1202）歲末，寧宗也感到立后之事不能再遲疑拖延了，而楊、曹也心照不宣地決定在爭奪鳳冠上一決高低。據說，兩閣在同一天款待皇帝，楊貴妃堅持地謙讓曹美人優先安排在白天，自己在她宴罷的晚上再宴請。曹美人不知她在用心計，欣然同意了。天色向晚，酒才過兩巡，曹美人還不放寧宗移閣，楊貴妃位下已來人奏告帝輦備訖，催促皇帝過去了。

寧宗到後，楊貴妃從容勸飲，終於讓他留宿貴妃閣。她早已備好筆墨，醉意朦朧中，寧宗寫下了御筆：「貴妃楊氏可立為皇后，付外施行。」楊貴妃請他再同樣寫上一張，命可靠內侍次早直送乃兄楊次山。故而第一張御筆還沒送到中書門下，次山早揣着第二張御筆找到了宰執。楊氏惟恐侂胄壓下御筆，好事就可能變黃，故多了個心眼。

這年十二月十四日（12月29日），楊貴妃終於如願以償地立為皇后。次年二月六日（3月20日），皇帝御文德殿正式行冊后大禮。但楊皇后對侂胄排斥自己一事卻始終耿耿於懷，與次山密約尋機報復。對開禧北伐，楊皇后從一開始就以為失之輕率，但皇帝並不重視她的意見。

開禧三年（1207）四月，錢象祖再任參加政事，這是韓侂胄權

勢遭到有力挑戰的重要信號。象祖因投靠侂冑而位至通顯，嘉泰四年遷同知樞密院事。在其後兩年間，對甚囂塵上的北伐之議，他首鼠兩端，進則面諛，退則腹誹；直到戰爭迫在眉睫之際，才公開亮出反對意向。北伐開始前，他被奪兩官，信州居住。不久，北伐失利，他起知紹興府。開禧三年春，他應召入朝，沒有授以新任，僅以原執政身份提舉在京宮觀兼侍讀。如今，時過兩月，他重為執政，顯非侂冑本意，很有可能是史彌遠通過皇子趙曮向皇帝建議的結果。

皇子趙曮並非寧宗親生，他是燕王德昭的十世孫，原名與顥。紹熙四年（1193），寧宗還做嘉王時生下長子，未及命名就死了。慶元二年（1196）次子趙埈未滿百日也夭折了。兩年以後，寧宗聽從宰執京鏜等建議，仿效高宗故事，將六歲的與顥接入宮中撫育。慶元六年，韓皇后所生皇子趙坦又是早殤，寧宗便為與顥更名為曮，封福建觀察使；次年，封衛國公，聽讀資善堂。

趙曮倒也專意向學。資善堂小學教授婁機為他編了《廣乾祿字》課本，他讓戴溪寫了跋語，學得很認真。婁機親書本朝事親、修身、治國、愛民四事，他置諸座右，朝夕觀省。一天酷熱，趙曮對婁機說：「今日酷熱，禁廷深邃尚且如此，閭巷小民怎麼受得了。」婁機奏報給寧宗，寧宗高興說：「唐文宗只說：人皆苦炎熱，我愛夏日長。更沒一句念及百姓，皇子此意，過之甚遠。」對皇子印象不錯。

自韓皇后死後，寧宗新生的皇子趙增、趙坰又相繼沖齡夭亡。開禧元年，寧宗在憂懼中立趙曮為皇子，制詞是「意味悠長」的：「爰建神明之冑，以觀天地之心。」① 意思說，倘若上蒼讓他

---

① 《四朝聞見錄》甲集〈徐竹隱草皇子制〉。《兩朝綱目備要》卷8所載立皇子詔無此二語。

無子，皇位就傳燕王之後；倘若因這無私之舉而生子得育，那也是天地之心。次年，史彌遠以起居郎兼資善堂直講；不久遷為禮部侍郎，仍兼資善堂翊善。趙曮時當十四五歲，正是少年向成人世界轉向的關鍵年齡，接受的是史彌遠的熏染。[1]

史彌遠的父親史浩在孝宗朝兩度入相，在家世出身上，他頗有與韓侂胄抗衡的資本。兩人最初雖都以恩蔭入仕，但彌遠後來考取進士，進入了文資行列，是足以睥睨侂胄的。彌遠曾師從理學家楊簡，儘管這對師生後來互有微詞[2]，但他與討嫌道學的侂胄畢竟旨趣有別。慶元黨禁時，他雖有投靠侂胄的機會，卻沒忘乎所以[3]；但也決不可能如同呂祖儉那樣頂風上言。恢復之議炒熱時，彌遠也在朝中，仍未公開站出來反對。直到北伐受挫，形勢明顯不利於侂胄時，寧宗下詔在位者言事，他才上了一疏，認為「豈可舉數千萬人之命輕於一擲」，主張「固守封圻」，建議寧宗「毋惑浮言以撓吾之規，毋貪小利以滋敵之釁，使民力愈寬，國勢愈壯，遲之歲月，以俟大舉」，反對意思很明確，措辭仍留有餘地。

開禧北伐期間，史彌遠所做的，大概一方面充分利用翊善的身份，對皇子施行「特殊教育」，巧妙通過他傳達內外朝的動向，一方面密切注視着宋金戰局的發展和朝廷勢力的消長。錢象祖東山再起，很有可能是他由皇子傳語而居中操作的結果；即使與他

---

[1] 《宋史·史彌遠傳》未載兼翊善事，此據《宋史》卷 246〈景獻太子傳〉。

[2] 據俞德鄰《佩韋齋輯聞》卷 3，理宗即位後，楊簡以列卿召對，「上從容問曰：聞師相幼嘗受教於卿？簡對曰：臣之教彌遠者不如此？上曰：何謂也？對曰：彌遠視其君如弈棋。上默。罷朝，上以語彌遠，彌遠曰：臣師素有心疾」。

[3] 據《宋史》卷 414〈史彌遠傳〉，他自慶元二年再入朝為大理司直，改任諸王宮大小學教授，輪對時建議寧宗「旌廉潔之士，推舉薦之賞」，「為水旱之備」與「邊鄙之防」，也只是四平八穩地泛泛而論。其後遷樞密院編修官、太常丞兼工部郎官，直至慶元六年改宗正丞後始求外職，一直在朝。

無關，肯定也是歡迎這一信號的。當時彌遠僅是禮部侍郎，要把事情做大，還須借助地位更高的同盟者。而錢象祖因公開反對北伐而被侂冑貶黜出朝的，在反韓與求和上，不言自明是合適的結盟人選。

開禧三年秋，侂冑中斷議和進程，下決心「有以國斃」，準備繼續戰爭。這一決定讓都城震驚，朝堂疑懼，唯恐禍在旦夕。朝廷大臣中已沒有寇準那樣有戰略眼光的政治家，朝臣對前途的惶恐不安是可以想見的。被屏斥家居的林大中對人說：「今日欲安民，非議和不可；欲議和，非去侂冑不可！」這一見解反映了當時人的共識：侂冑已成為議和的唯一障礙。然而，怎樣才能去侂冑、求和議呢？

史彌遠和錢象祖的聯手應在侂冑決定再戰後才形成的。九月末，王枏持書再次赴金，所帶書函雖仍以侂冑名義發出的，但派他繼續方信孺未竟的和談，不會是侂冑的本意，至多是侂冑向錢象祖為首的議和派妥協的結果。

大約這時前後，有一位久疏音問的稀客拜訪了韓侂冑。他是侂冑任南海縣尉時的幕客，人賢，文章也好，因改名登第而久未聯繫，故而款留也極殷勤。夜闌酒酣，侂冑屏人相問：「我謬執國政，外間議論如何？」這人長歎：「唉！平章家族危如累卵吶！」侂冑驚問其故，那人答道：「這是不難推知的。中宮之立，不出自平章，中宮怨恨你；皇子之立，不出自平章，皇子怨恨你。賢人君子，從朱熹、趙汝愚以下斥逐貶死，士大夫都怨恨你；邊釁一開，則三軍、百姓都怨恨你。眾怒匯集，平章怎麼擔當得了呢？」

侂冑沉默良久，問道：「何以教我？」追問再三，那人才說：「僅有一策。主上原就不想做皇帝，如勸他早建太子，開陳高宗以來禪代故事，則皇子之怨可變為恩，中宮退居為太上皇后，也

無能為力了。然後，你輔佐新君，更始新政。諸賢死去的給予贈恤，健在的給予召擢。遣使議和，犒撫軍士，盡去軍興以來無名之賦，使天下百姓有更生之意。而後讓賢退隱，庶幾轉禍為福。」侂冑感到他分析在理，準備留之府中以備諮詢，他卻力辭而去。對他的建議，侂冑也「猶豫不能決」。①

　　史彌遠卻利用翊善身份向皇子力陳局勢的危急。皇子隨即具奏道：「韓侂冑輕起兵端，上危宗社，宜賜罷黜，以安邊境。」寧宗沒表態，他對用兵始終是模棱兩可的。在北伐前夜，他向執政錢象祖表示過「不以為然」的態度，致使象祖敢引聖語非議北伐。但在戰爭開始後，他下北伐詔，告天地宗廟，又似是贊成北伐之舉的。儘管對北伐的態度游移不定，但他對侂冑的倚信至今仍是確定不移的，離開了強有力的侂冑，他將以誰為依靠呢？

　　知道皇子諫奏而皇帝沉默後，楊皇后慫恿皇子再次進言，她表示自己也將在旁勸諫。瞅了個機會，皇子又對皇帝說：「侂冑再啟兵端，將不利社稷」，寧宗還是不搭腔。楊皇后在旁邊竭力附和，寧宗仍一言不發。楊皇后深知寧宗的性格，說不定改天就會把這番話原原本本搬給侂冑聽，他畢竟仍大權在握，若要反擊，還是易如反掌的。

　　深諳宮廷權鬥術的楊皇后不能不預為之計，她審視了朝廷內外的形勢：太上皇后謝氏這年夏天去世，整個後宮唯己獨尊。寧宗生性軟弱游移，只消大局一定，他是會承認現實的。然而，倘若沒有外朝大臣的有力支持，即使宮廷政變暫時成功，也難以收拾局面，穩定人心。現在的關鍵是尋找一個堪當大任的朝臣共圖此舉。

　　於是，楊皇后讓其兄楊次山物色這樣的人選，次山找到了禮

----

① 羅大經：《鶴林玉露》乙編卷 2〈韓平原客〉。

部侍郎史彌遠。彌遠已通過應詔上疏與皇子代奏的方式表明了反對北伐的態度，也感到與侂冑之間已到了勢不兩立的地步，與其坐等對方動手，還不如先下手為強。但以自己目前的地位，與侂冑這樣的權臣對抗無異於以卵擊石，現在既然楊皇后主動來與他結盟，他便欣然應命。

2. 誅韓前後

開禧三年十月三十日前後幾天，一場政變在秘密策劃中。

史彌遠在接到楊皇后的指命後，首先透露了一點給參知政事錢象祖，隨即禮部尚書衛涇、著作郎王居安、前右司郎官張鎡也參預了進來。定議以後才告訴參知政事李壁。保密工作做得很疏失，王居安竟忘乎所以地對同僚說：「數日之後，耳目當一新。」彌遠知道後憂心忡忡。對怎樣去掉侂冑，彌遠一開始並未心懷殺意，他訪問了張鎡。張鎡是紹興大將張俊曾孫，對彌遠說：「勢不兩立，不如殺了他，以絕後患！」彌遠聽了，撫案歎道：「不愧是將種！我決心下了。」

十一月二日，楊皇后準備好御筆，自然是她的手筆：「已降御筆付三省：韓侂冑已與在外宮觀，日下出國門。仰殿前司差兵士三十人防護，不許疏失。」① 御筆原都出自侂冑，近來卻漸由楊皇后取而代之。為防意外，她故技重演，備下了三張相同內容的御筆，紙尾都皆蓋上刻有虎符印的皇帝牙章，有這方牙章印，御筆的權威性才被承認。楊皇后將一張御筆遞送史彌遠、錢象祖，一張授與張鎡，另一張交給光宗李皇后的兄弟李孝純，後兩張御筆沒有使用。

---

① 《四朝聞見錄》丙集〈虎符〉。

當夜，史彌遠微服往來於錢象祖與李壁兩宅之間。錢象祖看了御筆，打算奏准寧宗再舉事，彌遠不同意。李壁也認為：事一耽擱，就會泄露。象祖找到殿前司中軍統制、權主管殿前司公事夏震，讓他選兵三百，誅殺韓侂胄，夏震面露難色。當他看到象祖出示御筆時，才說：「君命，自當效死！」

對政變的密謀，侂胄似有風聞。前二天，他在都堂問李壁：「聽說有人要變局面，相公知道這事嗎？」李壁懷疑機密泄露，內心一震，仍鎮靜下來說：「恐怕沒有這等事吧！」侂胄便沒把這事放在心上。二日這天，周筠聽說有御批發自大內，具體內容卻打聽不到，就對侂胄說：「事情恐怕不好！」侂胄答道：「我準備以死報國！」周筠苦求他早做應變之計。侂胄這才與陳自強商議，準備再用引台諫逐政敵的老法子。自強推薦黨羽林行可為諫議大夫，劉藻為監察御史，打算在明天上朝時，把錢象祖以下一網打盡逐出京城。

這天恰是侂胄寵幸的三夫人生日，張鎡與侂胄素有往來，有意在韓府醉醺醺、亂哄哄地鬧到次晨五更方散。其間，周筠以封帖投入，提醒侂胄：「聽說外間戒嚴，請閉閤門，免去早朝。」侂胄醉咻咻道：「這傢伙又來胡說！」說着將封帖放在蠟炬上燒了。侂胄正準備上朝，周筠趕到韓府，勸他別再去早朝，侂胄呵斥道：「誰敢？誰敢！」邊說邊登坐車上道了。剛走不久，殿前司禁軍便包圍了韓府。

這時，宰相陳自強與參知政事錢象祖、李壁都早坐在了待漏院。林行可也到了，請求廷對，陳自強不無得意地對在場官員說：「今天大坡上殿。」大坡是諫議大夫的別稱，自強指的是林行可。不一會，侂胄的先遣侍衛到了待漏院，傳呼「太師到」。錢象祖、李壁臉色陡變，認為肯定是夏震變了卦，故而侂胄侍衛能先期到達，倘若侂胄一入待漏院，局勢就會逆轉直下。然而，久

久卻不見侂冑入院。

在這場政變中，夏震的地位與作用恰可與紹熙內禪時郭杲相類比。值得注意的是，兩人都位居殿帥之職。這天清晨，夏震派護聖步軍準備將夏挺率健卒數十人在太廟前邀截侂冑的坐車，又命中軍正將鄭發、王斌領兵三百，執弓槍刀斧在六部橋待命。平日，侂冑也乘私人小車徑從和寧門進入大內，倘若如此，夏震的部署就會完全落空，誅韓的密謀也會前功盡棄。幸虧今天侂冑的侍衛、車隊由寶蓮山下到御街，再向太廟方向緩緩而來。

放過了先頭侍衛，夏挺率部上前截住侂冑的坐車，告訴他說：「有御筆：太師罷平章事，即日押出京城！」侂冑驚惶失措說：「御筆應由我發。有旨，我為甚麼不知道，一定是假的！」全副武裝的士兵裹挾着侂冑折向六部橋，在鄭發等 300 名士兵護衛下向候潮門方向走去。侂冑發現不對頭，說道：「我家在湖州，應該出北關門，怎麼讓我向東出候潮門呢？」出了候潮門，侂冑見隊伍沿皇城根折往南面的玉津園而去，一路上便很不安。一會兒，他對鄭發說：「你放了我，我讓你拜節度使。」鄭發沒理他，他又問：「我有甚麼罪？」走到玉津園磨刀坑的夾牆甬道內，隊伍停下了。侂冑知道凶多吉少，大聲喝道：「何得無禮大臣！」鄭發叱道：「你這國賊！」說着舉起鐵鞭，猛擊他的下部。侂冑為防行刺，全身都以軟纏裹束，即使用兵器擊殺，一下子也難以致死。鄭發知其底里，一鞭將其斃命，馳報夏震。

大約就在侂冑押往玉津園時，寧宗在後宮還沒上朝，楊皇后向他透露：今天將對侂冑採取行動，現已押往玉津園了。寧宗一聽，立即用箋條批示殿前司：「前往追回韓太師。」楊皇后一把奪過箋條，哭訴起來：「他要廢我與兒子，又殺兩國百萬生靈！」軟弱的寧宗擋不住楊皇后的眼淚，也垂下淚來。楊皇后進而要挾道：「若要追回他，我請先死！」寧宗無奈地收起了眼淚，不再堅

持追回侂胄了。寧宗至此仍不知道侂胄已死到臨頭了。「不是持篋能力阻，玉津園外已回車。」①這兩句詩說出了楊皇后在誅韓中的關鍵作用，也從另一角度證明：專制政權的運作過程中往往會有許多偶然的非制度因素在其間起着支配作用。

夏震一趕到待漏院，錢象祖按捺不住焦急的心情，起身問道：「事已了否？」答道：「已了事。」錢象祖這才向待漏的上朝官宣佈韓侂胄已伏誅，接着他從懷裡拿出堂帖給陳自強說：「有旨：太師韓侂胄輕啟兵端，可罷平章軍國事；陳自強阿附充位，可罷右丞相，即日出京城。」自強惶恐不已，起座向象祖再拜辭出，臨上馬時還不住地對象祖說：「望大參保全！」在貶逐的路上，每天早上他必定穿戴朝服，焚香祝禱：「向上天乞一日之命。」次年夏天，他在憂悸中死於貶所。

從二日深夜到三日凌晨，史彌遠好似一個以生死榮辱押為賭注的賭徒，等待賭局揭曉那樣，心神不定，坐立不安。他雖不是政變現場出頭露面的指揮者，依照身份，他還只能把這事交給錢象祖、李壁去辦，但依然彷徨佇立門首，等待着消息。到拂曉時分，依舊音訊杳然，他有點心慌意亂了，甚至準備易裝逃遁。

錢象祖、李壁赴延和殿奏事。寧宗只知道侂胄被楊皇后以御筆名義罷免了平章軍國事，押出京城，對奏報侂胄被誅的消息愕然不信，其後好幾天仍不相信他已經斃命。

就在政變成功的當天，皇子趙曮再次上奏，列數因侂胄擅起兵端所造成的「死者冤痛，生者愁苦」等種種慘狀，請求寧宗罷侂胄平章軍國事，給與在外宮觀，命日下出京城。從趙曮上奏看，他雖在政變前傳遞過消息，但對侂胄已被誅殺似乎還一無所

---

① 趙棻：《南宋宮闈雜詠·香艷叢書》本；《齊東野語》卷3〈誅韓本末〉。

知。^①於是，寧宗同意皇子的建議，頒詔説：「韓侂冑久任國柄，粗罄勤勞。但輕信妄為，輒起兵端，使南北生靈，枉罹凶害。今敵情叵測，專以首謀為言；不令退避，無以繼好息民。可罷平章軍國事，與在外宮觀。陳自強所附充位，不恤國事，可罷右丞相，日下出京城。」作為對楊皇后昨日矯詔御批的追認。

四日，根據上述詔書而草就的罷職制詞，雖指責侂冑「植黨擅權，邀功生事，不擇人而輕信，不量力而妄為，敗累世之歡盟，致兩國之交惡」，但仍表示「欲存大體，姑畀真祠」，即「依前太師、永興軍節度使、平原郡王，特授醴泉觀使，在外任便居住，食邑實封如故」。^②從這份日期倒填的罷免制詞，可知寧宗這時仍對侂冑懷有好感，對他的處分還是手下留情的，而且並不認為他已被處死。

然而，寧宗似乎有點明白禮部侍郎史彌遠在這一事件中所扮演角色的重要性，準備擢他知樞密院事。或許出於窺測形勢的需要，史彌遠堅決推辭了這一任命。於是，在政變成功當日，分別以參知政事錢象祖與李壁兼知樞密院事與同知樞密院事。同時，禮部尚書衛涇出任御史中丞，著作郎王居安改任左司諫，吏部侍郎雷孝友為給事中。這三人的任命，除王居安還算升遷，衛涇與

---

① 皇子奏事及奏文見《四朝聞見錄》戊集〈開禧施行韓侂冑御批黃榜〉。但葉紹翁認為此奏為「誅韓後三日」所上，似誤。侂冑被誅當日，寧宗即御批施行黃榜作為對楊皇后矯詔的承認，故這一真御批在《宋史‧寧宗紀》《宋史全文》《兩朝綱目備要》等據官史修成的史書裡都與楊皇后矯詔混而為一，繫於夏曆十一月二日甲戌，以掩蓋史、楊背君誅韓的真相。而《四朝聞見錄》明言為十一月三日（公曆 11 月 24 日）聖旨，是揭明事實的。但《宋史全文》卷 29 説：「皇子榮王入奏遂有此旨」，則皇子入奏應不可能晚於 24 日。《四朝聞見錄》該條在全錄皇子奏文後即記：「十一月三日，三省同奉聖旨並依」，也證明《宋史全文》所説不謬，則上云「誅韓後三日」顯然自相牴牾。故應是誅韓當日皇子即上奏。或應讀作「誅韓後，三日」，則三日正是公曆 24 日。

② 《四朝聞見錄》戊集〈罷韓侂冑麻制〉；《宋宰輔編年錄》卷 20 開禧三年。

雷孝友分別以尚書、侍郎改任御史中丞與給事中，以資序而論，實是降格下除。但台諫和封駁官此前均為韓黨據有，在政變初定時，這兩個要害部門一主輿論，一主政令，尤須把握在手，政變集團才做出了這樣非同尋常的任命。這些任命也表明：從一開始，寧宗就順從了以史彌遠為代表的政變集團的擺佈和控制。

令人吃驚的是，從政變成功後的五天裡，包括參預誅韓密謀的衛涇、王居安在內的台諫、給舍的上奏，都置韓侂胄被處死的事實於不顧，依然煞有介事一而再、再而三地奏請寧宗將侂胄或「重賜貶竄」，或「明正典刑」，或「顯行誅戮」。[1] 這種公然愚弄人主的舉動，在宋代歷史上是絕無僅有的。

史彌遠以楊皇后的「御筆」殺了韓侂胄，按例應該明確由史官載入起居注。但這樣一來，史彌遠就將背上矯詔的罪名。而此時的寧宗，既不相信侂胄已被處死，並且「猶未悟其誤國」，而倘無皇帝的認可，善後工作也難以順利推進。彌遠也摸透了寧宗為人理政的致命弱點，即只知道膠柱鼓瑟地「動法祖宗，每對左右以為台諫者公論之自出，心嘗畏之」，慶元黨禁時，侂胄就借台諫公論盡逐道學的。如今，彌遠襲用其術，私下示意台諫官與封駁官，在短短幾天內連珠炮似地上奏抨擊侂胄，借所謂公論迫使寧宗轉變態度。[2] 因此之故，衛涇、王居安、雷孝友的上言絕口不談侂胄之誅，反而一再要求對已死的侂胄施以貶竄誅戮，這顯

---

① 以上建議分別引自衛涇、王居安、雷孝友的奏議。衛涇的上奏見《歷代名臣奏議》卷 184〈論太師、平章軍國事韓侂胄右丞相兼樞密使陳自強乞賜貶竄狀〉，《四朝聞見錄》戊集〈臣寮雷孝友上言〉實即衛涇之奏，互校即可知，而葉紹翁誤題。王居安上奏見《宋史》卷 405 本傳，《四朝聞見錄》戊集〈又臣寮上言〉即此奏，對勘可證。而同書同集〈臣寮上言〉末云：「所有錄黃，臣未敢書行。」據《建炎以來朝野雜記》乙集卷 7〈開禧去凶和敵日記〉曰：「雷給事封還錄黃，六日戊寅詔：侂胄改送英德府安置」，可知該臣寮即雷孝友，時任給事中。

② 葉紹翁在《四朝聞見錄》戊集〈考異〉裡提出這一見解，是對上述反常現象的合理解釋。

然是史彌遠、錢象祖別具用心的愚君安排。

於是，寧宗在政變後幾天頒佈的詔書，就與事實之間發生了嚴重的出入。[1] 三日，寧宗對已死的侂胄頒了罷政制詞：特授醴泉觀使，在外任便居住。次日因衛涇彈劾，五日，寧宗又下詔責授侂胄為和州團練副使，郴州安置；自強追奪三官，永州居住；蘇師旦特決脊杖 20，發配吉陽軍。這天，寧宗還向天下詔告了「貶逐」侂胄事，詔書首先承認「朕德不明，任用非人」，然後數落了侂胄「懷奸擅朝，威福自己；劫制上下，首開兵端」；「疏忌忠讜，廢公徇私；氣燄所加，道路以目」等罪行，最後把一切過失往他身上一推，「念目前過舉，皆侂胄欺罔專恣，非朕本心」。因給事中雷孝友封還錄黃，次日，寧宗再下詔，令將侂胄改送英德府安置，陳自強責授武泰軍節度副使，依舊永州居住。詔書宣佈不久，左司諫王居安又上奏劾論，請將侂胄財產業盡行籍沒，拘收封樁庫，專供戰備之用。寧宗即重新下詔，命侂胄除名勒停，送吉陽軍，籍沒家財；自強改送韶州安置。

在查抄韓府時，搜出了蘇師旦給韓侂胄的私函，函中建議侂胄將殿前司兵額裁至與步軍司相等，而將裁減兵額劃出，另立一軍由他掌領。寧宗或許認為這是別有不軌企圖，七日詔命廣東提刑斬決蘇師旦。大概到這天，寧宗才相信侂胄確被誅殺，下詔承

---

① 《宋史》卷 38〈寧宗二〉開禧三年十一月乙亥（24 日）説：「以誅韓侂胄詔天下」，應是史彌遠專政後纂改國史、掩蓋真相的記錄。實際上，這天詔書只説侂胄「可罷平章軍國事」，並無一字涉及其誅死，而這一詔書後來又被歪曲地繫在十一月甲戌（23日）之下。《兩朝綱目備要》卷 10 十一月乙亥條説：「以罷逐侂胄意詔天下」，雖較近事實，但下引詔書卻是丁丑（26 日）的自責詔。《宋史全文》卷 29 十一月乙亥至己卯（28 日）條記事稍近真實，故本段與《四朝聞見錄》戊集〈開禧施行韓侂胄御批黃榜〉至〈考異〉諸條考校而綴述之。至於《宋史紀事本末》卷 83〈北伐更盟〉、《續資治通鑒》卷 158 的相關記載以為寧宗對史、楊誅韓的預謀是知道並同意的説法，無疑都失於考證。

認「奸臣擅朝」，「今既竄殛」云云。然而，寧宗對侂冑的處理仍網開一面，他頒旨說：韓侂冑罪該誅戮，但念其祖先韓琦、韓忠彥之故，「今已身故，可令臨安府棺斂，許於本家先塋歸葬」。

籍沒韓府時，抄出了繡有龍鳳的服飾。政變者打算據此誣指其有不臣之心。大理卿奚遜明辨其不然，認為侂冑擅權開邊，「自有定罪，若欲誣之以叛逆，天不可欺也」。正如宋末周密指出：「大臣之間，平日必與禁苑通，往往有賜與帝后之衣，謂之御退，衣服皆織造龍鳳。他如御書必籍以龍錦，又何足為異？」故而也力辯其「僭逆之類，悉無其實」。①

侂冑被誅的消息公佈後，臨安民眾歌舞於市。酷烈的黨禁，輕率的戰爭，專擅的政治，污濁的吏風，令國家大傷元氣，士民飽受禍害，人們猶如送瘟神一樣歡慶他的死亡。然而，民眾已經看出：誅韓並非皇帝的「英斷」，只不過是當下對戰爭持不同政見的官僚派別之間又一場權力鬥爭而已，便傳誦開了一首形象生動的民謠：

> 釋伽佛，中間坐；羅漢神，立兩旁。
> 文殊普賢自鬥，象祖打殺獅王。

謠諺借佛教塑像作譬喻：兩旁的羅漢神分指兩派，文殊、普賢各為釋伽牟尼佛的左右脅侍。文殊的塑像一般騎獅子，這裡借指侂冑，因其拜太師，黨徒皆呼他為師王，其諧音即「獅王」。普賢的塑像一般騎白象，這裡隱射錢象祖。「象祖」打殺了「獅王」，而端坐在正中的釋伽佛則借喻寧宗，他實際上一無所知。民謠把政變雙方的勾心鬥角以及寧宗的拱默無能都刻劃得惟妙惟肖，在

---

① 《癸辛雜識》後集〈簿錄權臣〉；《齊東野語》卷3〈誅韓本末〉。

流傳過程中無不「聞者絕倒」。①

接着，政變集團在貶逐韓黨的同時進行了第一輪的權力分割。李壁雖參預了誅韓密謀，但終因洗刷不清他與侂胄那種剪不斷、理還亂的關係，政變未過半月，就劃為韓黨，奪去二官，撫州居住。沒有皇宮侍衛的支持，宮廷政變就缺少成功的保證，夏震最先得到權益的酬答。政變後的第三天，他就進為福州觀察使，主管殿前司公事，去掉了「權」字，並進封縣伯，加食實封，制詞竟以「若周勃入北軍」作為比喻，以為讚美。彈劾韓黨的勝局奠定後，政變成功沒幾天，衛涇即由御史中丞升任簽書樞密院事兼權參知政事；五天以後，錢象祖拜右丞相兼樞密使，給事中雷孝友與衛涇同拜參知政事，吏部尚書林大中出任簽書樞密院事。楊次山在政變中是交通內廷外朝的關鍵人物，得到了使相的榮銜，加開府儀同三司。寧宗從內府取玉帶一條賞賜給他，同時解下了自佩的玉帶賜給了史彌遠。兩條玉帶渾然無別，但解賜之舉表現出對彌遠特殊的恩寵。政變的主謀見大局已定，也正式走到了前台：這年臘月二十三，史彌遠當上了同知樞密院事。

3. 屈辱的和議

這次政變，實質上是南宋統治集團內部在戰和問題上不同政

---

① 《西湖遊覽志餘》卷4〈佞幸盤荒〉。據《四朝聞見錄》戊集〈滿潮都是賊〉，韓府被抄後，發現有寧宗寫給侂胄的「聖語」，末句為「遭他羅網禍非輕」，還有一句説「遠竄遐荒始得平」。侂胄生前讀到這些「聖語」時，「嘗怪其言」。若此，寧宗對侂胄專政似十分憤懣，並擬竄逐他。但這一記載大可懷疑：第一，與其他眾多史料所反映的寧宗態度，尤其誅韓以後數天內對韓侂胄的態度全不吻合；第二，寧宗縱使「不慧」，也不至於蠢笨到把這種針對性的「聖語」寫給其本人。故所謂「聖語」只能視為不足征信的小説家言。

治派別的一次激烈較量。對金和戰是南宋政治史的一大主題，王應麟在宋元之際曾有過一個絕對的判斷：「紹興、隆興，主和者皆小人；開禧主戰者皆小人。」且不論紹興、隆興之事，即以開禧、嘉定和戰而論，陸游、辛棄疾都主張收復故土，豈能以小人視之？反之，主和者如史彌遠，即以儒家大義來評價，也未必就是君子。

在《宋論·寧宗》裡，清人王夫之有一段頗在理的議論：

> 宋自南渡以後，所爭者和與戰耳！當秦檜之世，言戰者以雪仇復宇為大義，則以勝檜之邪也有餘。當韓侂冑之世，言和守者，以固本保邦為本計，則以勝侂冑之邪也有餘。反檜而得侂冑，反侂冑而又得史彌遠，持之皆有故，號之皆有名。而按以其實，皆義之所不許，名之所不稱。

確實，和與戰的名義，權奸之臣都可以利用，以達到一己之私利。戰，在民族大義上是應肯定的，但像韓侂冑這樣別有動機的輕率浪戰，則是名既不稱，義亦不許的。和或守，從地緣政治角度而言，不失為冷靜務實的選擇，但不是臥薪嘗膽、秣馬厲兵，力促雙方綜合國力的消長發生有利於己的變化，以創造條件，收復失地，反以和守為因循苟且和專擅竊權的遁詞，就像秦檜、史彌遠先後所做的那樣，也是「義之所不許，名之所不稱」的。

以史彌遠為代表的政變派之所以必置韓侂冑於死地，根本用意在於以侂冑之死作為向金乞和的籌碼。對此，王居安的奏議說得很明白：「朝廷倘不明正典刑，則何以昭國法，何以示敵人？」誅韓的目的，居然是討好敵國，還聲稱「以此示敵，何敵不服？」也就是說，不惜代價，不顧國體，來迎合敵國苛刻的議和條件，乞求屈辱的和議。

侂冑被殺當天，參知政事錢象祖就用省札把這一消息移牒金

國河南行省。僅過一月，南宋先後撤銷了山東京東路招撫司和京西北路招撫司，向金傳遞了不欲再戰的信息。被侂胄罷免的丘崈起用為江淮制置大使。政變前南宋派往金河南行省的使者王枏是紹興議和宋使王倫的孫子，繼續議和談判的使命。

到達金營後，王枏沒能直接見到金國元帥。這時，金行省都元帥宗浩已病故，由左副元帥完顏匡繼主其事。金將烏骨論等接待時問他：「韓侂胄顯貴已經幾年了？」王枏說：「已十餘年了。不過，平章軍國事才兩年。」又問：「南朝怎麼這樣信任他？不知他是甚麼人？」王枏答道：「他是韓琦之後，吳太皇太后的至親。」接着就盛稱其忠賢威略。幾位金將揶揄地相視而笑，接伴使完顏天寵取出錢象祖發來的省札，慢悠悠說：「依你之言，南朝為甚麼還要殺他？」王枏這才知道侂胄已被處死，一時窘駭無語。省札不送使者，卻先致敵國，令他十分被動和尷尬，何況他攜帶的議和書函還是以侂胄名義發出的。完顏天寵說：「王枏雖持侂胄書函，卻是南朝有旨遣他來議和的，自當詳議呈報。」外交上這一挫折，讓王枏對金國的無理要求，難饜索取，「不敢與較，一切許之，以為脫身之計」。[1]

在停戰談判中，雙方外交折衝，能摧折其預謀則談和較容易，如啟發其傲慢即乞和也困難。金章宗得到南宋誅韓通報後，看出了對方的軟弱退讓，便命完顏匡移書南宋執政，重申議和五款條件，並強調必須以韓侂胄的頭顱贖回淮南之地，犒軍錢改為

---

[1] 《齊東野語》卷 3〈誅韓本末〉。《宋史》卷 395〈王枏傳〉載：「金人又問：今欲去此人可乎？枏曰：主上英斷，去之何難？」與此不同。《真文忠公文集》卷 2〈戊辰四月上殿奏札〉說：「側聞日者小行人之遣也，虜人欲多歲幣之數，而吾亦曰可增；虜人欲得奸臣之首，而吾亦曰可與。至於往來之稱謂，犒軍之金帛，根括歸明、流徙之民，承命唯謹，曾無留難。」都印證《齊東野語》的記載是可靠的，而《宋史》本傳顯有回護處。

銀300萬兩。為增強討價還價的資本，歲末年初，金河南行省派兵攻陷了南宋隨州（治今湖北隨縣），金陝西宣撫司也準備對佔奪到手而原屬南宋的川陝關隘增派戍卒萬名。

嘉定元年（1208）正月，王枏返抵臨安，轉達了金國函送首級的要求。幾天前，右諫議大夫葉時、殿中侍御史黃疇若等先後兩次上言，要求將侂胄的頭顱割下來，置於兩淮積屍叢塚之間，以謝天下。寧宗第一次以「慎重行事」為答，第二次御筆批道：「未欲輕從」，都沒有同意。王枏歸朝後，葉時等再次重複同樣的奏請。王枏覆命僅隔三天，皇帝命三省、樞密院詳議。這次詳議的結果，史料記載不詳。從當時宰執成員構成來看，右相錢象祖、執政衛涇、史彌遠、雷孝友、林大中無一不是傾向於函首的。但寧宗仍沒下令函首，他還是慎之又慎的。

首次詳議一周後，南宋派許奕為金國通謝使，王枏為通謝所參謀官再使金國。到達濠州後，許奕被阻留原地待命，只允許王枏赴河南行省議和。他向完顏匡送上錢象祖覆函：

> 東南立國，吳蜀相依，今川陝關隘，大國若有之，則是撤蜀之門戶，不能保蜀，何以固吳？倘大國終惠川陝關隘，所劃銀兩悉力祗備，師旦首函亦將傳送。[1]

覆函只同意將犒軍錢改為銀子，對函首事仍未鬆口。這時，金陝西宣撫司向金章宗堅決要求：不能歸還已取的川陝關隘。王枏為金方這一要價所困惑，向完顏匡表示：只要歸還川陝關隘，他可以回朝就函首事說項。完顏匡認為南宋確有議和誠意，便對章宗分析道：川陝關隘對宋性命攸關，倘堅持不還，勢必雙方爭奪，決無一日之安。章宗遂詔諭完顏匡：只要函送侂胄首，陝西關隘可

---

[1]《金史》卷98〈完顏匡傳〉。

以賜還。完顏匡據此即再次致書南宋宰執，讓王枏回朝轉達。

王枏是三月二十日還朝述職的。前一天，史彌遠集團冒天下之大不韙，公然為秦檜恢復了王爵與贈諡。這一舉動，在史彌遠或是為了表示與韓侂胄對着幹，卻也向敵國、向人民表明：自己是秦檜路線的維護者和繼承人。王枏傳達了金國的議和條件，即只有以侂胄首函才能換回開禧北伐中失去的淮南、陝西之地。至此，寧宗不得不做出抉擇：要麼函首乞和，要麼堅決拒絕，另作他圖。他還是把這個難題交給所謂公論去裁決。王枏覆命次日，皇帝下詔侍從、兩省、台諫官赴都堂集議，第二天奏報結論。宋代討論重大國是時往往使用集議這種形式。

集議在爭吵喧嚷中進行。直學士院章良能首先說：「已斃之首，又何足惜！」侍左郎官兼太子舍人王介抗議：「侂胄之首，誠然不足惜，但國體可惜！」章良能反唇相譏：「你恐怕還是可惜侂胄的頭顱吧！」吏部尚書兼翰林侍講學士樓鑰、簽書樞密院事林大中、兵部尚書倪思等都主張函首。太常少卿黃度雖受過侂胄排斥，仍認為函首辱國。樓鑰等竟說：「與其亡國，寧可辱國！」倪思大聲嚷嚷：「侂胄一顆臭頭顱，諸公何必爭得那麼起勁！」又威脅：「有人在朝受過侂胄之恩，要為他說話嗎？」在一片鬧哄哄的反對聲中，王介、黃度等遭到圍攻。

第二天，奏報集議結論：「和議重事待此而決，則奸凶已斃之首又何足惜。」[1]宋寧宗迫於所謂公論，再次無原則地放棄了自己

---

[1] 《齊東野語》卷3〈誅韓本末〉；《四朝聞見錄》乙集〈函韓首〉。有關集議時諸人傾向，各種史料頗有出入。《宋史·倪思傳》以「有傷國體」之說出於倪思，但上引二書皆指倪思對函首「主之尤力」，則《宋史》本傳似有回護。《齊東野語》又說章良能「以事關國體，抗詞力爭」，以為《四朝聞見錄》說「良能首建議函首」，「此非事實」。此據諸書所載綴述之，唯《四朝聞見錄》所記集議諸人官銜多誤，故比勘他書而繫之。

的初衷，頒旨依奏。集議僅過兩天，朝廷向臨安府和兩淮、荊襄、四川等宋金交戰地界頒發黃榜，曉諭函首事；次日，又通知其他諸路安撫制置司。兩天之後，臨安府派人從報慈寺韓氏先塋中挖出侂冑的棺木，斫首函送江淮制置大使司。

四月中旬，王柟攜帶寧宗誓書草本和錢象祖覆函再抵金河南行省，向完顏匡通報了侂冑已梟首的消息。錢象祖的回書告知宋使已攜禮物、歲幣等起程，只等金國批准議和，即運抵邊界交接，故望金帝「畫定聖旨，先賜行下沿邊及陝西所屬，候侂冑首到界上，即便抽回軍馬，歸還淮南及川陝關隘地界」。章宗接報，即頒詔完顏匡：「其侂冑、師旦首函及諸叛亡至濠州，即聽通謝使人入界，軍馬即當撤還；川陝關隘俟歲幣、犒軍銀絹至下蔡（今安徽鳳台），劃日割還。」[1] 完顏匡將詔書內容通知王柟，命依照執行。

閏四月下旬，南宋派人將韓侂冑、蘇師旦首函送至金河南行省元帥府。五月九日，金章宗遣官將宋廷函首求和事奏告天地、太廟、社稷，親王、群臣都上表稱賀。這天，金朝舉行了獻受首函的隆重儀式，慶賀對宋戰爭的又一次勝利。章宗登上了京城應天門，完顏匡派大將紇石烈貞上城樓獻呈韓侂冑、蘇師旦的首函以及元帥府露布。金帝命將兩具首函獻祭太廟、社稷，並頒露布於中外。慶典結束，兩顆頭顱被高懸在旗桿上示眾，並配掛上兩人畫像，讓百姓縱觀，最後用漆塗抹，藏入軍器庫。

不久，完顏匡還朝，金撤銷了河南行省。六月五日，南宋通謝使許奕帶着宋帝誓書入見金章宗。其後三個月，雙方圍繞和議有一連串外交往來：金章宗以宋同意求和詔告天下，再派完顏侃為諭成使攜金帝誓書赴臨安入見宋寧宗。九月十二日，宋以和議

---

[1]《金史》卷 98〈完顏匡傳〉。

達成詔告天下。至此，嘉定和議正式成立，主要條款為：一、宋帝與金帝的稱呼由侄叔改為侄伯；二、宋致金歲幣由 20 萬兩匹增至 30 萬兩匹，另支付犒軍銀 300 萬兩；三、宋金地界維持戰前原狀；四、宋向金函送韓侂冑、蘇師旦之首。和議雖然免去了稱臣割地的難堪，在雙方關係與歲幣數額上卻比隆興和議明顯倒退了一大步，函首乞和更是主權國家的奇恥大辱。

仍因在建州土牢的華岳聽到這一消息，並沒有因受過侂冑迫害而感情用事，對史彌遠為首的當政者屈膝求和以詩歌表達了明確的反對：「納幣求成事已非，可堪函首獻戎墀？和戎自有和戎策，卻恐諸公未必知！」京師太學生也以揭帖詩道出了當時的公論：「自古和戎有大權，未聞函首可安邊。廟堂自謂萬金策，卻恐防胡未必然！」①

不久，對於韓侂冑，金國台諫交章上言，認為他：「忠於其國，謬於其身」，建議追封「忠繆侯」②，他的首級最終被安葬在安陽韓琦墓地旁邊。金朝將這事札報南宋，或隱含嘲諷之意：比起你們本朝來，我們敵國的評價似乎還公正些。對南宋來說，函首乞和無疑是喪權辱國的決定。對此，晚宋有人打過一個譬喻：「譬如人家子孫，其祖、父為人所殺，其田宅為人所吞，有一狂僕佐之復仇，謀疏計淺，迄不能遂。乃歸罪此僕，送之仇人，使之甘心焉，可乎哉？」③宋金既為敵國，在議和談判中，自然也有國家主權、民族尊嚴的問題。誠然，不能因為韓侂冑包藏私心，輕率用兵而誚其為抗戰派代表。但他發動的開禧北伐畢竟是以國家名義進行的恢復戰爭，將他誅戮函首，完全是史彌遠為推行乞和路

---

① 《翠微南征錄》卷 4〈和戎〉；《鶴林玉露》乙編卷 2〈函首詩〉。

② 張端義：《貴耳集》卷下。

③ 《鶴林玉露》乙編卷 2〈函首詩〉。

線一手策劃的。這種做法，對南宋是有辱國體的奇恥，對韓侂胄也有失公允，以至金人都感歎「何國之為」！對此，清代史家有詩云：「匆匆函首議和親，昭雪何心及老秦，朝局是非堪齒冷，千秋公論在金人！」①

開禧北伐塵埃落定，金人長長喘了口氣。在發動反擊後，統帥僕散揆、宗浩相繼而歿，臨戰易將向為兵家所忌，但南宋卻不知也無力利用，舉朝惶惴，反以僥倖和議為得計，致使金朝認定南宋已無人才。

宋人對這場戰爭的反思是痛苦而持久的。南宋末年，周密指出：

> 壽皇（即孝宗）雄心遠慮，無日不在中原。侂胄習聞其說，且值金虜寖微，於是患失之心生，立功之念起矣。殊不知時移事久，人情習故，一旦騷動，怨嗟並起。而茂陵（即寧宗）乃守成之君，無意茲事，任情妄動，自取誅戮，宜也。

從民族感情而言，開禧北伐是有社會基礎的。之所以失敗，固然有韓侂胄方面的種種因素在，例如準備不足，措置乖張，用人失當，等等。但更深刻的原因卻是：金人入主中原以後，雙方隨着「時移事久，人情習故」，已與南宋在地緣政治上形成了一種勢均力敵的抗衡態勢，誰也吃不掉誰。從紹興末年金主完顏亮南侵，中經隆興北伐，直至開禧北伐，不論率先發動戰爭的是宋還是金，從來都沒能如願以償過，其間地緣政治的綜合因素似在冥冥之中起着決定性的作用。

---

① 錢大昕：《潛研堂詩續集》卷 2〈過安陽有感韓平原事〉。

　　倘若從稍長時段來分析宋金和戰史，紹興和議前，新的地緣政治平衡尚在建構之中，南宋若能利用岳飛抗金的破竹之勢，重建類似澶淵之盟後那種地緣政治上的平衡態勢並非絕無可能。及至紹興和議成立以降，宋金地緣政治的新格局已然確立，任何一方都沒有強大到足以打破這種地緣平衡，故而隆興北伐終致無功。宋元之際，有人曾發感慨：「高宗之朝，有恢復之臣，而無恢復之君；孝宗之朝，有恢復之君，而無恢復之臣。」循此推論，則寧宗之朝，既無恢復之臣，又無恢復之君，反顧「寧宗之為君，韓侂胄之為相，豈用兵之時乎！」[①] 開禧北伐時南宋的綜合國力顯然不及隆興北伐之際，再加上開禧君相的因素，宋金地緣政治的格局不可能改變，北伐失利是無可避免的。

　　宋寧宗對開禧北伐的基本傾向，誠如晚宋周密所説，是「無意茲事」的。北伐前夕，他曾表示「不以為然」，內心顯然持反對態度。侂胄敗死，他説：「恢復豈非美事，但不量力爾。」足見他始終認為對宋而言北伐是不自量力的。然而，一方面出於「恢復豈非美事」的考慮，一方面基於他軟弱游移的性格，對權臣韓侂胄一貫言聽計從，沒有也不可能堅持己見，去制止這種輕舉妄動，反而聽憑他將國運與生靈投入一場必敗無疑的政治豪賭。這場戰爭的破壞是慘烈的，後果是嚴重的，「百年教養之兵一日而潰，百年葺治之器一日而散，百年公私之蓋藏一日而空，百年中原之人心一日而失」。[②] 對此，權臣韓侂胄固然難辭其咎，心以為非卻聽之任之的宋寧宗也應負主要責任。

---

① 劉一清：《錢塘遺事》卷2〈孝宗恢復〉；《宋史》卷410〈論贊〉。
② 程珌：《洺水集》卷1〈丙子輪對札子〉（嘉靖本）。

第四章

因循苟且的十七年

一 嘉定更化

1. 寧宗「作家活」

開禧三年 (1207) 夏秋之際，戰爭還沒有正式結束，天災卻交並而至。從五月起浙西大旱，寧宗向天地、宗廟、社稷祝禱求雨。持久的干旱，又引起了蔽天蓋地的蝗災。七月，沿江州郡洪水氾濫，哀鴻遍野。持續而嚴重的自然災害，令寧宗惶恐不安，下詔罪己。

誅韓月餘，寧宗下詔明年改元嘉定。改元詔書承認：

> 頻年相繼，寰宇多虞。邊釁遽開，顧生靈之何罪？蟲蝗為孽，與旱潦之相仍。

在他看來，天災人禍已使國計民生困頓凋蔽，在今後一個時期內，壓倒一切的是社會安定。這是改元嘉定透露的信息。

權臣韓侂胄死後，寧宗開始所謂的「親政」，儘管此前是他自己把權力拱手讓渡給侂胄的。他曾對侂胄信任甚深，倚賴甚篤，如今已扭轉了認識。這固然是史彌遠利用台諫公論大作文章的結果，但他本人也確實缺乏主見。嘉定改元後不久，寧宗對簽書樞密院事林大中論及議和事，感慨地說：「朕不憚屈己為民，講和

以後，亦欲與卿等革侘胄弊政，作家活耳！」大中稱頌道：「陛下能言及此，真是宗社生靈之福。」皇帝打算經營趙宋家業，自然令臣下振奮，這番話可視為他嘉定更化的宣言。

所謂嘉定更化，嚴格說來從誅韓後就開始了。第一個措施就是開言路。開禧三年十一月，寧宗下詔說：

> 奸臣竄殛，當首開言路，以來忠讜。中外臣僚，各具所見以聞。

詔書頒下一個多月，卻少見奏封呈進，對日前的政變，臣下顯然仍有顧忌，還在觀望。嘉定元年 (1208) 正月，寧宗再下詔求言，求言面也從臣僚擴大到一般士大夫和庶民，說得也更誠懇：

> 今猶奏封罕見，豈習俗相仍，激昂者寡；抑精誠弗至，顧忌者多？厥今百度未釐，二邊未靖，人才乏而未究蒐羅之術，民力困而未明惠養之方。救此弊端，寧無良策。乃若箴規主失，指摘奸邪，人所難言，朕皆樂聽。

群臣終於打動了。在君主制下，在臣下觀念中，對權臣的弊政，君主是毋須負責或不必負主要責任的，而決心更化倒表現出人君聖德。奏疏陸續遞了進來。在應詔上言中，頗有臣僚對議和以及議和後應該怎麼吸取教訓，發表了與主政者截然不同的意見。原湖廣總領傅伯成在召對時指出：

> 前日失於戰，今日失之和。今之策雖以和為主，宜惜日為戰守之備。

太學博士真德秀入對時也説：

> 今後應以勾踐臥薪嘗膽為法，以六國亡於強秦為戒。倘若盟好既成，志氣愈惰，宴安鴆毒之禍作，浮淫冗蠹之事興，彼方資吾歲略以厚其力，乘吾不備以長其謀，然後發難從之請，挑必爭之端，而吾彷徨四顧將無以應之，此長慮遠識之士所為寒心者也！

對這類切中時弊的上言，寧宗似乎仍僅聽聽而已，未見在嘉定更化中採取過切實的措施，在對金政策上依然苟且偷安。

群臣封事或奏議涉及方方面面的弊政，更化應該着手之事可謂千頭萬緒，關鍵在於對形勢必須有深刻的估計。淮西總領徐邦憲入對時直言：

> 今日更化，未可與秦檜死後高宗更化同日而語。秦檜專政，天下猶可緝理；今侂胄專權，天下已盡敗壞！

韓侂胄專政因慶元黨禁而摧殘人才，因開禧北伐而危害國家，但最大的流毒還是鉗制輿論公議，敗壞風氣人心。真德秀分析道：

> 紹興之際秦檜擅權專殺，還不能消弭和好不足恃的公論。侂胄擅政十餘年，諛佞成風，尚同成習。慶元時，呂祖儉、六君子上書，近臣中還有為他們爭論是非的，正如始病之人僅傷氣血。其後呂祖泰之貶，近臣暗默，台諫還死力攻擊，則嘉泰之疾已深於慶元。到開禧用兵，不僅舉朝不敢言，布衣之中找一個呂祖泰那樣的人也難得，則開禧之疾又

深於嘉泰。風俗至此，已成膏肓，救藥扶持，豈易為力？

他因此建議：

> 當先破尚同之習，廣不諱之途，則士氣伸而人心正，
> 風俗美而治道成。更化之務，孰先於此？

一句話，就是開放輿論，讓不同的意見說出來。皇帝表示贊同，在其奏札上批了個「依」字，確乎表現出「人所難言，朕皆樂聽」的誠意。

二月，寧宗下詔史官改正紹熙五年（1194）以後至開禧三年（1207）以前國史關於韓侂胄事跡的記載，這也是更化的內容之一。自韓侂胄專政以來，從紹熙內禪經慶元黨禁到開禧北伐，無論日曆、時政記，還是玉牒、會要，所記大抵迎合其意而誇大其功。在這一問題上，侂胄專擅固然是主因，但寧宗也認可的。嘉泰元年（1201），史官王容請將侂胄定策事跡付史館，就得到過御准。當時史官，或原為私黨，或懾於淫威，承風希旨，刊舊史，焚原稿，無所顧忌。當年秦檜主和後就厲行私史之禁，侂胄專政後同樣擔心私史保存了紹熙內禪與慶元黨禁中不利於他的史實，何況國史失信而私史轉盛已現勢頭，「郡國皆鋟，本人競傳」，故而嘉泰二年韓黨也奏禁私史。除了將《續資治通鑑長編》與《東都事略》等送繳史官考訂，只獲准保存，但不許刊行，其他私史「悉皆禁絕，違者坐之」①。嘉定更化中改正誣史，重修信史的工作量是巨大的。在專制統治下，每當政局劇變後，往往伴隨着這種改寫和重評歷史的工作。但史彌遠主政，所謂改正國史工作，也

---

① 《建炎以來朝野雜記》甲集卷6〈嘉泰禁私史〉。

必然導致韓侂冑傳世形象的污名化；他之被打入《奸臣傳》，與此也不無關係。

韓侂冑敗死後，同黨陳自強、鄧友龍、郭倪、張巖、許及之、程松等一再貶竄遠惡州軍，除名、抄家的也大有人在。但清除工作卻走向了極端，出現了偏差，凡是贊同過北伐恢復之議的官僚士大夫，都視為韓黨，悉與屏逐。就連開禧元年的省試狀元毛自知也因在策論中附和用兵，而奪去了魁首恩例，降為殿試第五名。

實際上，對參預兵議的士人也應做具體分析，其中固有趨炎求榮、喪失操守而淪為韓黨的，例如鄧友龍、皇甫斌之流；卻頗有士人出於民族大義的考慮，如今也成了清理的對象。葉適力辭草北伐詔，他是反對倉促北伐的。但戰爭開始後，他並沒有袖手作壁上觀。當金軍飲馬長江，建康震動的危急時刻，他在知建康府兼沿江制置使任上，鎮定自若，以有限兵力數襲敵營，所向皆捷；安置蜂擁南渡的兩淮難民，令其來如歸。金軍北撤後，他改任江淮制置使，在西起歷陽（今安徽和縣）東至儀真（今江蘇儀徵）一線，組織民眾構築起長達 300 里、闊約 40 里的緩急應援、首尾聯絡的防禦體系。他以自己的經世才幹和務實態度有效減少了東線戰場的損失。但清除韓黨時，御史中丞雷孝友不辨皂白，劾奏他附會侂冑開兵，奪職奉祠達 13 年之久。

連致仕家居的大詩人陸游也加上了「黨韓改節」的罪名，奪去了寶謨閣待制的職名。以皇帝名義頒發的落職制詞說：「雖文人不顧於細行，而賢者責備於《春秋》。」他以愛國之情謳歌過北伐，卻既未預議其事，也不阿諛其人。對這樣的責備，陸游啼笑皆非，在謝表中反駁並自嘲道：「每自求於遠宦，豈有意於虛名？命之多艱，動輒為累！」[1] 最令人憤慨不平的是那位以血戰死守和

---

① 周密：《浩然齋雅談》；陸游：《渭南文集》卷 1〈落職謝表〉。

州的勇將周虎，言者也指為韓黨，受到安置的處分。因為家貧，他不能帶着老母同往貶所。不久，他在謫地接到訃告，對深明大義的母親之死號慟欲絕，發誓不再出仕。

在這場清洗中，偏見的傳染固然左右了部分言官的情緒，但借清除韓黨為名，行排斥異己為實的傾向也十分明顯。戶部侍郎趙彥櫚憤憤說：

> 始坐偽學廢，終用兵端斥。苟欲錮士，何患無名？材盡而求不獲，有國之公患；冤而謗不息，非士之私恥也。①

他多次向寧宗懇切說起清黨擴大化的傾向，卻沒能引起應有的重視。

平反昭雪與清理韓黨在同步進行。黨禁開放後，雖然追復了趙汝愚等人的職名，起用了一些名列「偽學」之士。但這只是甄別，當時侂冑的權勢還如日中天，絕不可能承認偽學之禁搞錯了。在專制政權下，重大歷史事件的所謂撥亂反正，只能在與那一事件利害攸關、榮辱與共的權勢人物或死或敗，退出政治舞台後，才能真正着手進行。如今侂冑敗死，要求對慶元黨禁徹底平反的呼聲也越來越強烈。

侂冑被誅不久，林大中就奉召入朝，試吏部尚書。他斥逐出朝、退居家園已 12 年了。他對寧宗說：「為論列韓侂冑，呂祖儉貶死瘴鄉，後雖贈官，但公論未洽；彭龜年、朱熹降官奪職，終於老死，應優賜旌表；其他因譏切侂冑而得罪的，都應區別輕重，給予表彰。這才說得上為蒙冤者平反。」其後，太學博士真德秀也提過類似的建議。

---

① 葉適:《水心文集》卷 23〈趙公（彥櫚）墓銘〉。

嘉定元年二月，劉德秀的遺表送呈朝廷，按例應該追贈官職的，現在當然給免了。不久，黨禁中充當喉舌的李沐在奪去寶文閣學士的職名後，再奪三官，信州居住。誣告趙汝愚謀逆的蔡璉也被除名，發配贛州牢城。

開禧三年歲暮，為呂祖儉平反，追贈朝奉郎、直秘閣，官其子一人。次年二月，趙汝愚追復觀文殿大學士，盡敘原官，贈謚忠定，算是充分肯定他在紹熙內禪中的忠誠和功績。七月，上書論侂冑專權而發配欽州的呂祖泰獲得改正，特補上州文學。十月，慶元六君子也受到表彰：楊宏中等三人各循一資；周端朝、林仲麟允許直接參加省試；蔣傅已故，賜其家束帛。

與此同時，皇帝準備賜朱熹謚號。太常初定為「文忠」，復議時有人提出：

> 子思、孟軻之死，孔子之道幾熄，至本朝而復明，濂溪、橫渠、二程發其幽微，到朱熹而聖道燦然。「文」為一字之謚，但更名符其實。

嘉定二年十二月，文臣最高榮譽的一字謚賜給了朱熹。約半年後，被無端貶死的朱熹門人蔡元定也特恩追贈迪功郎，以寧宗名義頒發的追贈制詞說：「今是非已定，爾則殂矣，朕甚憫之」，悲憫之心似躍然紙上。但制詞開頭說：「士之遇不遇，天也！其或擯斥於生前，而獲伸於死後，天理昭昭，未有久而不定者。」[1]也就是說，你在慶元間受誣遭謫，這是天命，與人主無關；而現在昭雪，這是人君在昭示天理。嘉定更化中，寧宗就是抱着這種認識為黨禁受害者平反昭雪的，卻從不反省：韓黨當初所為，都

---

① 《兩朝綱目備要》卷12。

是通過他的名義，獲得他的認可才推行下去的。

在平反過程中，寧宗越發懷念昔日老師彭龜年了。他看到樓鑰錄呈龜年的諫草，深感愴悼，下詔追贈龜年為寶謨閣直學士，隨即又御批道：

彭龜年系朕潛藩舊學，當權臣用事之始，首能抗疏，折其奸萌。褒恤之典，理宜優異，雖已追贈，未稱朕懷，可特加贈龍圖閣直學士，並擢用其子為官。

嘉定三年春天，禮部尚書章穎建議對龜年追贈美諡，寧宗說：「龜年忠鯁可嘉，應贈美諡。倘人人如此，必能置人主於無過之地」，親自賜諡忠肅。他憶起黨禁之風乍起於青之末時，龜年最先上忠鯁之疏，後悔沒能及時聽納，懷念之情愈不可抑。唯恐有關部門執行遲滯，他又用上了龜年生前諫止再三的內批，藉以表達對舊學老師的「肅敬之意」。[1] 臨朝之際，寧宗不止一次對輔政大臣說：「這人若在，必將大用。」嘉定元年春，司封郎官袁燮在入對時說：「倘若昔日陛下堅信龜年的忠誠，摧折奸邪在萌芽之初，何至於此。然而，往者不可及，來者猶可追。正人端士，現不缺乏。陛下常有此心，一龜年雖歿，眾龜年繼進，何憂天下之不治！」話說得很委婉，卻在面責與忠告人君：既知其忠，逐而不用，你是有責任的；但關鍵還在於防止故態復萌。

臣僚之中不止袁燮看出了皇帝在識人用人上懵懂依舊，上奏論治道人才的也大有人在。寧宗主觀上也想起用人才的，他想起了黃度。黃度已經老病，請求致仕，免去入朝，卻未獲允准，只得扶病入見，君臣相見，感慨萬端。黃度說：「陛下即位之始，

---

[1]《宋史》卷393〈彭龜年傳〉；《攻媿集》卷96〈彭公（龜年）神道碑〉。

擢臣為諫官。不到一個月，忤佗胃而罷，至今已十五年了。」寧宗説：「卿去國日久，能再入朝相與扶持，甚善！」讓他權吏部侍郎。黃度別有意味地説：「眼下威柄復還，正與高宗末年相似。秦檜死後，高宗常並任宰執，願陛下更留聖意。」又説：「給舍、台諫，人主自用則威權在己；臣下得用則威權盡去。」[①]寧宗認為他説得對。然而，後來朝政的演變證明他並未真正領悟黃度上言的良苦用心。

右司諫兼侍講王居安也向皇帝指出：「如用人稍誤，是一佗胃死，一佗胃生。」他見召用人才中竟有趙彥逾，便對寧宗説：「汝愚貶死，彥逾的作用不小，他實為汝愚的罪人。如今召用他，豈非良莠不分、邪正並用嗎？」當居安準備繼續上疏時，突然命他改任起居郎。這一任命也許出自執政錢象祖與史彌遠的安排。他任諫官僅18日，作為劾論韓黨的主力，連珠炮似的彈擊使韓黨樹倒猢猻散，錢象祖、史彌遠為首的政變集團也因此勝券在握。而他「一佗胃死，一佗胃生」的警告顯然觸痛了他倆的要害，罷去其言職正是其時。但王居安卻援引史官可以直前奏事的祖宗故事，繼續抗論：「臣為陛下耳目之官，諫紙未乾，卻以忤權要而徙他職。台諫不得其言則去，臣不復留朝了！」寧宗聽後倒也為之改容。御史中丞雷孝友劾其越職言事，他被奪官罷任。太學生集隊舉幡，請求挽留他，也沒能奏效。

王居安去朝，預示着寧宗在用人上搖擺不定、邪正不分的舊病復發，其後二三年間，傅伯成以諫官論事去，蔡幼學以詞臣論事去，倪思以侍從論事去，鄒應龍、許奕又以封駁論事去。真德秀提醒皇帝：「是數人者，非能大有所矯拂，已皆不容於朝。設有大安危、大利害，群臣暗默，豈不危殆！」寧宗雖對這些去朝

---

①《絜齋集》卷13〈黃公（度）行狀〉。

之士仍授以美職，任以大藩，但群臣卻認為他沒能真正做到更化之初所説的「人所難言，朕皆樂聽」，重新三緘其口了。

在用人為政問題上，寧宗沒能抓住也不知如何抓住侂胄敗死的轉機，致使皇帝不急臣下急。嘉定改元當年，袁燮第二次輪對時急切地發問：

> 今日在廷之臣，誰有某善，誰有某能，誰可以當重任，誰可以辦一職，誰為人望所歸，誰為清議所貶，陛下能否盡知之？當今之務，何者為綱，何者為目，何者當先，何者當後，所未立者何事，所未革者何弊，陛下能否盡知？

寧宗自稱欲作家活，對此確實懵然無知，他端拱淵默仍如往昔，不僅拙於言詞，尤其昧於治道。儘管號稱更化，卻如真德秀所説，依舊「正人雖進用，而委任未盡專；小人雖退斥，而僥倖未盡塞。名雖好忠而實則喜佞，故諫爭之途尚狹，忠鯁之氣未伸」。[1]尤其嚴重的是，內批御筆仍未絕跡。王師尹大概是應奉醫官，寧宗以內批為他轉官；至於以御筆為近幸謀求帶御器械、遷轉遙郡官的，也不乏其例。

侂胄倒台時，「下至閭巷，歡聲如雷，蓋更化之初，人有厚望」。但隨着時間的推移，人們都失望地説：嘉定更化，「有更化之名，無更化之實」。[2]

《宋史·許奕傳》為更化時的宋寧宗留下了一幀寫真。許奕時任權禮部侍郎兼侍讀，「每進讀至古今治亂，必參言時事：『願陛下試思，設遇事若此，當何以處之？』」必拱默移時，俟帝凝思，

---

①《真文忠公文集》卷2〈己巳四月上殿奏札〉。
②《宋史》卷392〈趙崇憲傳〉。

乃徐竟其説」。從寧宗的凝思移時，最終卻由經筵官緩緩説出處理辦法，其木訥不慧的模樣可以想見。

寧宗對許奕的印象不壞，遷他為吏部侍郎兼權給事中。許奕論駁貴戚近習擾政之事達 16 起，當論及外戚楊次山和史彌遠時，皇帝卻來個疏入不報。許奕便堅求補外，遂出知瀘州。寧宗對人稱讚許奕「骨鯁」，問道：「許奕已走了嗎？聽説瀘州是大郡，姑且讓他去罷！」明知是骨鯁之臣，卻聽任他出朝，這倒充分反映出寧宗為政的游移和顢頇。以這樣的君主主持嘉定更化會有怎樣的效果，自然是不言而喻的。

2. 立皇太子

開禧三年十一月，誅韓還未半月，皇子榮王趙曮立為皇太子。儘管立儲詔書聲稱出自宋寧宗親斷，但內幕卻令人生疑。在此之前，寧宗雖因連夭親子以聽天由命思想立其為皇子，實際上仍指望這「無私之舉」而祈祝上天讓他養大一個兒子。這年正月，第六子趙圻出生，寧宗特行奏告天地、宗廟、社稷、陵寢和欑宮的隆重儀式，目的無非保佑他這個兒子存活下來，但滿月不久就夭亡了。幾天後，第七子趙壙來到世上，但又匆匆而去。傷感是難免的，但寧宗年僅 40 歲，還在生育年齡，健康也未見異樣，皇位繼承尚未成為迫在眉睫的問題。因而立太子事未必是皇帝最先提出的。

在誅韓政變中，內廷與外朝之間起傳導作用的關鍵人物，一是楊皇后之兄楊次山，一是皇子趙曮。皇子這年已 15 歲，因不是楊皇后親出，頻繁面見的可能性不大，但顯而易見，他與次山是彌遠和皇后間傳遞消息中不可或缺的交接點。從楊皇后口口聲聲在皇帝面前訴説「侂胄要廢我與兒子」，表明他們的母子關係

很好。楊皇后這年已經 46 歲了 ①，逼近了女子育齡的上限。她生過皇子，也都沒成活。生性機警的楊皇后對嗣君問題的關心決不會亞於寧宗，這關係到寧宗身後她在後宮的地位。在與韓侂冑的鬥爭中，趙曈堅決站在楊皇后與史彌遠一邊，取得了他們的信賴與支持，是順理成章的。

當然，對這一建議，寧宗也是同意的。他之所以同意，還有一個重要的原因。紹熙內禪時，太皇太后吳氏曾當着他的面對趙抦交代過：「他做了，你再做，自有祖宗例。」即位以後，寧宗與趙抦關係倒始終「兄弟友于」的。慶元二年，封他為吳興郡王，制詞説：「孝宗憐早慧以鍾愛，太上念特立以垂慈。」對皇弟示以貴寵同時，也表明自己沒忘記孝宗和吳氏的安排。郡王體羸多病，寧宗命太醫必須先進呈藥方，取旨同意才能用藥。開禧二年五月，趙抦病故，追封沂王。他生過一子，早就夭亡。為了不使這支宗室絕後，寧宗取宗室希瞿之子入嗣沂王，賜名貴和。既然皇弟趙抦已死，當年孝宗與吳氏的吩咐就失去了意義。寧宗原就不熱衷於做皇帝，養了好些個親生兒子，一個也沒有保住，早立儲君，即使不是親子，在他也是無可無不可的。

----

① 關於楊皇后的年齡，王鳴盛《蛾術編》卷 60〈楊皇后年反長於寧宗不可信〉，根據《宋史·楊皇后傳》考證，《宋史·理宗紀》誤衍「有五」，其卒年應據本傳作 71 歲，是正確的。但他認為楊氏年長於宋寧宗 6 歲為不可信，則純屬臆斷。宛委山堂本《說郛》卷 29 引《朝野遺記》「寧宗后楊氏」條曰：「其生在壬午」，壬午年為紹興三十二年（1162），楊氏卒於紹定五年（1233），若以王氏所考享年 71 歲上推，正相吻合。王氏推斷理由為「后乃以色升，其年反長，此不可信」，則是拘泥之見。楊氏少以姿容入宮，一直隸於慈福太后位下，直到紹熙末年才入後宮，這年寧宗 27 歲，楊氏 33 歲，一個姿容姣好的女子在這一年齡段美貌依舊，對寧宗仍有吸引力是不足為奇的。在歷代帝王后妃關係中，「其年反長」之例也並不少見，例如萬貴妃比明憲宗年長 19 歲。若以心理分析而論，皇帝戀溺年長於己的女性，大多有一種戀母情結，性格往往懦弱游移，有強烈的依賴性。這倒不失為宋寧宗性格的一個注腳。

嘉定元年春夏之際，一天早朝時，寧宗對宰執説：「趙彥逾昨天經筵求去時奏請皇太子參決政事。朕有此意甚久。此事斷自朕意，不欲因人言批出。卿等可商量教穩當，欲待批出。」錢象祖、史彌遠與衛涇立即稱頌「聖明獨斷」，衛涇代表宰執説出擔憂：「臣恐外人不知，妄有傳播撰造語言。陛下聖明必能洞見。」這番話有點此地無銀的味道，令人懷疑彥逾之奏是他與史彌遠政變集團私下達成的政治交易，因為右諫司王居安彈劾趙彥逾時，他曾受到某權要的庇護。衛涇接著説明大臣朝殿奏事後，「凡有要事，往往繳入，平時無緣可得通達內外之意，致使韓侂胄得以竊弄威福。」最後指出：「今得皇太子會議，臣等奏事既退，陛下有所宣諭，或臣等有敷陳未盡之意，皇太子在侍膳問安之際，都可以從容奏稟。內外不至扞格不通，且更不容外間別有人出入禁闈干預朝政。」這番話泄露政變集團迫不及待讓皇太子參決政事，目的就在於由他溝通內外朝，窺伺皇帝，左右朝政。

閏四月十四日，皇子趙坰出生僅月餘再次夭折。次日，寧宗正式下詔：

> 朕更化勵精，先圖其大者。皇太子學問夙成，欲使與聞國論，通練事機。二三大臣各兼師傅賓僚，其相與輔導，成朕愛子之義。自今再遇視事，可令皇太子侍立。宰執赴資善堂會議。

皇太子更名趙詢，出居東宮。宰執之中，史彌遠原就是資善堂翊善，右相錢象祖兼太子少傅，衛涇、林大中、雷孝友兼太子賓客。至於赴資善堂會議政事，宰執都認為：在資善堂，宰執名義上都是老師，會議政事時，雙方的尊卑與名分都不好處理。於是，寧宗命改在講堂會議政事。

　　為答謝楊皇后的奧援，皇太子上了一個奏疏，不遺餘力地頌揚楊皇后有孝、儉、誠、斷等後德，還述及她在誅韓議和中的作用：「皇后曾言兵貴多算，不可輕用，以戒權臣於未事之先。其後密輔乾剛，弗遺餘力，斂兵繼和，有以贊陛下之斷。」説誅韓議和是寧宗英斷，純粹虛飾之語；説楊皇后「弗遺餘力」則唯恐功沒不彰。接着，皇太子追述了楊皇后對他的恩情：「若夫鞠育微臣，恩勤曲盡，奉承嚴訓，教載必親，以至日督課程，不移晷刻，每令覆講，必定指揮。不唯字畫詩章，悉加面命，且以前言往行，俾知矜式。」這段敘述雖有美言的成分，卻也反映出楊皇后在這位非親生的皇位繼承人身上的感情投資。儘管在溫情脈脈的面紗背後，雙方對這種投資與回報各有自己的利害考慮。

　　皇太子最後建議：這種「《詩》《書》所載，未之前聞」的慈範，「外庭不得而知，史官不得而述」，希望將他「今來所陳，宣付史館」，「大書特書，以詔萬世」。不知這份奏疏究竟是皇太子的主張，還是史彌遠等宮僚兼宰執的示意，但楊皇后事先看過或知道奏議的內容。因為她隨即也上了一奏：「皇太子奏陛下孝、儉、誠、斷事實，並及臣妾」，將皇太子上奏要點概括得到位準確。但她要求「特免付出」，以免「濫塵簡冊」，卻大有一半推卻一半接受的味道，內心是希望自己的盛德懿範流傳典冊的。寧宗同意了皇太子的建議。

　　韓侂胄誅後，婁機入朝為吏部侍郎，皇太子寫信給他，表示沒忘記過去的老師。寧宗也召見了婁機説：「太子尚小，煩卿教導。」婁機説自己老了，擔心無補儲君之德。寧宗告訴他，已除為太子詹事。上任以後，婁機把自己過去的著作《歷代帝王總要》再做潤色，使上下三千年君道隆替和治效優劣綱舉目張，以便皇太子參決政事之餘學習考訂。

　　「分陰資善時稽古，辨色含元日侍朝」，衛涇上給皇太子的壽

詩概括了東宮生活的兩大內容：經史學習和朝殿侍立。皇太子對學習表面上還算用功。「格物致知正心誠意」，是他經常書寫並張掛的條幅。他好讀《大學》《中庸》，命擅書的臣僚另抄為書。太子左諭德劉爚有詩說及這兩件事：

> 焜煌八字彩毫書，鐵畫銀鈎昭坐隅。
> 直將底事銷長日？《大學》《中庸》兩卷書。①

　　然而，皇太子終於不以《大學》《中庸》為滿足了，對犬馬聲色也有了興趣，開始索取秘書省收藏的名畫，沒節制地張燈設樂，前來請謁的人也絡繹不絕。對男女床笫之事，他似乎尤其沉溺耽樂，以至劉爚不得不再三引經據史告誡他：「其亂也，未嘗不起於閨門衽席間。」進諫之直切，太子詹事戴溪聽了都為之咋舌，但皇太子仍如東風過耳。劉爚沒向皇帝奏陳這一切，卻連上20章，要求不再兼東宮講官。寧宗知道他是著名學者，曾師從朱熹和呂祖謙，故連下不允之詔。

　　劉爚在嘉定九年（1216）去世，兩年後，寧宗在輪對時忽問閤門舍人熊武：「你是東宮官，太子如何？」熊武的回答竟與劉爚的規箴大相徑庭：「殿下賢明仁孝，勤儉節用。人之才否，事之是非，無不盡知。每日講論之暇，無他嬉好，手不釋卷。且動如節度，不喜飲酒。臣每輪當宿直，不聞宴飲之樂。」寧宗似乎不了解繼承人的真實情況，聽了高興說：「這是天賦啊！」皇太子前後判若兩人，熊武奏答的真實性是大可懷疑的。

---

① 劉爚:《雲莊集》卷16〈皇太子宮〉。

3. 一侂胄死，一侂胄生

政變集團往往不是穩定的政治聯盟，一旦政變成功，在重新分割權力過程中聯盟的解體幾乎是難以避免的。作為這場政變的主角，史彌遠原先權位並不顯赫，僅六部侍郎之一而已。攫取與政變主角相稱的權位，這是政變成功後史彌遠的目標。

政變得手後，參預政變的李壁即因附和恢復之議而被貶謫。還沒到一個月，王居安在充分發揮了政變集團的喉舌作用後，因提醒寧宗防止「一侂胄死，一侂胄生」，自然不為史彌遠所容，被御史中丞雷孝友劾罷。作為武將，主管殿前司公事夏震對史彌遠攬權並不構成直接的威脅，不知出於自大炫功，還是出於錄以備案，他把奉命誅韓的那份偽造御批在自己府第中刊石立碑。這無異於向世人昭示這次政變乃無君之舉，史彌遠對此如芒在背，有說不出的厭惡感，[1] 好在他並不是史彌遠走向專權之路上非掀去不可的絆腳石。

在政變同謀中，張鎡力主開殺戒，彌遠雖以「將種」面贊，內心卻深懷忌憚。侂胄被誅，張鎡以倡言居功，到處標榜，彌遠在朝堂上大潑冷水：「這是臣子當為之事，何為言功？」只給他一個司農少卿。御史中丞衛涇抖落出他的老賬——為謀求好官，硬逼自家孤侄女嫁給蘇師旦之子——指為蘇師旦死黨，追奪兩官，送廣德軍居住。時距政變成功不到半個月，參預政變的人不再敢自矜其功了。後寧宗下旨，張鎡放還，有記載說他「又欲謀史」，但彌遠專政之勢已成，反給他安了個「扇搖國本」的罪名，除名

---

[1] 《四朝聞見錄》戊集〈滿潮都是賊〉說：「史惡之，旋以疽發於背而死於殿司」，則誤。據《宋史·濟王趙竑傳》，嘉定十七年史彌遠廢立時，夏震仍在。

以後，羈管象州（今屬廣西），讓他翻不了身。①

到了嘉定元年上半年，政變集團骨幹漸成鼎足之勢：錢象祖、史彌遠、衛涇。衛涇出身吳門望族，五世皆第進士，本人又是廷唱第一名的狀元，開禧間，已位至禮部尚書，恰是史彌遠的頂頭上司。彌遠以其下屬卻能通過皇子與楊皇后直接聯手。在衛涇也許不無酸味的。由於共事之故，他對彌遠應該知之較多，識之較深的。據《四朝聞見錄·衛魁廷尉》，誅韓以後，衛涇「旋用故智，又欲去史」。他想搞掉史彌遠是自無疑問的，但不會傻到襲用其故伎，再與楊氏聯手。或許就在皇帝面前提出警告，皇太子得知便轉告了史彌遠。彌遠立即做了三個人的工作：一個是皇太子，利用他在皇帝前說衛涇的壞話。儘管彌遠做得不落痕跡，但仍有記載表明奏罷衛涇有皇太子的份兒。另一個是右丞相錢象祖。象祖也希望削弱競爭對手，卻忘了螳螂捕蟬、黃雀在後的古訓，立即支持彌遠，在大庭廣眾貶損衛涇：「我以為衛清叔一世人望，他身為大臣卻為韓侂胄買了螺鈿髹器！」還有一個則是御史中丞章良能。他與衛涇關係原不薄，但終受拉攏，上了彈章。疏入，寧宗沒有施行之意。良能便聽從台吏的建議，採用了副疏這一特定的台諫章奏形式。副疏，也稱副本，即台諫將彈章錄副直送被劾者本人。宋代慣例，大小臣僚一旦知道自己受到台諫彈劾，就必須去位待罪，於是副疏就演變為台諫劾罷大臣的特殊手段。六月的一天，衛涇上朝，車至太廟，章良能派人送上副疏，衛涇閱後對來人說：「傳語中丞，我今天就出城待罪。」史彌遠因衛涇深孚宿望，不敢以貶黜處置，只讓他出知潭州。對這種有人望的政敵，他不打算做得太絕。

在衛涇罷政當月，執政林大中去世。次月，史彌遠以知樞密

---

①《四朝聞見錄》丙集〈虎符〉；《宋會要輯稿》職官 73 之 39；《宋史》卷 39〈寧宗三〉。

院事兼參知政事。隨着權位上升和聲望提高，彌遠斂權弄政也漸露跡象。他憑藉資善堂翊善的身份，經常單獨面見寧宗。權兵部尚書兼侍讀倪思察覺了他的用心，提醒皇帝：「大權方歸，自應防微杜漸；一有干預端倪，必將重蹈覆轍，現侂冑已誅，但朝野議論不止，就因樞臣仍兼宮僚，不時宣召。宰執應該同班進對，樞臣也應該遠權，以平息外議。」樞臣即指時任同知樞密院事的史彌遠。不久，倪思遷為禮部尚書，聽到史彌遠擬除兩名侍從，右相錢象祖竟全然不知，便對寧宗說：「奏擬除目，宰執應共同進擬。以前就是專聽侂冑，權有偏頗。」彌遠聞言，便上章自辯。倪思自知已難居朝，力求外任。請對時，他再次忠告道：「前幾天論樞臣獨班奏對，恐蹈舊轍。陛下應親擢台諫，以革權臣之弊；並任宰執，以鑑專擅之失。」但寧宗似乎全不介意。

這年秋天，丘崈遷同知樞密院事，但一月不到就去世了。不久，婁機替補這一職位，樓鑰進為簽書樞密院事。婁機主張「行以至公」，反對「私恩未報，首為汲引，私仇未復，且為沮抑」的黨同伐異的做法，與史彌遠異趣，兩年後借健康原因自請罷政出朝。樓鑰文名頗盛，然而他「雖好士而不能援」，據說，有一次他問來謁的士人：「每有來訪者，我都倒履迎迓，未嘗失士。外議如何？」來客幽默答道：「自您老大用，外間都傳唱《燭影搖紅》這首詞。」他問緣何，來客說：「那詞裡不是這樣說嗎：幾回見了，見了還休，爭如不見！」樓鑰也只好一笑了之。或許如此，他才沒招致忌憚，做了近六年執政。早已在位的另一執政雷孝友，種種跡象表明他趨附史彌遠門下，執政一直做到嘉定八年。

這年十月，右相錢象祖進為左相，史彌遠進拜右相。彌遠的拜相制詞是權直學士院陳晦起草的，凡能歌功頌德的事跡和辭藻都用上了：「海潤星輝，增光儲德之茂；風飛雷厲，密贊主威之強。成大功無徙蔭之淹，去元惡甚摧枯之易。杜群枉以開眾正之

路，建大政以興太平之端。」全篇文眼歸結到「昆命元龜，使宅百揆」。「昆命於元龜」典出《尚書・大禹謨》，説上古任命先斷自眾人之心，後卜於大龜之版；「使宅百揆」語出《尚書・舜典》，意即進居統攝百官之位。據説，後者是舜任命禹為司空時的話，前者是舜禪位給禹時的原話。

這時，倪思正欲起程赴知福州，聽説後即上奏道：「這是舜、禹揖遜授受之語，《大禹謨》也不是僻書。若聖上原無此意，詞臣為何援引此語？受此麻制之人，豈能安然無事而不自辨明嗎？給舍、台諫又怎能不給辯白呢？過去詞臣以『聖之清，聖之和』褒譽韓侂冑，但也沒敢用人臣不該用的詞語。漢哀帝拜董賢為大司馬，詔書有『允執其中』之詞，當時父老流涕，以為哀帝準備禪位。『昆命元龜』與『允執其中』有甚麼差別呢？」

寧宗閲奏大駭，他還不至糊塗到打算把趙家天下讓給外姓，即把倪思的奏疏給彌遠看。彌遠自知這時權位尚不鞏固，左相究竟安甚麼心思還不得而知，便上奏道：「因一時只顧聽制詞，未能及時指出。請頒倪思之奏給陳晦。」彌遠先把責任推給了草制詞臣，以便自己進退有據，再改除陳晦為殿中侍御史，讓草制者在身份上更宜於自辯和反擊。

陳晦與真德秀關係頗好，便在用典上向他討教。第二天，他胸有成竹地上章辯白：「時下正艱於論相，但本朝自趙普以下，拜相制詞用元龜典故的多至六七例。」在逐一臚列後，他轉守為攻：「我曾向倪思學詞科，他不會不記得這些例子。現在只是出於私憤，遂忘典故。不懲無以示後！」倪思經此一駁，無力反擊了。

寧宗便下旨説：「陳晦援證明白，無罪可待。倪思輕侮朝廷，肆言誣罔，可特降兩官。」恰湖廣總領傅伯成入對，寧宗説及此事，連説「過當，過當！」對倪思強烈不滿。傅伯成説：「對倪思

摧抑太過，恐塞言路。」寧宗並未回心轉意。倪思「鐫職而罷，自是不復起」，在這次較量中徹底敗北。[①] 史彌遠則穩穩登上了右相的要位，寧宗已像過去信任韓侂胄那樣倚信於他了。

拜相僅一個多月，史彌遠因母親去世趕回慶元鄞縣（今浙江寧波）老家治喪。按例，他必須去位守制，這樣就會出現錢象祖獨相的局面，這是他絕不願看到的，現在只有錢象祖才是他唯一的對手。令人蹊蹺的是，十天後錢象祖竟被台臣論罷，出判福州。其罷相細節已難詳考。不過，政變以後，他儘管在權位上始終壓史彌遠一頭地，但地位卻不見得鞏固。他雖然反對過北伐之議，但只要有人把他在黨禁之初不遺餘力逮捕慶元六君子的劣跡兜出來，立即就為清議不齒，人們對鎮壓太學生的老賬還不至於那麼健忘。更何況他在嘉泰年間趨附侂胄的醜事，都讓人記憶猶新的。其後不久，他又被罷判福州，提舉宮觀。在劾罷錢象祖的過程中，御史中丞章良能又助了一臂之力，在二相不偕的格局面前，他「有所左右」地站在史彌遠這一邊。錢象祖罷相兩個月後，章良能升任執政，這顯然是史彌遠對他排擊衛涇、錢象祖的酬報，有理由推斷，所有這些都是史彌遠事先或幕後的安排。

在權力角逐中，史彌遠緊緊抓住了兩個人，一個是楊皇后，一個是皇太子。他深知皇帝對自己的信任度還不能與當年韓侂胄相比，於是在內廷後宮關係上下功夫。他在政變中的果斷作為和密切配合已贏得楊皇后的信任，只要有她在寧宗面前說項，一切問題都好辦。至於皇太子，是他親自教出來的學生，現在又參決朝政，在寧宗面前有着舉足輕重的發言權，這層關係也必須抓住不放。

---

① 《齊東野語》卷 16〈昆命元龜辨證本末〉；《四朝聞見錄》甲集〈昆命於元龜〉；《宋史》卷 398〈倪思傳〉。

史彌遠去位守制的第五天，皇太子建議在臨安府賜他一座第宅，好讓他就第持服，以便隨時咨訪，寧宗同意了。賜第詔書對史彌遠在誅韓議和與嘉定更化中的功績頌揚備至：「祖宗基業三百載，反掌而安，南北生靈億萬人，息肩以樂」；「群賢並進於清朝，公論大開於今日。」評價是否恰當另作別論，制詞透露的消息卻不應忽視：在開禧、嘉定之際的這場政治冒險中，不僅韓黨土崩瓦解，反韓聯盟的原盟友也被史彌遠各個擊敗，他已穩穩當上了唯一的贏家。

一般而論，在君主政體下能以非常手段搞掉強權之臣的人，最有可能取而代之成為威震人主的新權臣。早在誅韓以後，史彌遠專權形成以前，左諫議大夫傅伯成就指出：「方史公謀韓，若事不遂，其家先破。韓誅而史代之，勢也。」然後，史彌遠丁憂守服，歷史偶然性給出了一次絕好機會。寧宗若是一個稍有統治術的君主，完全可以利用這一契機，以孝道為理由讓史彌遠遵守27個月的喪制，將以史代韓的炙熱勢頭來番冷處理，然後進行一場名副其實的「嘉定更化」。然而，在政治上，寧宗就像一個永遠的孩提，始終要尋找強有力的保姆：即位之時，他依賴慈福宮太后和趙汝愚為他做主張；其後，他離不開韓侂胄這根拐杖；誅韓之時，他需要楊皇后把定主意；現在，他又放不下史彌遠這支奶瓶了。正因為他的個性因素，歷史循着另一種軌跡延展着。

賜第以後，史彌遠仍在故里服喪，並沒有移居臨安新第。儘管熱衷於已經到手的權位，但他仍不敢輕率違背傳統的喪禮，那將會招來非議。嘉定二年二月末，也許仍出於皇太子建議，寧宗派內侍前往鄞縣，催促史彌遠返回臨安賜第守制。

在彌遠返回臨安前，發生了忠義軍統制羅日願策劃的政變。羅日願是支持北伐的武臣，開禧用兵時曾「以策干韓」。侂胄被誅，史彌遠清除韓黨時以是否支持北伐劃線，株連甚廣，日願頗

不自安，且鬱鬱不得志，寓居臨安。史彌遠將回臨安終喪的前後幾天，星象發生異常。日願不滿史彌遠乞和弄權，便宣傳這一天象主「宮廷及大臣有咎」，與殿前司中軍訓練官楊明、士人徐濟、歸正人趙珉與內侍王俞、張延慶等合謀聚眾起事。

他們準備在史彌遠渡錢塘江回臨安的那天，由原步軍司前軍軍校張興等率領千人，埋伏舟中，等百官到浙江亭迎謁史彌遠時，舉火為號，盡殺宰執、侍從、台諫等，然後由水門直插大內，內侍王俞等劫持寧宗升朝，任命羅日願為樞密使，徐濟為參知政事。響應這一計劃的，還有樞密院效用士皇甫威、臨安府太學生黃萬頃、班直王麟等，都表示願意為日願募集參加者。部署已定，三月初三，在擴大隊伍過程中，徐濟因懼生悔，由他爭取來的進勇副尉景德常投匭告變，羅日願等悉數被捕。

審訊期間，史彌遠回到了臨安賜第。寧宗有意向讓他直接起復，他卻上了待罪的奏疏，論及前不久的政變說：「陛下昨誅鋤佞胥，臣獲密贊英斷，故其餘黨切齒」，把未遂政變者都指為韓黨。然而，這場未遂政變的參與者除武將、兵卒、內侍外，還有太學生、歸正人、役人、僧人與平民百姓，參加階層之廣泛引人注目，顯然不能以韓黨視之。而史彌遠一夥處心積慮掩蓋真相，「於告變原狀不復付出」，可知其鋒芒所指，應是一起各階層聯合起來反對其屈辱乞和、弄權干政的自發鬥爭。彌遠誣指他們為韓黨，既是掩蓋這場鬥爭的實質，也為嚴懲這些反對者製造輿論。①

---

① 羅日願謀變事見《兩朝綱目備要》卷12。兩年後，有武臣陳大節、吳仲哲重議此事說：「日願為佞胥報仇，非大丈夫」，言外之意，當時應直接揭出反史彌遠的旗號。兩人私議被人告發，都受到編管的嚴厲處分。倘若日願之變果真只是作為餘黨為佞胥復仇，當時何必對真相遮遮掩掩，兩年後又何必對陳大節兩人的議論仍那麼在意呢？

事發以後，首席執政雷孝友上章引咎説：「自己能薄望輕，不足鎮服奸慝。」對史彌遠和雷孝友的奏章，寧宗都下了寬慰之詔，同時敦勸彌遠起復，認為「與其適居處之安，備予咨訪，豈若正廟堂之任，期以贊襄」。五月初四，史彌遠終於顧不上名教和清議，起復為相。有人移書相勸：「名教所繫，人言可畏，望閣下速辭成命，以息議者之口。」但史彌遠擔心，倘若依舊守制，兩年以後的局面也許就非他所能左右的。起復後第三天，史彌遠即將羅日願凌遲處斬，其他參與者、知情不告者也多處以各種死刑。

起復制詞説：「欽念治幾，渺若巨川之難濟；惕懷民瘼，凜乎朽索之易危。」後一句勾畫出南宋王朝面臨的形勢，凜然如一根即將崩斷的朽爛繩索；前一句則道明了寧宗的心態，面對一望無際的大川，他竟不知怎樣才能駕馭南宋王朝這艘破舟。寧宗唯一的辦法就是舉行這奪情之典，把駕駛權交給史彌遠。一位西方政治家指出：遴選大臣對於君主來說，實在是一件重大的事情；他們是否良臣，取決於君主的明智；君主們應當盡力避免處於他人隨意決定的境地。[1] 顯而易見，寧宗不僅在遴選大臣上完全缺乏那種明智的洞察力，而且在下詔史彌遠起復後卻不並任兩相，把自己和大政完全交付給他一人，連起碼的君主統治術都不具備。史彌遠專權局面的最終形成，寧宗有其不可推諉的責任。

史彌遠起復，意味着有名無實的嘉定更化的徹底終結，標誌着繼韓侂冑後又一個權臣擅政時期的開始。這時，上距侂冑敗死，只有兩年半的時間。

---

[1] 馬基雅維里：《君主論》，潘漢典譯，商務印書館，1985 年，第 108、110 頁。

二　在中原變局前束手無策

1. 舉棋不定戰守和

正當和議緊鑼密鼓談判折衝的開禧三年（1207）歲末，尚未進入宰執圈的史彌遠上奏寧宗：「當此聘使已通之後，常如干戈未定之日，推擇帥守以壯屏衛之勢，獎拔智勇以備緩急之用」。其時，他是主張固守以求和的，也不失為計。但嘉定和議締約不久，中國北方形勢便發生了急劇的變化。和議成立當年，金章宗去世，內部接二連三的宮廷政變大大加劇了金朝衰落的進程。就在宋金兵戎相見之際，成吉思汗締造的大蒙古國崛起在金朝的背後。自嘉定四年（1211）起，所向披靡的蒙古鐵騎對金國發動了持續全面的進攻，佔領了兩河、山東大部分地區。在蒙古南侵時期，戰亂、災荒與錯綜複雜的階級矛盾及民族關係交織在一起，山東、河北一帶爆發了風起雲湧的紅襖軍大起義。這時的金朝倒真正陷入了內亂外患的境地，開始走向衰亡。在劇變面前，對毗鄰對峙的金國採取甚麼方針，不僅僅決定了兩國關係的定位，從長遠角度說，還與南宋在整個中原大變局中的立國政策息息相關。

嘉定和議後，屈己求和的路線佔了上風。嘉定四年九月，寧宗下詔說：「附會開邊得罪之人，自今毋得敘用。」詔書雖是史彌遠為防政敵東山再起而特意頒佈的，卻也反映了恐金情緒瀰漫了朝廷。袁燮指出：「議和以後，揣摩迎合之流便想苟安無事。有反對者，則詆之曰：是打算用兵。加以此名，時所大諱，便不敢復言。用意在於封人之口！」

這年六月，金衛紹王因蒙古大軍南下，沒有心思接見南宋派

出的賀生辰使，宋使至涿州（今河北涿縣）折回。獲知金有外患，
南宋令江淮、京湖、四川制置司加強邊境防禦，但也僅此而已。
歲杪，著作佐郎真德秀上奏，分析了金國必亡之勢，認為：第一，
面對金國的衰亡，應該居安思危，有備無患；第二，在金國滅亡
的過程中，對蒙古的政策，對山東、河北起事豪傑的態度，朝廷
都應早拿定主意。然而，這一建議沒引起宋寧宗和史彌遠的重
視，對金政策維持原狀，對蒙古和中原豪傑的方略根本未列入議
事日程，即使自身的軍政戰備也依舊因循苟且。幾年以後，宋金
戰爭風雲再起，南宋仍是「師旅疲於攻守，財用耗於調發，郡縣
困於應辦」，「兵之闕額者當補，城之頹圮者當修」。①

　　嘉定六年十月，南宋派真德秀赴金賀金宣宗即位，這時金中
都（今北京）正被蒙古大軍圍得水泄不通。德秀行至盱眙，即被
告知路途梗阻，次年春天回朝覆命時，他再次強調：驟然勃興的
蒙古，苟延殘喘的金國，因金蒙戰亂而越境逃生的難民狂潮，都
是深可憂慮的。

　　嘉定七年三月，金遣使赴宋催督歲幣，對付蒙古的戰爭和支
付蒙古的金帛，使金朝財政更加力不從心了。南宋則採取拖延
觀望的策略。這年夏天，金朝放棄了中都，遷都南京（今河南開
封）。獲知這一消息，起居舍人真德秀又上了奏疏分析金蒙戰爭，
認為其發展趨勢將是「鹿之所走，獵必從之」，宋蒙之間必定出現
「疆場相望，便為鄰國」的局面。面對即將到來的嚴峻形勢，朝廷
只有兩種選擇與兩種結果：「陛下以自立為規模，則國勢日張，
人心日奮，雖強敵驟興，不能為我患；陛下以苟安為志向，則國
勢日削，人心日偷，雖弱虜僅存，不能無外憂。」德秀籲請：「用
忠賢，修政事，納群策，收眾心，是自立之本；訓兵戎，擇將帥，

①《歷代名臣奏議》卷 337 許應龍〈論禦邊之策〉。

繕城池，飭戍守，是自立之具」，並詳細陳述了具體建議。最後，他語重心長地歸結道：「安危存亡，皆所自取。」

讀完奏議，德秀說：「金人既已遷都，早晚還會遣使來索討歲幣，臣以為不能給。」寧宗立即嚴肅答道：「不該給！」口氣之決絕與神色之嚴厲異於平時。朝廷的議論多傾向於真德秀，但他們關注的是停止歲幣，對他強調的自立規模並不在意。

在歲幣問題上，出現了不同意見。淮西提舉常平喬行簡上書宰執：「金國，過去是我們的仇敵，現在是我們的屏障。唇亡齒寒的古訓可以為鑑。不妨仍給歲幣，使拒蒙古。」史彌遠認為這主張「為慮甚深」，準備繼續向金納幣。太學生黃自然等率眾伏闕麗正門，表示抗議，請斬喬行簡，以謝天下。史彌遠的態度曖昧起來，不知如何決定。他知道，歲幣關係到民族感情的敏感神經，唯恐固執己見會開罪於清議和公論。

實際上，真德秀上奏的主旨是要求朝廷早定自立之本，修自立之具，斷絕歲幣只是這一前提下的具體措施之一而已。至於喬行簡建議聯金抗蒙有其合理成分，即便停納歲幣，也未必絕對不可行。關鍵在於：在與金、蒙的三角關係中，南宋在嘉定年間始終缺乏具有戰略遠見的分析和決斷。

時隔一月，金國果然再次移文督責歲幣，史彌遠請皇帝拿主意。寧宗說：「真德秀說過不能給」，下令停止貢納。但南宋似乎不打算立即對金採取強硬態度。這年夏天，西夏移書四川制置司，建議夾攻金國，宋方沒有響應。儘管刑部侍郎劉爚和太學生上章建請停止兩國使節往來，但宋廷遣使如故。嘉定八年初，南宋仍派丁焴為賀金主生辰使，轉達了宋寧宗「請減歲幣如隆興之例」的要求，金宣宗以「本自稱賀，不宜別有祈請」為由，斷然拒絕。丁焴的請求暴露出南宋君相在歲幣上對策的混亂，在停、減、給上游移不決。

歲末，真德秀出為江東轉運副使，寧宗對他說：「到江東後，為朕搏節財計，以助邊用。」德秀到任後聽說蒙古已與西夏聯兵，東出潼關，深入中原，而朝廷依舊君臣恬嬉，措置乖張，深懷憂慮地再上奏札：「今日天下之勢，無異徽宗政宣之時。蒙古無異昔日女真方興之時，一旦與我為鄰，也必祖述女真故智。故不可不預圖應付之策。」他列舉了政和、宣和之際致禍的十項原因，椿椿件件以昔諷今，都是針對嘉定之政有所指而發的。最後，他再次提醒皇帝：「倘若上下悠悠，養成深患，機會漸失，事變日殊，臣實不知所終！」然而，宋寧宗與史彌遠並未產生緊迫的危機感，對金政策依舊舉棋不定，更遑論對蒙方針的確立了。

從嘉定八年起這三年間，宋已停止向金納幣，但使節仍正常往來着，金朝忙於反擊與懲罰西夏，也無暇顧及南宋的歲幣，更不願同時與蒙、夏、宋在三條戰線上開戰。自嘉定十年（1217）歲初起，金對西夏重取防禦為主的戰略。連年戰爭的巨額消耗，南宋歲幣對金國財政已是刻不容緩的強心針。南遷以後，金朝局促一隅，也深感有必要從南宋奪取新的生存空間。從這年春天起，金廷內部的主戰派開始躍躍欲試，術虎高琪等主戰派雖視蒙古大軍如猛獅，節節敗退，卻把南宋當作可以一口吞噬的綿羊。金宣宗起初是反對發兵侵宋的，但在專斷朝政的術虎高琪堅持下，春夏之際也同意派元帥左都監烏古論慶壽和簽樞密院事完顏賽不南下經略。金軍破信陽軍，克樊城，圍棗陽、光化軍，兵鋒直逼襄陽。元帥右都監完顏阿鄰也出秦州開辟西線戰場，奪取了大散關。

南宋命京湖、江淮、四川制置司便宜行事，抵禦金軍。京湖制置使趙方對兒子趙範、趙葵說：「朝廷和戰未定，我誓以決戰報國。」他親鎮襄陽，命部將扈再興、孟宗政、陳祥等在襄陽外圍三面夾攻來犯金軍，敵屍枕藉山谷之間。五月二十七日，因趙

方請求，寧宗下詔對金宣戰，標誌着嘉定和議後宋金短暫和平局面的終結。詔書表彰了決死報國的愛國軍民：「守將效忠，開門而決戰；兵民賈勇，陷陣以爭先」，最後號召：「師出無名，彼既自貽於疑沛；兵應者勝，爾宜共赴於事功」，強調金無理出兵，宋被迫應戰。詔書還向中原失地的官吏軍民傳檄曉諭。寧宗對臣下說：「開禧我先用兵，彼直而我曲；今日虜人叛盟，我直而彼曲。」表示不可能再向金國納幣，卻可以此賞勵有功。

宋金重開戰，反對議和的呼聲佔了上風。兩朝舊臣劉光祖的上奏最能體現這種民族情緒：「女真乃吾不共戴天之仇。天亡此仇，送死於汴。陛下為天之子，不知所以圖亡，天與不取，是謂棄天。未有棄天而天不我怒也。」嘉定十一年春天，宋軍在兩淮、京湖、川陝三條戰線上發起了反擊，雙方互有勝負，戰爭打得黏着拖沓，沒有大開大闔的場面和銳不可當的攻勢。

這年五月，宋金戰爭已開打一年多，寧宗還下詔侍從、台諫、兩省官集議平戎、御戎、和戎三策，對金政策之舉棋不定於此可見。集議的結局似乎議而不決。主戰者認為：「殘虜煙滅，中原丘墟，振兵直前，當如摧枯拉朽之易。不特慰來蘇之望，尤可成克復之勳。是則攻戰之舉，因不容緩。」主和派強調：「理內斯可御外，強本斯可折衝。兵財俱乏，事力不繼，而遽尋干戈，則召釁稔禍，功未成而害已見，其可不為備守之圖？」同時哀歎：「城壘方營而侵秩已至，糧食甫積而剽掠時警，羽檄交馳，將左支右吾之不暇，是又不容於不和也！」[1]嘉定年間，南宋這種曠日持久而無補大勢的戰、守、和之爭，坐失了時機，貽誤了國家，引來後世史家王夫之在《宋論》裡一聲歎息：「天下何恃此清議哉！」

---

[1]《歷代名臣奏議》卷 337 許應龍〈論禦邊之策〉。

在對金政策上，宋寧宗的態度是游移不定的。《玉牒初草》記錄了嘉定十一年與十二年間的君臣奏答，表明他對戰、守、和三策都分別贊同附和過。

嘉定十一年夏天，禮部侍郎袁燮進對說：「蜀中不靖。」寧宗說：「秋高馬肥，是他時月，尤當為備。」袁燮奏道：「今日事勢迫切，不容少緩。」寧宗說：「夷狄奸詐，何可輕信？」袁燮接着說：「講和卻是省事，但虜人之意，不專在歲幣，難與通和。」寧宗道：「他擄掠所得已數倍於歲幣。」袁燮是主戰的，從君臣對話，寧宗顯然同意他的觀點。

不久，權工部尚書胡榘奏事：「殘虜本無能為，陛下愛兼南北，初未有征伐意，內因廷臣橫議，外而邊臣邀功，使邊境久未安寧。」寧宗即說：「皆邊吏希望爵賞，為國生事，不可不戒。」胡榘是胡銓之孫，他的祖父在紹興和議間以請斬秦檜力主恢復而名聞一時，他卻不肖乃祖，成為朝中主和路線的傳聲筒。但寧宗也無原則地附和他的主張。

次年夏天，秘書監丞柴中行輪對，論及邊事：「今日大患，最在虛誕，使邊備失措置，難倚仗。」寧宗表示：「須是切實理會。」歲暮，左諫議大夫李楠上奏：「在無事之時作有事之備。」寧宗說：「極是。寧有備而無事，不可無備而事至無所措手。」李楠說：「虜雖垂亡，也應加意設備。」寧宗答道：「是啊！困獸猶鬥。」寧宗對他倆的回答，似又同意守御之策的。

對臣下截然不同的對金主張，寧宗都一無主見地附議。誠如《君主論》所說：「一位君主如果不是本人明智的話，他就不可能很好地獲得忠告……當所諮詢的人不只一個人的時候，君主如果不明智就絕不能獲得統一的忠言。」[1]寧宗在戰、守、和三策間搖

---

① 馬基雅維里：《君主論》，第 113–114 頁。

擺彷徨，正表明他的無決斷和不明智！

嘉定十二年初，金朝試圖憑藉軍事上小小的上風迫使南宋議和。當探詢議和意向的金朝詳問使到達淮水界河時，宋方拒絕他入境。金宣宗只得打消念想，任命僕散揆之子僕散安貞為伐宋統帥，正式下詔伐宋。但私下裡，他卻表示：「此事豈得已哉，惟和議早成為佳。」

春天，金將完顏訛可率領大軍再次猛攻棗陽，趙方圍魏救趙，派遣扈再興、許國分兩路擾敵後方。金軍圍攻棗陽達 90 日，棗陽城仍固若金湯。盛夏，趙方斷定金兵士氣已再而衰，便命扈再興從敵後回師，約定日期與城中出戰的孟宗政內外夾擊，金軍大潰，訛可單騎逃歸。金人自此不敢再窺襄漢。

但僕散安貞親率的大軍卻兵鋒頗盛，南下圍安豐軍及滁、濠、光三州。攻城不克，即兵分三路，一路由光州攻黃州麻城，一路自濠州犯和州，另一路出盱眙長驅全椒、來安、天長、六合，前鋒游騎直達采石（在今安徽馬鞍山），建康再次震動。

金軍逼近長江的消息，使南宋朝堂上戰、守、和之爭再掀熱潮。史彌遠作壁上觀，他的主和傾向自有胡榘代為兜銷。對這種誤國行徑，太學生又一次代表社會公論鬧起了學潮。五月六日，太學生何處恬率 273 人伏闕上書，請誅胡榘以謝天下。上書遞進卻沒下文，宗學生趙公記等 12 人和武學生鄭用中等 72 人也加入了請願行列，相繼伏闕。矛頭所指除了胡榘，還有吏部尚書薛極，他倆都是史彌遠親信。學生借用流行的民諺，抨擊薛、胡是「草頭古，天下苦」，對學生請願，朝廷不理不睬。

薛極倒坐立不安，力求去位，史彌遠給他吃定心丸：「彌遠明日走，那麼尚書今日去！」言外之意，只要我在，你不用怕學生。20 天後，秘書監丞柴中行輪對時說：「三學伏闕，此事不可含糊，須早處分。大抵公是公非合於人心，則人心自平。付之不恤，是

欲私庇其人，而使陛下有拒諫之失。」寧宗漫應一下就不吭聲了，
事後也無動作。史彌遠明確反對：「罷免朝臣怎麼能由學生說了
算？」兩天後，針對彌遠的持論，國子監丞蕭舜咨上了一札：「諸
生言事，無非公論。而朝廷卻認為黜陟之權不當曲徇布衣之請，
此非天下公言。」史彌遠自知公道人心不在自己這一邊，便把國
子博士樓昉召到府第，命這位主管官員出面安撫，讓他向學生傳
話：學生伏闕是伸張公論，朝廷廟堂都沒譴責之意。去傳話前，
樓昉上札子給寧宗，也請採納公論，否則以一夫之煩舌，怎能解
千萬人之不惑？但寧宗依然拖延不決。

　　轉眼到了六月上旬，一天上朝，禮部侍郎袁燮與胡榘又為對
金方針激辯起來。義憤之下，袁燮拿起朝笏去打胡榘的額頭，被
旁人奪下，朝堂之上體統盡失。御史合台論劾，說兩人「議論不
一，各執偏見，一主於和，一主於戰，求勝報怨，殊非體國」。
寧宗便各打五十大板，將他倆一齊罷免。袁燮出朝時，數百名
太學生舉幡送行，設筵餞別，有人賦詩道：「去草豈知因害
稼，彈烏何事卻驚鸞」，對朝廷混淆是非用罷不公的做法大為憤
慨。①

　　嘉定十三年正月，西夏再次致書四川安撫司約攻金國，仍未
得到響應。西夏在蒙古崛起後率先受攻擊，曾向金國求援，被置
之不理，只得向蒙古納女乞和，故而對金積怨頗深，在蒙古兵鋒
轉向金國後，也與之開始了持續不斷的軍事衝突。這年八月，四
川安撫使安丙給西夏去函，定議夾攻金人，西夏即表同意。次月
中旬，安丙遣諸將分道進兵，與西夏樞密使寧子寧所率 20 萬大
軍會師鞏州（今甘肅隴西）城下，但沒能攻下鞏州。宋軍移師擬

---

① 太學生伏闕及袁燮被罷，事見《後村先生大全集》卷 83〈玉牒初草〉；俞文豹：《吹
　劍錄外集》；張仲文：《白獺髓》；《四朝聞見錄》丙集〈草頭古〉。

攻秦州（今甘肅天水），西夏則撤兵回國。十月初，宋軍再約西夏共攻秦州，西夏沒有發兵，宋軍只得回師。

由於朝廷苟且無策，前線大多將無守意，軍無鬥志。唯有趙方主持的京湖戰場頗有可觀的戰績，也培養歷煉出了孟宗政、孟珙、趙範、趙葵、余玠、王堅等將帥之才，在其後的抗蒙戰爭中功績卓著。而江淮戰場因有山東忠義軍民的牽制，金軍還不能為所欲為；至於川陝一線潰軍敗將比比皆是，棄地丟城的記載不絕於史。軍事重鎮大散關幾度得而復失，連四川制置司駐戍的興元府（今陝西漢中）也一度失守，制置使董居誼聞風逃遁。

儘管如此，嘉定侵宋對金朝來說，卻是一場力不從心的戰爭，戰爭的進展正如發兵前夕其右司諫許古指出的那樣：

> 或謂專用威武，可使宋人屈服。此殆虛言，不究實用。彼見吾勢大，必堅守不出；我軍倉猝無得，須還以就糧。彼復乘而襲之，使我欲戰不得，欲退不能，則休兵之期，殆未見也。況彼有江南蓄積之餘，我止河南一路，徵斂之弊，可為寒心。

在戰爭中，金軍雖有小勝，但在城池關砦的攻守爭奪上，雙方始終處於拉鋸戰狀態，金軍並不能順利南進。金興定五年（1221），金宣宗輕信誣奏，誅殺了主帥僕散安貞。安貞有將略，他死後，南侵行動雖仍繼續，卻只是小打小鬧了。戰爭使金朝士馬折耗「十不一存」，不僅南侵初擴地立國的幻想徹底破滅，戰爭巨耗反讓國用睏乏，加速了金朝的衰亡。

金正大元年（1224）三月，即位不久的金哀宗決定結束戰爭，派兵300護送尚書省令史李唐英前往南宋滁州通好。宋方宴犒招

待了十來天，答應奏稟朝廷。六月，儘管南宋尚未反應，為表誠意，金哀宗命人赴南宋光州邊界張榜，遍告宋界軍民不再南下，雙方自此停戰。經過長達七年的較量，交戰雙方就像一對精疲力盡的拳擊手，誰都沒有一舉擊倒對手的實力與優勢，雙方氣喘吁吁都想休息，這一願望對金朝說來也許更迫切些。

正如王夫之《宋論》所說，嘉定戰爭對宋金雙方都不啻是當頭棒喝：

> 宋之為宋，一女直也；女直之為女直，一宋也。以既衰之女直，而宋且無如之何，則強於女直者，愈可知也。以積弱之宋，而女直無如之何，則苟非女直，固將能如之何也！女直一傾，而宋隨以潰，奇渥溫氏談笑而睥睨之，俟其羽翮之成而已。

時至嘉定末年，大蒙古國羽翮已成，問題只在於成吉思汗及其繼承者對滅金亡宋時間表的具體敲定罷了。對此，宋寧宗與他的南宋朝廷完全缺乏應有的清醒認識。

2. 從握蛇騎虎到養虎貽禍

在侵宋戰爭中，金軍沒能得手的一個重要原因，就是金朝山東、河北的紅襖軍起事在後方有力牽制了金軍，支援了南宋軍民保衛家園的正義鬥爭。嘉定十一年，金軍前鋒再次飲馬長江，建康告急，就因為北方忠義軍在背後分道出擊，才迫使金軍退兵的。金宣宗不堪紅襖軍和南宋軍民的南北呼應，興定五年（1221）曾命元帥左都監、行山東兩路兵馬都總監紇石烈牙吾塔移書宋人，要求決戰：

　　頃歲以來，納我叛亡，絕我貢幣，又遣紅襖賊乘間竊
出，跳梁邊疆，使吾民不得休息。彼國若以此曹為足恃，
請悉眾而來，一決勝負。果能當我之鋒，沿邊城邑當以相
奉。度不能，即宜安分保境，何必狐號鼠竊，乘陰伺夜，
以為此態耶？

　從行文的激憤不難想見紅襖軍已成金朝切膚之痛。

　金宣宗即位時，紅襖軍已成燎原之勢，尤以益都楊安兒、濰
州李全、泰安劉二祖、兗州郝定等幾支勢力最稱強盛。激成紅襖
軍起事的主因固然是這一時期金朝的階級矛盾與戰亂災荒，但中
原遺民和女真貴族、蒙古軍隊的民族矛盾也是不容忽視的。金宣
宗遷都南京（今河南開封）後，利用蒙古軍暫時撤退之機，命僕
散安貞率精銳部隊「花帽軍」開赴山東鎮壓，楊安兒、劉二祖、
郝定相繼敗死。楊安兒餘部數萬人由其妹楊妙真召集成軍，李全
與她結為夫婦，實力頓時大增。金朝侵宋後，這些武裝把親宋的
感情變為歸宋的行動，軍事上也從單純反金改為聯宋抗金。嘉定
十年，楊安兒舊部季先往見南宋知楚州事應純之，表達了各路豪
傑都願歸附之意。約略同時，中原流民也成群結隊地渡淮歸宋，
勢頭迅猛不可阻擋。宋金嘉定戰爭一開始，如何對待來歸的北方
流民，也成為南宋朝廷必須深長計議的大問題。

　　應純之把季先所說的上報給江淮制置使李珏和淮東安撫使崔
與之。二使讓季先北歸聯絡山東忠義，同時派楚州都監沈鐸和高
忠皎各集忠義民兵分兩路攻金。季先命李全率眾配合高忠皎，合
兵攻下海州，李全又分兵遣將破莒州，克密州，取青州。南宋授
李全京東副總管的名銜。見捷報頻傳，應純之便打算利用北方忠
義為自己在仕途上謀求晉升，密奏朝廷聲稱中原可復。史彌遠因
韓侂冑開邊的前車之鑑，擔心結納忠義會授人以柄，不准公開招

納北方義軍，只密令李珏、應純之妥善慰接，讓他們聽節制，號為「忠義軍」；並頒旨發放1.5萬人的錢糧，名為「忠義糧」。於是，東海一帶萬餘人歸沈鐸節制，吃上了有編制的軍餉，讓李全煞是羨慕。

李全出身農家，做過司弓手，弓馬矯健，以擅使鐵槍出名，時號「李鐵槍」。開禧北伐時，他曾與宋將聯手收復過漣水縣，但也做過「出沒抄掠」的勾當。嘉定十一年初，他率部歸宋，不久再攻海州，遠襲密州，表現出主動抗金的積極性。次年，他與金元帥左都監紇石烈牙塔激戰化陂湖，斬金將數員，大敗金軍，使其不敢輕窺淮東。聽說金將張林有歸宋之心，李全前往青州勸降。為消除張林的疑慮，他僅帶數人挺身入城，兩人結為兄弟。這時山東諸郡實際上都聽命於張林，得到允諾後，李全便上表宋廷，並奉上山東12州府的版籍，表辭説：「舉諸七十城之全齊，歸我三百年之舊主。」南宋君臣陶醉在不期而至、不戰而捷的勝利中，立即下詔任命李全為京東安撫使兼總管。

宋寧宗的詔書和史彌遠的密令體現了南宋政策的一個方面，即試圖對忠義軍民通過招誘節制、授官封爵，引為反金的力量，但也僅是利用而已。實際上，南宋朝廷只要真正聯合北方忠義軍民，他們足以成為反金抗蒙保宋的忠實同盟軍。即便李全，在南歸初期，其擁宋反金傾向也是十分明確的。他曾拒絕了金宣宗的招撫詔書，復書明志：「寧作江淮之鬼，不為金國之臣」，並把父母遺骨從故鄉濰州遷葬淮南，發誓「不復北向」。[1]

然而，南宋朝廷對北方來歸的忠義兵民內心卻深懷疑忌和恐懼。如果説於李全這樣自成氣候的武裝力量，採取的是招誘節制的政策，那麼，對於手無寸鐵的南歸流民，則使出了令人髮指的

---

①《齊東野語》卷9〈李全〉。

一招：封鎖淮水，禁止南渡，甚至張榜指南歸兵民為「盜賊」，來者剿殺不論。當時，每天來歸者成千上萬計，而邊界將吏卻「臨淮水射之」。聽說這一消息，國史院編修楊簡沉痛上奏：「得土地易，得人心難。中原赤子，拔自塗炭，來投慈父母。這裡卻計較一斗半升的小米，射殺他們。這難道是上順天意，下安四方的道理嗎？」平日還算關心民瘼的皇帝，這次竟無動於衷。不僅江淮，京湖、川陝也推行這種剿殺政策，不過在襄陽、蜀口等地，換了個說法，「號曰約回，而實殺之」[1]。儘管如此，渡淮南附的流民勢頭仍不可遏制，南宋不得已接納了下來，卻一百個不放心。

盱眙（今屬江蘇）是北方兵民渡淮南下的要衝之一，知盱眙軍賈涉卻一開始就認定這些忠義軍民是「飢則嗜人，飽則用命」的餓虎，他認為：以有限之財，應無窮之須，就如同以肉飼餓虎，肉盡必將反噬。出於「慮思其亂」的指導方針，他將歸附的石珪、陳孝忠、夏全諸部分為兩屯，分李全一軍為五砦，再用招刺義勇的方法，接納了其中近六萬人，放汰了三萬餘人。在這些忠義武裝周圍，他常駐官軍七萬餘，「使主勝客」，即官軍形成絕對優勢。這種猜忌防範使南歸忠義為之寒心，不少人公開宣稱：「與其如此，不如有官者棄官，無官者回山東做百姓。」

南宋當局從來沒把北方忠義兵民作為反金抗蒙的生力軍，放在中原變局中去做長遠、全局的安排。無論剿殺政策，還是招誘政策，都出於短視、實用的考慮。實際上，只要朝廷能派靖康年間宗澤那樣的愛國將才，去協調、團結並統帥這批忠義軍民，不僅賈涉擔憂的「飢則嗜人，飽則用命」的前景完全可以避免，而且嘉定以後北方抗金御蒙的形勢也會大為改觀。然而，在寧宗是無能，在史彌遠是苟安固位，處在第一線節制忠義軍馬的帥守又

[1]《宋史》卷407〈楊簡傳〉；《鶴山先生大全文集》卷18〈應詔封事〉。

都像賈涉那樣深懷忌疑之心，猶如握着蛇不敢鬆手，騎在虎背上左右為難。朝廷這種做派，讓忠義兵民悲憤滿腔，令有識之士感慨系之，劉克莊有詞說：「記得太行山百萬，曾入宗爺駕馭。今把作握蛇騎虎！」[1]

握蛇騎虎的狀態畢竟不能持久，而蛇嚙虎噬的局面遲早會出現。李全在忠義武裝中實力較強，戰績也最著。自化陂湖之戰後，他就有睥睨諸將之心。嘉定十三年，他唆使賈涉的親信之吏，誣譖季先謀叛。賈涉原就疑神疑鬼，便誘殺季先，準備收編其軍。季先部將拒絕整編，迎石珪統領餘部。賈涉深以為恥，李全趁機自告奮勇，請討石珪。石珪走投無路，叛降蒙古。李全略施小計，就從賈涉那裡取得了石珪留下的漣水忠義軍的統領權，更不把賈涉之流放在眼裡。次年，李全之兄李福恃勢與張林爭奪膠西鹽場，威脅讓李全取張林頭顱，張林即以山東諸郡獻降蒙古木華黎。南宋朝廷在兩年中僅滿足於山東 12 州郡名義上的回歸，印製了一批州府長吏的空名官告交給京東、河北節制司，填發給這些州府的實際控制者，卻從未試圖真正控制這一地區，故而來得意外，也去得容易。

李全的狼子野心已越來越明顯。他到過一次鎮江，北返後就對部屬說：「江南佳麗無比，須與你等一到。」他下令打造艦船，打算謀求舟楫之利，還仿造南宋紙幣，讓部下持假幣赴江南購物，其軍頓見闊綽，而「江南之楮益賤」。[2] 以戰功邀取官賞，以吞併擴大實力，利用南宋政策的弱點求生存，圖發展，李全已日漸坐大。

---

① 劉克莊：《後村先生大全集》卷 190〈賀新郎·送陳真州子華〉。此詞據考作於宋理宗寶慶三年（1227），但握蛇騎虎現象早在嘉定後期就已出現。

②《宋史》卷 476〈李全傳〉；《鶴林玉露》甲編卷 4〈制置用武臣〉。

一次輪對時，秘書監丞柴中行指出：「山東人雖受節制，就招刺，亦不可置之腹裡。況陰誘轓人，是再添一山東。」寧宗點頭稱是，無主見無遠識地「嘉納」上奏，是他從政唯一能做的事，至於對忠義軍民和李全的具體措置，則完全聽史彌遠的。對日漸坐大的李全武裝，史彌遠推行政策的着眼點只是「懼激他變」，「姑事涵忍」，具體説來，即以高官厚幣施以籠絡政策。嘉定十五年歲暮，南宋任命李全為京東路鎮撫副使，拜保寧軍節度使。次年，宋廷又賜錢30萬緡給他作為犒軍之用。這些應該出自史彌遠的主張。有人這樣形容朝廷養虎貽禍的政策：

> 輦安邊之財以給之，唯恐不贍；航東南之粟以餉之，唯恐失期。甚者高官峻秩，寵華其身，金珠玉帛，悦媚其妻，棄如泥沙，不甚愛惜。聞其帖然恭順，則喜見顏色；或拒之而不吾與，則恐恐然食不下嚥。①

聽説李全建節，升任淮東制置使的賈涉長歎道：「朝廷只知道官爵可以討其歡心，難道不知道驕縱將導致不可收拾嗎？」賈涉的感慨是有道理的。在山東忠義軍的處置問題上，賈涉首先對其防範猜忌，其次使其為我所用，兼用利誘與分化兩手，力圖貫徹主政者的邊防政策。在李全走向驕橫難馭的過程中，賈涉有其不可推諉之責，那是政策執行者的代價；但如今史彌遠一意姑息養奸，李全越發桀驁不馴，更讓他陷入了進退兩難的困境。而李全夫婦也準備給他顏色看了。嘉定十六年二月的一天，賈涉出郊勸農，薄暮入城，被李全的兵士攔住，但見楊妙真騎馬出來，佯怒揮退了部下，堂堂制置使才得入城。賈涉深知這是李全挑釁的

---

① 王邁：《臞軒集》卷1〈乙未館職策〉。

信號，不久便稱病求去。他一走，帳下萬名忠義又歸李全掌控。

這年歲末，許國奉命接替賈涉。他原是武臣，向史彌遠要求換為文資出帥淮東。彌遠見文臣中沒有合適人選，而李全日漸跋扈，淮東不能缺帥，便同意了。對這一任命，許多人以為不妥：許國位輕望薄，處非其地，反使李全有輕視之心。

次年歲初，許國到楚州（今江蘇淮安）赴任，拒見前來郊迎的楊妙真，令她大失面子地回營去了。李全時在青州（今山東益都），禮節性地致函許國。許國在大庭廣眾下抖着來函誇耀：「李全仰仗我養育，我略示威，他就奔走不暇了。」

按禮，李全應該往見新任制帥，許國也數邀他前來議事。李全觀望了半年之久，為不使自己理虧，終於前赴楚州參謁。庭參時，許國傲然端坐接受謁拜。自建節以後，李全與前制帥賈涉都分庭抗禮，對許國妄自尊大憋着一肚子怒氣，退出後在親信面前便罵開了：「你許國原不是文臣，是和我一樣的武人，有甚麼功勞？居然一點都不寬假！我李全赤心報朝廷，才不造反的！」

過了半個月，李全準備回青州，唯恐被扣留，一改舊態，折節為禮，動息必請，得請必拜。許國喜不自禁對家人說：「我把這傢伙給折服了！」完全不知道對手在耍弄他，便同意李全回去。而李全離開楚州時，叛宋的決心就已下定了。

對南宋在北方忠義兵民與李全問題上的政策失誤，清代有學者指出：

> 李全、張林南歸，山東已為宋有。有大豪傑斡旋之，中原可圖也。乃以庸才如賈涉、許國者駕馭之，烏能制虎狼之命哉？徒招亂耳！[1]

---

[1] 李塨：《閱史郄視》卷3。

從握蛇騎虎到養虎貽禍，南宋政策在表面上似乎有改變，實質上都是苟且無策。正因如此，一場由李全發動的騷擾江淮、震驚朝野的大叛亂在所難免，只是時間早晚問題。[①]

三　史彌遠專政下的嘉定政治

1. 受掣於另一權臣

史彌遠的起復招來了非議，但他因誅韓在政治上大得分，人望並沒有流失過多。起復以後，彌遠繼續在平反「偽黨」上做文章，對死者或褒賜美名，或錄用後代，對生者則召還在外的正人故老。短短四五年間，他起用的著名黨人有黃度、樓鑰、楊簡、袁燮、蔡幼學等，還召用了真德秀、魏了翁、趙方、廖德明、錢文子、劉爚、陳宓等知名之士。這些人佈滿中外，頗具氣象，人們甚至美言為「小慶曆元祐」。彌遠也儼然有古大臣的器局，連真德秀都一度受其迷惑，代皇帝草擬關於他的制誥批答時不吝讚詞。但這一切不過是取悅清議、籠絡人心的手段，他連趙汝愚欲致慶曆元祐之治的那點念頭都沒有，更遑論范仲淹、司馬光的政績了。他追逐的只是權力，這與韓侂胄毫無二致，但在老謀深算上，韓侂胄卻決不能望其項背。

---

① 宋理宗寶慶元年（1225），李全命將在楚州發動兵變，殺死許國，實際上已公開叛宋。但史彌遠仍「姑事涵忍」，故李全也「外恭順於宋，以就錢糧」，同時則肆虐江淮，直到紹定三年十二月（1231 年 1 月）才正式揭出叛旗。

開禧誅韓後，錢象祖任相，過了一年，彌遠與象祖並相，無不兼任樞密使。宋代宰執制度的最大特點就是分割相權，故開禧以前，雖也偶有宰相兼樞密使的前例，但絕非慣例，更未成制度。韓侂胄時期，所有宰相都不兼樞密使。《宋史·職官志》說：「至開禧，以宰臣兼使，遂為永制。」似乎錢象祖以相兼使成為這一定制的開端，實際上，象祖之例或是誅韓不久的特殊時期，未必遽為定制。嘉定改元，兩相並置，均兼樞使，尤其史彌遠起復後始終並長二府，宰相兼樞密使才真正成為南宋後期的固定制度，這是南宋後期皇權一蹶不振而權臣遞相專政的重要原因。故魏了翁指出：「迨嘉定而後，以相兼樞，又合而為一」，認為史彌遠才是始作俑者。史彌遠不僅以相兼使，集軍政大權於一身，而且在起復以後直至宋理宗紹定六年（1233）去世前不久，始終維持獨相的局面，而所選用的二府執政都是些容易控制之人。

史彌遠不僅以獨相之尊睥睨二府執政，還恣意破壞政事堂議事制度。政事堂，也稱都堂，是宋代宰執合堂同席、共議眾決朝政大事的場所，其目的之一即防範宰相專權。南渡以後，秦檜在望仙橋私第治政，首壞其制。韓侂胄任平章軍國事，平時由省吏將公文送至韓府簽識，但他還應景地每三日必至都堂一次。史彌遠把養病不出視為常事，嘉定前期好幾次稱病告假，還不過數月。五六年間，威勢漸成，便「決事於房闥，操權於床笫」，深居簡出，不知所在，完全把都堂議事制拋在一邊，擅權程度遠遠超過了韓侂胄。

史彌遠專政之所以能暢通有效地貫徹自己的意志，倚賴的要害部門是檢正都司。檢正、都司原是分屬中書門下省和尚書省的兩個具體辦事機構，分管公文呈批送審，官署級別雖不高，但對宰執決策朝政、制定法令等都知悉過程並參與內情的，其作用不能等閒視之。史彌遠將兩者合而為一，朝廷政事都交它辦理。只

要所謂事關機速，就上不必奏稟皇帝，下不必經過審核，而先交付執行；如有奏稟事宜，原應等聖旨批下同意與否再付執行，現在還未呈御覽，就已下省札處理；甚至備好空頭省札，執政畫押同意，再送相府臨時倒填有關政事。檢正都司成為他得心應手地獨攬朝政的工具。這些官吏職卑位低，易於控制，也樂於逢迎宰相，參與機密，外朝那些制置使、總領與諸路監司、沿邊將帥都爭相賄賂他們，「其權任反出執政、台諫上」。①

史彌遠還把重要官吏的任命權緊攥在手，收買人心，安插親信。宋代銓選，京官、選人的除授權歸吏部，號為吏部四選；唯有特殊勳勞者可由政事堂直接奏注差遣，號為堂除，所獲差遣比吏部選為快為優，熱衷仕進者無不鑽營這一捷徑。史彌遠專政後，以堂除名義把吏部四選的肥差都拿了過來，以朝廷爵祿而賣私恩，取吏部美闕而歸堂除，習以為常，賄自成風。相府門前衣冠如市，來謁賓客十有八九是謀求差除的，彌遠也不惜以宰相之尊而下行吏部之事。這種做法，導致士風與吏治進一步敗壞，「煽奔競之風，抑孤寒之士，人心蠹壞，人才衰削」。

宋代朝官以上的要職任命，例由宰執注擬，請旨獲准才草擬除授制詞。史彌遠擅權後，這類任命「有申而無奏」，只將結果告訴皇帝，從不奏稟取旨。有臣下上奏：

> 執政、侍從、台諫、給舍之選，與三衙、京尹之除，皆朝廷大綱所在，故其人必出人主之親擢，則權不下移。今或私謁，或請見，或數月之前先定，或舉朝之人不識。願明詔大臣絕私意，布公道。

---

① 魏了翁：《鶴山先生大全文集》卷 18〈應詔封事〉；章如愚：《群書考索續集》卷 10〈都司〉。

寧宗卻認為：

> 人主擇宰相，宰相擇百官，為治之要道。君主攬要則百事詳察，君主躬親則百事荒怠。

這話原則上不錯，但關鍵在於：最重要的第一步擇相倘若失誤，以下一切便無從説起。

史彌遠結黨營私，心腹列於朝堂，親信佈於地方。呼朋引類時，他的同鄉觀念尤為突出，選拔之士，「非鄞即婺」。鄞縣人是其小同鄉，婺州人則是大同鄉。有則軼事就是針砭這一現象的。一天，相府開筵，史彌遠請雜劇藝人助興。有一藝人扮士人念開場白：「滿朝朱紫貴，盡是讀書人」，旁邊另一角色打斷道：「非也。滿朝朱紫貴，盡是四明人！」史彌遠聽出插科打諢中的譏諷味，據説從此相府設宴不再演雜劇。

宋代權相專擅，不可或缺的條件就是操縱台諫、控制言路。韓侂胄是這麼做的，史彌遠也緊緊抓住台諫官任命和言事兩個關鍵環節，逐漸使言官淪為其私人鷹犬。韓侂胄被誅，史彌遠首先讓支持政變的衛涇、王居安出任台諫，對侂胄留下的舊台諫葉時和黃疇若恩威並用，在台諫系統內提升其職銜，讓他們攻韓黨以贖過愆。其後，他試圖拉攏左諫議大夫傅伯成，讓人示意他彈劾某人，交換條件是引為執政，伯成一口回絕，表示「不能傾人利己」，並請皇帝下詔大臣「以公滅私」。碰了這個釘子後，史彌遠變換手法，「約言已堅，然後出命，其所彈擊，悉承風旨」，而且必「先期請見，餉以酒餚」[1]。這樣一來，台諫都成了其黨羽。

---

① 《鶴山先生大全文集》卷 18〈應詔封事〉；黃震《戊辰修史傳·杜範傳》。

儘管如此，史彌遠仍不放心，進而在彈章諫草上大做手腳。每到論事之時，台諫與史彌遠之間「尺簡往復，先繳全稿，是則聽之，否則易之」。這種做法宋人稱為副封或呈稿，但韓侂胄專政還沒無恥到呈稿的地步。自史彌遠當國，台諫都是其私黨，每有劾薦，必先呈副封，一般以薄紙書寫，用簡版繳達，合則緘還，否則便附另紙，告知某人朝廷正賴其用，台諫就改論他事，故時人有「嘉定副封之靡」之說。後來嫌副封太麻煩，乾脆從相府付出言章全文，讓台諫直接照用。台諫官竟也毫不隱諱，逢人必說：「近來文字，皆是府第付出。」至此，台諫對相權的獨立言事原則掃地以盡，史彌遠完全左右了台諫系統。①

在宋代，包括封駁官在內的其他侍從也有獻言論諫的權利，但台諫始終是朝廷輿論的主導。既然台諫已被史彌遠所掌控，嘉定更化之初言路乍開的氣象很快復歸於萬馬齊暗的局面。嘉定十二年（1219），一位知州任滿入對，發現朝論已為史彌遠把持，極論苟同之弊後籲請：「轉移之機，全在陛下。」寧宗口頭贊同道：「雷同最是今日大患。」但他既然不能從根本上認識與解決史彌遠專權問題，朝堂之上只能依舊「諾諾者盈庭，而諤諤者捲舌，容容者接武，而皎皎者遁形」。

相反，起復後的 16 年間，寧宗對彌遠十分倚重，經常為他推恩遷官，加食邑或實封，表現出「惟君臣相得之甚艱，而事業當圖於不朽」的慶幸之情。有一次加實封，草制詞臣大書：「天欲治，捨我誰也，負孟軻濟世之才；民不被，若己推之，挺伊尹佐王之略」，竟比以伊尹、孟子。侍從、館職與太學生們議論譁然，

---

① 《鶴山先生大全文集》卷 18〈應詔封事〉；《癸辛雜識》前集〈簡槧〉；《貴耳集》卷下。參見拙义〈宋代台諫系統的破壞與君權相權之關係〉，載《學術月刊》，1995 年 11 期。

都認為「過諫失體」，皇帝卻並不以為然。① 嘉定十四年，寧宗特下詔史彌遠立家廟，並賜祭器。在宋代，人臣在位而賜建家廟是屈指可數的罕用恩例，特詔既傳達出皇帝對史彌遠的倚任與尊禮，也説明其專權之勢如日中天。

嘉定年間，人才進退，政事興革，天下以為這是丞相的主張，朝野都習以為常地只言相而不言君。對這種權相專政局面，偶爾也有臣僚借古喻今委婉地進諫。嘉定六年秋，侍讀黃度最後一次入侍經筵，有意講讀了唐玄宗用李林甫的歷史，意味深長道：「這是唐室治亂分界的關鍵，願陛下退朝之暇，反覆閱讀思考。」但秉性不慧的寧宗壓根兒沒聽出弦外之音。這一時期，邪正之辨和君子小人之別也頻頻見諸朝臣的論諫和經筵的講讀，這同樣是一種不便挑明而只可意會的諫言。嘉定十一年歲暮，侍讀徐應龍進讀呂大防奏議，讀到「人君之要在乎知人，若以正為邪，以小人為君子，則不可」，應龍點明道：「亂亡相繼，未有不由於是。」寧宗若有所悟説：「君子小人最為難知。那小人也能發君子之言。當據其事而觀其人。」回答並沒錯，但他連韓侂冑專權也未能省察，又豈能識破史彌遠在君子外貌下的叵測機心呢？

史彌遠專權的時間長於秦檜，擅權的程度超過韓侂冑，但在他的生前，公開的反對者遠比秦、韓為少，在其身後，又引起後人「如何一卷《奸臣傳》，卻漏吞舟史太師」的感慨。究其原因就在於他繼秦、韓之後把權相弄政的手法錘鍊到爐火純青的地步。他不僅不像侂冑那樣赤裸裸，而且比秦檜更狡黠陰鷙。在編織專政的權力網，讓城狐社鼠佈滿中外的同時，他還擅以爵祿羈縻天下之士，「外示涵洪而陰掩其跡，內用牢籠而微見其機」，荼毒善

---

① 《真文忠公文集》卷 19〈史彌遠特授正奉大夫依前起復右丞相奉化郡國公加食邑食實封制〉；《鶴林玉露》甲編卷 2〈制詞失體〉。

類也較秦、韓為輕。①

儘管史彌遠裝綴小慶曆元祐的假象，擺出古大臣的模樣，時間一久，有識之士還是洞察出了背後的真相。嘉定八年，真德秀一改嘉定初期對他的讚詞，對劉爚慨然說：「我們應該盡早引退出朝，讓廟堂上也知道世上有不願做侍從官的人在。」便力請外郡，史彌遠假惺惺挽留道：「用人之途暢通，為甚麼要出朝呢？」德秀託以親老，出為江東轉運副使。

比起不合作主義，揭露權相更需要勇氣與魄力。嘉定十三年，新一屆禮部進士即將發榜。應考士子鄧若水在對策試卷上力論史彌遠之奸，建議皇帝將其罷免，改命賢相，否則必貽宗社之憂。僅以文章而言，這篇策論博徵經史，氣骨凜然，儘管考官因其論及時相而置之末等，卻在臨安士人間爭相傳誦。史彌遠聽說後大為惱火，指使臨安府尹讓旅舍主人偵伺其出入言行，羅織罪名。有人前來勸解，彌遠轉念一想，倘如治之以罪，會像韓侂胄貶竄慶元六君子那樣，必然招致清議的反對和太學生的聲討，便故作寬容之態。

然而，在另一起事件中，史彌遠卻撕下偽裝，開了殺戒。當年上書請斬韓侂胄的武學生華岳，在誅韓後允許重新入學，登第為武學進士後，被任命為殿前司同正將。目睹史彌遠對外苟安，對內擅權，他曾上疏皇帝，大忤權相，於是準備搞掉史彌遠。謀劃的風聲傳到史彌遠那裡，他認為作為殿前司下屬將領，華岳的密謀可絕非鄧若水那樣的秀才造反，必須把苗子掐死在萌芽狀態。史彌遠派殿前司衞士包圍了他的住宅，將其捕來，厲聲問

---

① 錢大昕：《潛研堂詩續集》卷 2〈過安陽有感韓平原事〉；全祖望：《鮚埼亭集·外編》卷 28〈跋岳珂傳〉；《宋史》卷 401〈柴中行傳〉；趙翼：《廿二史札記》卷 26〈秦檜史彌遠之攬權〉。

道：「我與你有何怨仇，竟要圖謀我？」說完便命押往臨安府獄。知臨安府袁韶是史彌遠親信，判以斬罪。

宋代實行死刑復奏制，史彌遠持判牘奏稟皇帝。對華岳在韓侂冑專權時毅然上書，寧宗記憶猶在，擬放他活命。彌遠說：「這是要殺臣的人。」寧宗說：「教他去海南走一遭便了。」意思是流配海南島，免他一死。彌遠看出了皇帝寬貸之意，陰險地說：「如此，則與減一等。」寧宗對本朝刑法懵然無知，誤以為斬罪減一等就是流配，同意了這一奏請。而實際上，絞、斬在宋代只是死罪中的極刑，其下一等是杖殺，也即「決重杖一頓處死，以代極法」。就這樣，史彌遠上下其手，以謀變的罪名把華岳押赴東市，活活杖死。這位「倜儻似陳亮」的英才，與韓侂冑做鬥爭時逃過了一劫，卻最終死在史彌遠專權的黑暗年代裡。①

史彌遠專權的後果是嚴重的。在他的專擅下，從嘉定改元起，南宋王朝竟在金國垂亡之際，安於苟且偷安之歲，年復一年，機會隨着時月流失，進入理宗朝，他繼續專斷朝政，獨相九年。等到他死後，人們才痛切發現，比起韓侂冑來，史彌遠專權流毒更深，為害更烈。以至有人指出：

> 我國家自韓侂冑用於慶元，迄於開禧，甫及十年，天下之勢，如人少壯而得疾，故其療之也易為功。自史彌遠相於嘉定，迄於紹定，凡二十七年，天下之勢，如人垂老而得疾，故其療之也難為功。

史彌遠死後七年，當蒙古鐵騎在西起大散關，東至淮河的數

---

① 《宋史》卷 455〈華岳傳〉；《四朝聞見錄》甲集〈華子西〉；竇儀等：《宋刑統》卷 1〈名例律‧五刑〉。

千里戰線上向南宋發起全面攻擊時，時人不禁浩然長歎：「凡今日之內憂外患，皆權相三十年醞成！」[①]

2.「束手於上」的寧宗嘉定之政

在《廿二史札記·秦檜史彌遠之攬權》裡，清代史家趙翼指出：

> 史彌遠之柄國，則誅賞予奪，悉出其所主持，人主僅束手於上，不能稍有可否。

正如慶元開禧之政實際上是韓侂冑專政，嘉定之政說到底就是史彌遠專政，宋寧宗依舊垂拱仰成，無所作為。

不過，對經筵講讀，寧宗還是重視的。有一次，經筵官徐應龍問他：「《資治通鑑》所載仇士良事，陛下還記得嗎？」寧宗複述道：「士良歸老，語其徒曰：天子不可令閒暇，暇必親書，智慮深遠。」寧宗倒是有暇讀書的，有時甚至早晚都讓經筵官為他講學，並要求他們在進讀經史和聖訓的同時，須以講義的形式對每事表達意見，認為「若只讀一遍，何益？」他保持着嘉王時的習慣，每天抄上一段先帝聖訓或名臣奏議，故而與臣下應對時，「論治道有體，則有用賢委任之言；論諫官言事，則有明目達聰之訓；論用人則知君子小人之辨；論用兵則知師從中覆之非」，議論似乎都契合帝王之學。

有一次，袁燮進讀《高宗寶訓》，讀到宋高宗有「為上極難處，一事不合人情，則人得以議」的感慨，寧宗即說：「人主做事，豈可不合天下之心？」袁燮說：「人君治天下，只是中道。剛

---

① 《臞軒集》卷2〈乙未六月上封事〉；《清獻集》卷9〈嘉熙四年被召入見第一札〉。

柔皆不可不中。」寧宗發揮道：「柔而不中為姑息，剛而不中為霸道，剛柔皆得其中為王道。」說得句句在理，袁燮只能稱頌：「誠如聖訓！」然而，正如有臣下一針見血指出：「今陛下之學，乃祖宗之學，而陛下之治，猶愧於祖宗之治。」寧宗自身不慧，再出色的經筵也無法將他造就成有為的君主，對其治國理政也起不到實質性作用。

也許嘉定經筵官多為道學家的弟子傳人，寧宗一改自己在韓侂胄時代的態度，對道學的好感恢復到了即位初的狀態。史彌遠曾是楊簡的弟子，與理學略有淵源；專權以後，他以昭雪「偽黨」、褒崇理學作為討好清議、籠絡士夫的手段。在推進理學官學化上，這對君相倒是同聲相應的。

嘉定四年（1211），著作佐郎李道傳建請下詔崇尚正學，將朱熹的《四書章句集注》《四書或問》頒之太學，並以周敦頤、邵雍、程顥、程頤、張載從祀孔廟。有不好道學的執政表示異議，提議未獲通過。次年，國子司業劉爚也向史彌遠建議用朱熹「四書」之說「正君定國，慰天下學士大夫之心」；同時奏請刊行《四書章句集注》，並將朱熹親定的《白鹿洞學規》頒示太學。寧宗同意將朱熹的《論語》《孟子》集注本作為太學的官定讀本。

繼追諡朱熹為文公後，嘉定八年，賜張栻諡「宣」；次年，呂祖謙也得諡為「成」。為周敦頤、張載、二程的請諡活動也不失時機地在進行。嘉定十三年，周敦頤、程顥、程頤、張載分別追諡「元、純、正、明」。[1] 此前一年，一次經筵上袁燮進讀朱熹事跡，寧宗說：「記得即位之初朱熹曾侍經筵，他就是朱在的父親。」袁燮乘機進言：「陛下記憶朱熹如此。其子本無失道，尚在

---

[1] 李心傳《道命錄》卷9附作者按語說張載諡號至嘉定末年猶未最後確定，但《宋史·張載傳》則說賜諡也在本年。

罪籍。陛下能收拭而召用，也足見不忘忠賢之後。」寧宗點頭同意。朱在入仕，升遷順利，十年左右已位至侍郎。嘉定十七年，皇帝又下詔訪求程頤後人，錄用為官。

理學取得官學地位，一般認為始於理宗時代，故《宋史·理宗紀》說：「後世有以理學復古帝王之治者，考論匡直之功，實自帝始。」但理學官學化進程中，嘉定時期通過頒書、贈謚、錄後等一系列褒崇之舉，實已開其先河。

對朝政，寧宗並非絕不措意，也知道聽言用諫的重要性。嘉定六年，袁燮對他說：「帝王不可不勤於訪問。」寧宗首肯再三說：「問則明。」退朝後，袁燮與朝士說起「問則明」的聖諭，無不稱歎英明。但幾個月過去了，卻不見皇帝有咨訪之舉。不久，袁燮遷官輪對再見寧宗，說：「當時我與朝臣莫不稱歎聖訓英明，但陛下端拱淵默一如往昔，是不是認為人主一言之失，史官筆錄而天下議論，問而不當，不如不問呢？」過三年，袁燮遷經筵官，見皇帝機會更多，對寧宗說：「陛下自為韓侂胄所誤，也許擔心臣下進言有錯，所以咨訪甚少罷？」寧宗憮然問道：「錯也無妨嗎？」袁燮說：「古人說獻可替否，若都沒錯，則唯有獻可，無否可替了。」寧宗引經據典：「予違，汝弼，汝無面從。」然後說：「朕專賴臣下正救。」

袁燮當然明白，立朝之官，多為阿附苟容之士，連台諫都淪為權相的附庸。嘉定十二年一次經筵上，他有針對地發揮道：「以台諫為耳目，無所不言，故大臣不敢為非。」寧宗立即接口：「此即所謂：言及乘輿則天子改容，事關廊廟則宰相待罪」，他記得這是蘇軾的名言，表態道：「若台諫不言，何緣得知，只要人來說？」

平心而論，寧宗也並非諱言拒諫的君主，但台諫既然已被史彌遠所左右，怎能指望他們真正無所不言，成為皇帝耳目呢？宋

代規定，台諫官每月至少上言一次，謂之月課。對台諫來説，如今的月課最是頭痛而棘手的定期作業，既不能開罪權相，又不能違反祖制。無恥的言官甘為鷹犬，如梁成大、李知孝之流，自不待言；大多數台諫月課來臨，章奏待草，掂量議論之異同，揣摩情分之厚薄，可否難決，進退維谷；滑頭取巧者盡選些不傷脾胃的事兒，例如恭請皇帝獻謁宗廟景靈宮等，權充月課，繳卷塞責。

台諫官尚且如此，嘉定吏治污濁便可想可知。寧宗對此應該有所察知，故一再下詔戒飭。嘉定改元，他就頒旨給內外群臣：

> 奸佞弄權，故相同惡，上下交利，賄賂公行，監司郡守，並相仿效，貪婪無厭，狼藉已甚。朕方勵精更始，申加訓飭，以儆有位。其有緣公濟私，尚為故態，必罰無赦！

嘉定二年，他命諸路監司劾舉貪殘的守令；次年，再下戒飭監司郡守的詔書。嘉定六年，朝廷一方面恢復監司臧否守令的成法，一方面命御史台置考課監司簿，加強對監司的督察。

對贓吏的懲治力度似乎也有加強，奪官除名，乃至抄家發配的貪官污吏也偶有所聞，當然只是幾個縣尉、縣丞、推官、判官級的芝麻綠豆官。嘉定八年，朝廷頒詔：贓吏不許減年選官；但停年罷選對於巨貪的官吏根本難起懲戒作用。嘉定十一年，殿中侍御史李楠上奏：「朝廷治贓吏失之於寬。」次年，他又提宋高宗治贓吏的前朝舊事，寧宗回答：「贓吏害民，豈可不治，祖宗治贓吏，甚至棄市。」他説的是太祖、太宗朝故事，那時懲肅贓吏果斷嚴厲，確有開國之初的治世氣象。李楠認為：「倒也不必嚴厲到棄市，笞黥之刑就已足夠，今後發現贓吏，就杖脊刺配嶺南。」但君臣議論過後，一切仍歸依舊。嘉定十六年，寧宗再次下詔申嚴贓吏法，強調「命官犯贓，毋免約法」，正從反面印證了原頒的

贓吏法形同具文。

　　嘉定時期，在備受吏治污濁之擾的同時，民眾還飽嘗貨幣貶值之苦。開禧北伐的開支，嘉定和議的費用，再加上冗官人數的持續上升，王室開銷的奢侈揮霍，南宋財政日漸陷進入不敷出的泥淖。對此，寧宗曾下詔內外官府條陳節用的對策，試圖在節流上尋找出路，其效果即使有，也是杯水車薪。於是，朝廷便無節制地發行紙幣來飲鴆止渴，東南會子與四川錢引等紙幣猶如決堤洪水氾濫於南宋境內。大約在光宗即位之初的淳熙末年，會子發行量還控制在 2400 萬貫，到開禧用兵時激增至 14000 萬貫；其後會子流通量居高不下，嘉定年間總發行量高達 23000 萬貫。隨着流通總量的向上攀升，會子幣值卻急劇下跌，嘉定前期每貫會子的實際幣值只有孝宗時期之半，與此同時，物價卻如脫韁之馬。

　　嘉定元年八月，朝廷命侍從、台諫、兩省官就會子幣值折算率狂跌進行詳議。次年初春，政府強行命令：「以舊會之二，易新會之一。」同時輔以嚴厲的法禁，還派朝臣出使諸路檢查執行情況。這一做法不啻向會子持有者宣佈這種貨幣徹底喪失信用度。於是，不論貧富，誰都不願使用和儲藏會子，持有者更急於脫手。朝廷下禁令規定：紙幣必須視產業多寡，按比配藏，如有違反，即予抵罪，並鼓勵告發。而州縣科配，期限頗緊，官吏催督，刑網苛密。俯首帖耳的順民甚至鬻妻賣子、售田押宅被迫以低價收回會子；而那些以低於實際比價拋出會子的民戶都因觸犯法禁而籍沒家財，甚至「一夫坐罪，而並籍昆弟之財，或虧陌四錢，而沒入百萬之貲」。朝廷的禁令無法阻遏低價拋售和拒絕收用會子的狂潮，而這波強勁之勢反過來驅使會子進一步貶值。在這場通貨膨脹中，富戶雖也大受損失，但貧民更雪上加霜。這年冬天，米價騰貴，傳法寺前飢餓難忍的乞丐群起搶奪商販的炊餅。人心洶洶，行將釀成一場全面的社會危機。

這年二月,寧宗頒詔給侍從、兩省以下官員,命他們對會子危機提出解決辦法。反饋的意見普遍是放寬以舊兌新的期限,發還籍沒入官的民財,避免社會矛盾的激化。三月,寧宗下詔:「民以減會子之直籍沒家財者,有司立還之。」這道詔書旨在緩解會子引發的社會動盪,但作用是有限的。只要新舊會子不等價兌換的規定依然有效,會子與銅錢的兌換率勢必不斷看跌。五月下旬,朝廷窮極無聊地從賣官鬻爵、出售沒官田等渠道籌措了約1400 萬貫作為收回舊會子的資本,但也無補大局。九月,吏部郎官劉爌奉命審閱中央和地方官員關於會子的奏議封事,選擇可用意見送朝廷參考,表明其時會子貶值依舊困擾着南宋政府。直到嘉定四年歲暮,朝廷還因會子兌換問題派員巡訪江浙州郡。大約次年,最後採用了太學生吳幼存的封事,「悉弛其禁,楮價反增」,即解除所有禁令,會子比價反而回升,這場風暴才漸趨平靜。

在嘉定貨幣信用危機中,有人批評政府,「以一易二,民始疑楮;三界並行,民始賤楮」,在貨幣危機前舉國無策,衰亡之狀「具於斯時」。由於國家失信用,民眾啟疑心,兼之嘉定前期連年水旱,民無餘資,物貨積滯,商旅不行,致使大家族困厄,小家庭掙扎,市井蕭條,官府匱乏。社會經濟自此轉入新一輪的動盪時期。南宋紙幣貶值和物價上漲之勢自孝宗末年已經抬頭,而寧宗君相不負責任的貨幣政策促使矛盾立馬激化,使之成為社會經濟的無解難題,扔給了後來繼任的君相。

嘉定共 17 年,自嘉定七年絕金歲幣起,宋金關係即進入臨戰狀態,軍政自應成為寧宗嘉定之政的重頭戲。這一方面,寧宗曾頒佈過一些詔令:嘉定三年六月,命三衙、江上、四川諸軍主帥核實軍籍,欺冒者以贓罪論處;九月,令三衙和江上諸軍以才藝年勞升差將校,徇私者將受到台諫、制置使和總領財賦的按劾;次年四月,頒佈虛冒兵額的禁令,自首者從寬,違反者重處;

嘉定七年，再詔三衙、江上、四川諸軍將兵馬實數申報朝廷。這些有限而蒼白的禁令，根本不能清除軍政的腐敗，從軍額禁令的一再重申，反而折射出吃空額始終是嘉定軍政的一大漏洞。

對嘉定軍政，時人有過總括性的評論：

> 拊循士卒，帥之職也。朝廷每嚴掊克之禁，蠲營運之逋，其儆之者至矣！今乃別為名色，益肆貪黷，視生理之稍豐者而誣以非辜；動輒估籍，擇廩給之稍優者而強以庫務，取辦芻粟，抑配軍需，於拊循何有哉！

> 訓齊戎旅，亦帥之職也。朝廷每嚴點試之法，申階級之令，其儆之者亦切矣！今顧有教閱視為具文，坐作僅同兒戲，技勇者不與旌賞，拙懦者未嘗勸懲，士日橫驕，類難役使，於訓齊何有哉！

> 況乃有沉酣聲色之奉，溺意田宅之圖，而不恤國事者矣。又有營營終日，專務納交，書幣往來，道路旁午，而妄希升進者矣。自謂繕治器甲，修造戰艦，究其實，則飭舊為新而已爾。自謂撙節財用，聲稱羨余，原其自，則剝下罔上而已爾！[1]

軍政的頹敗污濁，一方面導致士氣低落和戰鬥力下降。

> 在內郡者，末作技藝，安坐而食，官府利其私役，而被堅執銳之事不嫻也；在外郡者，多方運販，為商無徵，主帥利其回易，而投石超距之勇不勵也。[2]

---

[1]《宋史》卷 415〈葛洪傳〉。

[2]《朧軒集》卷 1〈乙未館職策〉，此策雖上於宋理宗端平二年（1235），敘述的卻是嘉定後期以來的軍政情況。

這樣的軍隊，遇敵交鋒，望風披靡，也絕非個別現象。另一方面，頹敗污濁的軍政激化了軍隊內部的各種矛盾，嘉定年間兵變再次頻繁出現，與此也不無關係。這一時期，劉克莊有《軍中樂》對將兵之間的尖銳對立做過形象的描寫：

> 行營面面設刁斗，帳門深深萬人守。
> 將軍貴重不據鞍，夜夜發兵防隘口。
> 自言虜畏不敢犯，射麋捕鹿來行酒。
> 更闌酒醒山月落，彩縑百段支女樂。
> 誰知營中血戰人，無錢得合金瘡藥。

開禧用兵時，稱因賄任將者為「債帥」，嘉定時，債帥現象仍十分猖獗，一旦走馬上任，便以百倍的瘋狂將行賄的開銷從士兵身上摳回來。有一次，經筵侍讀徐應龍説：「今軍將得以賄遷，專事掊克。」寧宗居然吃驚問道：「債帥之風今猶未除嗎？」他對嘉定軍政的真實情況，對債帥現象，對史彌遠將「江淮巨鎮，委之肺腑之親，襄漢上流，畀之膏粱之子，殿岩重寄，庸夫尸之，總餉要權，濁吏總之」[1]，看來都一無所知。

馬基雅維里指出：

> 君主永遠不要讓自己的思想離開軍事訓練問題，而且他應該在和平時期比戰爭時期更加注意這個問題。因為這是進行統帥的人應有的唯一專業。亡國的頭一個原因就是忽視這種專業。[2]

---

① 《臞軒集》卷 1〈乙未館職策〉。
② 馬里雅維里：《君主論》，第 69-70 頁。

　　無論在嘉定和議之後短暫和平的日子裡，還是在宋金戰端重開的年代裡，寧宗從未把軍政作為生死存亡的嚴重問題去認真了解過，深入思考過，切實行動過，更何況在這背後還有蒙古崛起的巨大陰影。南宋雖不是亡在寧宗之手，但卻從他這裡走向滅亡。

　　據記載，不論單日雙日，寧宗都升朝聽政，早朝晚罷，聽納不倦，為政也稱得上「無怠無荒」。然而，由於史彌遠的專權和君主制的限制，他深居大內，罕接輿情，天下危切之情也無由上達。關鍵還在於，寧宗甚至不具備一位守成之主的基本素質，他軟弱怯懦，優柔寡斷，受制於權臣，苟安於現狀。對群臣進言，此亦一是非，彼亦一是非，在與臣下應對時，他雖可以引些前代先聖和本朝列帝的言論，也說得八九不離十，但這些議論幾乎沒見之於實行的，以至連臣下都當面說他「恭儉有餘而剛斷不足」。

　　嘉定十七年，魏了翁任起居舍人，專記皇帝的起居言行，對他有切近的觀察，看到的完全是缺乏治國能力的君主。了翁曾記述了寧宗晚年臨政的情況：

　　　　凡所奏陳，陛下罕所可否。臣退而問所謂起居注，則歲月淹久，事情寂寥；問所謂直前故事，則賓贊之臣，疑為久曠。

　　也就是說，皇帝聽政勤勉，卻聽而無斷，故而起居注記錄他理政治國的「聖跡」自然寥寥無幾；到了晚年，寧宗連表面的勤勉也不能自持，近臣直前奏事的舊制都曠廢不行了。難怪魏了翁失望地對寧宗承認：「臣以記言司過為職，每有含毫閣筆之羞。」

　　袁燮曾當面指出：「陛下視今之治效為如何？以言乎財計則未裕，以言乎兵力則未強，以言乎人才則忠實可恃者寡，以言乎民生則愁苦無聊者眾」，這就是對寧宗嘉定之政的概括。嘉定十

年，有一篇廷對策問道：

> 　　陛下願治之心不為不切，而竟未有以副陛下之願者，意者新天下之機，在陛下未知所以運乎？①

　　話說得很尖銳：陛下你恐怕還不知道如何抓住一新天下之政的歷史機遇吧！還是馬基雅維里說得好：「一位君主必須有一種精神準備，隨時順應命運的風向和事務的變幻情況而轉變。」②嘉定的 17 年間，對於南宋王朝未來的生死存亡確是相當重要的轉折時期。然而，如何順應命運的風向，抓住歷史的機遇，以寧宗這樣的智能才具而言，期望值顯然超越了可能性。

3. 在社會危機前醉生夢死

　　進入 13 世紀，中國又開始了一個災害性氣候的新週期，整個嘉定年間天災頻仍。嘉定元年二月，哀鴻遍野，無以為生的飢民紛紛流亡到臨安府，宋寧宗下詔賑濟。進入閏四月，兩浙旱象嚴重。五月，寧宗減常膳，親赴太乙宮、明慶寺禱雨，並下求言詔：「凡朕躬不逮，朝政闕失，田里愁歎，軍民疾苦，盡言無隱，朕將採而用之。」他同時命大理寺、臨安府、兩浙州縣審決滯獄的囚犯，以為這些舉措可以上應天變。然而，自五月起飛蝗又蔽天遍野地嚙噬着農作物，持續為害好幾個月。為此，寧宗再次減常膳，命監司守令條陳民間利害，侍從台諫盡言時政缺失，三省奏呈寬恤未盡事項。八月，發豐儲倉米賑濟受旱蝗之災的貧民。

---

① 《臞軒集》卷 1〈丁醜廷對策〉。
② 馬基雅維里：《君主論》，第 85 頁。

這年歲末，著作佐郎楊簡在封事裡描摹了一幅慘不忍睹的飢民圖：飢民搶奪販賣之食已司空見慣；父親不忍親見子女活活餓死的慘狀，便把他們沉溺江中；媳婦憐憫公婆捱餓，情願自賣易糧，公婆為了不連累媳婦自縊而死，媳婦也悲痛自殺；連烹食小兒、妻食夫屍、弟食兄屍、父子相食其屍的慘狀，京城、兩淮也時有所聞。寧宗聽了，大為震驚。

次年四月，蝗災再起，大兵以後，必有大疫，臨安府瘟疫流行。春夏之際，寧宗兩次撥款給臨安府，用以棺斂無錢安葬的貧民和兵士。這年十一月初五，臨安下了初雪，宮中照例將舉行雪宴，寧宗也因歲飢省罷了。每逢大災，他總是減省常膳，每天在禁中焚香祝禱，從不參加內廷宴飲，淒楚地說：「百姓不得飯，我何有於酒？」這年，寧宗頒佈了 5 條寬恤之政，次年增至 19 條。其後，旱蝗水疫等災情連年不斷，蠲免租賦、賑濟災貧、審決滯獄、安撫流民的詔書也不絕於史書。

寧宗不乏悲天憫人之心，但不少措施純粹虛應故事。嘉定三年，他下詔兩省將去年旱蝗之際的應詔封事，擇取可行的呈奏上來，可見這些封事一年來始終束之高閣。他的賑災之舉究竟有多少效果，也值得懷疑。宋代內藏庫「本為凶荒之備」，但光宗以後多移作內廷靡費之用。嘉定年間，寧宗倒多次動用內藏庫錢賑災恤民。然而，連年的戰亂與天災，飢民不可勝數，賑糴無法偏及，食不果腹的災民或輾轉溝壑，或背離鄉井，或群聚「借糧」，或肆行剽掠，不一而足，司空見慣。嘉定八年，袁燮警告寧宗：「東晉李雄、李特，初起不過流民，漸盛能佔巴蜀。鑑觀往事，可為寒心。」[1]

嘉定十三年十一月，臨安城內又是特大火災，朝廷照例有賑濟之舉。著作郎吳泳對寧宗說：

---

[1]《絜齋集》卷 1〈輪對陳人君法天札子〉。

京城之災，陛下之所親見；但四方敗相，陛下是否也都見到呢？慘莫慘於兵，卻連年不戢，則戰事甚於火；酷莫酷於吏，而頻歲橫徵，則酷吏猛於火。福建之民困於盜，浙江之民困於水，川蜀之民困於兵。橫斂之源既不澄清於上，賄賂之根又不鏟除於下。就好比那大樹枯壞，有急用卻無枝可取，內朽之形已見之目前！

袁燮和吳泳並非危言聳聽。持續的戰爭，頻繁的天災，貪墨的吏治，刻剝的軍政，苛重的徵斂，致使社會矛盾空前激化，把不同區域、不同階層的人們都逼上了絕路，嘉定共 17 年，農民、鹽販、茶商、士兵的起事此起彼伏，其次數比此前紹熙、慶元、嘉泰、開禧共 18 年間翻了一番[1]，起事規模和持續時間也不是此前 18 年所能比擬的。其中，郴州（治今湖南郴縣）黑風峒羅世傳、李元礪領導的起事聲勢最為浩大，其構成雖以瑤民為主體，也有漢族飢民和散兵參加，自嘉定元年初起兵以來，連破郴、衡、吉、贛、南雄、南安等州軍，達數萬之眾，活躍在湖南、江西、廣東三路交界地區，直到嘉定四年秋才被鎮壓。皇帝在詔書裡也承認，起事根本原因是「科役繁重，人不聊生，蝗旱頻仍，吏不加恤，使吾赤子，皆轉徙而無依，而彼奸民，因誘脅以為暴」。

嘉定十二年閏三月，興元府軍士張福、莫簡率領士兵起事，也令巴蜀震動。時值宋金嘉定戰爭，因南宋軍政不修，川、陝等地關外流民不下數十萬，潰卒也滿佈村野。張福、莫簡奉命調戍關外，將吏克扣餉錢，最終激成兵變。這支 1300 人隊伍都以紅帕裹頭，號紅巾隊，殺了四川總領財賦楊九鼎，焚利州（治今四川廣元）、破閬州（治今閬中）、果州（治今南充），移師遂寧府，

---

① 據何竹淇的《兩宋農民戰爭史料彙編》（中華書局，1976 年）統計。

一路所向披靡，所至之處，官吏或死或逃，沒敢抵抗的。七月，他們才被數倍於己的官軍在普州茗山剿殺。

趁着南宋王朝的衰弱，川蜀地區原受羈縻的少數民族也頻頻擾邊。其中規模較大、時間較長的起事有：嘉定元年黎州（治今四川漢源）彌羌首領畜卜領導的反抗鬥爭，持續七年之久始受降歸順；嘉定四年九月，敘州（治今四川宜賓）蠻擾邊，半年後歸降；嘉定十年雅州（治今四川雅安）蠻起事，也長達三年。至於小規模的民族衝突，嘉定年間幾乎連年不斷。這些民族矛盾多由宋朝將吏措置失宜或壓迫刻剝引起的。

對外抵禦金軍南侵的戰爭，對內應付民眾暴動和民族紛爭，接二連三的天災，成千上萬的飢民，紛至沓來的北方流民，棘手頭疼的忠義武裝，所有這一切都令南宋君相應接不暇，心勞日拙。然而，在如此深刻嚴重的社會危機面前，南宋朝野，尤其臨安城內，依舊瀰漫着醉生夢死的氣氛。

整個官僚士大夫階層在物欲享受上競相攀比，這種風氣源自於宮廷，擴散到都城，波及各地。嘉定八年正月，寧宗再次強調嘉泰元年（1201）頒佈的「銷金鋪翠之禁」。但奢侈既已成風，官僚士大夫不僅我行我素，反而變本加厲。兩年後，有一篇對策勾畫了這種窮奢極欲之風：

> 今天下風俗侈矣。宮室高華，僭侈無度，昔嘗禁之矣。今僭擬之習，連甍而相望也。銷金翠羽，囊耗不貲，昔又嘗戢之矣。今銷毀之家，列肆而爭利也。士夫一飲之費，至糜十金之產，不唯素官為之，而初仕亦效其尤矣！婦女飾簪之微，至當十萬之值，不唯巨室為之，而中產亦強仿之矣！後宮朝有服飾，夕行之於民間矣！上方昨有製造，明佈之於京師矣！

對策者把這種風氣沉痛地稱作「後元之風」，即王朝末世的風氣，是一點不錯的。

整個臨安城，整個官僚士大夫階層，甚至整個南宋王朝都沉浸在一派虛假的安定繁榮中，有滋有味品嘗着高度的物質文明帶來的優哉游哉的生活。

> 山外青山樓外樓，西湖歌舞幾時休？
> 暖風熏得遊人醉，直把杭州當汴州。

這首詩確實可以移作當時南宋王朝的形象寫照：對近百年前的亡國哀痛業已淡漠，對可能到來的亡國危機全不顧及。為數不多的有識之士關於危機和恢復的大聲疾呼都被一片舞樂歌聲吞沒了。

與此同時，面對宋金嘉定戰爭，南宋在軍費開支上日見捉襟見肘，力不從心。嘉定十年歲暮，朝廷繼開禧北伐後再次募民納粟補官，藉以解決軍糧問題。次年正月，朝廷趕印了 1000 份度僧牒作為四川的應急軍費；三個月後，復令四川增印 500 萬川引以充軍費之用。以鬻官給牒、濫印紙幣等手段來應付軍糧兵費的燃眉之急，財政虧空也可以想見了。

南宋當時的財政情況，正如後來的史家所指出：「12 世紀至 13 世紀之交，中國面臨着一段艱苦的局面：一個龐大而沒有特長的官僚機構，無從掌握一個日趨繁複而多變動的社會，在全面動員長期預算膨脹下，南宋已險象環生，而以財政上之紊亂為尤著。」[1] 至於「有關 13 世紀中國南方之安定繁榮的印象只不過是幻象。在此幻象背後的，卻是國庫之連年悲劇性的空虛，農村之

---

[1] 黃仁宇：《赫遜河畔談中國歷史》，生活·讀書·新知三聯書店，2015 年，第 199 頁。

貧困和不滿，以及統治階層內部的黨爭。這座大廈已是十分脆弱，只要蠻族用力地推它一把，就會倒塌下來」。[1] 儘管這座大廈最終被推倒是在宋寧宗去世的半個世紀後，但其倒塌的種種條件卻在嘉定後期基本具備了。

嘉定十四年夏末，派往河北蒙古軍前議事的計議官趙珙收到了蒙古將領饋贈的一方玉印，上鐫「皇天恭膺天命之寶」，繳進給淮東制置司。這方玉印與前不久鎮江副都統翟朝宗呈上的靖康玉璽，分別是徽、欽兩帝遺物，北宋滅亡時為金人掠去，金中都被蒙古攻陷後流散了出來。朝廷收到兩方印璽後，史彌遠認為有必要做點歌舞昇平的文章，便將兩年前山東 12 州郡名義上重入版籍和先朝御寶的失而復得聯繫起來，鼓吹成天命有歸的吉兆，讓皇帝下詔禮部太常寺，命他們討論受寶典禮。

寧宗也認為自己的修德感動了列聖先帝的在天之靈，皇天這才特與眷顧的。這年歲暮，他先是頒詔宣佈：明年正月元日舉行受寶大典；繼而遣官將得寶之事與受寶之禮奏告天地、宗廟、社稷。歲暮年初的臨安城裡洋溢着一種太平盛世的景象。數十個能文之士競相撰制頌詩謳歌這盛世大典，各地監司帥守的賀表與進貢也源源不斷送進了大內。嘉定十五年大年初一，皇帝登大慶殿行受寶大禮。禮畢大赦天下，文武官員各推恩一秩，連太學、武學、宗學的士子也都有恩賞。來自各地參加慶典的州學生不顧路途迢遞、風霜凜冽，摩肩接踵地趕赴行在，他們飽餐庫糧，入住太學，連齋舍都無法接納這麼多外地學生。最後規定太學、宗學士子都可以免試及第。為粉飾太平，「一時恩賞，實為冒濫」。據說，在朝不願轉官的僅有二人，在學不願推恩的只有一人，官僚

---

[1]　謝和耐：《蒙元入侵前夜的中國日常生活》，第 4 頁。

和士子都被這場鬧哄哄的受寶大典所左右了。[①]

就在這年冬天，蒙古驍將木華黎的大軍已渡過黃河，進圍金國的長安與鳳翔。與此同時，他派遣蒙古不花率軍南越牛嶺關，抄掠南宋鳳州（治今陝西鳳縣）而還。這是宋蒙在軍事上的第一次交鋒，宋蒙戰爭的序幕正式拉開，南宋守軍已經聽到了蒙古鐵騎的嘶鳴聲和騰踏聲。但這時的南宋，卻是君庸臣專，文恬武嬉，完全缺乏應有的危機感。誠然，在當時許多方面，南宋王朝所代表的中華文明確實處於其輝煌的頂峰，然而，卻經不起驍勇善戰的騎馬民族在不遠將來的致命一擊。隨着這致命一擊，不僅南宋王朝國祚難永，它所代表的中華文化也將受到毀滅性的摧殘，其中實在是有着某種內在必然性的。

四　寧宗的晚年

1. 宮廷生活剪影

嘉定年間，袁燮曾對宋寧宗説：

> 陛下尊居宸極餘二十年，無聲色之奉，無遊畋之娛，無耽樂飲酒之過，不事奢靡，不殖貨利，不行暴虐。凡前代帝王失德之事，陛下皆無之。

這當然説好話，但不算太離譜。在宮廷生活上，寧宗自奉節

---

① 《齊東野語》卷9〈嘉定寶璽〉。

儉，是頗有口碑的。

西子湖的湖光山色，無論朝暮晴雨，春夏秋冬，都是迷人的。孝宗在位時，常在良辰佳日陪同太上皇帝高宗與太上皇后吳氏遊幸湖山，光宗與寧宗也經常以皇太子、皇孫的身份侍隨其間。寧宗即位後，先是孝宗大喪，繼而太皇太后吳氏去世，未見有湖山之遊的記載。嘉泰年間，太上皇帝光宗與太上皇后李鳳娘的喪期過了，寧宗已好幾年沒到西湖賞玩雲樹堤沙和畫橋煙柳，頗有泛舟出遊的念頭。有個叫張巨濟的小臣聽說，便上書說：「太上太后的攢陵近在湖濱，陛下出遊，不免鼓樂，豈不是要驚動先人在天之靈嗎？」寧宗認為說得有理，這不僅事涉孝道，還關係人君儉德，特遷上書者一秩，還下令把畫鷁御舟都沉到湖底，以明從此不再遊湖的決心。理宗朝有人賦詩：「龍舟太半沒西湖，此是先皇節儉圖」，說的就是這事。

嘉泰三年（1203）奼紫嫣紅的一天，寧宗赴御苑聚景園觀賞春色。薄暮回宮時，不知怎地，皇帝出遊的消息傳遍了市井里巷，市民都希望一睹「聖容」。據說，寧宗生就真命天子的「龍顏隆準」，相者以為「真老龍形」。在臣民心理驅使下，成千上萬圍觀者爭先恐後，發生了踩死人的事故。寧宗聽後，十分內疚，自此之後，不僅湖上遊幸，連御苑賞春也停止了。其後唯一的一次，是開禧二年（1206）春天陪同太皇太后謝氏出遊聚景園。「聖主憂民罷露台，春風側苑畫常開」，陸游詩裡把寧宗罷遊聚景比為漢文帝罷作露台，對其儉德憂民給予肯定，雖不無過諛之詞，但他在位間，「略無遊幸之事，離宮別館，不復增修」，卻是事實，嘉定後期，連一代名苑聚景園也廢敗蕪圮，「宮梅卻作野梅開」了。①

---

① 《四朝聞見錄》乙集〈寧皇二屏〉；朱彭：《南宋古蹟考》卷下〈園囿考〉；《武林舊事》卷3〈西湖遊幸〉；《鶴林玉露》甲編卷3〈慶元侍講〉。

　　在日常起居上，寧宗也屏絕奢華，安心淡泊。在大內往來出行，總是撤去儀衞，不好排場，即使內侍撞見也不必迴避。他平時着補革舄，穿浣珠衣，絕不講究，酒器也以錫代銀。宋代禮制，凡聖節和朝會等大宴，恭謝和親享等大禮，君臣都簪戴絹花，形成「御街遠望如錦」的奢華景觀。嘉定四年，他頒旨説今後這些場合皇帝不簪花。有一年元宵，寧宗獨自端坐在清冷的燭光下，小內侍便問：「上元之夜，官家為甚麼不開宴？」寧宗愀然道：「外間百姓無飯吃，朕怎麼有心思飲酒呢？」比起許多置生民憂苦於不顧的君主來，寧宗當得起後人的評價：「三十一年敬仁勤儉如一日。」[①] 然而，也就他一人節儉而已，整個後宮還是鋪張奢靡華的，誠如臣僚所説：

> 宮中宴飲，或至無節；非時賜予，為數浩穰。一人蔬食，而嬪御不廢於擊鮮；邊事方殷，而椿積反資於妄用。

　　也許腸胃不好，寧宗對飲食特別當心。他命人用白紙糊了兩扇小屏，鑲以青紙邊框，一屏寫「少飲酒，怕吐」，一屏寫「少食生冷，怕肚痛」。在大內各處走動時，他寧可盡去天子儀仗，卻總讓兩名小內侍扛着小屏作前導，每到一處就陳列好屏風。妃嬪或苦勸以酒，或進生冷飲食，他就手指小屏，表示拒絕，飲酒則絕不超過三杯。

　　因消化功能差，痢疾似是皇帝的常病，連楊皇后都知道該給他服甚麼藥。有位皇帝信得過的曾姓御醫，官至防禦大夫。一次，寧宗又下痢，召他入診，剛號了脈，問了病症，還未處方，

---

① 《鶴林玉露》甲編卷 3〈慶元侍講〉；吳自牧：《夢梁錄》卷 6〈孟冬行朝享禮遇明禋歲行恭謝禮〉。

楊皇后在御榻後發問：「曾防御，官家吃得感應丸否？」曾大夫答道：「吃得，吃得。」楊皇后說：「須多給官家吃些。」見皇后也解醫道，大夫便說：「可進200丸一次。」連服兩次，果然治愈了。皇帝生病也生出了經驗，不滿醫家總以一帖又一帖的方藥試着確診病情，他命御醫為他診病只能開一次藥方，不想讓自己成為他們試方的對象。

寧宗先後立過兩個皇后，不清楚他究竟有過多少妃嬪，除參與爭奪中宮的曹美人外，還有一位張淑妃，即位當年就去世了。寧宗有一首《浣溪沙》，首兩句敘及他的宮廷生活：「花似醺容上玉肌，方論時事卻嬪妃。」儘管嘉定論政實在不高明，但他還是置於嬪妃前面的。在宋代列帝中，後宮嬪御數見諸記載的，似以寧宗為最少；在後宮生活中，也沒有荒淫失德之舉，與楊皇后的關係也是和諧的。

由於寧宗節儉，楊皇后也算簡樸，皇太子趙詢美言她：「膳羞有節，雖蔬茹而亦共，澣濯為常，雖納布而不厭。」[1]楊皇后有《宮詞》自述道：

　　一朵榴花插鬢鴉，君王長得笑時誇。
　　內家衫子新番出，淺色新裁艾虎紗。

前兩句為她與寧宗留下了一幀生活小影，後兩句說她在衣飾上不斷宮樣翻新，似乎並非「納布澣濯」。楊皇后天分聰穎，擅書法，曾手書《道德經》，命人摩刻為經幢。她也頗能詩，傳世有《宮詞》一卷，大抵清通可誦。

---

[1]《宋會要輯稿》后妃2之28。納布原作絕布，疑誤。納布，粗布，典出《宋書》卷71〈徐湛之傳〉。

後宮有一個叫楊妹子的，也稱楊娃，或說她是楊皇后之妹，以藝文供奉內廷；或楊皇后自署的暱稱，莫衷一是，遂難定論。但楊妹子把寧宗書體學得惟妙惟肖。名畫家劉松年、馬遠等時任翰林圖畫院待詔，寧宗常將他們的作品賞賜給貴戚，因楊娃書跡酷似自己，就總讓她代筆作跋或題詩其上。她因經常題畫，專刻一方閒章曰「楊娃之章」。她的詩詞清麗幽遠，後人譏諷她題畫詩詞「語含情思」，即對皇帝懷有異樣的感情。她的《着雪紅梅》略有這一韻味：

> 鉄衣翠蓋暎朱顏，未委何年入帝關？
> 默被畫工傳寫得，至今猶似在衡山。

但倘若楊娃、楊妹子即楊皇后之說成立，她以書跡酷似寧宗，在內降御筆上取韓侂胄而勝之，而代為題畫的詩詞對寧宗「語含情思」也就順理成章了。

平日退朝後，寧宗常以看書寫字自遣，有宮廷畫家繪過一幅《寧皇雪月圖》，就以他在雪月輝映的冬夜「遊情經籍，發為吟哦」為題材的，與楊皇后《宮詞》所說「要知玉宇涼多少，正在觀書乙夜時」，正相印證。他有時也彈琴解悶，楊皇后說他「吾王一曲熏弦罷，萬俗泠泠解慍中」，透露出寧宗寂苦的心境。寧宗的書法也學高宗，喜歡為御藏山水畫題詩，他題馬遠《踏歌圖》詩似也不劣：

> 宿雨清畿甸，朝陽麗帝城。
> 豐年人樂業，壟上踏歌行。[1]

----

[1] 《全宋詩》卷 2835 收宋寧宗詩僅 11 首，據龍美術館編《敏行與迪哲：宋元書畫私藏集萃》收有他為馬遠御題《山水》10 首，以他名義書寫而楊妹子鈐章的題扇詩 1 首。這 22 首詩裡 19 首是題畫詩，倘若不是有人代筆，詩意清通應在其父宋光宗之上。

晚年的寧宗很少去妃嬪處，也許身體不好，他迷上了道教修煉術，即所謂「六宮行幸少，尺宅煉真存」。道教之徒便趁機乞賜先生封號。「先生」是對有相當學問或一定法位的道士封號，嘉定年間，天慶觀、三茅山的道士都大走門路，不經過封駁，而由內批賜封為先生。這也是寧宗晚年秕政之一。

2. 權相與皇子的角力

自開禧三年（1207）歲末榮王趙曮立為皇太子（更為趙詢）後，次年春天，寧宗生了第八個皇子趙坦，依然沒存活，故皇太子地位沒有產生過異議。嘉定十三年（1220）八月，皇太子去世，寧宗膝下無子，不得不再次考慮國本大計。史彌遠估計皇帝會在宗室中擇定合適人選作繼承人，而已入嗣沂王之後的太祖十世孫貴和最有勝算。但彌遠並不希望他成為皇位繼承者，只因平日言行中，他對自己的專權流露出不滿和反感。彌遠深知必須未雨綢繆。

這年秋天，相府塾師余天錫告假歸鄉，參加秋試。天錫為人謹慎，並未因入館相府而挾勢干預外事。史彌遠很器重這位同鄉，臨行前對他說：「沂王還沒有後嗣，有賢明厚道的宗室子弟，留心把姓名告訴我。」實際上，貴和早就入嗣沂邸，彌遠不便明言競選皇子，以此作為託辭而已。

一路上，天錫與一位僧人同舟，將抵紹興府時，下起傾盆大雨，看來一時不能趕路了。僧人臨別時告訴他，西門左手有一位全保長，可去他家避避雨。全保長得知避雨客是相府塾師，便殷勤地殺雞備飯。席間，有兩個孩子一旁侍立，全保長對他說：「這是我的外孫，看相算命的說，這兩孩子日後會大富大貴的。」天錫想起彌遠的囑託，問了他們姓名，大的叫趙與莒，小的叫趙與芮，乍觀舉止言語，也都可以，便記在了心上。

秋試結束，天錫回相府說起這事，彌遠即命全保長把與莒兄弟送至相府一見。全保長喜出望外，以為外孫一旦入嗣沂邸，他後半輩子就有了靠山，不惜賣了田地，為外孫置辦衣冠服飾，同時宴集親黨，炫耀那天雨中奇遇。到了相府，彌遠在書房召見了兄弟倆。他略通相術，內心稱奇，嘴上卻一言不發，讓兄弟倆試寫一幅字，老大落筆大書「朕聞上古」四字，彌遠暗自驚詫這天命之兆。然而，他卻不動聲色地讓全保長把兩個外孫帶回家去。這下讓全保長羞慚不已，回去後大受譏嘲。

嘉定十四年四月，寧宗下詔復置諸王宮大小學教授，選15歲以上的太祖十世孫入宮受學。入宮候選的皇裔帝胄約十餘人，以入嗣沂王之後的貴和呼聲最高。寧宗顯然在仿效當年高宗選擇普安郡王、恩平郡王的典制，準備最終擇定皇位繼承人了。彌遠讓余天錫傳言：「那兩個孩子還可以再送來嗎？」半年前，打發他們回去，是時機未到，他有自己老謀深算的安排。有了上次近乎戲弄的結果，這次全保長謝絕了。彌遠神秘兮兮地對天錫說：「兩個孩子中，大的最有貴相，應該送到你家撫育教養。」天錫便把與莒接回了臨安，讓母親朱氏親自給他沐浴、教字。不久，與莒的儀表氣度判若兩人。

六月，寧宗下詔以入嗣沂王的侄子貴和為皇子，進封祁國公，改名趙竑，詔書說：

> 國嗣未建，非所以嚴社稷、奉宗廟，朕深念焉！夫計安天下，強本為先，親親賢賢，厥有古始，非朕所得私也。

顯然，此舉明確將趙竑定為皇位繼承人。寧宗知道，父親和自己的皇位原應歸魏王趙愷一系所有，孝宗越位建儲也罷，太皇太后立長為先也罷，他們對魏王一系眷念內疚之情從未消除過。故在選定皇位繼承人時，他追記先朝眷顧魏邸之意，抱定一個原則：國本之立，「必自魏來」，才問心無愧。他之所以立入嗣沂王

的趙竑為皇子，無疑認為：這既與孝宗和太皇太后吳氏對皇位繼承的事先安排相一致，又可告慰已故的皇弟趙柄，所以才在立皇子詔書中強調「沂靖惠王之子猶朕之子也」。

史彌遠當然知道寧宗對國本安排的用意所在，儘管對趙竑立為皇子深懷忌諱，卻不便公開反對，就建議皇帝應為沂王再立嗣，並把與莒推薦了上去。立皇子不久，與莒補秉義郎；八月，賜名貴誠，以皇侄身份進為果州團練使。入宮數月，他表現出潔身好學的樣子。每次早朝待漏，他人或笑語不斷，他卻凝重寡言，出入殿庭也規矩有度，大受朝臣敬重。寧宗對他也印象頗佳，九月正式立他為沂王之後。

次年五月，皇子趙竑進封濟國公。彌遠知道皇子喜歡彈琴，便送上了一名擅長琴藝的美人，對其娘家十分照顧，暗地讓她偵伺舉報皇子的一舉一動。美人既知書擅琴，又乖巧伶俐，大討趙竑的歡心。這時，史彌遠專政多年，深得楊皇后信任，一裡一外牽着寧宗這個傀儡皇帝，執政、侍從、台諫、帥守都是他們薦引的，誰都不敢吭一聲。所有這些，趙竑早就聞見，民間又蜚短流長地傳言史、楊有曖昧勾當，他聽後更是異常憤慨。[1] 他曾在紙

---

[1] 史彌遠身後的這一污名化說法卻頗見諸宋元之際的記載，元人劉一清《錢塘遺事》卷2〈史彌遠〉：「彌遠出入宮禁，外議譁然，有詩云：往來與月為儔侶，舒捲和天也蔽蒙。」明呂邦耀《續宋宰輔編年錄》卷2引《金台外史》說：「其詞似好事者所為，不無過甚。」清全祖望《鮚埼亭集外編》卷34〈題豐氏五經世學〉載四明豐氏託郝經之言，「謂史衛王通於楊皇后，朱子館史氏，因為大夫得見小君之禮以附會之」，全氏指出：「不知朱子卒於慶元六年，史之官未達也。」「史雖以內援得成功，然非有共仲、叔孫僑如、慶克之污」，以為不足徵信。周密《癸辛雜識》後集《濟王致禍》說：「會王在邸，新飾素屏，書『南風新』三大字，或扣其說，則曰：『花兒王（王埁之父號花兒王）與史丞相通同為奸，待異日當竄之上二州也。』」既而語達王與史，密謀楊后，遂成廢置之禍焉。蓋當時盛傳花兒王者穢亂宮闈，市井俚謂『花兒王開』者，蓋指此也。」對此《續資治通鑒》卷162嘉定十五年五月丁巳條考異指出：「當日東南遺老痛心於彌遠之奸險，謗及宮闈，未足據也。」

上寫「彌遠當決配八千里」以泄鬱憤，置紙案上，安插在濟國公府的權相親信立即走報給彌遠。有一次，他對美人呼彌遠為「恩新」，美人問其原因。他說這是自己給彌遠取的諢名。原來，南宋重罪犯人都配流嶺南遠惡州軍，尤以決配海南四州軍為最重。他對美人說，這個權臣將來流放地不是新州（治今廣東新興），就是恩州（治今廣東陽江）。後來，趙竑乾脆把兩字寫在新制的屏風上，還常走到輿地圖前，指着瓊、崖等海南州軍恨恨道：「他日得志，我就把史彌遠流放這裡。」

彌遠聽到美人密報，為確證趙竑對他的態度，借七夕節為名，向濟國公府進呈了一批乞巧珍玩。不料，趙竑見到饋贈，更惱怒彌遠試圖拉攏他，借着酒意把珍玩扔到地上，摔個粉碎。彌遠聽說大為恐慌，他清楚知道，有朝一日皇子即位，絕沒有好果子給他吃，便日夜盤算着對付之策。趙竑對此卻一無所知，依舊不時在那美人面前發泄着對權相的反感情緒。

大約進封濟國公當年，趙竑娶了高宗皇后吳氏的侄孫女為夫人。這一婚配或是楊皇后的意思，她對吳氏始終懷着感恩之心，甚至授官進爵時也總把吳氏親族放在楊家外戚之前。趙竑正戀着那美人，此外還有好幾個寵姬。生性忌妒的吳氏容不得她們爭寵，每入大內謁見，就在楊皇后前數落皇子的不是。一次內宴，楊皇后特賜一朵水精雙蓮花，命皇子親手為吳氏簪上，並關照了一通琴瑟和鳴的話。不久，兩人又起口角，一怒之下，皇子不慎碰碎了那朵水精雙蓮花。下次入謁時，吳氏就對楊皇后哭訴這事，皇后自然很不高興。

當時，真德秀主管諸王宮大小學，見皇子不諳韜晦，十分憂慮。皇子初立不久，德秀就致信給他，委婉告誡道：

盡視膳問安之敬，以承兩宮溫情之歡；盡修身進德之誠，以副兩宮眷倚之重：此國公之職也。至於政事之弛張，人才之用捨，此大臣之職，而非國公之事也。國公研精學問，其於前代政治之得失，用人之是非，不可不深求，不可不熟講。若夫見諸行事，則有位焉，不得而越也。《易》之道：處之不當其位，行之不適其時，則雖正而有悔。

意思很清楚：皇子目前應致力的，一是取得兩宮帝后（關鍵楊皇后）的信任；二是研究前代政治得失。至於刷新政治，振興朝綱，也應等到即位以後，眼下不該對時政說三道四，免得激怒大臣（實即史彌遠），招來災禍。

對德秀上書，趙竑不以為然。由於他的地位，車馬盈門，不少人朝夕趨附在其左右。在真德秀看來，這些人究竟是「正人」，還是「邪慝」，尚難斷定。總之，皇子結交雜亂，鋒芒畢露，不僅令旁觀者側目，非議者籍籍，更促使史彌遠下定了廢立的決心。不久，就經常有臣僚在皇帝前議論皇子的過失。這是權相的陰謀，企圖讓寧宗廢趙竑而立貴誠。寧宗不識底里，但他沒有廢立的打算。

真德秀把一切看在眼裡，先後給皇子寫了第二、第三封信，第三封信的口氣已十分嚴重：

> 皇子前日畏清議而屏邪慝，為出於定見；則今日犯清議而納邪慝，為無定力。《書》曰：不矜細行，終累大德。自此恐誕謾之說日聞，孝仁禮上之說日晦，不但於不矜細行而已。使其可以率意為之，則君相謂何，宗社謂何？皇子及今改轍，猶之可也。不然，有虧令聞，噬臍何益？某

去就之意決矣！①

皇子仍不理會東宮師長的良苦用心，自以為是皇位繼承人，便不識韜晦，缺乏定力地抨擊權相，議論朝政。至於他是否像被指責的那樣「犯清議而納邪慝」，則大可懷疑的，或許這只是德秀因進諫無效，為眼前的脫身自保與日後的洗清干係而有意的遣詞行文。

這年秋天，德秀力辭宮教之職，出知潭州，臨行前再次苦口婆心地勸諫道：「皇子若能孝於慈母而敬禮大臣，則天命必歸，否則深可憂慮。」此後，趙竑周圍連一個直言進勸的人都沒有，完全落入史彌遠勢力的包圍之中。

3. 史彌遠的再政變

嘉定十六年（1223）正月，最末的皇子趙坻出生，僅過 50 天再次夭殤。②對趙坻的匆匆來去，未見宋寧宗有甚麼反應，他也許自以為對皇位繼承已預作了安排。

這年四月，為超度亡父史浩，史彌遠在淨慈寺施捨齋飯，在朝的同鄉都到場。他與國子學錄鄭清之登上寺院內的慧日閣，屏去從人對清之說：「皇帝和中宮為社稷大計，現在雖有皇子濟國公，但不堪大任，五六年來，未正儲號。聽說沂邸的皇姪賢德

---

① 《真文忠公文集》卷 37〈上皇子書三〉，該信文字與劉燁《雲莊集》卷 6〈上皇子箋〉略同。按《宋史》卷 401〈劉燁傳〉，劉燁為太子右庶子兼左諭德，當時皇太子為趙詢，劉燁卒於嘉定九年（1216），而趙竑立為皇子在其卒後五年，故顯系《雲莊集》誤收真德秀此文。

② 據《宋史·寧宗紀》，宋寧宗自慶元二年（1196）有子出生，至嘉定十六年，先後共生下 8 子，分別名埈、坦、增、堈、圻、墌、埭、坻，然均幼殤。

端重，朝謁時皇帝常注意他。現在要選一位講官，你忠實可靠，就好好訓導他。事成之後，我史彌遠現在的位子就是你將來的位子。不過，話出我口，入於你耳，若有一句洩漏，你我都要滅族的。」清之惶恐拱手道：「不敢。」

清之兼任了沂王府府學教授，教貴誠讀書作文，還找來了高宗的翰墨，讓他習學書法。課餘後，史彌遠常邀他前來，探問貴誠的舉止言語。清之有時也帶上貴誠的詩文翰墨去給彌遠看，彌遠總是讚不絕口。有一次，彌遠問清之：「聽說皇侄之賢日趨成熟，究竟到甚麼程度了？」清之說；「他的賢明，不是我能列舉的。不過，一言以蔽之，可以說：不凡！」彌遠高興地不停頷首，策立之意更堅決了。

不久，有關貴誠出生時的種種異兆開始在宮廷內外不脛而走。據說，他出生前一夜，生父曾夢見一紫衣金帽人來訪，驚醒後正夜漏十刻，只見室內赤光滿屋，如日正午。還說貴誠幼時午睡，有人親見到他身上隱隱如龍鱗。流言蜚語越來越不利於皇子趙竑，而有利於皇侄貴誠。

軍器監兼尚左郎官范應鈴在召對時說：

> 重大而迫急的國事，莫過於確立儲君。陛下不斷自宸衷，一味地昧惑於左右近習之言，游移於宮廷嬪御之見。失去當下機會，不作預先安排，倘若奸臣乘夜半之機，片紙或從中而出，那時忠義之士也都束手無策矣！

寧宗聽了，也為之悚然動容，事後卻未有動作。也許他認為自己的安排已明白不過：皇子只有一人，理所當然是他唯一的繼承人。但寧宗犯了一個常識性錯誤：皇子與皇太子儘管一字之差，卻有關鍵的區別，只有皇太子才是皇位唯一的法定繼承人。

將趙竑立為皇子，只不過承認他是自己後嗣，由於趙竑不是他親生，在寧宗彌留之際或歸天之後，易嗣遠比廢儲容易得多。雖然矯詔廢立太子，並非史無前例，但那樣做畢竟更冒天下之大不韙。

嘉定十七年入秋以後，寧宗時病時愈。八月下旬，病情急轉直下，自此就一病不起，沒有上朝過。幾天下來，尚醫都束手無策。二十六日，病情惡化。寧宗對左右說：「只有曾某人知道我的病」，命即召他入宮。曾防御號脈後嗚咽不止。寧宗問道：「想是脈兒不好吧？」他知道將不久人世，當天就把史彌遠為首的宰執召入禁中。彌遠等進入福寧殿，寧宗頷首讓他們走近病榻，說「病已治不好了」，接着交代了後事，具體內容不得而知。但有一點可以肯定，彌留之際，寧宗決無廢立皇子的表示。①

閏八月二日，寧宗服了一次藥。按宋代慣例，帝後病危進藥，往往頒佈保安赦文，大赦天下。寧宗的服藥詔書做了自我評價：「雖不明不敏，有孤四海望治之心；然克儉克勤，未嘗一日縱己之欲。」這兩句坦白的赦文，不論出於誰的授意，倒確實畫龍點睛論定了寧宗：作為君主，他雖然無愆無荒，克勤克儉，沒有失德的過舉，然而他不明不敏，不僅稱不上是合格的守成之主，反而使南宋王朝的發展軌跡在歷史大變局中出現了根本性逆轉。

在寧宗彌留之際，史彌遠加緊了廢立的陰謀活動。二日，史彌遠應召入宮定策，再展他精通政變的手段。他先派鄭清之前往沂王府，轉告貴誠即將立他為帝。貴誠來個閉口是金，清之說：「丞相因為清之與他交遊多年，才讓我轉達心腹話。你不答理，

---

① 《宋史全文》卷 31 載：「寧宗頷使前曰：疾已不可為。朕前與卿議立皇侄，宜亟行之」，似乎立貴誠是寧宗生前的決策。然而，這一記載與其他史料稍做比較，即可知是史彌遠篡改國史所致，故不足徵信。

讓我怎麼回覆丞相呢？」貴誠這才拱手作禮，慢慢説道：「紹興還有老母在。」清之回來傳話給彌遠，兩人一方面互相稱歎貴誠「不凡」，一方面認為他的回答即意味着認可。

　　這時，兩府執政與專司草詔之職的翰林學士都隔在宮外，不知底里，彌遠夜召直學士院程珌入宮，許諾事成之後引為執政，與鄭清之共草矯詔。[1] 在他的授意下，兩人一夜草詔 25 道，其中與廢立關係最大的有三道詔書。第一道詔書改立貴誠為皇子，賜名趙昀，詔文説：「朕嘗以皇弟沂靖惠王之子為子矣，審觀熟慮，猶以本支未強為憂。皇侄邵州防禦使貴誠亦沂靖惠王之子，猶朕之子也。聰明天賦，學問日新，既親且賢，朕意所屬，俾並立焉。深長之思，蓋欲為異日無窮之計也。」這道詔書將趙昀與趙竑並立為皇子，理由冠冕堂皇：「本支未強」，伏筆意味深長：「欲為異日無窮之計」。第二道詔書進封皇子趙昀為武泰軍節度使、成國公。廢立成功後，史彌遠指使史官將這兩道詔書的頒佈日期系在八月二十七日壬辰，給後人以假象，似乎貴誠立為皇子完全出自寧宗的決策。[2] 第三道詔書進封皇子趙竑為濟陽郡王，開府儀同三司，出判寧國府，這道詔書將在政變之日向趙竑宣佈。

　　草詔以後，鄭清之向彌遠建議，宣召趙昀時可讓自己的兒子士昌壓陣，自己則留在相府眉壽堂裡，以代替史彌遠應付宮外的突發事件。在政變中，鄭清之成了史彌遠最默契得力的幫手。

---

[1] 關於起草矯詔人，《宋史》卷 414〈鄭清之傳〉、《後村先生大全集》卷 170〈鄭公行狀〉都記「皆清之所定」；《宋史》卷 422〈程珌傳〉載「直學士院時，寧宗崩，丞相史彌遠夜召珌，舉家大驚。彌遠與珌同入禁中草矯詔，一夕為制詔二十有五。初許珌政府，楊皇后緘金一囊賜珌，珌受之不辭，歸視之，其直不賞。彌遠以是銜之，卒不與共政。」

[2] 此兩詔，《宋史·理宗紀》繫於八月二十七日壬辰（9 月 12 日），顯然是史彌遠篡改所致；《宋史全文》卷 30、《兩朝綱目備要》卷 16 俱繫於閏八月丙申（9 月 16 日），保存了歷史的真相。

夜漏未盡，已是三日凌晨，宋寧宗在福寧殿駕崩，終年57歲。有一種記載說，史彌遠在寧宗嚥氣前「繼進金丹百粒，有頃，上崩」，似乎寧宗為其所害，但缺乏旁證，不足採信。[①]

彌遠在禁中知道寧宗撒手歸天後，立即派快行宣召皇子入宮，並屬聲吩咐：「現在讓你們宣召的是沂靖惠王府的皇子，不是萬歲巷的皇子。如錯了，你們都處斬！」鄭士昌改易裝束監護着綠蓋車向沂王府進發。濟國公趙竑也聽到了皇帝朝不保夕的病情，正翹首等待大內的宣召。忽然，他見一隊快行推着綠蓋車經過自己府門前卻不進來，內心疑惑不解。隨即，這列隊伍又快步從府門前向來路走去，夜色中不能分辨車內所坐究竟為誰。

打發快行宣召趙昀後，史彌遠找了楊皇后的侄子楊谷、楊石，向兄弟倆渲染了皇子趙竑對楊皇后干政的反感情緒，讓他們說服楊皇后廢皇子而立皇侄。自嘉定十二年楊次山死後，兄弟倆成為史彌遠與楊皇后傳導消息的中介人。他倆轉達了彌遠的意思。楊皇后雖對趙竑已無好感，卻仍尊重寧宗的決定。聽了侄兒的勸說後，她堅決回絕：「皇子，先皇所立，豈敢擅變？」

這一夜，兄弟倆七次往返於內外朝之間，楊皇后仍不同意廢立。楊谷、楊石最後只得跪在楊皇后面前，哭喪着說：「內外軍民都已歸心，你如還不同意，必生禍變，那時楊氏一門恐怕沒人能活命了！」楊皇后沉默了好一會，問道：「那人在哪裡？」趙昀應召來見楊皇后，楊皇后拍拍他的背脊說：「你從現在起就是我的兒子了。」顧及皇帝死後自己在後宮的權位，楊皇后終於向史彌遠廢立陰謀屈服。如果說，在開禧誅韓政變中，史彌遠還不過是她借重的同盟者，而在嘉定廢立政變中，史彌遠已儼然主角了。

---

① 《東南紀聞》卷2。《續資治通鑒》卷162嘉定十七年閏八月丁酉條考異：「金丹之進，則他書別無佐證，今闕之。」

見過楊皇后，史彌遠引趙昀到福寧殿，在寧宗靈柩前行舉哀禮，然後下令宣趙竑進宮。趙竑等得太久了，聞命即趕赴大內。到宮門前，禁衛的戍卒拒絕放他的隨從跟入禁內，他只得單身進宮，到靈前舉哀。出帷以後，殿帥夏震將他死死守定。夏震在誅韓時支持了史彌遠，在這次廢立中，依然得借助他的實力。

過了不一會兒，內侍宣佈百官立班聽宣遺詔。趙竑被引到原來的班列上，他驚愕地問：「今天的大事，我豈能還站在這個班位上？」夏震誆他：「未宣詔前應該站在這裡，宣詔後就即位了。」趙竑信以為真，燭影搖曳中抬頭一看，遠遠望見已有一人端坐在御榻上。

宣詔開始了：「皇子成國公昀即皇帝位。尊皇后為皇太后，垂簾同聽政。」宣詔畢，閤門宣贊高呼：「百官拜舞，賀新皇帝即位！」趙竑這才知道被史彌遠算計了。他堅決不肯拜舞，卻被夏震硬按下了頭。接着，以楊皇后的名義宣佈了預先擬好的詔書：「皇子趙竑開府儀同三司，進封濟陽郡王，判寧國府。」

新即位的皇帝就是宋理宗。八天以後，趙竑改封濟王，賜第湖州，九月中旬，他以醴泉觀使就第，實際上被監管了起來，次年正月，趙竑死在史彌遠手裡。理宗朝，權相史彌遠繼續擅政九年，直到死去。[①] 其後，史嵩之、賈似道等權相又相繼專政。而從寧宗朝開始的種種末世衰象也猶如癌變那樣急遽擴散，直至南宋王朝的最終覆滅。

歷史的走勢一旦滑入了歧路，往往會一路滑下去！

---

① 關於這段歷史，可參見漆俠主編的《遼宋西夏金代通史》第 1 卷〈政治軍事卷〉（人民出版社，2010 年）中由筆者執筆的第 17 章〈宋光宗到理宗前期的政治〉之第 4 節「宋理宗前期的政治」（第 507–516 頁）。

附錄

附錄 1　南宋光宗寧宗時代簡表

紹興十七年　1147 年

九月四日（9 月 30 日）　宋光宗趙惇生於普安郡王府邸。父趙昚 21 歲，母郭氏 22 歲，長兄愭 5 歲，次兄愷 2 歲。

紹興三十二年　1162 年

六月十一日（7 月 24 日）　宋高宗內禪，稱太上皇，居德壽宮。趙昚即位，是為宋孝宗。

九月　趙惇封恭王。兄愭、愷分封鄧王、慶王。

乾道元年　1165 年

八月　因恭王長子與鄧王長子出生先後引發皇長嫡孫之爭，宋孝宗立鄧王趙愭為皇太子。

乾道三年　1167 年

七月　皇太子趙愭病死。

乾道四年　1168 年

十月十九日（11 月 19 日）　宋寧宗趙擴生於恭王府邸。

乾道七年　1171 年

二月八日（3 月 16 日）　恭王趙惇立為皇太子。

淳熙十四年　1187 年

十月八日（11 月 9 日）　太上皇宋高宗趙構卒。

淳熙十六年　1189 年

二月二日（2 月 18 日）　宋孝宗內禪，稱太上皇，居重華宮。趙惇即位，是為宋光宗；立李鳳娘為皇后。每月四朝重華宮。

紹熙元年　1190 年

二月　反道學議論漸起，採納劉光祖之請定其是非邪正。

紹熙二年　1191 年

三月　陳公亮、朱熹受命措置漳、泉、汀三州經界，十月停罷。

十一月廿六日（12 月 14 日）　光宗為合祭天地赴青城，在齋宮驚聞李皇后虐殺黃貴妃；次晨祭禮遇大風雨與火災，震懼引發精神病。

紹熙三年　1192 年

正月初一（1 月 17 日）　光宗因病罷元旦大朝會。其後御殿聽政及朝見重華宮時有違失。

紹熙四年　1193 年

三月　趙汝愚以宗室同知樞密院事，七月遷知樞密院事。

十月廿五日（11 月 20 日）　以朝臣屢諫光宗朝重華宮遭拒，太學生 200 餘人上書敦請。過宮風波越演越烈。

紹熙五年　1194 年

五月　宋孝宗病重，光宗仍不往見。過宮風波漸至高潮。

六月九日（6 月 28 日）　太上皇宋孝宗卒。光宗拒絕出主大喪。朝野洶洶。

七月二日（7 月 21 日）　丞相留正託疾逃歸；三日後以知樞密院事趙汝愚與知閣門事韓侂冑等建請，宋高宗皇后吳氏以太皇太

后垂簾，命嘉王趙擴在孝宗靈柩前即位，是為宋寧宗；尊光宗為
太上皇帝，李皇后為太上皇后，居泰安宮；立嘉王妃韓氏為皇后。

八月　召朱熹入朝為經筵侍講，旋增黃裳、陳傅良與彭龜年等
為經筵講讀官；趙汝愚拜相。

閏十月下旬　朱熹罷侍講，黨爭漸起。

十一月　韓侂冑兼樞密都承旨。

歲杪　吏部侍郎兼侍講彭龜年因論韓侂冑而被黜出朝。其後
陳傅良、劉光祖等相繼被逐。

慶元元年　1195 年

二月廿二日（4 月 4 日）　右相趙汝愚被劾罷。黨爭漸劇。

四月二日（5 月 13 日）　太府寺丞呂祖儉上疏請留趙汝愚，被
貶竄；僅過三日，太學生楊宏中等六人上書請留趙汝愚，論劾韓
侂冑，各送 500 里外編管。時稱「慶元六君子」。

六月　韓黨請考核真偽，辨別邪正。黨禁日熾。

十一月　趙汝愚被貶永州安置，次年正月暴卒貶所。

慶元二年　1196 年

七月　韓侂冑為開府儀同三司，已成專權之勢。

八月　始停「偽學之黨」進擬官職。

慶元三年　1197 年

二月　「偽學之黨」始禁出任在朝差遣。

閏六月六日（7 月 22 日）　改稱「偽黨」為「逆黨」，黨禁升級。

九月　下詔監司、帥守，薦舉改官，禁用「偽學」黨人。未幾，
參與官吏銓選、進士具保者均須聲明「不是偽學」。

歲末　下詔編定「偽學」黨人姓名，黨禁達到高潮。

慶元四年　1198 年

五月　頒詔禁「偽學」。

慶元五年　1199 年

　　正月　以追究趙汝愚「定策異謀」，下詔逮捕彭龜年等審實，後雖諫止，仍俱停官。

　　九月　韓侂胄進封平原郡王。

慶元六年　1200 年

　　三月九日（4 月 23 日）　朱熹卒。

　　八月八日（9 月 17 日）　太上皇宋光宗卒。太上皇后李氏已卒於六月。

　　九月十一日（10 月 20 日）　布衣呂祖泰上書請誅韓侂胄，杖配欽州牢城。

　　十一月　韓皇后卒。

嘉泰元年　1201 年

　　七月　以吳曦為興州都統制，回川重掌吳家軍兵柄。

嘉泰二年　1202 年

　　二月　追復趙汝愚，黨禁逐漸弛解。

　　十二月　立楊貴妃為皇后。

嘉泰三年　1203 年

　　冬　北伐之議漸起。

嘉泰四年　1204 年

　　五月廿一日（6 月 20 日）　追封岳飛為鄂王。

開禧元年　1205 年

　　四月廿七日（5 月 17 日）　武學生華岳上疏諫用兵，並論韓侂胄專政，送建寧府編管。

　　五月　皇帝以親生子均夭殤，立宗子趙曮為皇子。宋金邊界爭端加劇，金朝來責逾盟。

六月　韓侂胄平章軍國事，立班丞相上；旋兼國用使。

開禧二年　1206 年

四月中旬　任命川陝、京湖、兩淮三路主帥；追奪秦檜王爵，改謚謬丑。

四月廿六日（6 月 4 日）　畢再遇收復泗州，開禧北伐開始。

五月　皇弟吳興郡王趙抦卒，追封沂王。未幾命宗子趙貴和入嗣為沂王之後。

五月七日（6 月 14 日）　下詔伐金。未幾，宋軍潰於宿州，三條戰線敗報相繼。

十月初一（11 月 2 日）　金軍開始全線反攻。

是年，成吉思汗統一蒙古諸部。

開禧三年　1207 年

正月十八日（2 月 16 日）　吳曦受金冊封，正式叛宋，僭位於興州；次月廿九日（3 月 29 日），為楊巨源、李好義等誅殺，叛平。

十一月三日（11 月 24 日）　禮部侍郎史彌遠與楊皇后聯手誅殺韓侂胄；中旬，立皇子趙曮為皇太子，後更名詢。

嘉定元年　1208 年

二月　郴州黑風峒羅世傳、李元礪率瑤民起事，至嘉定四年九月始平。

三月　恢復秦檜王爵、贈謚；詔梟韓侂胄首向金求和。

九月　以嘉定和議訂立詔告天下。

十一月下旬　右相史彌遠以母喪去位。

歲暮　黎州蠻畜卜擾邊，嘉定七年始再歸附。

嘉定二年　1209 年

二月　年初令以舊會子二兌新會子一，強配民戶藏之，引起會子兌率暴跌。

三月上旬　忠義軍統制羅日願等謀劃討殺史彌遠，事泄被捕；五月六日被殺。

五月四日（6 月 7 日）　史彌遠起復，再現權相專擅之局。

歲末　追諡朱熹為「文」，理學漸受尊崇。

嘉定三年　1210 年

正月　下詔招撫「群盜」。是年除李元礪、畜卜，還有江西、湖南「峒寇」與淮東「賊」等。

歲末　以會子貶值嚴重，遣員察訪江浙諸州。

嘉定四年　1211 年

蒙古始攻金國。

嘉定五年　1212 年

頒朱熹《論語集注》《孟子集注》作為太學讀本。

嘉定六年　1213 年

因蒙古攻金，是年南宋赴金使節俱不至而返。

嘉定七年　1214 年

始罷納金國歲幣。

嘉定十年　1217 年

四月初一（5 月 7 日）　金軍攻宋，宋金戰爭再起。

七月　雅州蠻擾邊，至嘉定十三年五月始再歸附。

嘉定十一年　1218 年

正月　京東路忠義軍首領李全歸宋。

五月　命侍從、台諫、兩省官等集議戰、守、和三策。

嘉定十二年　1219 年

閏三月　興元府軍士張福、莫簡以紅巾為號起事，七月失敗。

五月五日（6月18日） 太學生何處恬率273人伏闕上書，請誅殺力主議和的史彌遠死黨工部尚書胡榘。

嘉定十三年　1220年

八月　皇太子趙詢卒。

是年　追謚周敦頤、程顥、程頤等理學家。

嘉定十四年　1221年

六月　立嗣沂王、皇侄貴和為皇子，更名竑。僅隔九日，因史彌遠之議，復立太祖十世孫貴誠為皇侄，承嗣沂王。

閏十二月廿八日（1222年2月11日） 殿前司同正將華岳謀去史彌遠，事泄被殺。

嘉定十五年　1222年

正月元日（2月13日） 以被擄徽、欽御璽來歸，行受寶大禮。

歲杪　李全為京東路鎮撫副使、保寧軍節度使，漸驕恣為患。

嘉定十六年　1223年

六月　金國榜諭邊界不再侵宋，宋金嘉定戰爭結束。

嘉定十七年　1224年

閏八月二日（9月16日）夜　宋寧宗病危，次晨卒。史彌遠連夜應召入宮，策動政變。三日晨，矯詔封皇子趙竑為濟陽郡王，出判寧國府；改立皇侄貴誠為皇子，更名昀，即皇帝位，是為宋理宗；楊皇后尊為皇太后，垂簾同聽政，史彌遠繼續專權。

附錄 2　徵引古籍版本（按四部排序）

（梁）沈約：《宋書》，中華書局標校本。

（元）脱脱等：《宋史》，中華書局標校本。

（元）脱脱等：《金史》，中華書局標校本。

（清）畢沅：《續資治通鑑》，中華書局標校本。

（元）佚名編：《宋史全文續資治通鑑》（《宋史全文》），文海出版社影印本。

（宋）佚名：《續編兩朝綱目備要》（《兩朝綱目備要》），中華書局標校本。

（明）陳邦瞻：《宋史紀事本末》，中華書局標校本。

（宋）宇文懋昭：《大金國志》，商務印書館萬有文庫本。

（宋）黃震：《戊辰修史傳》，四明叢書本。

（宋）葉紹翁：《四朝聞見錄》，中華書局標校本。

（宋）佚名：《朝野遺記》，上海古籍出版社影印《説郛》宛委山堂本。

（宋）張仲文：《白獺髓》，上海古籍出版社影印《説郛》宛委山堂本。

（宋）周密：《紹熙行禮記》，上海古籍出版社影印《説郛》宛委山堂本。

（元）劉一清：《錢塘遺事》，上海古籍出版社影印清嘉慶掃葉山房本。

（宋）李心傳：《道命錄》，叢書集成初編本。

（宋）樵川樵叟：《慶元黨禁》，叢書集成初編本。

（清）徐松輯：《宋會要輯稿》，中華書局影印本。

（宋）李心傳：《建炎以來朝野雜記》，叢書集成初編本。

（宋）徐自明：《宋宰輔編年錄》，中華書局校補本。

（明）黃淮、楊士奇編：《歷代名臣奏議》，上海古籍出版社影印明永樂本。

（宋）吳自牧：《夢粱錄》，浙江古籍出版社標點本。

（宋）周密：《武林舊事》，浙江古籍出版社標點本。

（清）朱彭：《南宋古蹟考》，浙江古籍出版社標點本。

（明）田汝成：《西湖遊覽志餘》，上海古籍出版社標校本。

（宋）呂中：《類編皇朝中興大事記講義》，上海人民出版社標校本。

（清）王夫之：《宋論》，中華書局標校校本。

（清）李塨：《閱史郄視》，叢書集成初編本。

（清）趙翼：《廿二史札記》，中華書局標校本。

（清）王鳴盛：《蛾術編》，商務印書館排印本。

（宋）黎德靖編：《朱子語類》，中華書局標校本。

（宋）華岳：《翠微北征錄》，解放軍出版社排印本。

（明）李時珍：《本草綱目》，商務印書館排印本。

（宋）洪邁：《容齋隨筆》，上海古籍出版社標點本。

（宋）張端義：《貴耳集》，叢書集成初編本。

（宋）俞文豹：《吹劍錄外集》，影印文淵閣四庫全書本。

（宋）羅大經：《鶴林玉露》，中華書局標校本。

（宋）俞德鄰：《佩韋齋輯聞》，叢書集成初編本。

（宋）周密：《齊東野語》，中華書局標校本。

（宋）岳珂：《桯史》，叢書集成初編本。

（宋）周密：《癸辛雜識》，中華書局標校本。

（元）佚名：《東南紀聞》，影印文淵閣四庫全書本。

（宋）章如愚：《群書考索》，影印文淵閣四庫全書本。

北京大學古文獻研究所編：《全宋詩》，北京大學出版社，1998 年。

傅增湘輯：《宋代蜀文輯存》，江安傅氏排印本。

鄧廣銘：《稼軒詞編年箋注》，上海古籍出版社，1978 年。

（宋）陸游：《渭南文集》，四部備要本。

（宋）楊萬里：《誠齋集》，四部叢刊初編本。

（宋）朱熹：《朱文公文集》，四部叢刊初編本。

（宋）陳傅良：《止齋集》，四部叢刊初編本。

（宋）樓鑰：《攻媿集》，四部叢刊初編本。

（宋）王炎：《雙溪集》，影印文淵閣四庫全書本。

（宋）彭龜年：《止堂集》，叢書集成初編本。

（宋）陳亮：《龍川文集》，四部備要本。

（宋）袁燮：《絜齋集》，叢書集成初編本。

（宋）葉適：《水心文集》，四部叢刊初編本。

（宋）張鎡：《南湖集》，叢書集成初編本。

（宋）劉過：《龍洲集》，上海古籍出版社標校本。

（宋）衛涇：《後樂集》，影印文淵閣四庫全書本。

（宋）程珌：《洺水集》，明嘉靖本。

（宋）真德秀：《真文忠公文集》，四部叢刊初編本。

（宋）魏了翁：《鶴山先生大全文集》，四部叢刊初編本。

（宋）袁甫：《蒙齋集》，叢書集成初編本。

（宋）華岳：《翠微南征錄》，四部叢刊三編本。

（宋）杜範：《清獻集》，影印文淵閣四庫全書本。

（宋）王邁：《臞軒集》，影印文淵閣四庫全書本。

（宋）劉克莊：《後村先生大全集》，四部叢刊初編本。

（宋）歐陽守道：《巽齋文集》，影印文淵閣四庫全書本。

（宋）劉爚：《雲莊集》，影印文淵閣四庫全書本。

（元）袁桷：《清容居士集》，四部叢刊初編本。

（清）全祖望：《鮚埼亭集》，商務印書館萬有文庫本。

（清）錢大昕：《潛研堂集》，四部叢刊初編本。

（清）魏源：《魏源集》，中華書局標校本。

（清）趙棻：《南宋宮闈雜詠》，《香豔叢書》本。

（清）厲鶚等：《南宋雜事詩》，浙江古籍出版社標校本。

（宋）陳巖肖：《庚溪詩話》，中華書局《歷代詩話續編》本。

（宋）周密：《浩然齋雅談》，叢書集成初編本。

（元）吳師道：《吳禮部詩話》，中華書局《歷代詩話續編》本。

（清）厲鶚：《宋詩紀事》，上海古籍出版社標點本。

（清）陸心源：《宋詩紀事補遺》，山西古籍出版社標點本。

責任編輯　洪永起
書籍設計　彭若東
排　　版　周　榮
印　　務　馮政光

書　　名　南宋行暮：宋光宗宋寧宗時代

叢　書　名　文史中國

作　　者　虞雲國

出　　版　香港中和出版有限公司
　　　　　Hong Kong Open Page Publishing Co., Ltd.
　　　　　香港北角英皇道 499 號北角工業大廈 18 樓
　　　　　http://www.hkopenpage.com
　　　　　http://www.facebook.com/hkopenpage
　　　　　http://weibo.com/hkopenpage
　　　　　Email: info@hkopenpage.com

香港發行　香港聯合書刊物流有限公司
　　　　　香港新界荃灣德士古道 220−248 號荃灣工業中心 16 樓

印　　刷　美雅印刷製本有限公司
　　　　　香港九龍官塘榮業街 6 號海濱工業大廈 4 字樓

版　　次　2021 年 5 月香港第 1 版第 1 次印刷

規　　格　32 開 (148mm×210mm) 376 面

國際書號　ISBN 978-988-8763-14-6

　　　　　© 2021 Hong Kong Open Page Publishing Co., Ltd.
　　　　　Published in Hong Kong

本書經北京世紀文景文化傳播有限責任公司正式授權，同意經由香港中和出版有限公司出版中文繁體字版本。非經書面同意，不得以任何形式任意重製、轉載。